"十三五"国家重点出版物出版规划项目

现代机械工程系列精品教材

新工科·普通高等教育汽车类系列教材

现代汽车振动与噪声分析技术

靳 畅 编著

机 械 工 业 出 版 社

本书较全面地论述了现代汽车振动与噪声分析技术的原理和应用，共分为9章。第1~4章系统地论述了振动与声学理论基础、汽车振动噪声试验系统与环境以及数字信号处理与分析，第5~9章具体介绍了汽车动力子系统振动噪声试验、汽车结构模态试验技术、整车振动与噪声试验技术、汽车噪声源识别定位技术和汽车声品质主观评价试验技术。本书凝聚了同济大学汽车学院汽车中心实验室在相关领域多年的教学与实践经验，并结合现代汽车振动与噪声试验技术，力求通过理论知识学习与实践能力的训练，使学生对现代汽车振动与噪声分析技术有一个全面的理解和认识，对开展相关汽车振动噪声试验实践提供指导和借鉴。

本书可作为普通高等院校车辆工程专业学生"汽车振动噪声控制""汽车模态试验技术""汽车振动分析""汽车试验技术"等课程的教材或参考书，也可作为从事汽车振动噪声试验的工程技术人员的参考用书。

图书在版编目（CIP）数据

现代汽车振动与噪声分析技术/靳畅编著. —北京：机械工业出版社，2020.12（2021.11 重印）

"十三五"国家重点出版物出版规划项目　现代机械工程系列精品教材
新工科·普通高等教育汽车类系列教材

ISBN 978-7-111-66603-5

Ⅰ.①现…　Ⅱ.①靳…　Ⅲ.①汽车-振动控制-高等学校-教材②汽车噪声-分析-高等学校-教材　Ⅳ.①U467.4

中国版本图书馆 CIP 数据核字（2020）第 184403 号

机械工业出版社（北京市百万庄大街 22 号　邮政编码 100037）
策划编辑：段晓雅　责任编辑：段晓雅　章承林
责任校对：李　杉　封面设计：张　静
责任印制：李　昂
北京捷迅佳彩印刷有限公司印刷
2021 年 11 月第 1 版第 2 次印刷
184mm×260mm·17.25 印张·426 千字
标准书号：ISBN 978-7-111-66603-5
定价：59.00 元

电话服务　　　　　　　　网络服务
客服电话：010-88361066　机 工 官 网：www.cmpbook.com
　　　　　010-88379833　机 工 官 博：weibo.com/cmp1952
　　　　　010-68326294　金 书 网：www.golden-book.com
封底无防伪标均为盗版　机工教育服务网：www.cmpedu.com

序

　　随着现代汽车工业的迅猛发展，我国汽车行业蓬勃发展，汽车的自主开发能力也在逐步提高。科学技术的不断进步和人们生活观念的改变，使得人们对汽车的舒适性、环保性、安全性和经济性的要求越来越高，这也给汽车行业的发展带来了前所未有的机遇和挑战。汽车在使用过程中所产生的振动和噪声问题是汽车企业和相关研究机构面对的关键问题之一，它关系到汽车的 NVH 性能、乘坐舒适性、强度和整体性能设计，决定了汽车产品的品质，因此受到了汽车工程界的高度重视。

　　汽车振动噪声分析技术主要有仿真技术和试验技术两种。对于欲开发车型，在汽车开发前期依靠仿真技术建立整车有限元模型来进行产品声学特性的预测分析，然后通过结构的低噪声设计，对车辆声学特性进行优化。对于已开发的车型，当发现噪声超过预期目标时，一般通过试验手段，如噪声源的识别等，对噪声问题进行分析，然后采取声学材料优化、结构优化等措施控制车辆的振动和噪声，达到改善和降低其影响的效果。

　　本书作者靳畅博士是一位多年在同济大学汽车学院汽车中心实验室从事振动噪声试验研究工作的教师，曾主持和参与许多项国家和企业的相关课题，解决了许多此类的工程技术问题，积累了大量的工程实践经验，并在此基础上编写了本书。

　　作者结合多年与汽车整车和零部件企业合作的经验，将企业产品出现的振动噪声问题，以及降低振动噪声的手段总结归纳成文，以基础的振动理论、声学理论，开展振动噪声研究的试验系统、试验设施，以及试验中所获得数据的处理为讨论的基础，对通常碰到的一些具体试验技术问题进行了介绍，诸如，汽车动力子系统振动噪声试验、整车振动与噪声试验、汽车结构模态试验、汽车噪声源识别定位试验、声品质主观评价试验等，从而使本书具有较高的工程指导意义。

　　本书可作为普通高等院校汽车专业或相关专业学生的教材，也可作为从事汽车和相关行业振动噪声试验技术研究的工程技术人员的参考用书。

同济大学汽车学院　周鋐教授

前言

　　本书是根据同济大学汽车学院"汽车试验技术""汽车模态试验技术""汽车噪声的预测与控制"课程的教学要求，在多年的教学和实践基础上编写而成。

　　本书分为9章，从振动与声学理论基础、汽车振动噪声试验系统与环境、数字信号处理与分析等基础原理的论述到汽车动力子系统振动噪声试验、汽车结构模态试验技术、整车振动与噪声试验技术、汽车噪声源识别定位技术和汽车声品质主观评价试验技术的具体介绍，全面地叙述了当下较为主要的汽车振动与噪声分析技术。

　　本书在编写中，结合同济大学汽车学院汽车中心实验室多年的汽车振动噪声试验项目，努力反映现代汽车振动与噪声的试验与控制技术，以利于学生掌握试验知识和加强试验能力。

　　本书由同济大学汽车学院靳畅博士编著，汽车学院研究生刘子豪参与了书稿的编排和整理工作。

　　本书在编写过程中，得到了同济大学汽车学院汽车试验技术方向周鋐教授的帮助，他为本书的编写提出了宝贵的意见和建议。本书在编写和出版过程中，还得到了同济大学汽车学院、机械工业出版社、北京朗德科技有限公司、海德声科贸易（上海）有限公司、西门子工业软件公司等单位的支持和帮助，在此表示感谢。由于编写时间仓促，加之编者水平有限，书中难免有疏漏和不足之处，欢迎阅读、使用本书的师生和相关读者批评指正。

编　者

目录

第 1 章

振动理论基础

如果把汽车作为一个系统来研究，其本身是一个具有质量、弹簧和阻尼的振动系统。更进一步来看，汽车是由多个系统组成的复杂的振动系统，有发动机和传动系统的振动、制动系统的振动、转向系统的振动、车身和车架系统的振动以及悬架系统的振动，其中每个系统都存在振动问题。汽车振动和一般机械振动问题一样，可以用机械振动的方法来研究。本章介绍振动的基础知识及车辆振动的简化模型。

1.1　振动的分类

根据输入、输出和系统的特性等的不同，机械振动有以下几种分类。

1. 根据系统的输入类型分类

（1）自由振动　系统受初始干扰后，在没有外界激励作用时所产生的振动。

（2）强迫振动　系统在外界激振作用下产生的振动。

（3）自激振动　系统在输入、输出之间具有反馈特性，并有能源补充时产生的振动。

（4）参数振动　通过周期或随机地改变系统的特性参数而产生的振动。

2. 根据描述系统的振动微分方程分类

根据描述系统的振动微分方程，振动可分为线性振动和非线性振动。

（1）线性振动　用常系数线性微分方程描述的系统所产生的振动。

（2）非线性振动　用非线性微分方程描述的系统所产生的振动。

3. 根据系统的自由度分类

根据系统的自由度，振动系统可分为单自由度系统的振动、多自由度系统的振动和无限多自由度系统的振动。

（1）单自由度系统的振动　用一个独立坐标就能确定位置的系统的振动。

（2）多自由度系统的振动　用多个独立坐标才能确定位置的系统的振动，包括二自由度系统。

（3）无限多自由度系统的振动　要用无限多个独立坐标才能确定位置的系统的振动，这种振动又称为弹性体的振动。

4. 根据系统输出的振动规律分类

根据系统输出的振动规律，振动可分为周期振动、非周期振动和随机振动。

（1）周期振动　振动是时间的周期函数，$x(t)=x(t+nT)$（$n=1,2,\cdots$）。系统在相等的时间间隔内做往复运动，周期 T 就是往复一次所需的时间间隔。周期振动中最简单、最重要的是简谐振动。简谐振动的振动量是时间的正弦或余弦函数，如 $x(t)=A\sin\omega t$。

（2）非周期振动　振动量不是时间的周期函数，又可以分为稳态振动和瞬态振动。稳态振动是持续进行的非周期等幅振动；瞬态振动是在一定时间内振动并逐渐消失的非周期振动。

（3）随机振动　振动量不是时间的确定函数，只能通过概率统计的方法来研究。即振动量不能用函数 $x(t)$ 来表示，只能通过与时间 t 的关系图形来表示。振动过程中，振幅、相位、频率都是随机变化的。

1.2　简谐振动

简谐振动是指机械系统的某个物理量（位移、速度或加速度）按时间的正弦（或余弦）函数规律变化的振动。它是最简单、最重要的周期振动，也是研究其他形式振动的基础。简谐变量可以用函数表达式、矢量或复数等形式来表示，不同的表示方法适用于不同的场合，如频域分析时用复数表达法就很方便。

简谐振动是正弦（或余弦）的时间函数，如用正弦时间函数表示，其数学表达式为

$$x=A\sin\left(\frac{2\pi}{T}t+\varphi\right)=A\sin(2\pi ft+\varphi)=A\sin(\omega t+\varphi) \tag{1-1}$$

式中，A 是振幅；T 是振动周期；f 是振动频率，$f=1/T$，单位为 Hz；ω 是圆频率，$\omega=2\pi f$，单位为 rad/s；φ 是初相角，表示质量块的初始位置，单位为 rad。

对简谐振动分别求一阶导数和二阶导数，可分别得到简谐振动的速度和加速度，即

$$v=\dot{x}=A\omega\cos(\omega t+\varphi)=A\omega\sin\left(\omega t+\varphi+\frac{\pi}{2}\right) \tag{1-2}$$

$$a=\ddot{x}=-A\omega^2\sin(\omega t+\varphi)=A\omega^2\sin(\omega t+\varphi+\pi) \tag{1-3}$$

由此可知，简谐振动的速度、加速度依然是简谐函数，只是相位角不同，其中，速度比位移相位超前了 $\pi/2$，而加速度比位移相位超前了 π，如图 1-1 和图 1-2 所示。

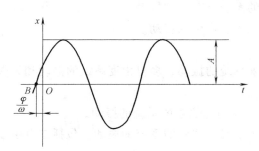

图 1-1　简谐振动函数

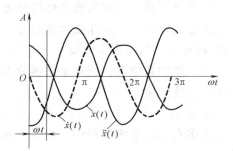

图 1-2　位移、速度和加速度振动函数

由上述可知，在简谐振动中，加速度的大小和位移成正比，方向和位移方向相反，始终

指向静平衡位置，这是简谐振动的一个重要特性。

简谐振动也可以用旋转矢量来表示，对于正弦函数振动，可以看成是一个做等速圆周运动的点在铅垂轴上的投影，如图1-3所示。

简谐振动的速度和加速度也是简谐函数，也可以用旋转矢量来表示，因此位移、速度和加速度间的关系也可以用矢量来表示，如图1-4所示。

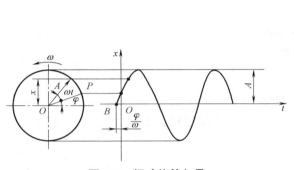

图1-3　振动旋转矢量

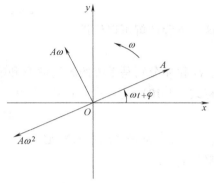

图1-4　位移、速度和加速度的矢量关系

简谐振动在以 x 轴为实轴，y 轴为虚轴的复平面 xOy 上的复数表示为

$$z = A\cos(\omega t + \varphi) + \mathrm{i}A\sin(\omega t + \varphi) = A\mathrm{e}^{\mathrm{i}(\omega t + \varphi)} \tag{1-4}$$

复数 z 代表模为 A、以等角速度 ω 逆时针旋转的复数旋转矢量，如图1-5所示。复数旋转矢量在任一轴上的投影都是简谐振动，即复数的实部与虚部都表示简谐振动，一般都取虚部来表示简谐振动规律，即

$$x = A\sin(\omega t + \varphi) = \mathrm{Im}\left[A\mathrm{e}^{\mathrm{i}(\omega t + \varphi)}\right] = A\mathrm{e}^{\mathrm{i}\omega t} \tag{1-5}$$

振动速度和加速度用复数指数形式可分别表示为

$$\dot{x} = \frac{\mathrm{d}}{\mathrm{d}t}\left(A\mathrm{e}^{\mathrm{i}\omega t}\right) = A\mathrm{i}\omega\mathrm{e}^{\mathrm{i}\omega t} = A\omega\mathrm{e}^{\mathrm{i}(\omega t + \pi/2)} \tag{1-6}$$

$$\ddot{x} = \frac{\mathrm{d}}{\mathrm{d}t}\left(A\mathrm{i}\omega\mathrm{e}^{\mathrm{i}\omega t}\right) = -\omega^2 A\mathrm{e}^{\mathrm{i}\omega t} = A\omega^2\mathrm{e}^{\mathrm{i}(\omega t + \pi)} \tag{1-7}$$

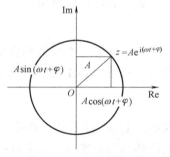

图1-5　复数旋转矢量

由此可知，简谐振动的位移、速度和加速度都可以用复数指数形式来表达。

1.3　单自由度振动系统

1.3.1　单自由度系统的自由振动

汽车振动系统是一个很复杂的系统，有很多个自由度，但是，在分析某个结构或者是部件时，可以将其简化成单自由度系统，如图1-6所示。

一个黏弹性阻尼的单自由度系统振动方程可以写成

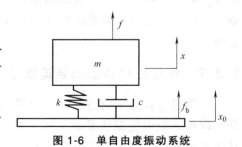

图1-6　单自由度振动系统

$$m\ddot{x}(t)+c[\dot{x}(t)-\dot{x}_0(t)]+k[x(t)-x_0(t)]=f(t) \tag{1-8}$$

式中，m、c 和 k 分别是质量、阻尼系数和刚度系数；$x(t)$ 和 $x_0(t)$ 分别是物体的位移和基础的位移；$f(t)$ 是施加在物体上的力。

假设基础不运动，施加在物体上的力也不存在，那么图 1-6 中的系统就变成了一个自由振动系统。式（1-8）变成

$$m\ddot{x}(t)+c\dot{x}(t)+kx(t)=0 \tag{1-9}$$

这个方程的解可以假设为

$$x(t)=A e^{\omega t} \tag{1-10}$$

式中，ω 和 A 分别是系统的激励频率和响应幅值。

将式（1-10）代入式（1-9）中得

$$\omega^2+2\xi\omega_n\omega+\omega_n^2=0 \tag{1-11}$$

式中，$\omega_n=\sqrt{k/m}$ 是系统没有阻尼情况下的固有频率；ξ 是阻尼比，定义为系统的阻尼 c 与临界阻尼 c_c 之比，即

$$\xi=\frac{c}{c_c} \tag{1-12}$$

临界阻尼 c_c 的定义为

$$c_c=2m\sqrt{k/m}=2\sqrt{km}=2m\omega_n \tag{1-13}$$

式（1-11）的解为

$$\omega_{1,2}=-\xi\omega_n\pm\omega_n\sqrt{\xi^2-1} \tag{1-14}$$

当 $\xi>1$ 时，系统的响应呈指数形式衰减，系统振动不起来。当 $\xi=1$ 时，系统处于临界状态。只有当 $\xi<1$ 时，系统才会振动起来。这时系统的响应或者是式（1-11）的解为

$$x(t)=e^{-\xi\omega_n t}\left(A_1 e^{i\sqrt{1-\xi^2}\omega_n t}+A_2 e^{-i\sqrt{1-\xi^2}\omega_n t}\right) \tag{1-15}$$

式中，A_1 和 A_2 是任意系数，取决于初始位移 $x(0)$ 和初始速度 $\dot{x}(0)$。如果给出系统的初始位移和初始速度，那么系统的响应为

$$x(t)=e^{-\xi\omega_n t}\left[\frac{\dot{x}(0)+\xi\omega_n x(0)}{\omega_d}\sin\omega_d t+x(0)\cos\omega_d t\right] \tag{1-16}$$

式中，$\omega_d=\sqrt{1-\xi^2}\,\omega_n$ 是阻尼系统的固有频率。

图 1-7 所示为单自由度有阻尼自由振动曲线。随着时间的增加，振动的幅值不断地降低，到某个时间，系统的振动就几乎完全衰减了。

1.3.2 单自由度系统的强迫振动

如果式（1-8）中的 $f(t)$ 不为零，那么系统就是一个强迫振动系统。假设图 1-6 中基础不运动，于是这个系统的动力方程可以

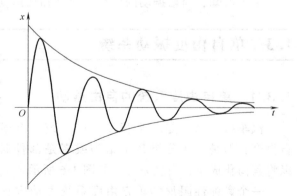

图 1-7 单自由度有阻尼自由振动曲线

写成

$$m\ddot{x}(t) = -kx(t) - c\dot{x}(t) + f(t) \tag{1-17}$$

假设系统为简谐振动，则激励力 f 为

$$f = Fe^{j\omega t} \tag{1-18}$$

式中，F 是激励力的幅值；ω 是谐振频率。

假设质量的响应比激励滞后，滞后角为 φ，则位移响应为

$$x = Xe^{j(\omega t - \varphi)} = Xe^{-j\varphi}e^{j\omega t} = X_0 e^{j\omega t} \tag{1-19}$$

式中，X_0 是响应的幅值。

将式（1-18）和式（1-19）代入式（1-17）中并比较方程两边，得

$$\left[(k - m\omega^2) + jc\omega\right]X_0 = F \tag{1-20}$$

由此可得，激励力的幅值为

$$F = \left[(1 - \gamma^2) + j2\xi\gamma\right]\frac{X_0}{k} \tag{1-21}$$

式中，$\gamma = \dfrac{\omega}{\omega_n}$ 是激励频率与系统固有频率的比值。

由此可见，在简谐激励力作用下，强迫振动也为简谐振动，其频率与激振频率 ω 相同；振幅 x 与相位差 φ 都只与系统固有特性及激振力的性质有关，而与初始条件无关。

1.4 多自由度振动系统

所谓多自由度系统，是指必须通过两个或两个以上的独立广义坐标才能够描述系统运动特性的系统，或者说是自由度数目多于一个，但又不属于连续弹性体（自由度数目为无穷多个）的系统。实际机械或结构的振动问题，许多都可以简化为具有多个自由度的动力学模型进行研究。在汽车振动问题中，许多都可简化为多自由度系统进行研究。

如果实际的结构在一定的假设条件和简化处理后确定了动力学模型，并确定其中的惯性、刚度和阻尼系数之后，就可以应用多种方法建立系统的振动微分方程，如直接法、影响系数法、拉格朗日法以及有限元等方法。在这里介绍拉格朗日法。

拉格朗日法是从能量的观点建立系统的动能 T、势能 U 和功 W 之间的标量关系，研究静、动力学问题的一种方法。它是一种普遍、简单和统一的方法，适用于简单或复杂系统的分析。其处理的方法为：取 n 自由度系统的 n 个互相独立的变量 q_1，q_2，$\cdots$，q_n 为广义坐标，则拉格朗日方程的形式为

$$\frac{d}{dt}\left(\frac{\partial T}{\partial q_i}\right) - \frac{\partial T}{\partial q_i} - Q_i = 0 \quad (i = 1, 2, 3, \cdots, n) \tag{1-22}$$

式中，T 是系统的总动能；q_i 是系统的广义坐标；Q_i 是对应于广义坐标 q_i 的广义力。

根据 Q_i 的不同表达形式，拉格朗日方程存在以下几种表达方式：

1）当系统为保守系统，即系统作用的主动力仅为势力时，广义力可以表达为

$$Q_i = -\frac{\partial U}{\partial q_i} \tag{1-23}$$

式中，U 是系统的势能。则保守系统的拉格朗日方程可表示为

$$\frac{d}{dt}\left(\frac{\partial T}{\partial \dot{q}_i}\right) - \frac{\partial T}{\partial q_i} + \frac{\partial U}{\partial q_i} = 0 \quad (i = 1, 2, 3, \cdots, n) \tag{1-24}$$

2）当系统除了势力作用以外，还存在其他非势力的作用时，则将这部分非势力的虚功记为

$$\delta W = \sum_{i=1}^{n} Q_i \delta q_i \tag{1-25}$$

式中，Q_i 是非势力广义力。因此，此时拉格朗日方程推广到非保守系统，可表示为

$$\frac{d}{dt}\left(\frac{\partial T}{\partial \dot{q}_i}\right) - \frac{\partial T}{\partial q_i} + \frac{\partial U}{\partial q_i} = Q_i \quad (i = 1, 2, 3, \cdots, n) \tag{1-26}$$

式（1-26）即为无阻尼振动系统的振动微分方程，是拉格朗日方程的一般表达形式。

3）如果将因为能量耗散函数 D 引起的阻尼力也从其他的非势力的广义力中分离出来，并使 Q 仅代表外部作用的广义激振力（力或力矩等），则可将非保守系统的拉格朗日方程改写为

$$\frac{d}{dt}\left(\frac{\partial T}{\partial \dot{q}_i}\right) - \frac{\partial T}{\partial q_i} + \frac{\partial U}{\partial q_i} + \frac{\partial D}{\partial \dot{q}_i} = Q_i \quad (i = 1, 2, 3, \cdots, n) \tag{1-27}$$

式（1-27）即为有阻尼振动系统的自由振动微分方程，是利用能量（动能 T、势能 U 和能量耗散函数 D）以及其他外部广义力表达的完全的拉格朗日方程。

一个多自由度系统的动力方程可以写成矩阵形式，即

$$\boldsymbol{M}\ddot{\boldsymbol{x}} + \boldsymbol{C}\dot{\boldsymbol{x}} + \boldsymbol{K}\boldsymbol{x} = \boldsymbol{F} \tag{1-28}$$

式中，$\boldsymbol{M}$、$\boldsymbol{C}$ 和 $\boldsymbol{K}$ 分别是质量矩阵、阻尼矩阵和刚度量矩阵；$\boldsymbol{F}$ 是力向量。

图 1-8 所示为简化的五个自由度汽车平面模型。这个模型包括四个离散的质量分布系统。m 和 I 分别代表车体的质量和转动惯量，m_1 代表动力装置的质量，m_2 和 m_3 分别代表前后轮胎及车轴的质量。由于车身是刚体，有两个自由度，因此这是一个五自由度的系统。

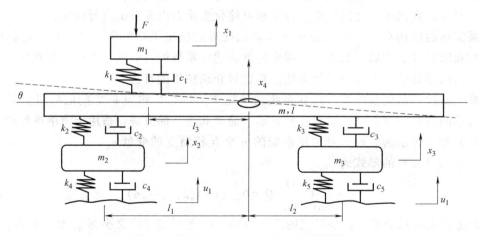

图 1-8 简化的五个自由度汽车平面模型

这个系统的动能可以写成

$$T = \frac{1}{2}m_1\dot{x}_1^2 + \frac{1}{2}m_2\dot{x}_2^2 + \frac{1}{2}m_3\dot{x}_3^2 + \frac{1}{2}m\dot{x}_4^2 + \frac{1}{2}I\theta^2 \tag{1-29}$$

式中，x_1、x_2、x_3、x_4 和 θ 是系统的广义坐标。

系统的势能为

$$U = \frac{1}{2}k_1 [x_1 - (x_4 + l_3\theta)]^2 + \frac{1}{2}k_2 [x_2 - (x_4 + l_1\theta)]^2 + \frac{1}{2}k_3 [x_3 - (x_4 - l_2\theta)]^2 +$$

$$\frac{1}{2}k_4 (x_2 - u_1)^2 + \frac{1}{2}k_5 (x_3 - u_1)^2 \tag{1-30}$$

式中，l_1、l_2 和 l_3 是几何尺寸。

系统中，黏弹性阻尼所做的功可以用相对速度表达，由此可以得到系统的动能、势能和功的表达式，分别对以上五个广义坐标求导，然后根据式（1-27）所列的拉格朗日方程，就可以得到系统的动力方程。

1.5 随机振动

1.5.1 随机过程

前面几节介绍的振动是确定性振动，即可以用数学公式来表达任何一个瞬态的振动，但是还有一类问题，其振动不能用准确的数学公式来表达，这类振动是非确定性振动，即随机振动。汽车在路上行驶时，由于路面的干扰是不确定的，因此产生的车轮振动就是随机振动。例如，图1-9所示为一组测量的汽车轮胎加速度曲线。随机振动虽然不能用精确的数学公式来描述，但是它遵循一定的规则，可以用概率和统计的方法来描述。

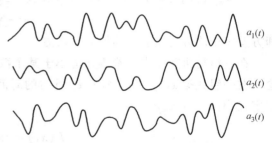

图1-9　一组测量的汽车轮胎加速度曲线

在图1-9中，假设汽车经过一段路面，测得的汽车轮胎加速度为 $a_1(t)$，在同一路面上再测量一次，得到 $a_2(t)$。由于汽车行驶的速度、轮胎压力、风速等都会变化，因此 $a_1(t)$ 和 $a_2(t)$ 不可能完全一样。同样，继续测量下去，得到 n 组数据，$a_k(t)$（$k=1, 2, \cdots, n$）。这 n 组数据中，任何两组数据都不相同。每组数据叫作取样，而所有数据就构成了一个集合，整个取样过程叫作随机过程，用 $\{a_k(t)\}$ 表示。

在某个时刻 $t=t_1$，对这 n 组数据进行平均，就得到了这个随机过程在 t_1 时刻的平均值

$$\mu_a(t_1) = \lim_{n \to \infty} \frac{1}{n} \sum_{k=1}^{n} a_k(t_1) \tag{1-31}$$

另一种表示这个集合的方法是将任何一组取样在 $t=t_1$ 的数据与 $t=t_1+\tau$ 的数据相乘，然后取平均值，就得到自相关函数 R_a，表示为

$$R_a(t_1, t_1 + \tau) = \lim_{n \to \infty} \frac{1}{n} \sum_{k=1}^{n} a_k(t_1) a_k(t_1 + \tau) \tag{1-32}$$

如果 $\mu_a(t)$ 和 $R_a(t_1, t_1+\tau)$ 取决于时间 t_1，这个随机过程就是非静定的。当平均值和自相关函数独立于时间 t_1 时，称这个随机过程是静定的，对静定的随机过程可以用高斯随

机方法来处理。如果静定过程每次取样得到的平均值和自相关函数都是相等的，那么这个随机过程是各态历经过程。各态历经过程允许利用一个取样来计算描述随机过程的平均值，而不需要用整个随机过程的数据。

1.5.2　随机过程的描述

描述随机过程常用的参数有均方值、均方根值、方差、均方差等。假设随机过程是 $\{x_k(t)\}$（$k=1$，2，$\cdots$），平均值为 μ_x，均方值 Ψ_x^2 用来描述随机变量的能量，表示为

$$\Psi_x^2 = \lim_{T \to \infty} \frac{1}{T} \int_{-T/2}^{T/2} x^2(t)\, \mathrm{d}t \tag{1-33}$$

对均方值开方，其正数值被称为是均方根值。

对各态历经过程来说，平均值 μ_x 是个常数。对一组取样来说，μ_x 是不变的，是个静态值。而 $x(t) - \mu_x$ 则表示这组数据相对于平均值的变化，是个动态值。用方差 σ_x^2 来表示这组动态值的变化，表达式为

$$\sigma_x^2 = \lim_{T \to \infty} \frac{1}{T} \int_{-T/2}^{T/2} [x(t) - \mu_x]^2 \mathrm{d}t \tag{1-34}$$

对 σ_x^2 开方，其正值被称为标准偏差。比较式（1-33）与式（1-34）可得

$$\sigma_x^2 = \Psi_x^2 - \mu_x^2 \tag{1-35}$$

即方差等于均方值减去平均值的二次方。

在一组随机数据中，希望知道小于某个数据的比例占多少，这样就引出了概率分布的概念。在一组数据 $x(t)$ 中，小于 x_1 所占的时间是 Δt_i（$i=1$，2，$\cdots$），那么小于 x_1 的时间概率定义为

$$P(x_1) = \lim_{t \to \infty} \frac{1}{t} \sum \Delta t_i \tag{1-36}$$

概率密度函数定义为

$$p(x) = \lim_{\Delta x \to 0} \frac{P(x + \Delta x) - P(x)}{\Delta x} = \frac{\mathrm{d}P(x)}{\mathrm{d}x} \tag{1-37}$$

高斯分布（正态分布）是最常见的一种分布，大多数振动符合这种分布。记正态分布表达式为

$$p(x) = \frac{1}{\sigma_x \sqrt{2\pi}} \mathrm{e}^{-\frac{(x - \mu_x)^2}{2\sigma_x^2}} \tag{1-38}$$

前面介绍的自相关函数表明了随机变量在一个时刻与另一时刻的关系，即这种关系是在时域里面。对于振动信号，更关心它在频域的情况，这样就引入了功率谱密度函数。功率谱密度定义为

$$G(f) = \lim_{\Delta f \to 0} \frac{G(f_n)}{\Delta f} \tag{1-39}$$

对连续函数 $x(t)$，式（1-32）中的自相关函数变为

$$R_x(\tau) = \lim_{T \to \infty} \int_{-T/2}^{T/2} x(t) x(t + \tau)\, \mathrm{d}t \tag{1-40}$$

对自相关函数做傅里叶变换就得到了功率谱密度函数，表达式为

$$S_x(\omega) = \lim_{T \to \infty} \int_{-\infty}^{\infty} R_x(\tau) \mathrm{e}^{-i\omega t} \mathrm{d}\tau \qquad (1\text{-}41)$$

1.6 车辆振动简化模型

当一个实际振动系统比较复杂时，建立的模型越复杂，越接近实际情况，也越能进行逼真的模拟，但往往使得分析变得困难；建立模型越简单，分析越容易，但得到的结果可能不精确。因此，在建立振动系统力学模型时，总是在求得简化表达和逼真模拟两者之间进行折中。但一个完整系统的力学模型不仅与实际机械结构有关，还与所研究的内容有关。以汽车这样一个复杂的振动系统为例，必须要根据所分析的问题进行简化。

如图 1-10 所示，把汽车车身质量看作刚体的立体模型。汽车的车身质量，即簧上质量为 m_2，它由车身、车架及其上的零部件总成组成，通过减振器和悬架弹簧与车轴、车轮相连接。车轮和车轴构成的质量，即簧下质量为 m_1。车轮再经过具有一定弹性和阻尼的轮胎支承在不平路面上。这个模型中，车身质量讨论平顺性时主要考虑垂直、俯仰和侧倾 3 个自由度，4 个车轮质量有 4 个垂直自由度，该模型共有 7 个自由度。

当汽车对称于其纵轴线时，汽车车身只有垂直振动和俯仰振动对平顺性影响最大。这时，将汽车简化成图 1-11 所示的 4 自由度平面模型。因轮胎阻尼较小，在此予以忽略。在这个模型中，车身质量 $m_{2c} = m_{2f} + m_{2r}$，主要考虑垂直和俯仰 2 个自由度，前、后车轴质量 m_{1f}、m_{1r} 有 2 个垂直自由度。

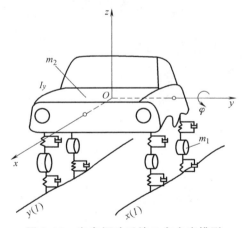

图 1-10 汽车振动系统 7 自由度模型

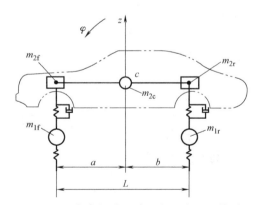

图 1-11 汽车振动系统 4 自由度平面模型

当汽车前、后轴悬架质量分配达到一定值时，前、后悬架系统的垂直振动几乎是独立的。于是可以将汽车振动系统进一步简化为图 1-12 所示的车身和车轮 2 自由度振动系统模型。其中，m_2 为簧上质量，m_1 为簧下质量，分析平顺性时，只考虑两个质量的垂直自由度。

由于车轮固有频率一般为 $10 \sim 16\mathrm{Hz}$，因此，在远离车轮的车身部分，其固有频率在较低激振频率范围（如 $5\mathrm{Hz}$ 以下），轮胎动变形很小，忽略其弹性和轮胎质量，就得到图 1-13 所示用来分析车身垂直振动的最简单的单自由度振动模型。

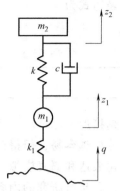

图 1-12　车身和车轮 2 自由度振动系统模型

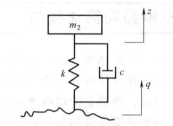

图 1-13　汽车振动系统单自由度模型

　　尽管简化模型与实际情况有所差别，但是由于实际问题非常复杂，难以进行分析研究，而通过简化模型能够为分析实际问题提供一种简便可行的方法，且简化模型的分析结果与实际情况相差不是很大，因此，简化振动模型对于分析解决实际问题还是具有重要参考价值的。

第 2 章

声学理论基础

2.1 声学的基本概念

2.1.1 声压、声阻抗

当物体振动时，会引起四周空气的扰动。空气具有质量和弹性，是可压缩的。空气被压缩后会扩张，然后又被压缩，由于这种不断的扰动，空气就形成了一定的压力，从而产生了声波。声波在空气中传播，其速度取决于流体的特性和气体的热力学温度。在理想气体中，声速 c 的定义为

$$c = \sqrt{\gamma R T_a}$$

(2-1)

式中，γ 是流体的比热比；R 是摩尔气体常数；T_a 是热力学温度。

描述声音的参数有声压、频率、质点速度和声功率等。其中，声压和频率是两个主要参数，也是测量的主要对象。描述声波的 3 个重要物理量是波长 λ（m）、频率 f（Hz）和声速 c（m/s）。声压是指当地声压与大气压之差。存在声压的空间称为声场，声场中某一瞬时的声压值称为瞬时声压，在一段时间内最大的声压称为峰值声压，瞬时声压对时间取均方根值称为有效声压，一般声学仪表测得的往往是有效声压。如果不专门注明，习惯上一般提到的声压就是指有效声压。

声压与时间和位置有关，用 $p(x,t)$ 来表示。图 2-1 表示在某个固定时间而在不同位置的声压情况。在这个波形曲线中，从某一点到完成一个完整波形传播后的另一点之间的距离被称为波长，用 λ 表示。

图 2-2 表示在某个固定位置而在不同时间的声压情况。声波完成一个完整的传播循环所需的时间称为周期，用 T 表示。波动的快慢可以用频率 f 来表示。频率和周期互为倒数关系，表达式为

$$T = \frac{1}{f}$$

(2-2)

波长、声速、频率和周期的关系表示为

$$\lambda = \frac{c}{f} = cT \tag{2-3}$$

在声学分析中，波数 k 也是一个非常重要的概念，用公式表达为

$$k = \frac{2\pi}{\lambda} \tag{2-4}$$

有了上面的概念，声压就可以用下面的公式来表示，即

$$p(x,t) = p_m \sin(\omega t - kx) = p_m \sin(2\pi f t - kx) \tag{2-5}$$

式中，p_m 是声压幅值；t 是传播的时间；x 是传播的距离；$\omega = 2\pi f$ 为圆频率。

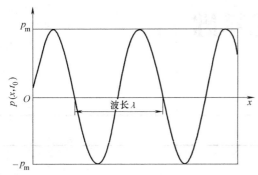

图 2-1　在某个固定时间而在不同位置的声压情况　**图 2-2　在某个固定位置而在不同时间的声压情况**

声音的传播取决于介质的特性。声阻抗是表示介质特性的一个十分重要的参数，它是声压与体积速度的复数比值，表示为

$$Z = \frac{p}{U} \tag{2-6}$$

式中，p 是声压；U 是体积速度。

其中

$$U = Su \tag{2-7}$$

式中，u 是质点的速度；S 是面积。

如果不考虑面积，那么声阻抗就转变成了声阻抗率。声阻抗率定义为声压与质点速度的比值，即

$$z = \frac{p}{u} \tag{2-8}$$

声阻抗率的单位为 $N \cdot s \cdot m^{-3}$。

机械阻抗定义为力与质点速度的比值，即

$$z_M = \frac{F}{u} \tag{2-9}$$

式中，F 是力；机械阻抗 z_M 的单位为 $N \cdot s \cdot m^{-1}$。

声阻抗 Z、声阻抗率 z 和机械阻抗 z_M 之间的关系为

$$z = \frac{z_M}{S} \tag{2-10}$$

$$z = SZ \tag{2-11}$$

对自由声场中的平面波来说，存在一个特殊的声阻抗，称为特性阻抗 z_0。特性阻抗是某一点的介质的密度与声速的乘积，表达为

$$z_0 = \rho c \tag{2-12}$$

式中，ρ 是介质的密度。平面波的速度可以用介质中声压和特性阻抗来表示，即

$$u = \frac{p}{z_0} = \frac{p}{\rho c} \tag{2-13}$$

2.1.2 声功率、声强

声音传播的快慢、幅值大小等与声源的特性和强弱有关。声源的强弱用声功率（W）来表示。单位时间内，通过垂直于声波传播方向的单位面积的声能称为声强（I），单位为 $\mathrm{W \cdot m^{-2}}$。声强 I 是一个矢量，只有规定了方向才有意义。声强的大小与离开声源的距离有关，因为声源从一点向四周辐射，声源单位时间内辐射出来的声能是一定的，离开声源越远辐射声波的面积越大，通过单位面积的声能就越少，因此声强越小。声强与声功率的关系为

$$I = \frac{W}{S} \tag{2-14}$$

式中，S 是面积。对一个球面波来说，声强可表示为

$$I = \frac{W}{4\pi r^2} \tag{2-15}$$

式中，r 是球面的半径。

对平面波来说，声强与声压、质点速度和特性阻抗之间的关系为

$$I = pu = \frac{p^2}{z_0} = \frac{p^2}{\rho c} \tag{2-16}$$

式（2-16）表明，声强的大小与声压的二次方成正比。

2.1.3 声场

介质中有声波存在的区域叫声场。声场大致可分为自由场、扩散场和半扩散场三种类型。在均匀各向同性的介质中，边界影响可以忽略不计的声场称为自由场。在自由场中，声波在任何方向无反射，声场各点接收的声音仅有来自声源的直达声而无反射声，如图 2-3 所示。自由场内各处的声能量流方向均背离声源，声压和声强均随测量点离声源距离的增加按反二次方律而降低。开阔的旷野，周围较大范围内无反射物，可以近似认为是自由场。

声能量均匀分布，并在各个传播方向上做无规则传播的声场，称为扩散场或混响场。与自由场相比，声波在扩散场内来回地发生全反射，从而使得各处的声强都等于零，如图 2-4 所示。不管声源处于任何位置，各处声压接近相等，声能密度处处均匀。

图 2-3　自由场内的声源传播

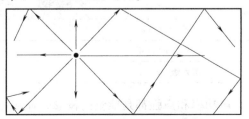

图 2-4　扩散场内的声源传播

实际工程中遇到的空间，通常是既非自由场，也非扩散场，而是介于两者之间，这就是半扩散场。

声音的频率范围非常广，而人的听力范围是 $20 \sim 20000\text{Hz}$。低于 20Hz 的声音称为次声波，而高于 20000Hz 的声音被称为超声波。

人对声音的频率和声压幅大小非常敏感。通常把人们不喜欢的声音称为噪声。实际上，噪声的概念是纯主观上的定义。同样一种声音对一部分人来说是悦耳的声音，可是对另一部分人来说则是噪声，比如，年轻人热衷的摇滚乐对很多老年人来说可能就是噪声。但是大部分噪声是人们共识的，如汽车的交通噪声和车内噪声等。

2.2　声级的度量

评价一个声音的强弱可以用声功率、声强、声压等。对于 1000Hz 的纯音，人耳刚刚能够感觉到的声压为 $2\times10^{-5}\text{Pa}$，称为"听阈声压"，人耳难以忍受的声压为 20Pa，称为"痛阈声压"，两者相差 100 万倍。显然，用声压来表示声音的强弱很不方便。同时，人耳对声音的感觉不是与声压的绝对值成线性关系，而是与其对数近似成正比。这样就引进了"级"的概念。取一个参考声压，用某个测量或者计算的声压的二次方与这个参考值的二次方相比，再取自然对数，然后乘以 10，就得到声压级。声压级 L_p 用公式表达为

$$L_p = 10\lg\frac{p^2}{p_0^2} \qquad (2\text{-}17)$$

式中，p 是实际声压；p_0 是参考声压。

同样，声功率级定义为声源的声功率与参考声功率的比值，再取自然对数，然后乘以 10，用公式表达为

$$L_W = 10\lg\frac{W}{W_0} \qquad (2\text{-}18)$$

式中，W 是声功率；W_0 是参考声功率。

声强级定义为某一点的声强与参考声强的比值，再取自然对数，然后乘以 10，用公式表达为

$$L_I = 10\lg\frac{I}{I_0} \qquad (2\text{-}19)$$

式中，I 是声功率；I_0 是参考声功率。

声级参考值见表 2-1。

表 2-1　声级参考值

声压类别	参考值
声压级/Pa	2×10^{-5}
声功率级/W	10^{-12}
声强级/W·m^{-2}	10^{-12}

声功率和声强都是能量的概念，而声压的二次方也带有能量的含义，因此这两个声级都是某个能量与参考能量的比值。如果有两个以上的声源存在，就必须把这些声源相加起来考

虑。声级是不能直接相加的，但是声能量可以直接相加，于是两个声级的相加必须转换成能量的相加。如果存在 N 个声源，而且这些声源单独的声级已经得到，当它们放置在一起的时候，其总的声级可以用公式表示为

$$L = 10\lg\left(\sum_{i=1}^{N} 10^{\frac{L_i}{10}}\right) \tag{2-20}$$

式中，L_i 表示第 i 个声源的声级，它可以是声压级，也可以是声功率级或声强级。

人的听觉系统比精密的噪声测量系统要复杂。经过长期实践锻炼的人，能够主观判断噪声源的频率和位置，有经验的操作人员或检验人员在生产现场，能从机器的噪声中判断出机器运行是否正常，并能判定造成异常主要噪声源的零件及其原因。前面提到了人的听觉频率范围是 20~20000Hz，人在这些不同的频率下对声音的强弱感受是不同的。为了反映人的耳朵对所有频率的声音听起来响亮程度相同，就引入了响度级 L_N，单位为方（phon）。图 2-5 所示为纯音标准等响曲线。图中的每根曲线是相同的响度，即听起来同样响亮。这条曲线是以 1000Hz 声音的声强级为参考的，即在这个频率时，响度级等于声强级。但是，在其他频率下，这两者是不等的。响度级与主观评价没有直接关系。这样就引入了一个线性量，即响度 N，单位为宋（sone）。频率为 1000Hz、声压级为 40dB 纯音的响度为 1 宋。响度为 2 宋的声音听起来比响度为 1 宋的声音响一倍。

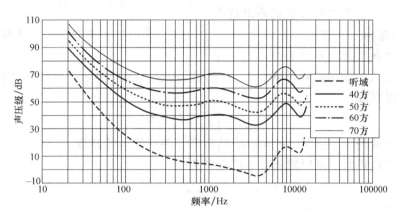

图 2-5　纯音标准等响曲线

当响度级大于 30 时，即 $L_N > 30$ 方，响度与声强的关系为：$L_N \propto \sqrt[3]{I}$。当声强增加一倍时，响度增加很少。响度与声压级还存在这样的简单关系：当声压级增加 10dB 时，响度增加一倍。响度是人们对声音强度的感受，或者说是对声强的听觉印象。

为了使噪声测量仪器的读数与人对声音的主观感觉一致，必须对声信号进行修正，从而引入了声级计权的概念。图 2-6 所示为 A、B、C 计权网络的衰减

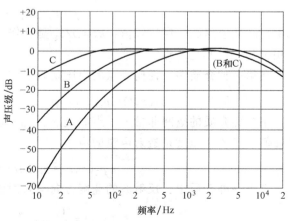

图 2-6　A、B、C 计权网络的衰减曲线

曲线，它们分别是模拟不同响度时人耳的反应。

对声音的评价还涉及说话清晰指标、声品质等指标。将在 2.4 节中介绍。

2.3 声波的传播、叠加与干涉

2.3.1 声波的入射、反射和透射

声波在媒质中传播，当遇到障碍物、边界条件或者介质改变，一部分声波会被反射回来，而另一部分声波则继续传播，即穿透障碍物或者边界。图 2-7 所示为声波的入射、反射和透射。

反射波和透射波的声压和强度取决于两种介质中的声阻抗、声速和入射波的入射角度。入射波和反射波在第一种介质中传播，而透射波在第二种介质中传播，如图 2-7 所示。第一种介质的声阻抗率为 $z_1 = \rho_1 c_1$，声速为 c_1，密度为 ρ_1。第二种介质的声阻抗率为 $z_2 = \rho_2 c_2$，声速为 c_2，密度为 ρ_2。

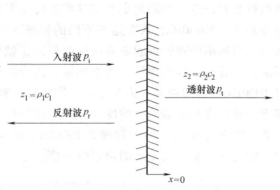

图 2-7 声波的入射、反射和透射

假设以两个介质的交界面为参考点，即 $x = 0$。这里分析入射波的一种特殊情况，即入射声波垂直于界面。这样入射波沿 x 方向传播，其声压可以写成

$$p_i(x,t) = p_i e^{j(\omega t - k_1 x)} \tag{2-21}$$

式中，p_i 是入射波的声压幅值；$k_1 = \omega/c_1$ 是在第一种介质中的波数。

入射波遇到边界时，反射波就沿 x 反方向传播，反射波可以写成

$$p_r(x,t) = p_r e^{j(\omega t + k_1 x)} \tag{2-22}$$

式中，p_r 是反射波的声压幅值。

同样，透射波可以写成

$$p_t(x,t) = p_t e^{j(\omega t - k_2 x)} \tag{2-23}$$

式中，p_t 是透射波的声压幅值；$k_2 = \omega/c_2$ 是在第二种介质中的波数。透射波沿 x 方向传播，其相位与入射波是一样的。

在第一种介质中，任何一点的声压是入射波声压和反射波声压之和，即

$$p_1(x,t) = p_i(x,t) + p_r(x,t) = p_i e^{j(\omega t - k_1 x)} + p_r e^{j(\omega t - k_1 x)} \tag{2-24}$$

第二种介质的空间非常大，声波透射后就一直往前传播而没有反射。于是，第二种介质中任何一点的声压就是透射声波的声压，即

$$p_2(x,t) = p_t(x,t) = p_t e^{j(\omega t - k_2 x)} \tag{2-25}$$

在第一种介质中，反射波的速度方向与入射波的速度方向相反，其合成的速度可以写成

$$u_1(x,t) = \frac{1}{z_1} \left[p_i e^{j(\omega t - k_1 x)} - p_r e^{j(\omega t + k_1 x)} \right] \tag{2-26}$$

透射波在第二种介质中的声波速度为

$$u_2(x,t) = \frac{p_t}{z_2} e^{j(\omega t - k_2 x)} \tag{2-27}$$

在交界面处，即 $x=0$，第一种介质的声压与第二种介质的声压相等，即

$$p_1(0,t) = p_2(0,t) \tag{2-28}$$

将式（2-24）和式（2-25）代入式（2-28），得

$$p_i + p_r = p_t \tag{2-29}$$

同样，在交界处，两种介质的速度相等，即

$$u_1(0,t) = u_2(0,t) \tag{2-30}$$

将式（2-26）和式（2-27）带入式（2-30），得

$$\frac{p_i - p_r}{z_1} = \frac{p_t}{z_2} \tag{2-31}$$

由式（2-29）与式（2-31），得到反射波的幅值与入射波幅值的比值，表达式为

$$R = \frac{p_r}{p_i} = \frac{z_2 - z_1}{z_2 + z_1} \tag{2-32}$$

式中，R 称为反射系数。

同样，透声系数 T 定义为透射波的声压幅值与入射波的声压幅值之比，表达如下：

$$T = \frac{p_t}{p_i} = \frac{2z_2}{z_1 + z_2} \tag{2-33}$$

分析式（2-33），如果两种介质的声阻抗相等，即 $z_1 = z_2$，那么，透声系数等于 1，即所有的入射声波全部透射，而没有反射声波存在。

2.3.2 声波的叠加和干涉

当空间存在多个声波时，每个声波不因其他声波的存在而改变其传播规律，而仍保持各自的频率、波长、振动方向等特性，仍按各自的传播方向前进。这时介质中任一点的物理量是各声波分量在该点作用的叠加，例如，质点速度是各声波分别作用时的质点速度的矢量和，声压则是各声波分别作用时的声压的代数和。这称为声波的叠加原理。

叠加原理的具体应用应区别两种不同情况。第一种情况是两个不同频率的声波，其相位之间没有固定联系，它们对某一质点的作用时而相互加强，时而又相互削弱，这种声波称为不相干波。图 2-8 所示为两个不相干波的叠加。其声压分别为

$$p_1 = p_{a1} \cos(\omega_1 t - k_1 x) \tag{2-34}$$

$$p_2 = p_{a2} \cos(\omega_2 t - k_2 x) \tag{2-35}$$

根据叠加原理，叠加后声压为

$$p_s = p_1 + p_2 = p_{a1} \cos(\omega_1 t - k_1 x) + p_{a2} \cos(\omega_2 t - k_2 x) \tag{2-36}$$

式（2-36）表示合成的声波已不是简谐波，其瞬时声压最大值可达 $p_{a1} + p_{a2}$，而最小值可为 $p_{a1} - p_{a2}$。

第二种情况是两个频率相同、方向相同、相位差恒定的声波的叠加，它们对空间某些地方的相互作用始终加强，而在另一些地方则始终削弱，这种现象称为干涉现象，产生干涉现象的声波称为相干波。图 2-9 所示为两个相干波的叠加，它们具有相同频率、不同振幅和固

定的相位差。其声压表达式分别为

$$p_1 = p_{a1}\cos(\omega t - k_1 x) \tag{2-37}$$

$$p_2 = p_{a2}\cos(\omega t - k_2 x) \tag{2-38}$$

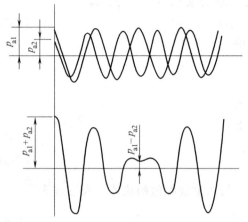

图 2-8　两个不相干波的叠加

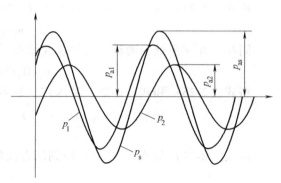

图 2-9　两个相干波的叠加

根据叠加原理，合成声场的瞬时声压为

$$p_s = p_1 + p_2$$
$$= p_{a1}\cos(\omega t - k_1 x) + p_{a2}\cos(\omega t - k_2 x) = p_{as}\cos(\omega t - kx) \tag{2-39}$$

则有

$$p_{as}^2 = p_{a1}^2 + p_{a2}^2 + 2p_{a1}p_{a2}\cos[(k_1 - k_2)x] \tag{2-40}$$

$$kx = \arctan\frac{p_{a1}\sin k_1 x + p_{a2}\sin k_2 x}{p_{a1}\cos k_1 x + p_{a2}\cos k_2 x} \tag{2-41}$$

式（2-39）说明，合成声波仍然是个具有相同频率的简谐波，而其振幅及相位则分别按式（2-40）及式（2-41）计算得到。

驻波是干涉现象的特例，当两列振幅相同的相干波沿相反方向传播时，叠加形成驻波。图 2-10 所示为驻波的形成过程，图中 $p_1 = p_a\cos(\omega t - kx)$ 及 $p_2 = p_a\cos(\omega t + kx)$ 为两列向相反方向行进的相干波，各用虚线及点画线表示，为了看得清楚，两列波的振幅画得略有差别。根据叠加原理，其合成声压为

$$p_s = p_1 + p_2$$
$$= p_a\cos(\omega t - kx) + p_a\cos(\omega t + kx)$$
$$= 2p_a\cos kx\cos\omega t \tag{2-42}$$

式（2-42）说明，合成声压仍是以 ω 为频率的简谐波，而其振幅则是 $|2p_a\cos kx|$，振幅在 $+2p_a$ 及 $-2p_a$ 之间随 x 变化。由此可知，驻波实际上就是分段的

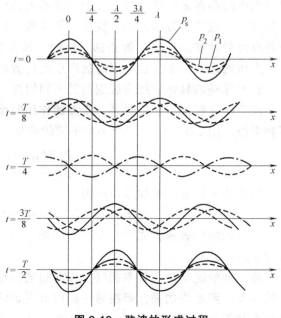

图 2-10　驻波的形成过程

振动现象。

驻波的质点速度为

$$u = -\frac{1}{\rho_0}\int\frac{\partial p}{\partial x}\mathrm{d}t = -\frac{1}{\rho_0}\int\frac{\partial(2p_a\cos kx\cos\omega t)}{\partial x}\mathrm{d}t$$

$$= \frac{2p_a}{\rho_0 c}\sin kx\sin\omega t \tag{2-43}$$

由式（2-42）及式（2-43）可知，在驻波情况下质点速度和声压的相位正好差 π/2。图 2-11 形象地表示了此现象，图中一平面声波在与之相垂直的两个绝对刚性墙之间被来回反射，声压作用在墙上时达到最大值，而此时质点速度为零，相位正好相差 π/2，这就是纯驻波现象。

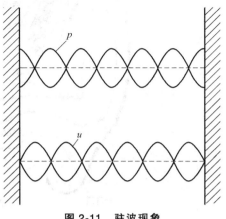

图 2-11 驻波现象

2.4 声品质与心理声学

2.4.1 声品质

20 世纪 80 年代中期，致力于汽车噪声控制的工程师们发现，传统的 A 计权声压级不足以描述汽车噪声的全部特征，单纯地降低声压级并不能改善汽车乘坐的舒适性。例如，对于频谱形状不同的噪声，完全可能具有相同的 A 声级，但是人们的主观感觉是不一样的；对于以低频为主的汽车噪声（如 20~300Hz 的频段内），有时虽然其 A 声级并不高，但感觉还是很响或令人烦躁；对于汽车发动机等的间歇性噪声，由于人对 A 声级相等的稳态噪声和间歇噪声的主观感受是不一样的，因此评价结论的偏差是在所难免的。当噪声能量降低到一定程度时，单从声能量对人的影响来说，再追求过低的噪声声级已毫无意义，这时噪声的时频特性与声音质量的研究变得更为重要。1994 年由 Blauert 提出了国际公认的声品质的定义：声品质是指在特定的技术目标或任务内涵中声音的适宜性。声品质中的"声"并不单纯是指声波这样一个物理事件，而是包括了人耳听觉感知在内，"品质"是指由人耳对声音事件的听觉感知过程并最终做出的主观判断。这一定义强调了人们对声特性的判断的主观性。

为什么人们对两种有相同声压级值的声音会有可能完全不同的主观感觉呢？最主要的原因在于"听"的生理过程。人耳是一种复杂的非线性接收装置，具有特殊的、与频率相关的传导特性。图 2-12 所示为人耳的生理构造，外耳由耳廓和外耳道组成。耳廓的绕射效应和外耳道内与方向无关的其他效应，使得人耳最敏感的频率范围为 1~10kHz。中耳连接耳鼓和耳蜗，后者才是真正的声接收器。声信号与神经中枢反应的最终连接，就发生在耳蜗内。在入射声信号到达耳鼓之前，就已经被人体和人耳的频率特性及空间滤波特性对其做了大量的修改。人体躯干本身就起到一种方向滤波器的作用。由于绕射的存在，听觉上的声与声源直接发射的声已有了明显的不同。另外，"听"通常涉及两耳，这也会影响对声音的感觉。然而，仅仅从生理学出发，还不足于充分解释声感觉的所有层面。这里还存在心理学因素的影响，诸如听者的姿势、经历、期望、环境、当时的情况等。

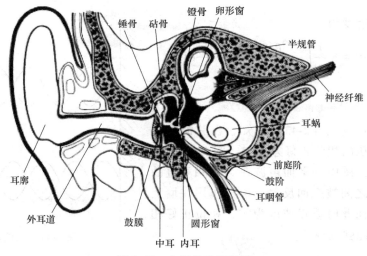

图 2-12 人耳的生理构造

人的听觉的另一基本特性是自然的双耳听。左耳和右耳接收的声信号在时间上存在相对的延迟，感受的声压谱因声音的方向不同而存在差别。当频率低于1500Hz时，两个信号之间的相位差对于声源的定位起主要作用；而对高于该频率的声音，听力感觉中幅值的差别和声压谱的差别是主要因素。

内耳最重要的特性是它的非线性特性。这意味着响度相对于声压级不是一种线性的关系，如图2-5所示。另外，对有恒定声压级的纯音感觉到的响度，是随其频率而变化的。

1. 临界带（critical bands）

内耳的作用相当于一组互相衔接的恒百分比带宽滤波器。频率低于500Hz的部分，各滤波器的有效噪声带宽近似于一常值，约为110Hz带宽；而对于高频部分，逐渐扩展为恒百分比（约为23%）带宽。这与耳蜗的非线性频率-距离特性十分符合。这些带宽常称为"临界带带宽"，同时以"巴克"（Bark）的标尺来标识这些临界带，见表2-2。

表 2-2 临界带

临界带/Bark	1	2	3	4	5	6	7	8
中心频率/Hz	50	150	250	350	450	570	700	840
带宽/Hz	100	100	100	100	110	120	140	150
临界带/Bark	9	10	11	12	13	14	15	16
中心频率/Hz	1000	1170	1370	1600	1850	2150	2500	2900
带宽/Hz	160	190	210	240	280	320	380	450
临界带/Bark	17	18	19	20	21	22	23	24
中心频率/Hz	3400	4000	4800	5800	7000	8500	10500	13500
带宽/Hz	550	700	900	1100	1300	1800	2500	3500

2. 掩蔽效应（masking effect）

对于由多种声分量组成的复合声来说，上面提到的临界带有着极为重要的意义。例如，听某一滤波器通带范围内的窄带声，其总的响度感觉就等于声音都在滤波器中心频率上一样。换句话说，高声级的声分量"掩蔽"掉了那些与该分量的频率相接近的其他低声级分量。

窄带噪声的掩蔽效应如图 2-13 所示。对于一个 50dB、4kHz 的纯音（图中标记"+"），当存在一中心频率 1200Hz，声压级为 90dB 的窄带背景噪声时，它可以听得出来。如果背景噪声的声压级提高到 100dB 时，该纯音就听不到了。另外，掩蔽声的声级越高，受掩蔽的频带就越宽。

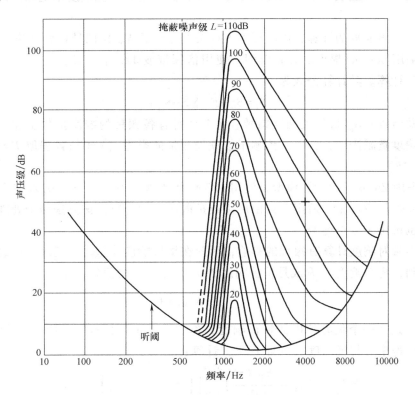

图 2-13 窄带噪声的掩蔽效应

车辆噪声中，不一定是由声压级起主要影响，但也很让人"厌烦"的例子有：刮水器噪声、燃油泵噪声、电动机的呜呜声、仪表板的喀啦喀啦声等。为表达这些负面的声品质和使人"厌烦"的特性，人们使用各种各样的名词术语加以形容，如呜呜声、喀啦喀啦声、轰鸣声、隆隆声、嘶嘶声、拍打声、嘎嘎声、言语干扰声等。

但也并非所听到的所有声音都是"坏"的或者不希望听到的。声音可以是重要的信息载体，传达出某些正面的感觉。例如，从关车门时"砰"的一声中觉察出车门是否关严实了，赛车加速时那种运动玩耍的冲动感，大型高级轿车发动机运行的平滑感，车门或座位上安全带锁入扣时的咔嗒声等。这些噪声都是没必要去除掉的，在感觉上也是"好"的声音。

2.4.2 心理声学客观参量

目前，在众多国外声品质研究学者的成果的基础上定义了几个用于描述听觉事件的客观参量，来进行声品质的定量分析，称为心理声学客观参量。它包括响度、尖锐度、抖动度、粗糙度、音调度、言语清晰度、言语可懂度、峰度、脉冲度、感觉舒适度和无偏烦恼度等。这些客观参量的建立成为人们进行噪声声品质客观评价的理论基础。

1. 响度

响度是人们对声音强度的感受，响度的大小不仅与声压的大小、频率的高低有关，还受频谱分布以及人耳掩蔽效应的影响。响度是声音对人的感知影响最大的一个参量。一般而言，响度越大，对人造成的烦恼程度越严重，声音品质越差，但响度不是噪声声品质的决定标准。

对于稳态噪声响度的计算，国际标准 ISO 532 规定了 A、B 两种计算方法。

A 方法采用 Stevens 提出的计算模型，使用倍频带或 1/3 倍频带，适用于平坦频谱的扩散声场的响度计算。其计算公式为

$$S_t = S_m + F(\sum S - S_m) \tag{2-44}$$

式中，S_t 是总响度；S_m 是最大响度指数；$\sum S$ 是所有各频带的响度指数求和；F 是反映掩蔽效应的分响度贡献因子，其取值依赖于倍频程测量的类型（1/1 倍频程取 $F = 0.3$，1/3 倍频程取 $F = 0.15$）。

B 方法采用 Zwicker 的计算模型，使用 1/3 倍频带作为基础数据，引入临界带概念对人耳的掩蔽效应做相应修正，适用于自由声场或扩散声场的计算。该方法用于处理复杂的宽带噪声，当然也可用于分析纯音。

由于临界带对响度计算有很大的影响，因此在构造响度模型时，把激励声级对临界带率模式作为基础，将总响度 N 看成是特征响度 N' 对临界带率的积分，即

$$N = \int_0^{24\text{Bark}} N'(z)\,\mathrm{d}z \tag{2-45}$$

式中，$N'(z)$ 是在一个临界带内的特征响度，单位为 $\text{sone}_G/\text{Bark}$，下标 G 表示响度值由临界带声级计算得来。特征响度 N' 可根据下式计算：

$$N'(z) = N_0'\left(\frac{1}{s}\frac{E_{\text{HS}}(z)}{E_0}\right)^{0.23}\left[\left(1-s+s\frac{E(z)}{E_{\text{HS}}(z)}\right)^{0.23}-1\right] \tag{2-46}$$

式中，E_0 是在相应于参考声强 $I_0 = 10^{-12}\text{W}\cdot\text{m}^{-2}$ 的激励；$E(z)$ 是在 z 区域的激励级；$E_{\text{HS}}(z)$ 是静域激励；$s \approx 10^{(0.22-0.005z/\text{Bark})} - 1$（例如，在 1kHz 附近，$s = 0.5$），是域值系数；$N_0' \approx 0.068\text{sone}_G/\text{Bark}$，是 1kHz、声压级为 40dB 的参考响度。

当激励为 0 时，即 $E = 0$，特征响度也为 0，即 $N' = 0$。

ISO 532 中计算特征响度的方法为

$$N' = K_1 10^{0.1e_1 L_{\text{HS1}}}\left\{\left[0.75+0.25\times10^{0.1(L_E-L_{\text{HS}})}\right]^{e_1}-1\right\} \tag{2-47}$$

式中，L_E 是修正分贝值；指数 $e_1 = 0.25$；常数 K_1 的计算结果为 0.0635；L_{HS} 是静域值，可根据下式计算：

$$L_{\text{HS}} = 3.64e^{0.8\ln f} - 6.5e^{0.6(f-3.3)^2} + 0.001f^4 \tag{2-48}$$

式中，f 是频率，单位为 kHz。

2. 尖锐度

尖锐度（sharpness）是描述高频成分在声音频谱中所占比例的参量，反映噪声的刺耳程度，其值越高，感觉越刺耳。尖锐度的单位为 "acum"（acumer 的缩写）。1acum 的参考声为中心频率为 1kHz、声压级为 60dB、带宽等于一个临界带的窄带噪声。

影响尖锐度的因素有窄带噪声的频谱成分、中心频率和声音的带宽。声音的频谱包络对

尖锐度的影响最大，而频谱的细微结构则不太重要。在一个临界带宽内，带宽的变化对尖锐度大小没有影响。对于不同带宽的声音，带宽越窄，尖锐度值越大，听起来越刺耳。声压级对尖锐度的影响也相对较小，如声压级从 30dB 增加到 90dB，尖锐度只增加一倍。

尖锐度的常用数学模型有两种，均采用临界带的频谱响度对总响度加权积分的方式计算。

（1）Zwicker 提出的尖锐度模型

$$S = 0.11 \times \frac{\int_0^{24\text{Bark}} N'(z)zg(z)\mathrm{d}z}{N} \tag{2-49}$$

式中，S 是尖锐度；N 是总响度；$N'(z)$ 是临界带的特征响度；$g(z) = 0.111S/S_0$，是依据不同临界带的加权函数。

（2）Aures 提出的尖锐度模型

$$S = 0.11 \times \frac{\int_0^{24\text{Bark}} N'(z)g'(z)\mathrm{d}z}{\ln(0.05N + 1)} \tag{2-50}$$

式中，$g'(z) = g(z)z = 0.0165e^{0.171z}$，是依据不同临界带的加权函数，高频的特征响度对尖锐度的影响更大。

3. 抖动度、粗糙度

人们对经过调制的声音有两种不同的感受：当调制频率在 20Hz 以下感知为抖动度（fluctuation），而在 15~300Hz 时感知为粗糙度（roughness），粗糙感常伴随发动机噪声出现，其分数谐波可能引起这样的调制效果，抖动度大的声音听起来要比粗糙度大的声音烦躁得多。

对于一个 100% 幅度调制的 1kHz 纯音，逐渐提高其调制频率，可以明显地感受到以下三个不同的区域：

1）调制频率很低时，响度上下缓慢变化，产生的是抖动感觉。在调制频率为 4Hz 时，抖动度感受达到极大值，调制频率继续升高，抖动度下降。

2）从大约 15Hz 起是另外一种感受，即粗糙度开始产生。在调制频率为 70Hz 处粗糙度达到极大值，然后随调制频率的升高而下降。

3）调制频率继续升高，人耳可逐渐感受到三个不同的纯音，当调制频率大于 150Hz 时，这种感受越来越明显。

粗糙度的单位为 asper，将调制频率为 70Hz、调制幅度为 100%、声压级为 60dB 的 1kHz 纯音粗糙度定义为 1asper。只要调制函数的频谱在 15~300Hz 区域即可产生粗糙感，并非要周期性调制，这就是大多窄带噪声即使没有包络和频率的周期性变化，却能产生粗糙感的原因。

影响粗糙度的因素主要有两个：频率分辨率和时间分辨率。频率分辨率由激励模式或特征响度随临界带的关系决定。当调制幅度为 25% 时，即 $m = 0.25$，粗糙度达到其最低值，为 0.1asper，调制幅度每增加 10%，相应粗糙度增加 17%，因此在可听声范围内粗糙度划分为 20 个级别。粗糙度变化 1.56 倍时，人们刚可察觉到粗糙度的差异。粗糙度 R 与调制幅度 m

的关系可表示为

$$R \supseteq m^p, \quad 1.5 < p < 2 \tag{2-51}$$

粗糙度的最初计算模型由 Aures 在 1994 年提出，目前常用的粗糙度计算公式由 Zwicker 提出：

$$R = 0.3 f_{mod} \int_{z=0}^{24 \text{Bark}} \Delta L_E(z) \, \mathrm{d}z \tag{2-52}$$

抖动度的单位为 vacil，将声压级为 60dB、频率为 1kHz 的纯音，以 4Hz 纯音进行幅值调制，将调制幅度为 100% 声音的抖动度定义为 1vacil。抖动度呈调制频率的带通特性，最大值在调制频率 $f_{mod} = 4$Hz 处。与粗糙度的计算类似，抖动度 F 的计算也采用瞬间掩蔽模式，以最大和最小声级差 ΔL 的形式表示：

$$F = \frac{0.008 \int_{z=0}^{24 \text{Bark}} \Delta L \, \mathrm{d}z}{\dfrac{f_{mod}}{4} + \dfrac{4}{f_{mod}}} \tag{2-53}$$

4. 音调度

含有明显单频成分的噪声具有音调特征，用音调度（tonality）来描述。相对音调度与临界带率的分布带宽有关，随着临界带率的分布带宽的增大而降低。最大音调度出现在 700Hz，音调度的单位在国际上通常采用 tu 表示，符号为 T，并规定 1000Hz 纯音在响度 $N = 4$sone 或声压级 $L = 60$dB 时的音调度为 1tu。音调度计算模型：

$$T = \sqrt{\sum_{i=1}^{N} \left[W_1(\Delta z_i) W_2(f_i) W_3(\Delta L_i) \right]^2} \tag{2-54}$$

式中，$W_1(\Delta z_i)$ 表示第 i 个单频成分与临界带差异的关系，可以表示为

$$W_1(\Delta z_i) = \left(\frac{0.13}{\Delta z + 0.13} \right)^{1/0.29} \tag{2-55}$$

$W_2(f_i)$ 表示第 i 个单频成分与频率的关系，可近似表示为

$$W_2(f_i) = \frac{1}{\sqrt{1 + 0.2(f_i/700 + 700/f_i)^2}} \tag{2-56}$$

$W_3(\Delta L_i)$ 表示第 i 个单频成分的声级盈余效应，可以表示为

$$W_3(\Delta L_i) = (1 - e^{-\Delta L_i/15}) \tag{2-57}$$

当绝对声级盈余由 20dB 增大到 30dB 时，对音调度的影响微乎其微。由于在 14sone 以上，响度对音调度没有明显的影响，因此音调度的比较是相对于 1kHz 纯音、$N = 14$sone 或 $L = 78$dB 而言的。

5. 语言清晰度、言语可懂度

语言清晰度指数（articulation index，AI）、言语可懂度指数（speech intelligibility index，SII）常用于言语声学的研究。习惯上，当言语单位间的上下文关系不重要时就用"清晰度"，相反如果上下文关系重要时就用"可懂度"，表示整个言语传输系统的性质。对低频频谱不能用言语可懂度来测量，因为言语可懂度忽略了 200Hz 以下的声音（忽略低频是因为大部分的言语在 200~700Hz 的频率范围）。

噪声的可懂度指数、清晰度指数是指由噪声引起的降低言语可懂度、语言清晰度的程

度，清晰度指数依赖于背景噪声的频率和声压级。汽车舱室内部的噪声对于车内乘客之间交谈的语言清晰度有较大影响。

噪声的 1/3 倍频程谱在言语频带范围内的成分对言语交谈有着重要影响，如图 2-14 所示。当噪声的频谱落在言语区域的下限，交谈受影响的程度很低，清晰度很高，可达 100%；当噪声的频谱接近言语区域的上限，交谈受影响的程度很高，清晰度很低，可达 0。对于各频带的清晰度进行平均即可得到总的清晰度。

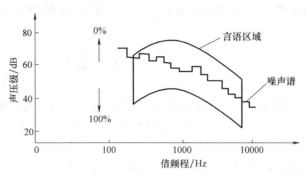

图 2-14 言语频带范围的噪声谱

噪声的言语可懂度表示了噪声降低言语可懂度的程度，取决于背景噪声的声级和频谱、言语频谱。言语可懂度计算的模型基于 ANSI S3.5-1997 "Methods for Calculation of the Speech Intelligibility Index"。言语可懂度有两种值的计算方式，一种记为 "av" 值，另一种为 "rms" 值。前者从噪声信号频谱中平均计算得来，适用于稳态信号；后者则相对时间或转速进行计算，更适合对瞬态信号的分析。

6. 峰度和脉冲度

峰度（kurtosis）主要用于描述声音信号的脉冲性质，它反映了在短时间内存在信号大幅度偏移的情况，是一个时域上的统计量。例如：在关闭汽车电动车窗的时候发出的 "吱吱声"（甚至是 "尖叫声"），对于这样的声音信号需要用峰度来表征，峰度的符号为 K，计算公式为

$$K = \frac{\frac{1}{N} \sum_{i=1}^{N} (x_i - \bar{x})^4}{\left[\frac{1}{N} \sum_{i=1}^{N} (x_i - \bar{x})^2 \right]^2} \tag{2-58}$$

式中，N 表示在某段时间间隔内采样的信号个数；x_i 表示声音信号的瞬时值（如声压值等）；$\bar{x}$ 表示声音信号在 N 个采样点的平均值。

经过对大量的声音样本进行主观评价试验和峰度值计算，得出如下结论：当 $K>15$ 时，将会产生令人非常反感的 "尖叫声"；当 $K<5$ 时，"吱吱声" 将不会出现；当 $5 \leqslant K \leqslant 15$ 时，人们会感觉到一个不断发生变化的 "吱吱声"，且令人烦恼的程度随着峰度的增加而变大。

脉冲度（impulsiveness）是描述声音脉冲性质的另一个客观参量，采用以下声音信号进行主观评价测试：

$$s(t) = \left[(1-a) + ai(t) \right] f(t) \tag{2-59}$$

式中，$i(t)$ 是持续时间短于声音信号周期的周期脉冲函数（如方波、三角波、余弦脉冲等）；$f(t)$ 是不同频率的白噪声或正弦信号；a 是决定了声音脉冲激励的参量。

经过大量主观评价试验，总结出如下结论：

1）脉冲度依赖于信号中脉冲的重复频率，当脉冲频率小于 10Hz 时，脉冲度随脉冲频率的增大而增大，当脉冲频率大于 10Hz 时，脉冲度随脉冲频率的增大而减小。

2）脉冲度随着声压级和脉冲激励参量 $a/(1-a)$ 的增大而单调递增。

3）当脉冲函数的变化斜率很高时，脉冲度也相应很大，如方波。

计算时频域上的激励 e_j，并在每个临界带上对其进行非线性映射 y（e_j 幅值较小时是线性函数，幅值较大时近似为指数等于 0.15 的指数函数），将各临界带上的脉冲相加，得

$$I' = \sum k_j \frac{\overline{[y(e_j) - \overline{y(e_j)}]^n}}{\overline{[y(e_j)]^m}} \tag{2-60}$$

把主观评价结果进行标准化，可得到脉冲度 I 的计算公式为

$$I = 0.055556I' + h(I'-1.8)(1.271367I' - 2.288461) + \\ h(I'-7.0)(-0.326923I' + 2.288461) \tag{2-61}$$

式中，$x<0$ 时，$h(x)=0$；$x \geq 0$ 时，$h(x)=1$。

7. 感觉舒适度和无偏烦恼度

感觉舒适度和无偏烦恼度是综合评价参数，它们不仅与人耳听觉系统有关，还与声音的物理参量有关。

感觉舒适度与粗糙度、尖锐度、音调度以及响度有关。感觉舒适度随尖锐度的增大而减小，纯音的感觉舒适度最大，而带通噪声的感觉舒适度最小。感觉舒适度随着音调度的增加而增大，但当相对音调度大于 0.4 时，感觉舒适度的增加明显变慢。一般情况下，当响度在 20sone 以下时，感觉舒适度基本不受影响，而当响度大于 20sone 时，感觉舒适度下降。因为粗糙度和尖锐度都与响度有关，因此不能单纯考虑感觉舒适度与响度的关系。总体来说，感觉舒适度主要与尖锐度有关，粗糙度和音调度次之，响度仅在两人安静交流的正常响度以上范围对感觉舒适度有影响。感觉舒适度 P 的相对值与尖锐度 S、粗糙度 R、音调度 T、响度 N 的关系可近似表达为

$$\frac{P}{P_0} = e^{-0.7\frac{R}{R_0} - 1.08\frac{S}{S_0}} (1.24 - e^{-2.43\frac{T}{T_0}}) e^{-\left(0.023\frac{N}{N_0}\right)^2} \tag{2-62}$$

从 14sone 开始，响度对感觉舒适度的影响很小，响度的参考值归一化标准为 $N_0 = 1$sone，相应于 1kHz 声级为 40dB 的纯音；粗糙度的参考值归一化标准为 $R_0 = 1.3$asper，相应于响度 $N=14$sone、调制频率 $f_{mod}=70$Hz、调制幅度 $m=1$ 的 2kHz 的纯音；尖锐度的参考值归一化标准为 $S_0 = 9.6$acum，相应于响度 $N=14$sone、频率为 2kHz 的纯音；音调度的参考值归一化标准为 $T_0 = 1$tu，相应于响度 $N=14$sone、频率为 500Hz 的纯音。感觉舒适度的参考值 P_0 为 500Hz 纯音的舒适度，频率为 1kHz、声级为 60dB 的纯音的舒适度为 $P=1$。由此可得，计算舒适度绝对值的模型为

$$P = e^{-0.55R} e^{-0.113S} (1.24 - e^{-2.2T}) e^{-(0.023N)^2} \tag{2-63}$$

无偏烦恼度（UBA）的定义为：排除了声源的影响，在实验室具有可描述声学环境条件下，评价主体对令其烦恼的声音做出的反映，单位为 au（annoyance unit 的缩写）。无偏烦恼度（UBA）的计算模型表示如下：

$$UBA = dN_{10}^{13}[1 + 0.25(S-1)\lg(N_{10}+10) + 0.3F(1+N_{10})/(0.3+N_{10})] \tag{2-64}$$

式中，N_{10} 是时间段上超过 10% 的响度值；d 是一天时间影响的因子（$d \approx 5$dB 或 2sone），当考虑夜间影响时，近似表示为 $d = 1 + (0.2N_{10})^{0.5}$；$S$ 和 F 分别表示尖锐度和抖动度。

2.5 汽车振动与噪声的主要问题

在汽车界，人们谈论振动与噪声时，通常采用一个词 NVH，即是噪声（noise）、振动（vibration）和不舒适（harshness）三个英文单词的首字母。汽车振动与噪声与发动机的转速和汽车行驶速度有关，并且不同的振动噪声源有不同的频率范围。在低速时，发动机是主要噪声与振动源；在中速时，轮胎与路面的摩擦是主要噪声与振动源；而在高速时，车身与空气之间的摩擦变成了最主要的噪声与振动源。从汽车的构成来看，可以将其振动噪声的主要问题大致分为：发动机的振动噪声，动力系统的振动噪声，车身的振动噪声以及整车的振动噪声。分析这些振动噪声问题通常结合了仿真计算与试验分析技术。随着计算机技术的发展，仿真计算在振动噪声响应的预测方面十分有效，节省了大量分析时间。同时，试验技术在振动噪声分析中的重要作用也是不可取代的。早期，试验分析设备简单，只能用声级计、加速度传感器等来进行简单的振动噪声测量。当电子技术和信号处理技术迅速发展的时候，出现了频谱分析、相干分析、相关分析等应用到振动噪声信号分析中。之后又出现了声强测量、声全息方法等新的试验与分析技术，这些技术极大地提高了分析汽车振动噪声的水平。

2.5.1 发动机的振动噪声

发动机是汽车的心脏。发动机产生动力，推动传动轴系，然后带动车轮前进。汽车用的发动机基本是四冲程的，有汽油机和柴油机。

发动机的振动源主要来自气缸内周期变化的气体压力和曲轴机构运动产生的惯性力。对一个四冲程发动机来说，完成一个工作循环要经过四个过程：进气、压缩、膨胀和排气。在一个工作循环内，曲轴转两周，即 720°。爆炸产生的力在气缸内推动活塞上下运动，活塞带动曲柄连杆机构，然后推动曲轴做旋转运动。气缸内气体爆炸产生的压力会作用在曲柄销上，形成交变切向力与径向力。活塞、连杆、曲柄等运动部件在运动过程中产生惯性力和惯性力矩。对多缸发动机来说，惯性力可以做到相互平衡，但是惯性力矩通常很难平衡。发动机内部还会有曲轴的扭转振动与弯曲振动及阀机构的振动。发动机内部的振动源也会通过整机传递给汽车的其他系统。发动机整体有六个方向的振动：上下、前后、左右的跳动，以及绕三个轴的转动。发动机与车体之间必须安装隔振器才能减小发动机传递到车体上的振动。

发动机的噪声可分为机械噪声、燃烧噪声和空气动力噪声。机械噪声是由于气体压力及机件的惯性作用，使相对运动零件之间产生撞击和振动而激发的噪声。机械噪声主要包括活塞的敲击噪声、齿轮机构噪声、配气机构噪声、轴承噪声、高压水泵噪声、不平衡惯性力引起的机体振动和噪声等。机械噪声是随着转速的提高而增加的，通过机体向外传播。发动机的燃烧噪声是在气缸中产生的。气缸中变化的压力波不断冲击燃烧室壁，使其产生振动。气缸内部件的刚度通常很大，其自振频率很高，这种振动及辐射噪声呈高频特性。气缸内压力在一个工作循环内呈周期性变化，它激起气缸内部件的低频振动，其频率与发动机转速有关。燃烧噪声是与内部压力有关的，压力越大，燃烧噪声也就越大。燃烧噪声通过发动机机体向外辐射。空气动力噪声主要是在进气和排气过程中产生的，它直接向大气辐射。当进气系统和排气系统与发动机连接后就转化为进气口的噪声和排气尾管的噪声。

气缸中变化的压力波和惯性力都与活塞的加速度有关，而活塞的加速度可以分解成一系列正弦函数，因此爆炸压力和惯性力都由一系列"阶次"压力组成。与发动机相关的噪声与振动也是由发火阶次和对应的谐波阶次组成，如四缸发动机的主要成分是二阶、四阶等。由惯性力和惯性力矩引起的振动的主要成分是一阶和二阶，高阶成分的贡献很小。在试验和分析中，通常将发火阶次、频率和振动或者噪声量值的大小画在一个三维图或者彩图上。一个坐标表示频率，另一个坐标表示转速，立体曲线的高低或者颜色的不同表示振动或者噪声的大小。这样对噪声与振动的阶次和来源就能一目了然。

发动机是汽车最主要的振动与噪声源。发动机的噪声与振动是由许多不同的阶次分量组成的。与它连接的系统或者部件的振动与噪声也都与阶次有关，比如进气系统中进气口的噪声、排气系统中尾管的噪声、发动机隔振器中振动的传递等。另外，车内噪声、地板的振动、转向盘上的振动等也与发动机的阶次有关。

2.5.2 动力系统的振动噪声

动力系统是动力传动系统的一部分，包括动力装置隔振系统、传动轴系、进气系统和排气系统，因此它是汽车非常重要的振动噪声源。

动力隔振器的主要目的是减小动力装置传到车体的振动。动力装置和隔振器组成了一个隔振系统。同时相对于整个车体来说，动力装置和隔振器又相当于一个动力吸振系统，可缓解路面冲击对车体的影响。

动力传动轴系由传动轴、半轴、驱动桥、变速器支承轴承、中间轴承和差速器轴承等组成。如果传动轴或者半轴的质心与旋转几何轴心不在一条直线上，那么轴旋转时会产生离心力。当两个轴联系的时候，如果两个轴线不重合，会产生径向跳动。在变速器和差速器内，齿轮相互啮合，由于材料、加工精度、安装几何精度等因素，两个齿轮不可能是理论上那样完美地啮合，于是就出现了啮合误差。这个误差就会产生噪声并将振动传到轴系上，然后通过轴承传递到车体上。

进气系统的功能是按照一定的规律并且有效地给发动机输送空气，而排气系统则是将燃烧后的废气转变成干净的气体排放到大气中。进气系统和排气系统在完成自身功能的同时带来了一个副产品，即噪声与振动。进气系统的噪声主要是进气口的噪声、空气滤清器和消声共振器壳体的辐射噪声。排气系统的噪声主要是排气尾管、消声器、催化器及管道等壳体结构引起的辐射噪声。排气系统一方面与发动机相连接，另一方面与车体相连接，这样发动机的振动会传递到车体。

2.5.3 车身的振动噪声

车身是噪声与振动的传递通道。各种噪声与振动源都会通过车身传到车内。与车身有关的噪声与振动问题涉及车身模态、车身结构的振动传递和声传递灵敏度、结构噪声的传递、空气噪声的传递和风激励噪声。

汽车上的大多数部件直接与车身相连接，如排气系统、传动轴系、悬架系统、发动机等。这些系统的振动与噪声会传递到车身。车身的结构模态频率可能会和与之相连接的系统的模态频率相重合，引起两个系统之间的共振，比如排气系统与车身结构。车身腔室声模态也可能与车身结构模态出现重合而产生低频的共鸣声。发动机振动或路面不平会将整个车身激励起来，从而产生振动并对车厢内辐射噪声。车身上的局部结构，如门、柱等在激励下也会产生局部振动。

　　风激励噪声是汽车在高速行驶的时候，车身与空气相互摩擦而产生的。汽车高速行驶的时候，风对车身的激励成了最主要的噪声源，同时也会使车体产生振动。风激励噪声是一种空气动力噪声，风与汽车接触的时候，在车身的一些转角处形成空气动力湍流。这种湍流特别容易在结构不平滑的地方出现，如天线、刮水器等地方。如果汽车密封不好，车身有空洞和缝隙，这种风激励的噪声就更容易传进来。

2.5.4　整车的振动噪声

　　整车噪声与振动是建立在所有系统和部件的噪声与振动和激励源的基础之上的。基于试验的整车振动噪声分析通常有两种方法：一种是源-路径-接受体方法；另一种是模态综合法。

　　源-路径-接受体方法是分别测量所有的振动与噪声源信号，并确定传递通道灵敏度，将这些源和通道的贡献叠加起来，就得到了整车的噪声与振动。比如测量了进气口的噪声和进气口噪声与车内噪声之间的声传递函数，就可以计算出进气口噪声对车内噪声的贡献大小，因此这种方法对识别噪声与振动源也非常有用。这种方法简单而直观，相比于仿真计算，使用试验数据可以提高结果精度。

　　模态综合法比较复杂。首先要对各个系统进行分析得到系统的模态，比如车身的振动模态、声学模态、动力装置的振动模态、路面施加的力等；然后将结果输入模态综合系统中进行整车的噪声与振动分析，得到车厢内的声压，以及地板、座椅和转向盘上的振动。当汽车中只有一个系统改变时，就只需要对这个系统重新试验。在整车模态分析时，只需更换新系统的模态结果，其他系统保持不变。模态综合法分析起来比源-路径-接受体方法要复杂。

　　整车振动噪声的评价可以分为客观评价和主观评价。客观评价是通过试验测量振动与噪声的量值来对其进行评价。主观评价是人通过自己的主观感觉来评判振动与噪声的大小与舒适度。

　　声品质是这些年来汽车界十分关注的问题，声品质主观评价试验通过现场聆听或回放，让评价者根据某些属性，如喜好、情感等做出对噪声的评价，并进行统计分析。

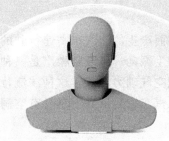

第 3 章

汽车振动噪声试验系统与环境

汽车振动噪声试验中，振动或噪声信号由测量系统采集并转换成电信号，经前置放大和微积分变换，变成可供分析仪器使用的关心物理量的电压信号。测量系统由传感器及其配套测量电路组成。测量系统是整个汽车振动噪声试验系统的基本环节之一。在某些试验中，还需要能够激励试件的激励系统以及特定的试验平台及环境。本章对汽车振动噪声试验所涉及的测量系统、激励系统、数据采集与分析系统、测量环境以及底盘测功机进行介绍。

3.1 测量系统

测量系统中的传感器是试验过程中用来检出信号的一次变换器。而测量电路是对传感器采集的信号进行放大、分析和处理的 $2 \sim n$ 次变换器，如阻抗变换器、放大器、解调器、微积分网络、滤波器等。汽车振动噪声试验的测量系统通常由振动与声学传感器、前置放大器或电荷放大器、数据采集与分析系统构成。

3.1.1 振动传感器

绝大多数汽车振动噪声试验中都会涉及力、位移、速度或加速度等振动信号以及以声压为主的声信号的测量，采集这些信号的传感器也是最常用的。

振动测量中最常用的是压电式传感器。例如，图 3-1 所示的电荷型压电传感器属于绝对式、接触式传感器。它以压电晶体为敏感元件，当晶体变形时，它的两个极面上会产生与其变形成正比的电荷，而变形量是与晶体受到的力成正比的。压电式传感器正是利用压电晶体的压电效应，将机械量（力、加速度）转换为电荷量，经电荷放大器放大并以电压

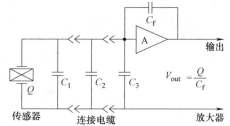

图 3-1 电荷型压电传感器

输出。它的主要优点是动态范围大，但传感器与电荷放大器之间的电缆很关键，因为它对外部的干扰非常敏感。

1. 压电力传感器

图 3-2 所示为压电力传感器的工作原理：作用于传感器上的力使压电晶体变形，从而在晶体上产生电荷。图 3-3 所示为 B&K8200 压电式力传感器的基本构造。它由基座 6、压电元件 1 和顶盖 3 组成，用螺栓 2 将其连在一起，并给以一定的预压力。在外力作用下，压电元件产生正比于外部作用力的电荷量，经导线 4 引至输出插座 5，再接至电荷放大器归一、放大，变为可供分析的模拟电压信号。

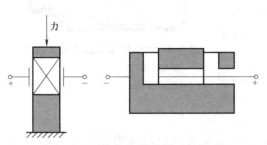

图 3-2 压电力传感器的工作原理

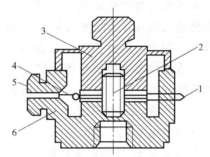

图 3-3 B&K8200 压电式力传感器的基本构造

1—压电元件　2—螺栓　3—顶盖
4—导线　5—输出插座　6—基座

B&K8200 力传感器在制造时给压电元件施加了预压力，既可测压力又可测拉力和冲击力，是一种组合型力传感器。

压电力传感器最主要的技术参数是电荷灵敏度。电荷灵敏度表示压电力传感器在单位力作用下产生的电荷量，用 S_q 表示，单位为 pC/N。

应根据试验时的激励方式来选择不同的力传感器类型。如用激振器激励，宜选用组合型力传感器；如用冲击锤激励，宜选用冲击型力传感器。试验时，应配合好力传感器的电荷灵敏度与电荷放大器的量程，使在测试过程中能产生一个既不过载又不太弱的可供分析的电压信号。

2. 压电式加速度传感器

在测量汽车振动时，响应通常是汽车结构的运动。理论上，测量位移、速度或加速度中的任何一个参数来表示运动响应都无关紧要。大部分运动传感器都是（比较简单的）质量-弹簧系统，即惯性式运动传感器，都有一个共振频率 ω_r。位移传感器在它自身共振频率以上的频带内（$\omega \geqslant \omega_r$），其输出信号与其位移成正比。这必然要求共振频率很低，从而需要有较大的质量（$\omega_r^2 = k/m$）。测量位移对低频情况更为重要，如地震仪的固有频率低于 1Hz。而惯性原理的速度传感器要求保持频率比在 1 附近（$\omega \approx \omega_r$）才可以实现速度的测量，使其无实用价值。测量加速度的情况与位移传感器正好相反，加速度传感器工作在远低于自身共振频率的频带内（$\omega \ll \omega_r$）。因此，加速度传感器的质量可以很小，把它粘在结构上时对结构的影响也小，测量也就越精确。采用加速度传感器的另一个好处是，加速度信号可以通过积分电路正确地积分，从而得到速度和位移，而将速度传感器和位移传感器跟微分电路一起使用是不明智的，它会放大高频噪声。所有这些考虑使加速度传感器在汽车振动噪声试验中成为应用最广泛的振动传感器。

压电式加速度传感器又称压电式加速度计，简称加速度计，与压电式力传感器一样也利用了压电效应原理，常用的压电式加速度计有中心压缩式和三角剪切式两种。

图 3-4 所示为中心压缩式加速度计的构造，它由基座 6、压电元件 2 和质量块 3 组成，用预压弹簧 4 压紧，封装在金属外壳 5 中。测量时，加速度计固定在被测结构上，随结构一起运动。质量块的惯性力作用于压电元件上，使压电元件产生正比于加速度的电荷量。电荷经导线引至输出插座 1，经连接导线再引至电荷放大器归一、放大，变为可供分析的电压信号。为了得到较高的灵敏度，质量块通常由重金属制成。

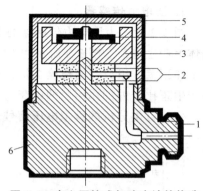

图 3-4 中心压缩式加速度计的构造
1—输出插座 2—压电元件 3—质量块
4—预压弹簧 5—金属外壳 6—基座

加速度计的电荷灵敏度定义为加速度计接收轴向单位加速度时所输出的电荷量；电压灵敏度定义为加速度计接收轴向单位加速度时所输出的电荷量，单位为 $pC/(m/s^2)$。

横向灵敏度 S_x 是加速度计的另一个重要指标。由于制造误差及压电晶体片极化技术规则等原因，传感器不仅接收轴向加速度，还部分接收横向振动加速度。横向灵敏度定义为传感器接收横向单位加速度所产生的电荷量。横向灵敏度不仅影响信号幅值的测量精度，更严重的是影响信号相位的测量。显然，横向灵敏度越小越好，优良的压电加速度计，在工作频率范围内，横向灵敏度应小于主轴灵敏度的 3%。图 3-5 所示为加速度计典型的主轴灵敏度和横向灵敏度。横向灵敏度 S_x 与主轴灵敏度 S 之比称为横向灵敏度比，用 TSR 表示。

$$TSR = \frac{S_x}{S} \times 100\% \tag{3-1}$$

3. 阻抗头

除上述介绍的压电力传感器和压电式加速度传感器外，还有一种称为阻抗头的压电式传感器。如图 3-6 所示，阻抗头是将压电力传感器和加速度传感器做在一起的传感器，适于测量结构点阻抗或原点频率响应函数。

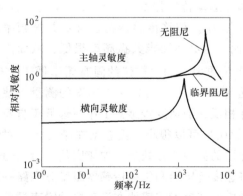

图 3-5 加速度计典型的主轴灵敏度和横向灵敏度

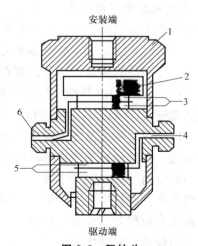

图 3-6 阻抗头
1—基座 2—质量块 3、5—压电元件
4—力输出端 6—加速度输出端

4. 电荷放大器

与压电式传感器配套的前置放大器普遍采用电荷放大器作为测量放大电路。电荷放大器的核心是一个具有电容负反馈且输入阻抗极高的高增益运算放大器。电荷放大器的工作原理如图 3-7 所示，改变负反馈电容值，得到不同的增益即电压放大倍数。此外，电荷放大器还设置有以下功能的电路。

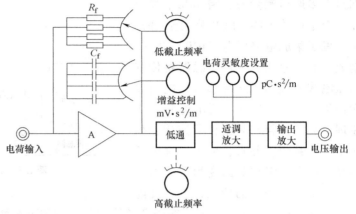

图 3-7 电荷放大器的工作原理

（1）低通和高通滤波电路 低通滤波可以抑制测量频带以外的高频噪声，高通滤波可以抑制测量线路中的低频晃动信号。低通滤波由一个低通滤波电路来实现，高通滤波则由并联反馈电阻及 R_f 来实现。

（2）适调放大器 适调放大器的作用是实现测量电路灵敏度的归一化。不同的压电式传感器的电荷灵敏度不同。为了多点测量方便，要求各通道测量电路具有相同的输出灵敏度。为此，在电荷放大器中设置一个能按传感器灵敏度调节放大倍数的适调放大器。

（3）积分电路 多数电荷放大器设置有一次积分电路和二次积分电路。这样，由加速度计输入电荷放大器的与加速度成正比的电荷量可经一次积分转换为与速度成正比的电压信号，或经二次积分电路转换为与位移成正比的电压信号。

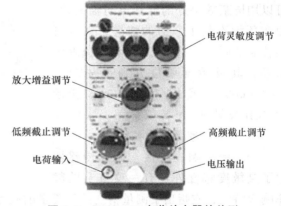

图 3-8 B&K2635 电荷放大器的外形

电荷放大器的频率范围很大，低频能达到 0.1Hz，而高频可达 100kHz 甚至更高。图 3-8 所示为 B&K2635 电荷放大器的外形。表 3-1 列出了电荷放大器的性能指标。

表 3-1 电荷放大器的性能指标

型号	电荷输入范围/pC	频率范围/Hz	最大输出电压/V	最大输出电流/mA	特点	生产厂家
B&K2634	≤104	1~（200×10³）	8	8	工业环境	B&K
B&K2635	≤105	0.2~（100×10³） 1~（10×10³） 1~（1×10³）	8	8	加速度测量 速度测量 位移测量	B&K

5. ICP 传感器

电荷放大器作为压电式传感器的前置放大器已具有明显的优点。其缺点是价格昂贵，特别是在多通道测量时，需用几个甚至几十个电荷放大器。PCB 公司于 1973 年开发了集成电路压电（ICP）技术，制成 ICP 传感器。这种传感器将传统的压电式力或加速度传感器与电荷放大器集于一体，图 3-9 所示为其工作原理。它能直接与采集仪器连接，简化了测量系统。并且，由于这种传感器具有高电荷阻抗输出变为了放大后的低阻抗电压输出的特性，抗干扰能

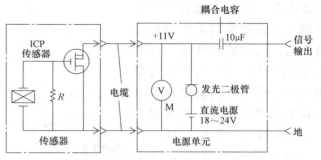

图 3-9 ICP 传感器的工作原理

力强，能够进行长电缆传输，在提高了使用便利性和可靠性的同时造价也大大降低。

ICP 传感器内的微型 IC 放大器的基本组成为 MOS 场效应晶体管，并由输入端的高阻值电阻与传感器电容构成一个一阶高通滤波器，由此确定传感器测量中的低频截止频率。其信号输出具有两线连接特征，即信号输出线与供微型 IC 放大器工作用的恒流源输入线为同一根线，另一根线为地线，信号输出线可以用屏蔽效果好的低噪声同轴电缆，而在环境不是很恶劣的情况下，也可用普通的同轴电缆。ICP 力和加速度传感器，其灵敏度单位分别为 mV/N、mV/（m/s^2）或 mV/g。图 3-10 所示为 PCB 公司的 ICP 传感器。

6. 振动传感器的主要特性

（1）频率响应特性 振动传感器除了灵敏度特性外还有一项重要的频

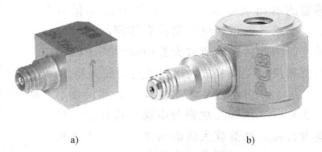

a)   b)

图 3-10 PCB 公司的 ICP 传感器
a）加速度传感器 b）力传感器

率响应特性，它指出了测量精度满足要求的频率范围，在这个范围内灵敏度基本保持不变，超出这个范围将产生很大的误差。这是由于灵敏度的变化使测量基准发生了改变。进行振动测量时的工作频率应落在传感器频率响应曲线的线性段内。加速度传感器由于具有共振频率特性，限制了其最高工作频率。一般情况下，试验的最高频率不大于加速度计共振频率的 1/10。

限制加速度计可用频率范围的另一个重要因素是将它安装在结构上的方法。图 3-11 概括了各种可能的安装方法。每一种安装方法都相当于一个弹簧，并与加速度计质量又构成一个质量-弹簧系统。用螺栓连接方法效果最好，然而这种非常刚性的安装（共振频率大约为 30kHz，视加速度计的质量而定）要求在结构上所有需要的地方打孔，并且要求平整光滑的安装面。一个常用而便捷的方法是用一薄层蜂蜡（最高温度 40℃，最大加速度 100m/s^2）。为了保持较高的安装共振频率（30kHz），这层蜂蜡应尽可能薄。永久磁铁可以很容易在带有铁磁表面的结构上到处移动，然而这种连接方法允许的最大频率仅为前面提到的方法的 1/5 左右。最后，手持式探头对于快速摸底工作是很方便的，此种方法的最高频率约为

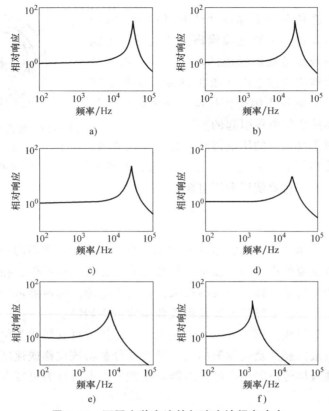

图 3-11 不同安装方法的加速度计频率响应

a）螺栓连接 b）薄层蜂蜡粘接 c）环氧树脂粘贴 d）双面胶粘贴 e）磁铁安装 f）手持式检测

700Hz，所得结果重复性不是很好。

（2）温度特性 压电加速度传感器的电压灵敏度是受温度变化影响的。由于振动测量的环境是各种各样的，有时要在高温下测量，如测量内燃机排气管的振动，温度相当高，此时传感器的灵敏度要降低。为了得到较好的测量结果，要求加速度传感器的特性受温度变化的影响较小，因此好的加速度传感器一般要经过热循环处理，这样可以忍受 200℃ 以上的高温，其性能参数不能有大的降低。但由于压电材料受高温的限制，当温度高于压电材料的居里点以后，压电元件就会损坏，因此目前较好的压电传感器也只能承受 400℃ 以下的温度。低温的情况与高温相反，当温度降低时，其电压灵敏度上升。图 3-12 所示为加速度传感器

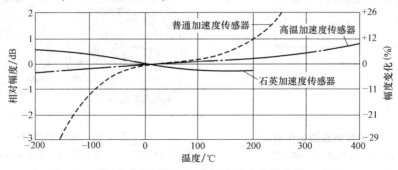

图 3-12 加速度传感器的温度特性曲线

的温度特性曲线。

（3）电缆效应　在使用压电加速度计的过程中，常会出现由于电缆产生的误差，也称电缆噪声。这些噪声可能是出于不正确接地形成接地回路感应的电噪声，也可能是连接加速度计和放大器的同轴电缆（图 3-13 所示为加速度计专用电缆剖面图）在测量中因受到振动，在屏蔽层和绝缘层之间摩擦生电而感生的电压引起的。

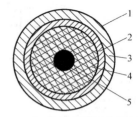

图 3-13　加速度计专用电缆剖面图
1—外皮　2—屏蔽层　3—石墨层
4—绝缘层　5—芯线

消除电线噪声对于高阻抗的压电传感器是十分重要的。除了要正确地安装传感器和连接电缆，尽可能减少电缆的曲折并使电缆固定外，一定要使用专用电缆。

3.1.2　传声器

噪声的物理特性可用许多不同的参数来描述，声压是其中最常用的一个参数。传声器在测量噪声声压中起着重要作用。传声器是一种装有换能器的电声器件，在声波的作用下，换能器即可输出相应的电信号，即将声波的机械能转变为电能。传声器可分为电容传声器、压电传声器、驻极体传声器、电磁传声器及磁致伸缩式传声器等。

传声器均由两部分组成。第一部分直接接受声压作用并将其转化为位移或速度，称为声接收器。声接收器一般由膜片及壳体等构成。第二部分是将该位移或速度转化为电量的换能器。电容传声器、驻极体传声器及压电传声器的换能器，前两种为可变电容，而后者则为压电晶片。

1. 电容传声器

电容传声器的工作原理和结构分别如图 3-14 和图 3-15 所示。用镍、铝合金等制成的薄膜片（厚度一般为 4~6μm）和用不锈钢等制成的后极板构成一电容位移传感器。其中，膜片被以适当方法张紧装配于壳体前端，而后极板则用石英或玻璃绝缘安装在壳体内。当声压作用于膜片上时，膜片产生位移并引起相应电容量的改变。由于膜片相当薄，因此膜片处于

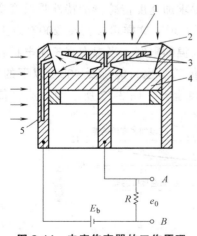

图 3-14　电容传声器的工作原理
1—膜片　2—空气隙　3—缓冲孔
4—绝缘石英体　5—均压孔　E_b—极化电压

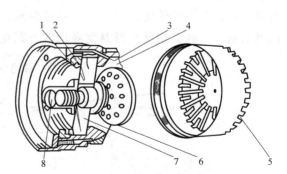

图 3-15　电容传声器的结构
1—弹性体　2—均压孔　3—平衡调整银丝　4—膜片
5—保护栅　6—背板　7—绝缘体　8—输出端

弹性控制区，膜片位移与作用于其上的声压成正比。为了控制膜片位移量的大小，在后极板上开有适量的减压孔，在膜片运动时将引起孔中空气的流动以耗损部分能量，取得适当的共振峰值位移。在传声器的壳体上设有一个很细的均压孔，使膜片两边压力均衡，防止膜片破裂。因为环境气压每天、每小时的变化超出了声压变化对膜片的影响，而后者则是膜片要感应的。壳体上开均压孔后，传声器对大气压或变化很慢的压力不响应，这些压力的频率一般处于听觉频率的下限（20Hz）之外。对于噪声的变化声压（20Hz～20kHz），由于毛细均压孔作用，其只能作用于膜片外部，使膜片产生所希望的变形。

在上述可变电容位移传感器后接入一高电阻 R，并被"极化"至200V的直流电压，以激励电路及确定膜片中心位置（无声压作用时的位置），因为在膜片两极间存在静电引力，对于一不变的膜片位移，R 上无电流通过即没有输出电压 e_0 存在，对于变化声压作用，R 上将有电流通过并输出电压。

为保护膜片不受机械损伤，膜片外装有一个开口的防护罩。

电容传声器是汽车噪声测量中应用最广泛的传声器。它具有灵敏度高，从低声级到高声级都能测量；频率响应特性较宽且平直、动态范围广，低到12dB、高到170dB均可测量；输出稳定性好及环境适应性强等优点。但其制造起来较复杂、成本高、容易损坏，使用中必须十分注意。

2. 驻极体传声器（预极化电容传声器）

利用驻极体换能器进行工作的传声器称为驻极体传声器，其工作原理和结构分别如图3-16和图3-17所示。在金属后极板上（第一极板）蒙以机械张紧膜片，而膜片则是准永久带电的驻极体箔，在该箔背向后极板的一面镀有金属层（第二电极）。在后极板与膜片间只有约10μm的空气层并利用后极板上的鼓点和凸缘来加以控制，则驻体箔上的电荷在空气隙中形成静电场。在声压作用下，膜片发生位移，两极板间有相应的电压输出，因此，驻极体传声器实际上是一种自偏压式电容位移传感器。

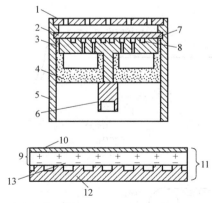

图 3-16　驻极体传声器的工作原理
1—保护栅　2—膜片　3—背板　4—绝缘体　5—壳体
6—电极　7—聚合材料　8—支承点
9—复合膜片　10—金属膜电极　11—极化电容
12—金属后极板　13—预极化电子

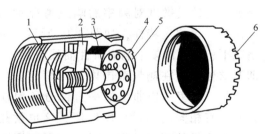

图 3-17　驻极体传声器的结构
1—输出端子　2—绝缘体　3—背板
4—膜片　5—电荷携带层　6—保护栅

驻极体箔是用俘获电子能力很强的聚四氟乙烯等介电材料制成的薄膜，并在其一面涂以金属材料，金属层厚度一般为 $12\mu m$ 或 $25\mu m$。膜片采用电晕放电或电子喷注等方法充电极化到 $10\sim20nC/cm^2$，这相当于两极板加上 $200V$ 的外偏电压，从而使用中不再需要极化电压。因此，这种传声器也被称为预极化传声器。它具有不需要外加极化电压，电容量较大，可直接与放大器相连接以及结构坚固、成本较低等优点，在汽车噪声测量中也广泛使用。

3. 传声器的主要特性

（1）灵敏度　传声器灵敏度是指输出端电压与输入端作用有效声压的比值 S，即

$$S=输出端电压/输入端作用有效声压 \tag{3-2}$$

传声器灵敏度可分为自由场灵敏度 S_f 和声压灵敏度 S_p。自由场灵敏度是指传声器输出端开路电压与在声场中引入传声器前存在于传声器中心位置处的自由场声压的比值，即

$$S_f=\frac{U_0}{p_0} \tag{3-3}$$

式中，U_0 是传声器输出端的开路电压，单位为 V；p_0 是传声器所在位置的声压，单位为 Pa。

声压灵敏度是指传声器输出端开路电压 U_0 与传声器承压面上实有声压的比值，即

$$S_p=\frac{U_0}{p_1} \tag{3-4}$$

式中，p_1 是作用在膜片上的声压。

在低频时，由于声波波长较长，传声器直径较波长小得多，传声器本体反射较小，自由场灵敏度与声压灵敏度相差不大。但在高频时，传声器本体存在较大反射，传声器接受面将出现一个压力增量，自由场灵敏度大于声压灵敏度值，如图 3-18 所示。电容传声器有自由场型传声器和压力场型传声器两种。前者采用自由场灵敏度，用于自由场（或消声室）噪声测量；后者采用声压灵敏度，用于腔体中的声测量。在汽车噪声测量中多采用自由场型传声器。

（2）频率响应特性　在汽车噪声测量的各种场合中，噪声几乎都具有很宽的频率带。传声器在受到这种声波作用时，对不同的频率，其灵敏度也不相同，即灵敏度是频率的函数。这种灵敏度对频率的响应情况称为传声器的频率响应特性，如图 3-19 所示。理想情况下，传声器频率响应特性曲线应该平直，即要求传声器在测量范围内输出恒定，灵敏度均匀。频率响应曲线的平直部分所对应的频率都有相同的相对灵敏度值，这也就是传声器能测量的频率范围。频率测量范围受到传声器共振频率的影响。共振频率高，要求传声器直径小，此时能测量的频率范围宽，但灵敏度有所下降。反之，共振频率低，要求传声器直径大，灵敏度相应升高，频率测

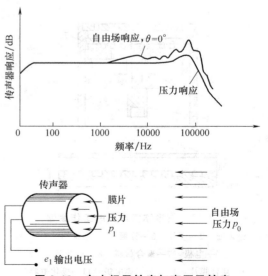

图 3-18　自由场灵敏度与声压灵敏度

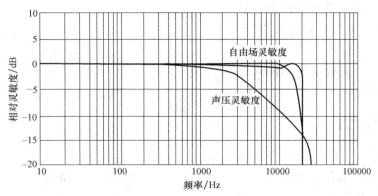

图 3-19 传声器的频率响应特性

量范围变窄。传声器频率响应特性通常以 250Hz 或 1000Hz 时的灵敏度为基准，用测量范围内其他频率下灵敏度与之差值来表示。

（3）指向性 传声器放入声场而引起作用在传声器感应面上的声压变化不仅与声波频率、传声器形状尺寸有关，而且与声波传播方向有关。传声器的灵敏度随声波入射方向变化的特性称为传声器的指向性，如图 3-20 所示。

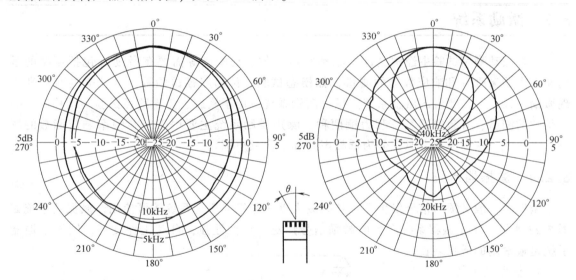

图 3-20 传声器的指向性

传声器的指向性一般用某角度 θ 向传声器入射声波，传声器灵敏度 S_θ 与轴向入射（$\theta = 0°$）时灵敏度 S_0 比值，即指向性系数 D_θ 来衡量。

$$D_\theta = S_\theta / S_0 \tag{3-5}$$

在频率足够低的情况下，D_θ 基本上为常量，声波入射角对传声器灵敏度没有影响。但在高频时，D_θ 变化很大。当声波与膜片平行传播时（90°的入射角），作用于膜片上的压力基本为零，传声器无输出电压，接近于零。

（4）动态范围 传声器灵敏度保持不变的声压变化范围称为动态范围。传声器动态范围宽，则可测量声压范围大。传声器最小可测声级主要由电路内部噪声决定，而上限可测范围一般指出现 3% 谐波失真时的声级，这一失真由内部电路和传声器膜片引起。一般来说，传声器直径越小，可测上限声级越高。图 3-21 所示为不同尺寸传声器的动态范围。

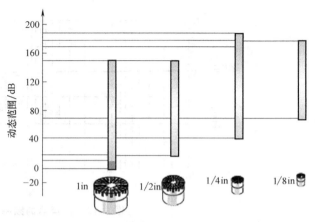

图 3-21　不同尺寸传声器的动态范围（1in = 25.4mm）

3.1.3　前置放大器

前置放大器是传声器与测量系统之间的连接部分，起阻抗变换作用，同时还为传声器提供极化电压。前置放大器的输入级是一个阻抗变换器，用来使高内阻抗的电容传声器与后面的放大电路匹配。输入级要求输入电容小和输入电阻高，一般采用场效应晶体管和晶体管组成源级跟随器和发射级输出器。前置放大器的输出阻抗很低，因此，在使用过程中，可根据实际情况，适当加长前置放大器与后续测量仪器之间的电缆。

3.2　激励系统

汽车振动噪声试验中经常会涉及频率响应函数、动刚度等需要有激励（包括振动的激励和噪声的激励）和响应数据的测量，如模态试验、传递路径试验等。这就需要有一套实现激励可控、可测量的激励系统。振动激励系统可用于模态、传递路径试验中结构频率响应函数的测量，有激振器系统和力锤两种。噪声激励系统主要用于声学频率响应函数的测量，以体积加速度为参考源，分为低频声源和中高频声源。

3.2.1　激振器系统

激振器一般必须与信号发生器、功率放大器一起组成激励系统才可使用。激振器系统如图 3-22 所示。由激振器系统产生的激励信号广泛，可控性强，自动化程度高，因而激振器系统是最常用的激励装置。

1. 信号发生器

信号发生器提供激振器所需要的激励信号源。信号源类型可分为稳态正弦信号、周期信号、随机信号以及猝发信号。

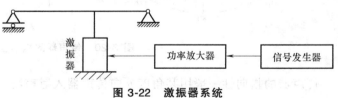

图 3-22　激振器系统

信号发生器提供的激励信号可以是模拟信号，也可以是数字信号。如 LMS 公司 SCADASIII 上的 QDAC 信号发生模块是数字式的。数字信号发生器提供的信号质量较模拟信号发生器要高得多，故逐渐成为主流信号源。大多数信号发生器是硬件设备，也有些信号源由计算机软件实现。计算机提供的信号源更易于控制和改变。值得注意的是，无论是数字信号发生器，还是计算机辅助产生的信号源，最终均以模拟电压信号输出。

2. 功率放大器

信号发生器提供的激励信号主要是包含特定频率成分和作用时间的电压信号，一般能量很小，无法直接推动激振器，必须经过功率放大器进行功率放大后转换为具有足够能量的电信号，驱动激振器工作。

为了得到稳定输出，功率放大器内部都设有深度负反馈电路。根据负反馈类型不同，功率放大器分为定电压功率放大器和定电流功率放大器。定电压功率放大器采用电压负反馈电路，保证输出信号电压恒定，不随负载变动而改变；而定电流功率放大器采用电流负反馈电路，保证输出信号电流恒定。有的功率放大器兼有这两种功能，使用更为方便。

这两种形式的功率放大器在试验中的用途不同。对于定电流功率放大器，输出信号电流恒定，通过激振器产生的激振力幅恒定。当振动系统进入共振区时，会产生很大的响应，容易使测量放大器过载。而对于定电压功率放大器，在系统进入共振区时，响应增大，负载反射阻抗增大，电压恒定，电流减小，通过激振器产生的激振力幅减小；在反共振点附近，响应减小，负载反射阻抗减小，功率放大器输出电流增大，激振力增大。可见，定电压功率放大器在进行频率响应测试时具有很大的优越性，而在进行适调多点激振和多输入多输出频率响应函数估计时，定电流功率放大器更加适宜。使用功率放大器时要反复调试放大倍数，以便测量系统放大器不致过载，并具有较高的信噪比。

3. 激振器

激振器有多种形式，电动力式激振器和电动液压式激振器是汽车振动噪声试验中常用的两种形式。

（1）电动力式激振器（电动式）理是电磁感应定律，通电导体在磁场中受力，将由功率放大器提供的激励电信号转换为激振力信号。

电动力式激振器主要由固定磁路部分、可动部分和外壳组成。固定磁路部分包括磁铁4、铁心5、磁极8，其作用是在环形气隙6中产生一个恒定磁场。可动部分包括顶杆1、芯杆9、线圈架（动圈）7和支承弹簧2。外壳3将上述两部分结构封装起来，并提供引线、安装螺孔、限幅结构等附件。

电动力式激振器顶杆与结构之间一般通过预压力顶紧接触（通常

理是电磁感应定律，通电导体在磁场中受力，将由功率放大器提供的激励电信号转换为激振力信号。

图3-23所示为电动力式激振器的结构原理。其基本原

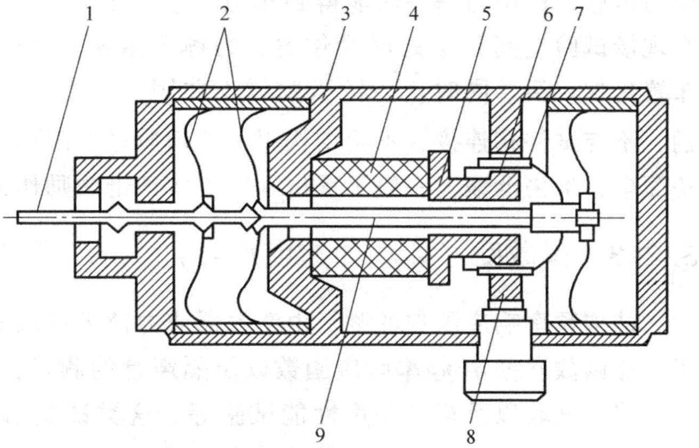

图3-23　电动力式激振器的结构原理
1—顶杆　2—支承弹簧　3—外壳　4—磁铁　5—铁心
6—环形气隙　7—线圈架　8—磁极　9—芯杆

顶杆与结构之间还有推力杆和力传感器），以使在正常测试时顶杆与结构之间不会脱离，并且此时支承弹簧的刚度最小。支承弹簧的刚度与可动部分的质量是经过严格设计的，以便对结构的附加刚度和附加质量最小。

电动力式激振器具有频率范围大（上限频率可高达30kHz，下限频率可低至1~3Hz），激振力幅值、频率及相位易于调整，可动部件质量和刚度小，激振力大（最大可至几千牛）

的优点。其缺点是低频特性不好，对超大型结构（如飞机、火箭、航天器等）来说激励能量不够。尽管如此，电动力式激振器仍是汽车结构试验最常用的激振装置。

（2）电动液压式激振器　电动液压式激振器是一种电控制、液压驱动的激振器，结构要比电动力式激振器复杂得多。它由电动部分、液压驱动部分和激振部分组成。其工作原理是：经功率放大器放大的激励信号送至电动部分，经液压驱动部分将激振力放大，最后由激振部分输出至结构上产生足够大的激振力。

电动液压式激振器是一种大型激振设备，可承受几千牛的预压力和高达几百千牛的激振力，激振器可动部分行程也可高达 100mm，低频特性良好，可输出 1Hz 以下的激振力，非常适于整车的振动试验。这种激振器的缺点是频率上限较低，一般最高可至 100Hz，且价格昂贵。

3.2.2　力锤

力锤是将锤子和力传感器结合在一起构成的仪器，是结构振动噪声试验中另一种常用的激励装置，如图 3-24 所示。力锤可用于单输入单输出以及单输入多输出的结构振动试验。锤击激励提供的是一种瞬态激励，这种激励只需一把力锤即可实现，比激振器系统要简单得多。力锤锤帽可更换，以得到不同的冲击力谱。锤头可有不同的附加质量，以得到不同能量的激励信号。对许多汽车零部件结构如副车架、排气系统等进行模态试验，使用力锤一般能得到相当满意的结果。在现场试验空间狭小的激励位置，力锤比激振器布置更加灵活。同时，力锤激励属于非固定式激

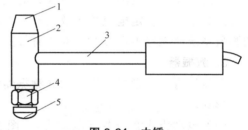

图 3-24　力锤
1—附加质量　2—锤体　3—锤柄
4—力传感器　5—锤帽

励，不与试件相连接，不给结构附加任何质量，因而不会影响试件的动态特性。加之激励设备简单，价格低廉，一般工程试验中均将锤击激励作为优先考虑的激励方式之一。

3.2.3　声激励（体积加速度声源）

结构频率响应函数的测量由激振器或力锤进行激励，汽车振动噪声试验中还涉及声学频率响应函数、振-声频率响应函数以及隔声量的测量，比如车身空腔声学模态试验、空气声传递路径试验以及车身隔声性能试验等。这类试验通常采用体积加速度声源作为声学激励源。与结构激励不同，声学激励以体积加速度作为参考输入量纲，也就是声源面积与声源激励引起的质点振动加速度的乘积：

$$\dot{Q} = S\dot{A} \tag{3-6}$$

式中，$\dot{Q}$ 是声源体积加速度；S 是声源面积；$\dot{A}$ 是质点振动加速度。声源激励的中心可以认为是一个理想的无指向性点声源，称之为声学中心。

根据试验的频率范围，体积加速度声源可分为低频和中高频两类。低频声源多用于结构声频率响应函数以及声模态试验的测量。图 3-25 所示为比利时 LMS 公司生产的低频体积加速度声源，包括激励单元和箱体，其工作频率范围为 20～800Hz，在这个频率范围内，车内

乘员会对声场产生衍射效应，声源箱体的体积和外形能够模拟这样的效应。中高频体积加速度声源主要用于空气声频率响应函数和隔声量的测量。图 3-26 所示为 LMS 公司生产的中高频体积加速度声源，由驱动单元、柔性导管和发声喷嘴组成，其频率范围为 200~8000Hz。中高频声波长较短，因此声源体积较小。

图 3-25　低频体积加速度声源

1—激励单元　2—箱体

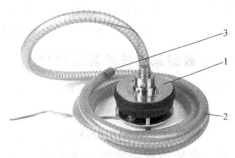

图 3-26　中高频体积加速度声源

1—驱动单元　2—柔性导管　3—发声喷嘴

体积声源内置体积加速度传感器用于计算声学频率响应函数时的参考输入信号，其灵敏度单位为 $m^3 \cdot s^{-2}/V$，在整个工作频率范围内，灵敏度应保持一致、平稳。图 3-27 所示为中高频体积加速度声源的灵敏度频率响应曲线。

体积声源同激振器一样，需要信号发生器提供模拟信号或数字信号的激励源，以及能够放大源信号并驱动声源的功率放大器，比如选用 LMS 公司 SCADASIII 上的 QDAC 信号发生器和定电压功率放大器。

在声学模态和空气声传递路径试

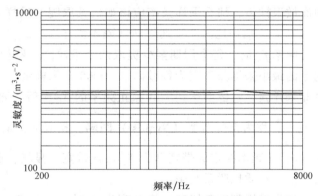

图 3-27　中高频体积加速度声源的灵敏度频率响应曲线

验中，声学频率响应函数以 $p/\dot{Q}$ 的形式，也就是声源体积加速度为输入、声压响应为输出进行测量。而在振-声频率响应函数的测量中，按照试验原理，由激振器或力锤激励结构而得到车内声压响应。但在实际工程应用时，结构空间通常会限制激振设备的布置。此时，根据线性系统的互易性原理，使用体积加速度声源通过将激励与响应位置互换，实现频率响应函数的测量。其原理为

$$\frac{p}{F} = \frac{\dot{A}}{\dot{Q}} \tag{3-7}$$

式中，F 是激励在结构上的力，单位为 N；p 是声压响应，单位为 N/m^2；$\dot{A}$ 是位置互换后结构上的振动加速度响应，单位为 m/s^2；$\dot{Q}$ 是位置互换后的声源体积加速度激励，单位为 m^3/s^2。

经过换算后，式（3-7）两边的量纲都为 $1/m^2$，这说明两种方式测量的频率响应函数是等价的，这也是体积声源在汽车振动噪声试验中的重要应用之一。

3.3 数据采集与分析系统

数据采集与分析系统具有两大功能：一是记录并处理由振动传感器或传声器送入的测量数据；二是对测量数据进行分析，如频谱分析、模态分析等。为了实现这些功能，市场上提供了从频谱分析仪与 PC 或工作站相结合的 PC 系统，到带有数据采集前端模块的工作站。

3.3.1 数据采集技术基本理论

目前，数字系统已成为数据采集的主流。与模拟系统相比，数字系统有精度高、稳定性好等一系列优点，但是数字系统只能处理离散的数字信号。在试验中，振动和噪声被相应的传感器转换成便于进一步处理的物理量（一般为电压信号），需要将这些模拟信号转换为便于处理和存储的数字信号。这就涉及数据采集中的一些基本概念，如采样、量化以及编码等。

1. 采样定理

数字信号 x_d 只是模拟信号 x_a 一个特定时刻取值的转换结果。用 $\{x_d\}$ 描述 x_a 的一系列离散采样值，那么采样频率应该如何选取呢？采样定理指出：一个带宽限制在 $0 \sim f_m$ 的模拟信号 x_a，唯一地由一系列时间间隔不大于 $1/(2f_m)$ 的均匀采样值确定。这相当于在信号最高频率 f_m 时，每个周期至少提取两个采样值。例如，当模拟信号的最高频率为 5kHz，理论上的最小采样频率应为每秒内取 10000 个采样值。工程上常以 3dB 截止频率为信号带宽，对此采样频率一般要达到 3dB 截止频率的 $3 \sim 5$ 倍。通常将采样定理所要求的最大采样间隔 $T_s = \dfrac{1}{2f_m}$，称为奈奎斯特（Nyquist）间隔。相应地把最小采样频率 $f_s = 2f_m$ 称为 Nyquist 频率，由 Nyquist 频率决定的带宽称为 Nyquist 带宽。显然，通过采样定理可以将模拟信号和相应的离散信号本质地联系起来。

如果采样频率不够高，将会产生"混叠"现象。例如，对带宽从直流到 5kHz 的输入信号用 6kHz 的采样频率采样，显然采样频率太低，不足以保证信号的恢复。如果试图恢复原来的信号，则原信号 5kHz 的频率分量将变为 1kHz 的误差信号。通常为免除输入信号中杂散频率分量的影响，可以在采样处理前，先使用截止频率为 1/2 采样频率的"预采样低通滤波器"来保证对输入信号的带宽限制要求。

一般地，当按某频率对一个信号进行采样时，会在重建的波形中出现"和频"及"差频"分量。"和频"在所关心的频带外，很容易将它滤掉。"差频"也要设法滤掉，即不让它们落在人们所关心的频带之内。图 3-28a 所示为输入信号频谱特性，所包

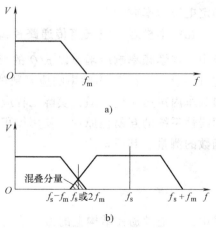

图 3-28 "混叠"现象

a）输入信号频谱特性 b）频谱的混叠

含的最高频率分量为 f_m。图 3-28b 所示为由于采样频率 f_s 不够高而产生"混叠"现象的情况，其中差频分量 f_s-f_m 落入原输入信号频带 $0~f_m$ 内。

当有待数字化的模拟输入信号带宽超过了采样频率的一半，这时的采样称为欠采样。与此相应，将采样频率高于两倍 Nyquist 频率的采样称为过采样。

2. 采样方式

有两种基本的数字化采样方式："实时采样"与"等效时间采样"。对于"实时采样"，当数字化一开始，信号波形的第一个采样点就被采入并数字化，然后经过一个采样间隔，再采入第二个样本。这样一直将整个信号波形数字化后存入波形存储器，如图 3-29 所示。实时采样的主要优点在于信号波形一到就采入，因此适用于任何形式的信号波形，重复的或不

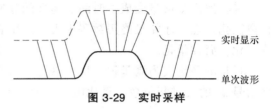

图 3-29 实时采样

复的，单次的或连续的。又由于所有采样点以时间为顺序，因而易于实现波形显示功能。

"实时采样"的主要缺点是时间分辨率较差。每个采样点的采入、量化、存储，必须在小于采样间隔的时间内全部完成。若对信号的时间分辨率要求很高，比如采样间隔只有几百或几十纳秒时，那么每个采样点的数字化就可能来不及做了。

"实时采样"除了通常使用的"定时采样"（即"等间隔采样"）外，还常常使用"变步长采样"，即"等点采样"。这种采样方法不论被测信号频率为多少，一个信号周期内均匀采样的点数总共为 N 个。由于采样信号周期随被测信号周期变化，故通常称为"变步长采样"。"变步长采样"既能满足系统精度的要求，又能合理地使用系统内存单元，还能使增强系统功能所要求的数据处理软件的设计大为简化。

"等效时间采样"技术可以实现很高的数字化转换速率。然而，这种技术要求信号波形是可以重复产生的。由于波形可以重复取得，故采样可以用较慢的速度进行。采集的样本可以是时序的（步进、步退、差额），也可以是随机的。这样就可以把许多采集的样本合成一个采样密度较高的波形，如图 3-30 所示。一般也常将"等效时间采样"称为"变换采样"。

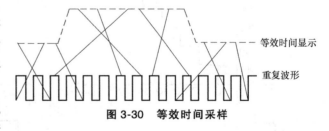

图 3-30 等效时间采样

表 3-2 列出了采样方式的分类。当被测信号有效持续时间很短时，产生高重复频率的采样脉冲将很困难，因而采用"实时采样"方式也有困难。但如果被测信号是周期或重复信号，则可以考虑采用"变换采样"（即等效时间采样）。

表 3-2 采样方式的分类

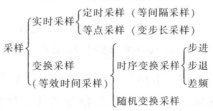

从频域上说，一个系统的关键性能是其频带宽度。对一台数字化采集仪，仪器的带宽将直接影响幅度与时间测量的准确度。通常带宽定义为显示波形衰减 3dB 的频率，这种定义将有大约 30% 的幅度误差。为了避免这项误差，系统带宽必须超过输入信号带宽。至于超过多少为宜，这取决于要求的测量准确度。常规的标准是系统带宽最好等于有用信号最高频率分量的 3~4 倍。

3. 量化过程

采样把模拟信号变成了时间上离散的脉冲信号，但脉冲的幅度仍然是模拟的，还必须进行离散化处理，才能最终用数码来表示。用有效字长的数字量去逼近信号幅值的过程称为幅值量化，简称量化。

量化电平定义为满量程电压（或称满度信号值）V_{FS} 与 2 的 N 次幂的比值，其中 N 为数字信号 x_d 的二进制位数。量化电平一般用 Q 来表示，因此有

$$Q = \frac{V_{FS}}{2^N} \tag{3-8}$$

例如，当 $V_{FS} = 10V$，$N = 8$ 时，量化电平 $Q = 39.2\text{mV}$；当 $V_{FS} = 10V$，$N = 16$ 时，量化电平 $Q = 0.15\text{mV}$。

图 3-31 所示为模拟信号 x_a 的量化过程。在图 3-31a 中，量化电平为 Q，量化误差 $e = x_d - x_a$ 在 $0 \sim -Q$ 之间，即 $-Q < e < 0$。

在图 3-31b 中，量化电平仍为 Q，但是模拟信号 x_a 偏置 $Q/2$。当 $-Q/2 < x_a < Q/2$ 时，$x_d = 000$；当 $Q/2 < x_a < 3Q/2$ 时，$x_d = 001$；显然，量化误差可表示为 $-Q/2 < e < Q/2$，误差交替取正、负值。

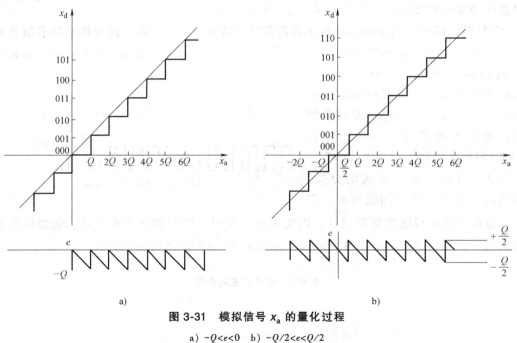

图 3-31 模拟信号 x_a 的量化过程

a) $-Q < e < 0$ b) $-Q/2 < e < Q/2$

量化误差使得量化结果与时域离散信号的幅值之间有明显差别。实际信号可以看成量化输出信号与量化误差之和。因此，只用量化输出信号来代替原信号就会有失真。可以证明，

量化失真率与最小量化间隔的二次方成正比。最小量化间隔越小，失真率就越小，用来表示一定幅度的模拟信号时所需的量化级数就越多。用量化位数来衡量量化级别，所谓量化位数是指要区分所有量化级所需要的二进制位数，比如8个量化等级，可用3位二进制数来表示量化输出，也就是这种有8个量化级别的量化位数是3。

因量化误差是模拟输入量在量化过程中引起的，因此，分辨率直接影响量化误差的大小，量化误差是一种原理性误差，只与分辨率有关，与信号的幅度、采样速率无关。它只能减小而无法完全消除，只能使其控制在一定的范围之内，一般在最小量化间隔的±1/2范围内。值得注意的是，大信号时量化误差小，小信号时量化误差大。当输入信号不是满量程时，量化误差会相对加大。比如输入只为满量程的1/10时，量化误差相应扩大10倍。

4. 编码

模拟信号转换为数字信号的工作范围为 $0 \sim +V_{FS}$（满量程电压），或 $0 \sim -V_{FS}$。在量化过程中采用二进制对信号进行编码，有如下公式：

$$V_{out} = V_{FS} \left[\sum_{n=1}^{N} \left(\frac{a_n}{2^n} \right) \right] \tag{3-9}$$

式中，V_{out} 是对应于 a_N，a_{N-1}，…，a_2，a_1 的转换输出。可以看出，如果 $N = \infty$，且 $a_n = 1$，则 $V_{out} = V_{FS}$。对于一个有限的位数 N，最大的输出电压 V_{max} 总比 V_{FS} 小：

$$V_{max} = V_{FS} \left(1 - \frac{1}{2^N} \right) \tag{3-10}$$

例如，对一个工作电压是 $0 \sim +10V$ 的12位单极性转换为：

$$V_{max} = 111\ 111\ 111\ 111，即 9.9976(V)$$
$$V_{min} = 000\ 000\ 000\ 000，即 0.0000(V)$$

通过引入适当的偏置，模数转换编码可以在双极性方式下工作。双极性转换可以应用多种二进制编码格式，如偏移二进制编码、反码编码、2的补码编码以及符号数值编码。

最简单的是偏移二进制码，其代码简单地偏移了一个满刻度偏移值。其表达式为

$$V_{out} = V_{FS} \left[\sum_{n=1}^{N} \left(\frac{a_n}{2^{n-1}} - 1 \right) \right] \tag{3-11}$$

$$V_{max}(+) = V_{FS} \left(1 - \frac{1}{2^{N-1}} \right) \tag{3-12}$$

$$V_{max}(-) = -V_{FS} \tag{3-13}$$

对于一个满度电压是 $-10 \sim +10V$ 的12位偏移二进制转换而言：

$$V_{max}(+) = 111\ 111\ 111\ 111，即 +9.9951\ (V)$$
$$V(mid\ scale) = 100\ 000\ 000\ 000，即 0.0000\ (V)$$
$$V_{max}(-) = 000\ 000\ 000\ 000，即 -10.0000\ (V)$$

在反码编码中，正值用标准的二进制编码，而负输出的编码为相应正值的反码。但 $+0$ 与 -0 编码结果不一致，$-V_{FS}$ 输出丢失。其表达式为

$$V_{out} = V_{FS} \left[\sum_{n=2}^{N} \left(\frac{a_n}{2^{n-1}} - a_1 + \frac{a_1}{2^{N-1}} \right) \right] \tag{3-14}$$

$$V_{max}(+) = V_{FS} \left(1 - \frac{1}{2^{N-1}} \right) \tag{3-15}$$

$$V_{\max}(-) = -V_{FS}\left(1 - \frac{1}{2^{N-1}}\right) \qquad (3\text{-}16)$$

对于一个满度电压是 $-10\sim +10V$ 的 12 位反码转换而言：

$V_{\max}(+) = 011\ 111\ 111\ 111$，即 $+9.9951$（V）

$V(\text{mid scale}) = 000\ 000\ 000\ 000$ 或 $111\ 111\ 111\ 111$，即 0.0000（V）

$V_{\max}(-) = 100\ 000\ 000\ 000$，即 -9.9951（V）

2 的补码编码便于进行整数运算，其负数输出由反码加 1 获得（二进制加法）。其表达式为

$$V_{out} = V_{FS}\left[\sum_{n=2}^{N}\left(\frac{a_n}{2^{n-1}} - a_1\right)\right] \qquad (3\text{-}17)$$

$$V_{\max}(+) = V_{FS}\left(1 - \frac{1}{2^{N-1}}\right) \qquad (3\text{-}18)$$

2 的补码编码对于零只有一个代码，并可获得 $-V_{FS}$ 输出。对于一个满度电压是 $-10\sim +10V$ 的 12 位 2 的补码编码转换而言：

$V_{\max}(+) = 011\ 111\ 111\ 111$，即 $+9.9951$（V）

$V(\text{mid scale}) = 000\ 000\ 000\ 000$，即 0.0000（V）

$V_{\max}(-) = 100\ 000\ 000\ 000$，即 -10.0000（V）

浮点运算常使用符号数值编码，其最高位表示数的符号，其余的位表示数值。如第 1 位为 0 表示正数，为 1 表示负数。0 值有两个代码，$-V_{FS}$ 也丢失。

还有一种常用的 BCD 编码。它是将二进制输入数据每 4 位编为一组，每组表示一个从 $0\sim 9$ 的十进制数字。一个 8 位的转换可表示的十进制输入范围从 $0\sim 99$。一个 12 位转换的输入范围从 $0\sim 999$。

3.3.2　数据采集系统的主要技术指标

对于高速数据采集技术而言，最为重要的技术指标是系统的分辨率、精度、通过速率与动态范围。

1．系统分辨率

系统分辨率是指数据采集系统可以分辨的输入信号最小变化量，通常用最低有效位值（LSB）与系统满度信号的百分数或系统可分辨的实际电压数值等来表示，有时也用满度信号可以分的级数来表示。表 3-3 列出了满度值为 10V 时，数据采集系统的分辨率。

表 3-3　系统的分辨率（满度值为 10V）

位数	级数	1LSB（满度信号的百分数）	1LSB（10V 满度）
6	64	1.587%	158.7mV
8	256	0.392%	39.2mV
10	1024	0.0978%	9.78mV
12	4096	0.0244%	2.44mV
14	16384	0.0061%	0.61mV
16	65536	0.0015%	0.15mV

2. 系统精度

系统精度是指当系统工作于额定通过速率下，每个离散的采样样本的转换精度。模数转换器的精度是一个系统精度的极限值。应该注意的是，精度这一概念经常与分辨率相混淆。事实上这是两个概念。精度是指系统的实际输出值与理论输出值之差。它是系统各种误差的总和，通常表示为满度值的百分数。

3. 系统通过速率

系统通过速率通常又称为系统速度、传输速率、采集速率以及吞吐率等。系统通过速率是指系统每个通道每秒钟可采集、处理的样本数。对于一个包括模拟量输入及模拟量输出的采集系统，通过速率是指系统每个通道每秒钟可采集、处理与输出的样本数。

在时间域上，与通过速率相对应的技术指标是通过周期，这是通过速率的倒数。通过周期又常称为系统响应时间，或系统采集周期，这表征了系统从样本输入到输出所需要的时间，即系统每采集一个有效数据所占用的时间。

4. 系统动态范围

对于数据采集系统，动态范围是指系统可数字化的最大信号与可分辨的最小信号的比值，通常以对数值表示，即

$$系统动态范围 = 20\lg(模数转换器分级数)$$

即系统分辨率每增加 1 位，模数转换器分级数便增加一倍，分级误差也因而减小为原来的一半，系统动态范围相应扩展 6dB。

3.3.3 数据采集系统的构成

图 3-32 所示为典型的数据采集系统框图。来自传感器的输入模拟信号经过信号调理电路、模拟多路开关（MUX）、测量放大器（IA）、采样保持放大器（SHA），进入模数转换器（ADC）转换为计算机可以接受的数字信号。计算机输出的数字信号通过数据缓冲，进

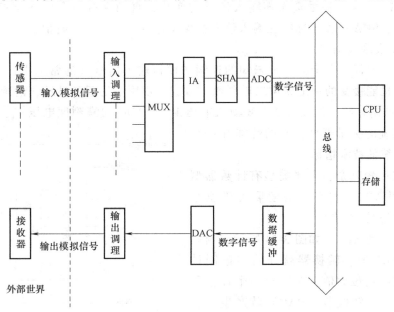

图 3-32 典型的数据采集系统框图

入数模转换器（DAC）转换为模拟信号，再经输出信号调理电路送往接收器。信号调理的目的是完成缓冲、放大、衰减、滤波、隔离和线性化传感器信号等操作。具有贝塞尔（bessel）或巴特沃思（butterworth）特性的滤波器，可以保证系统输入信号的带宽限制要求，也可以使调理器处理动态信号的能力增强。具有隔离功能的调理器可以使系统免受高电压的危害，对毫伏或微伏级的输入信号还可以提供噪声抑制能力。广义地说，数据采集系统 ADC之前和 DAC 之后的电路，统称为信号调理电路。

1. 模拟多路开关（MUX）

现代数据采集系统中，已广泛使用着各种类型的模拟多路开关（MUX），使来自多个传感器的信号可以分时复用同一套硬件电路（IA、SHA 与 ADC）。图 3-33 所示为 MUX 可能的配置。模拟多路开关分时使用 ADC 和 DAC。在图 3-33b 中，通过一个"采样保持"机制，一直保持其电压不变，直到其输出被接通。

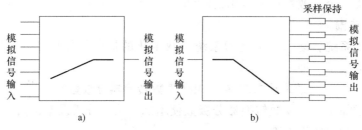

图 3-33　模拟多路开关

2. 采样保持电路（SHA）

采样保持电路是数据采集系统中的基本组件之一。在数据采集系统中，它被用来"保持"时变信号的瞬时值，避免模数转换时出现误差。采样保持电路是有一个输入信号、一个输出信号和一个控制信号的数据采集部件。一个 SHA 有两种稳态操作方式，在采样或跟踪方式下，SHA 的输出将尽量跟随输入信号的变化，直到保持命令传送至控制输入端口。在保持方式时，SHA 的输出冻结在输入信号在保持命令下达前的瞬时值。

3. 模数转换器（ADC）

模数转换器的任务在于将一个未知的连续的模拟输入信号（通常为电压）转换为数字信号，即计算机能接受的一个 n 位二进制数，以进一步用于处理、显示、记录和传输。这个 n 位数是个二进制分数，代表这个未知输入电压 V_x 与 ADC 的满刻度电压 V_{FS} 的比值。ADC是数据采集系统的关键部件，它的性能往往直接影响整个系统的技术指标。

ADC 构成比较复杂，主要类型有计数器型 ADC 和闪光型 ADC，它们的精度取决于位数（例如是 12 位还是 16 位）。

（1）计数器型 ADC　如图 3-34 所示，当模拟信号送入 ADC 时，转换器就开始二进制计数，从最小值计到最大值。对于每一个计数器位置，内部的数模转换器（DAC）就产生一个相应的模拟电压。该电压与输入信号相比较，

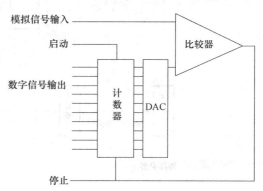

图 3-34　计数器型 ADC

一旦两者达到了相等,计数器此时的数字值便储存于缓冲内存,以便计算机做进一步处理。

建立在这种搜索原理上的模数转换是比较慢的(100ms~10ms)。智能些的搜索计数器(如二进制搜索算法)可以使处理速度稍有增加,但却使价格显著提高。

(2)闪光型 ADC 如图 3-35 所示,闪光型 ADC 为每一个可能的输出电压保持一个单独的参考电压,以便输入信号与之相比较,速度非常快。这个二进制信息由一个数字电路转换成普通的二进制数。这种方法的转换时间可达 10μs~3μs,然而其电路的复杂性与价格随位数的增加呈指数关系增长。

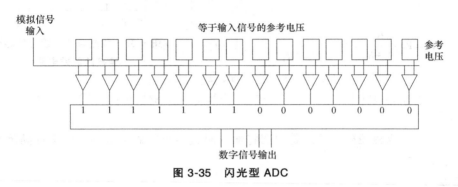

图 3-35 闪光型 ADC

4. 数模转换器(DAC)

数模转换器的任务在于将一个某种形式的数字量转化为一个模拟电压、电流或增益。它可直接应用于数据采集系统中。

图 3-36 所示为 DAC 的工作原理。它是一个电子电路(或仅仅是一块芯片),有许多数字输入端和一个模拟输出端。每一个二进制输入,如果相应的数位开启,都会产生一个确定的电压(取决于它的权的大小),输出则是所有这些电压的和。因为这种装置很容易制造,所以便宜而快速,转换时间为 10ms~0.1ms 或更小,其精度或动态范围随着数字输入位数的增多而增加。

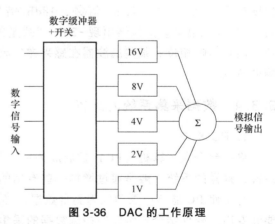

图 3-36 DAC 的工作原理

5. 测量放大器

测量放大器的作用是对模拟信号在进入模数转换器之前进行以下几种处理:

(1)扩大动态范围 对具体的模数转换器,对其输入信号的最大允许幅度总是一定的,超过该幅度时就会出现溢出现象。为了能够对大于 ADC 最大允许输入幅度的信号也能正常观测,可以采用信号分压的办法对信号进行已知传递系数的衰减,然后对所测量的结果除以衰减系数,即可得到超过 ADC 最大允许输入幅度的信号测量结果。

(2)提高对小信号的测量准确度 当输入信号幅度比较小时,若直接送给 ADC 转换,一般测量误差比较大,例如一台 4 位半的数据采集系统,由于量化误差的存在,当输入 1V 信号时,尾数保护 1 个字,其测量结果的相对误差为 0.01%,若输入信号仅为 10mV,则 1 个字误差导致的相对误差达到 1%。为了实现满量程的高精度测量,通常的做法就是将小信号进行适当放大，然后送给 ADC 转换，以改善低端的测量结果。

（3）阻抗变换 被测信号源总是存在一定内阻（R_0），数据采集系统作为信号源的负载，其输入电阻（R_i）的大小将直接影响测量结果。数据采集系统与传感器连接的等效电路如图 3-37 所示，V_0 为传感器的开路电压（即不带负载时的输出信号幅度），实际加给 ADC 的有效信号幅度 V_i 为

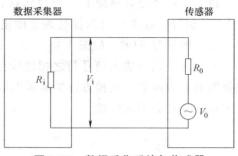

数据采集器   传感器

$$V_i = V_0 \frac{R_i}{R_i + R_0} = V_0 \frac{1}{1 + R_0/R_i} \qquad (3-19)$$

图 3-37　数据采集系统与传感器
连接的等效电路

由式（3-19）可知，R_0/R_i 越小，V_i 越接近于 V_0；当 R_0/R_i 趋近于 0 时，$V_i = V_0$。显然，当传感器的输出电阻一定时，数据采集系统的输入电阻越大越好。

信号调节电路或程控放大器总是力图将输入阻抗尽可能做得很高，以保证满足不同输出阻抗的传感器配接。

6. 滤波器

对连续模拟信号进行采样（离散化）的后果之一可能是混叠误差。为避免此种误差，必须消除高于采样频率一半的所有频率。低通滤波器可以解决这个问题。理想低通滤波器对低于其截止频率的任何频率都不应产生影响，而对高于该频率的任何信号应切除干净，以滤除高频噪声干扰。但实际的滤波器却呈现出某种陡峭性。从某一频率开始，滤波器对信号的幅度按照 6dB/倍频，12dB/倍频，18dB/倍频，24dB/倍频，…（滤波器阶次 1，2，3，4，…）加以衰减。滤波器出现 -3dB 衰减量的频率就是它的截止频率。滤波器不仅影响幅值，而且影响相位。某些滤波器在感兴趣的频率范围内常有波动而不平坦的谱，这叫作滤波器的波纹。

3.3.4　数据采集系统的配置

1. PC 系统

将一台个人计算机（PC）扩展成为一个简单的动态测量系统，这可能是最便宜的测量系统，这样的系统一般是通过增加一些专用的硬、软件而实现的。

为了使 PC 能够记录和处理测量数据，必须给它安装测量电路板。这些测量电路板通常要和专用的软件结合安装以便控制数据的采集与操作。这样硬、软件的结合就把 PC 变成了一台多通道频谱分析仪。上述硬件电路板一般包含一个模拟适调单元（可编程放大器和滤波器等）和一个数据采集单元（ADC、触发控制器等），其主要特性指标是采样速率（例如 300 kHz 除以通道数）、ADC 精度（12bit 或 16bit）、频率范围（从零到几十赫兹或 100kHz 等）、滤波特性（如 85dB/倍频）、细化能力等。

为了模拟数字存储示波器，按照某种（数据库）结构方式储存和调用测量数据，相应的软件要具备执行频谱计算的能力。充分利用这些软件工具完成测量过程自动化、显示规定、数据库管理等工作，这将是使用者的任务。PC 系统的性能在很大程度上取决于处理器的速度、内存的容量、硬盘空间等。

PC 系统的主要优势在于它的价格（不需要单独的频谱分析仪）以及它与现存硬件及软件的高度兼容性，其缺点则是能力有限。

2. 频谱分析仪加 PC 或工作站

这样的配置由一台 PC 或工作站与一台频谱分析仪组成。在这种配置中有两种可能的操作模式：

1）由频谱分析仪单独进行测量并将数据储存在其内部的磁盘上，再由 PC 或工作站上的软件读出并分析这些测量数据。

2）PC 或工作站通过频谱分析仪对测量进行控制，测量数据立即储存到 PC 或工作站的磁盘存储器中。

市场上有各种类型的频谱分析仪，它们都是独立的系统，执行信号采集和处理任务。频谱分析仪的基本形式有两个通道，频带宽度达 40kHz，有一定量的内存，显示和操作容易。它们可以测量各种各样的时间信号和频率信号。价格较贵的这类分析仪有 4 个或更多个通道，频带宽度可达 100kHz，具有细化分析能力，具有用于信号发生、阶次跟踪的数模转换器，有用于模态参数估计的曲线拟合能力，有扩展内存等。

对于第二种模式，PC 或工作站通过软件程序向频谱分析仪发出必要的命令对测量进行控制。这种办法使测量过程自动化，但要求频谱分析仪具有外部可编程能力。

3. 数据采集前端加工作站

最灵活多能的（通常也是最贵的）测量分析系统配置，是一台工作站连接一部多通道数据采集前端。这样的配置大大提高了测量和分析能力，这也是目前国内外实验室进行汽车振动噪声试验所采用的主流配置。大多数数据采集前端以模块化结构为特征。例如，起初是一台 4 通道配置，很容易将它扩充到 64 通道或更多个通道。一般地，每个输入通道都含有一个模拟信号适调模块、一个可编程放大器、一个模数转换器和一个可编程滤波器。通常，数据采集前端还具有一个（多路）输出模块，以便以某种信号（随机、猝发随机、正弦等）驱动一个或几个激励系统。国内外有多家公司开发并生产此类数据采集前端，如比利时 LMS 公司的 SCADAS 系列数据采集前端以及国内北京东方振动和噪声技术研究所的 INV3000 系列数据采集前端，都采用了模拟抗混滤波器以及 24 位的模数转换器，具有 150dB 的动态范围，最高 204.8kHz 的采样频率，最多可同时采集 160 个通道的信号，能够实现高通道数测量的实时分析、数字滤波和抽取、阶次跟踪、谐波提取，以及实时 1/3 倍频程滤波等功能。

如果将这样的前端连到一台功能强大的工作站，则可通过相匹配的软件对测量数据进行深入的分析。国内外有多家公司开发了专为这类系统编写的软件，如比利时 LMS 公司的 Test. Lab、德国 HEAD ACOUSTICS 公司的 Artemis 以及国内北京东方振动和噪声技术研究所的 DASP，这些软件包也是模块化结构，便于逐步扩充和用户编程。

3.4 测量环境

整车振动噪声试验一般都需要在道路行驶状态下进行，但室外道路测量易受环境噪声、场地、天气等因素影响，造成测量精度低、重复性差。如在环境中存在反射体时，测到的噪声将是直达声与反射声叠加的结果，并且反射声的强弱随环境不同而变化，这样无法反映出车辆真实的噪声水平。整车半消声室模拟室外空旷环境，在室内形成半自由声场，为汽车振动噪声性能研发、测试、改进提供声学环境及试验平台，发挥着不可估量的作用。整车半消声室由半消声室、低噪声底盘测功机以及辅助设备构成。其中，半消声室提供可靠的声学环境，而整车行驶功能则由底盘测功机实现。

3.4.1 半自由声场及半消声室

半自由声场指的是只存在直达声和一次反射声的声学空间。实际中开阔的室外环境（周围无任何反射物，声源放于地面）和实验室中的半消声室可近似认为是半自由声场。对于汽车这样较大型的试验对象，为便于它们在噪声测试环境中的安装或实现工作条件模拟，一般利用半自由声场来进行噪声试验和测量。

只有地面对噪声反射，而其他五面均吸收入射声而无反射声的房间称为半消声室。半消声室的地面一般由磨光面等对声频全反射的材料铺设而成，其他五个壁面均采用声学材料和结构。当声源安放在室内时，任意测点除承受直达声外，还接受地板的一次反射波，房间另外五个面则对声波全部吸收。

在半消声室中，反射声可能对测试结果带来较大误差。但对于像汽车这样的宽频带声源，由于不同频率直达声和反射声之间的相位差不同，所有频率无规则叠加的结果在离地面1/4中心频率波长以上位置的测量误差小于3dB。一般在噪声试验中，应调整半自由声场消声性能与反二次方律偏差也应小于3dB。

3.4.2 整车噪声试验对声学环境的一般要求

在ISO 362、ECE R51、GB 1495、GB/T 18697标准中，理想的噪声测量环境场地的要求基本上是除了地面是反射面外，没有其他反射物的半自由声场，如具有坚硬、平坦的地面，满足环境要求的室外开阔场地或半消声室。标准还要求任何背景噪声（包括风的噪声）至少比测量值低10dB（A），如果背景噪声与测量值之差在10~15dB（A）之间，则被测车辆的噪声还应按规定修正。

在ISO 3745、GB/T 6882中，推荐半消声室应具有：足够的体积；在试验的频率范围内，界面上具有很大的声吸收；除了良好的反射地面和与被测声源有关的以外，没有声学反射面和障碍物；足够低的本底噪声。

3.4.3 整车半消声室关键声学参数

整车半消声室形成室内声学环境有截止频率、自由声场以及本底噪声这三个关键参数。

1. 截止频率

截止频率定义为吸声系数达到99%的最低频率。半消声室的截止频率是指在此频率以上，墙面的吸声系数能保证99%的吸声效果。整车噪声的最低频率取决于各子系统噪声源频率最低的那一个。ISO 362通过噪声测试的国际标准，已经将半消声室的截止频率建议到了34Hz，这是一台4缸发动机1000r/min时的特征频率。采用纯音声源加以判定，满足反二次方律的最低频率即为半消声的最低截止频率。

2. 自由声场

自由声场是指在截止频率范围内，吸声系数达到0.99的区域。整车半消声室形成的半自由声场有一个反射面,反射系数≥0.94。

半自由声场的范围是依据被测车辆尺寸和试验所需区域决定的,即在试验时试验车辆、人员和设备均处于半自由场内,以保证试验的效果。一般来说,自由声场的大小是整车半消声室性能的直接体现。

3. 本底噪声

本底噪声是指在某一特定区域指定范围内测量出来的当前环境噪声标准,是整车半消声室性能评价的重要参数之一。影响本底噪声的因素主要有两个方面:

1)噪声源藏身的声波经过折射、反射和混响后对本底噪声产生明显的影响,如图3-38所示。

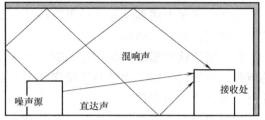

2)不同的噪声源互相叠加,使声压级发生变化。

图3-38 声波对本底噪声的影响

相干声源使空间产生相加或相消的干涉现象,本底噪声的变化为

$$L_p = 20 \lg \frac{p}{p_0} \tag{3-20}$$

不相干声源在大部分情况下,能量直接相加,本底噪声的变化为

$$L_p = 10 \lg \sum_i 10^{L_i/10} \tag{3-21}$$

在ISO 3745中明确要求,任何本底噪声至少比测量值低10dB(A)。因此,本底噪声要依据试验车辆和所进行试验的标准要求进行设定。工程中,整车半消声室的本底噪声一般要求在20dB(A)之下。

4. 整车半消声室的结构

半消声室的整体尺寸、声学处理以及隔声与隔振处理是决定整车半消声室声学性能的最直接因素。

(1)整体尺寸 按照ISO 3745标准中消声室体积V的算法:

$$V \geqslant 200V' \tag{3-22}$$

式中,V是消声室体积;V'是被测声源体积,一般汽车体积按15m³计算。

或按经验方法计算:

$$S = R + f/4 \tag{3-23}$$

式中,S是消声室净空间(长/宽/高);R是半自由场半径(长/宽/高);f是截止频率。

按ECE R51、GB 1495要求,汽车加速行驶车外噪声测量区域尺寸为20m×15m,若要能进行室内加速行驶车外噪声试验,一个截止频率为40Hz的整车半消声室尺寸(长×宽×高)一般为25m×20m×7m。

(2)声学处理 声波在传播过程中遇到各类介质时,都会有一部分声能被反射,一部分声能向介质内部传播并被吸收。根据消声室内自由声场鉴定规定,自由声场内声压级的衰减与声源距离的增加理论上应满足反二次方规律。而实际声场中,实测值与理论值之差应满足ISO 3745和GB/T 6882关于半自由声场的规定,见表3-4。

表 3-4 半自由声场的声压级偏差范围

房间类型	1/3 倍频程带的中心频率/Hz	允许偏差/ dB
地面反射的半自由声场	≤630	±2.5
	800~5000	±2.0
	≥6300	±3.0

只要能满足上述偏差要求的吸声构件，都可以用于半消声的声学处理。目前主流的有尖劈结构和复合板共振结构。

尖劈结构能够形成入射声在尖劈间多次反射，逐渐过渡的吸声层使材料的声阻抗与空气的声阻抗较好地匹配，尖劈与墙壁间所留的赫姆霍兹共振腔产生共振消耗，使入射声较少地反射，从而收到消声的效果。

尖劈的吸声性能与尖劈的材料和结构尺寸有关。吸声尖劈的主要结构尺寸如图 3-39 所示。尖劈的总长度 L 越长，其低频吸声性能越好，实际应用多为截止频率波长的 1/4~1/3。图 3-40 所示为尖劈结构的半消声室。

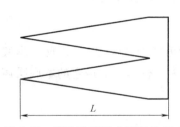

图 3-39 吸声尖劈的主要结构尺寸

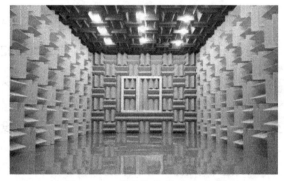

图 3-40 尖劈结构的半消声室

复合板共振结构的声学处理采用了"室内驻波分析"的理论，在分析得出室内驻波分布情况后，在壁面上布置共振吸声板。其结构是由薄板（如钢板）和弹性阻尼材料构成的边界自由的质量-弹簧共振系统。与共振系统的质量部分即薄板相接的阻尼层，既是板振动的阻尼层，又是质量-弹簧系统的弹性层。整个系统有两种吸声效果共同起作用：质量-弹簧共振效果，和由其刚度、尺寸、厚度等决定的板本身的弯曲振动效果。薄板含有丰富的弯曲振动，平均 1~2Hz 就有一个共振峰，结合阻尼层以及多孔吸声材料可以达到在低、中、高频的全频带都有连续高效的吸声性能。图 3-41 和图 3-42 所示分别为单个单元的复合板共振吸声器以及由其构成的半消声室。

（3）隔声与隔振 为保证整车半消声室的本底噪声能达到要求，建筑设计采用内墙、外墙、中间空气夹层的房中房结构，这样的结构隔声效果好。

为了防止外界的低频振动传到半消声室内，整车半消声内房是建在减振垫块上以进行隔振处理，垫块的共振频率低于 8Hz、隔振率不低于 85%，垫块两端不能出现任何的刚性连接，否则会破坏其隔振效果。

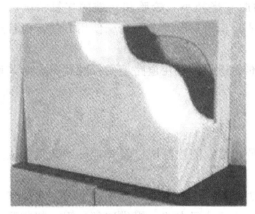

图 3-41 复合板共振吸声器

图 3-42 复合板结构的半消声室

3.5 底盘测功机

半消声室为整车的室内振动噪声试验提供了良好的声学环境，而车辆在道路上的各种行驶工况就需要在底盘测功机上模拟实现。汽车在道路上行驶是汽车相对于静止的路面做纵向运动，在底盘测功机上是以转鼓的表面来取代路面，这时是转鼓的表面相对于静止的汽车做旋转运动。试验时，底盘测功机模拟汽车行驶过程中受到的滚动阻力、加速阻力、空气阻力等。

3.5.1 底盘测功机转鼓形式

底盘测功机主要有单转鼓式和双转鼓式两种。图 3-43a 所示为单转鼓式测功机，其转鼓直径越大，车轮在转鼓上就越趋近于在平路上滚动。但加大转鼓的直径，测功机的制造和安装费用将显著增加，因此一般鼓径为 1500~2500mm。单转鼓式测功机对试验车辆的安放定位要求较严，但其试验精度比较高，故主要用于汽车制造和科研单位。

图 3-43b 所示为双转鼓式测功机，其转鼓直径比单转鼓式测功机的转鼓直径要小得多，

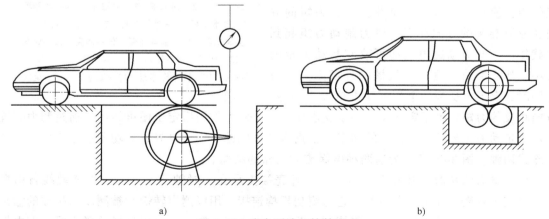

a)   b)

图 3-43 底盘测功机转鼓形式

a）单转鼓式 b）双转鼓式

一般为 180~500mm，随试验的车速而定。转鼓的曲率半径小，轮胎和转鼓的接触情况就和在道路上的受压情况不一样。但这样的试验台对试验车的安放要求不高，使用方便，而且成本低。

作为汽车振动噪声试验用的底盘测功机，为准确还原汽车在道路上的行驶状况，对其精度要求较高，因此基本都采用单转鼓式。

3.5.2　底盘测功机的组成

汽车底盘测功机一般由加载装置、转鼓、测量装置、测控系统以及其他辅助装置组成。

1. 加载装置

由于汽车在道路上所受的各种阻力与其在测功机上所受的阻力和不相等，为了测试汽车的各种性能，就必须给汽车提供额外的阻力以补偿这部分阻力差。提供这部分阻力的装置称为测功器。

测功机上应用的测功器有以下几种：

（1）水力测功器　这种测功器用水产生制动力矩。水在测功器的转动部分与固定部分之间起连接作用而形成制动力矩。调节水槽中的液面高度，可以获得不同的制动力矩。当水槽的高度一定时，制动力矩随转子转速的改变而改变。这种测功器在大功率测量时性能稳定，但精度不高。图 3-44 所示为水力测功器的结构示意图。

（2）电涡流测功器　电涡流测功器主要由定子和转子两部分组成。定子周围装有励磁线圈，励磁线圈通直流电时，在铁心与转子间隙处就有磁力线通过，转子（与测功机主转鼓串接）转动时形成波幅脉振的磁场，并在转子或定子上产生感应电势，产生感应电流（即电涡流）磁场的脉振。该电涡流与它产生的磁场相互作用，使转子受到一个负荷力矩，力矩的方向和滚筒旋转的方向相反，成为制动力矩起到加载作用。调节励磁电流即可改变制动力矩的大小，从而形成被测动力机械的外部阻力。与此同时，定子也受到一个与制动力矩大小相等、方向相反的力矩。由于定子浮动装于支承座上，受外力作用后定子便可转动。通过测力装置便可测定动力机械经转鼓输出的功率。根据冷却方式的不同，电涡流测功器可分为风冷式和水冷式两种。图 3-45 所示为这两种电涡流测功器的结构。

（3）电力测功器　电力测功器的定子外壳被支承在一对轴承上，并可以绕轴线自由摆动。在定子外壳上固定一个力臂，它与测功机构连接，用以测定转矩。被测动力机械的输出轴与电力测功机的转子连接在一起旋转，此时电枢绕组切割定子绕组磁场的磁力线，在电枢绕组中产生感应电动势，即产生一个与转向相反的制动力矩，电机作为发电机运行，以达到

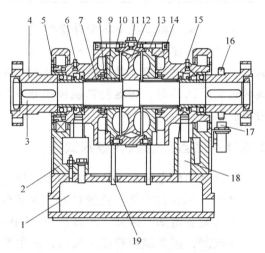

图 3-44　水力测功器的结构示意图

1—底座　2—轴承座　3—主轴部件　4—联轴器
5—轴承压板　6—骨架油封　7—轴套　8、9—双
金属轴套　10—轴承外壳　11—侧壳　12—螺塞
13—转子　14—外壳　15—封水圈　16—测速
齿轮　17—转速传感器　18—溢水管　19—旋塞

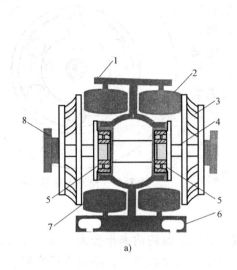
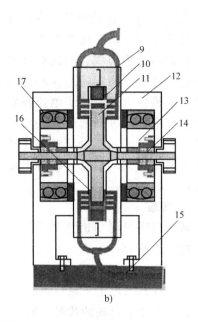

a) b)

图 3-45 电涡流测功器的结构

a）风冷式电涡流测功器 b）水冷式电涡流测功器

1—外壳 2、10—线圈 3、11—转子 4—主轴 5—轴承 6、12—基座 7—气隙 8—法兰盘 9—进水口

13—定子 14—主轴承 15—出水口 16—电机 17—三通轴承

测功的目的。相反，当电枢回路有电流通过时，在磁场中会受到电磁力作用而产生一个与转向相同的驱动力矩，这时电机作为电动机运行，以达到反拖（测量动力机械的摩擦功）的目的。利用电力测功器可以很好地模拟汽车的行驶阻力和惯性阻力，从而取消了测功机的飞轮机构，提高了测试精度。图 3-46 所示为配备电力测功器的底盘测功机结构。电力测功器可分为直流电力测功器和交流电力测功器。

直流电力测功器控制简单、调速平滑，但直流电力测功器结构上存在机械换向器和电刷，因此具有一些无法克服的固有缺点，单机容量和最高电压以及最高转速都受到一定的限制。

交流电力测功器不存在换向器，结构简单，可靠性高。交流电力测功器中使用的主要是异步绕线式电机和笼型异步电机，前者转速不能太高，后者高速性能好。

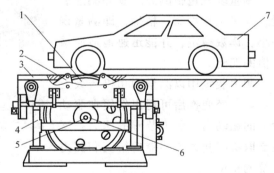

图 3-46 配备电力测功器的底盘测功机结构

1—转鼓 2—举升装置 3—基座盖板 4—基座框架
5—编码器 6—电机主轴 7—测试车辆

总的来说，电力测功器的测试精度高，在汽车振动噪声试验中作为首选，常用的为异步交流电力测功器。

根据电磁学原理，变化的电流会产生磁场，因此当向电机三相定子绕组中通入对称的三相交流电时，会在电机圆形空隙内产生旋转磁场。交流测功机的原理如图 3-47 所示，假设

转速为 n_1，方向为顺时针，在产生磁场的瞬间，转子导体是静止的，以磁场为参考系，那么转子导体其实在旋转地切割磁力线，因此会在转子导体内产生感应电动势，将转子两端用短路环连接成闭合回路，回路中会产生感应电流。转子电流在定子磁场中会产生安培力，安培力的方向通过左手定则判断。安培力对转子轴产生的电磁转矩会驱动转子旋转，其方向与磁场旋转方向一样为顺时针，这样电磁力就驱动转子顺时针旋转。

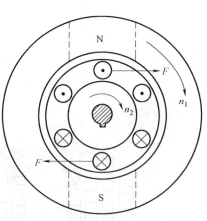

图 3-47　交流测功机的原理

2. 转鼓

转鼓是底盘测功机的基本组件。一般采用钢制空心结构。滚筒直径、表面状况是影响测功机性能的主要结构参数。

转鼓直径决定了车轮与滚筒的接触状况。直径大时，滚筒曲率半径大，车轮在滚筒上运转接近在道路上行驶的状况，滑转率小，滚筒阻力小，测试精度高；滚筒直径小时，由于接触比压大，滑转率大，滚动阻力大，在高速下会使传递功率损失 7%～20%。

转鼓表面可以是光滑的，也可以是轻度粗糙的。在汽车振动噪声试验中，有时为了研究路面激励下车辆的噪声问题，鼓面要模拟道路振动特性而做成凹凸不平的形状，例如，图 3-48 所示为加装了比利时石块路面的转鼓。

3. 测量装置

测量装置包括测力装置和测速装置，要求工作可靠、精确，即测量误差小，读数稳定，并能迅速地适应被测值的变化。

测力装置用以测量测功机转鼓上的转矩，经变换后可得出作用在驱动轮上的驱动力。测力装置的测力精度主要取决于测力传感器的精度和测力系统的精度。

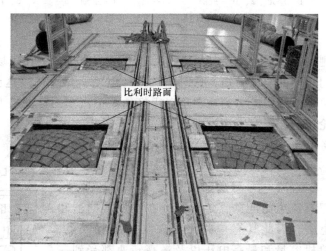

图 3-48　加装了比利时石块路面的转鼓

测速装置用以测量底盘测功机转鼓的转速，经运算后可得出相应的汽车行驶速度。测速装置由速度传感器以及信号采集、处理等电路组成。

4. 测控系统

测控系统是计算机自动测量和控制系统的简称，它是自动控制技术、计算机技术、微电子学和通信技术有机结合、综合发展的产物，包括各种数据采集和处理系统、自动测量系统、过程控制系统等。汽车底盘测功机的测控系统就是通过计算机对底盘测功机进行控制，模拟车辆在道路上行驶的不同工况，同时采集功率、转矩以及转速等物理量来反映当前车辆的状态。

5. 其他辅助装置

测功机上还有用于防止汽车在转鼓上纵向移动的约束装置、用于冷却发动机和轮胎的冷却装置、车辆举升装置等辅助装置。

3.5.3　底盘测功机道路模拟的基本原理

汽车在道路上行驶的过程中存在着行驶阻力，要在试验台上模拟汽车道路运行工况，首先要解决模拟汽车整车的行驶阻力问题。为此，汽车在运行过程中所受的空气阻力、非驱动轮的滚动阻力等，经常采用功率吸收加载装置（测功机）来模拟。路面模拟是通过转鼓来实现的，即以转鼓的表面取代路面，滚筒的表面相对于汽车做旋转运动。

1. 汽车行驶阻力分析

当汽车以恒定的速度 v_a 在水平路面上前进时，汽车驱动力必须要大于来自地面的滚动阻力 F_f 和来自空气的空气阻力 F_w 之和。当汽车爬坡前进时还需要克服重力的分力，即坡度阻力 F_i。汽车在加速行驶时还需要克服加速阻力 F_j。图 3-49 所示为汽车在加速上坡时的受力分析。

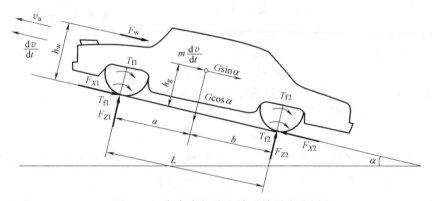

图 3-49　汽车在加速上坡时的受力分析

因此，汽车行驶的阻力 F_t 为

$$F_t = F_f + F_w + F_i + F_j \tag{3-24}$$

式中，F_t 是路面对汽车的反作用力；F_f 是滚动阻力；F_w 是空气阻力；$F_i = G\sin\alpha$ 是坡度阻力；$F_j = \delta m \dfrac{dv}{dt}$ 是加速阻力，δ 是汽车旋转质量换算系数。

因此，式（3-24）可以写成：

$$F_t = F_f + F_w + \delta m \frac{dv}{dt} + G\sin\alpha \tag{3-25}$$

由于滚动阻力和空气阻力均与汽车行驶速度有关，因此可以近似表示成速度的一个函数，即

$$F_f + F_w = A + Bv + Cv^2$$

从而，式（3-25）可以表示为

$$F_t = A + Bv + Cv^2 + \delta m \frac{dv}{dt} + G\sin\alpha \tag{3-26}$$

式中，A 是常数，单位为 N；B 是速度相关系数，单位为 N/（km/h）；C 是速度二次方相关系数，单位为 N/（km/h）^{2}。A、B 和 C 可通过道路滑行试验获得。

2. 底盘测功机道路阻力模拟

当车辆在转鼓上行驶时，以转鼓为研究对象，其受力分析如图 3-50 所示。

转鼓所受的主要阻力有：驱动电机的加载力 F_r，大小与车辆行驶速度有关，主要由测控系统设定；转鼓对轮胎的总作用力 F_{drum}，大小与汽车在路面的行驶阻力相等；转鼓与轮胎表面摩擦形成的滚动阻力 F_f，大小与转鼓表面材料的粗糙度有关；还有转鼓内部运动产生的机械阻力 F_{loss}，还包括转鼓滚动产生的空气阻力，其大小由转鼓的直径和内部结构以及转速决定；转鼓转动产生的转动惯量会在转鼓上施加一个惯性阻力 F_j，大小与转鼓转速有关。转鼓的受力方程为

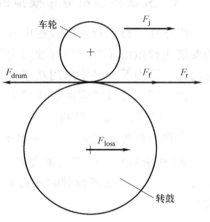

图 3-50 转鼓受力分析

$$F_{drum} = F_r + F_j + F_{loss} + F_f \tag{3-27}$$

汽车驱动轮在滚筒上受到的滚动阻力 F_f 和测功机自身内部的机械阻力是随着速度的变化而变化的，也近似表示成关于速度的一个二次函数式。即

$$F_f + F_{loss} = A' + B'v + C'v^2 \tag{3-28}$$

式中，A'、B'、C' 是待定系数，可通过汽车在底盘测功机上的滑行试验获得。

式（3-28）可以改写为

$$F_{drum} = A' + B'v + C'v^2 + F_r + (M - m_1)a \tag{3-29}$$

式中，M 是转鼓转动惯量根据公式 $I = \sum M_i r_i^2$ 转化过来的当量质量；m_1 是驱动车轮滚动惯量转化的当量质量；a 是汽车轮胎与滚筒接触点的加速度。

若要在底盘测功机上真实反映汽车道路行驶状况，则汽车在相同速度下应该满足汽车在底盘测功机上总的行驶阻力与在道路上的行驶阻力相等，即

$$F_{drum} = F_t \tag{3-30}$$

将式（3-26）、式（3-29）带入式（3-30），并整理得

$$F_r = (A - A') + (B - B')v + (C - C')v^2 + \delta m \frac{dv}{dt} + G\sin\alpha - (M - m_1)a \tag{3-31}$$

对于不同的车型，通过滑行试验测得的系数 A、B、C 和 A'、B'、C' 是确定的。式（3-31）为电力底盘测功机电模拟力的函数关系式，测功机的电模拟加载力 F_r 与汽车的速度 v 和汽车的加速度 dv/dt 有密切关系，通过测得汽车的速度和加速度，根据要求设置需要的坡度角，然后通过函数发生器进行电模拟力求和运算，就可以得到一个时变电模拟阻力，将汽车道路行驶阻力在底盘测功机上完美模拟。

3.5.4 底盘测功机的布局方式

根据测功机布置的位置以及数量，主流的底盘测功机布局方式有以下三种。

1. 电机侧置式底盘测功机

如图 3-51 所示，电机置于转鼓的一侧，电机将动力传给靠近的转鼓，转鼓通过联轴器

把动力传递到另一个转鼓上。由于转鼓的位置在电机的同一侧，因此安装和维修方便，并且便于维护。但是这种布局横向尺寸太大，往往需要较大的基坑面积，下坑难度和成本较高。

图 3-51　电机侧置式底盘测功机

2. 电机中置式底盘测功机

如图 3-52 所示，底盘测功机电机位于转鼓中间，两个转鼓对称安装在双轴电机的两个输出轴上。电机动力通过胀套传递到转鼓。这种布局方式结构紧凑，横向尺寸小，所占基坑面积小，安装成本较低。此外，这种结构对称放置，可降低振动和提高测试精确度。

图 3-52　电机中置式底盘测功机

3. 双电机底盘测功机

如图 3-53 所示，底盘测功机有两个电机分别输出至转鼓，这样可以使两个电机独立地控制各自的转鼓。通过控制两转鼓不同的转速模拟汽车转弯时的轮速差，可以对变速器和差速器进行相关试验。由于采用了两个电机，这种布置方式的底盘测功机的成本最高，尺寸也较大。

图 3-53　双电机底盘测功机

第 4 章

数字信号处理与分析

振动和噪声由传感器转换成电信号后，由数据采集系统记录成时间信号，这一时域信号通常是模拟电压信号，数据采集系统将这些模拟信号转化为数字形式进行后续处理及分析。数字信号的基本处理与分析技术包括了频谱分析、时域处理、时频分析、重采样等。

4.1 频谱分析

任何实际的波形均可视为由图 4-1a 所示的若干正弦波所合成，每一正弦分量各有其一定的频率和幅值。从频域研究这些波形或许比时域考察更为有用一些，因为它可以更好地揭示出信号的所有成分（图 4-1b）。

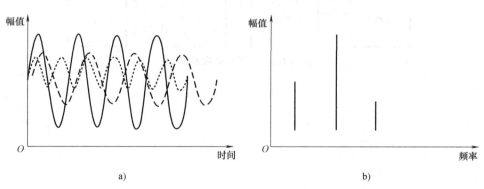

图 4-1 信号的时域与频域

a) 时域 b) 频域

时域中的每一正弦分量，在频域中用一谱线表示。描述波形的一系列谱线构成所谓的"频谱"。

4.1.1 数字信号处理

1. 傅里叶变换（FT）

信号从时域到频域的变换（以及逆变换），可通过傅里叶变换来实现，其定义式为

$$S_x(f) = \int_{-\infty}^{\infty} x(t) e^{-j2\pi ft} dt \tag{4-1}$$

$$x(t) = \int_{-\infty}^{\infty} S_x(f) e^{j2\pi ft} df \tag{4-2}$$

函数必须是连续的。同时，为了能通过数字积分的方法进行傅里叶变换，积分上下限不能无穷，必须是有限的。

2. 离散傅里叶变换（DFT）

傅里叶变换的数值算法称为离散傅里叶变换。它通过对固定限值（N 个）时域抽（采）样的数字积分，求出频域离散点（$m\Delta f$）的谱值，如图 4-2 所示。

由于波形只在有限的观察时间内按一定的时间间隔抽样，无论在时域或频域，一般都不会得到完全精确的表示。由此带来的缺失，将在后文讨论。

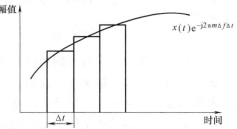

图 4-2　离散傅里叶变换

3. 厄米特（hermitian）对称

正弦函数的傅里叶变换，得到的是由实部和虚部组成的复值函数，其实部和虚部在正负频率域分别成偶对称和奇对称，如图 4-3 所示。在多数情况下，只需计及实部，且只在正频率域将其表示出来。这样，正弦波的频谱专指图 4-3c 中灰色背景区域所表征的信号。

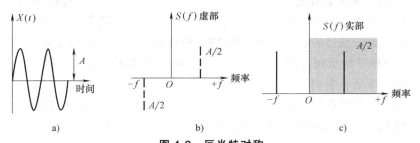

图 4-3　厄米特对称

a）时间信号　b）频谱虚部　c）频谱实部

4. 快速傅里叶变换（FFT）

快速傅里叶变换是一种适合于计算机运算的 DFT 算法，用于求得采样、离散时间信号的谱（频率）成分。所得到的谱也是离散的，其逆变换称为逆 FFT 或 IFFT，如图 4-4 所示。

其中，N 个采样的时间信号，称尺寸为 N 的数据块。N 个时域采样的 FFT 得到 $N/2$ 条谱线。每一条谱线都含有幅值和相位两者的信息。高品质的 FFT 算法，要求时域采样数 N 必须是 2 的幂（诸如 2，4，8，…，512，1024，2048 等）。

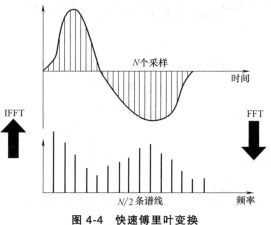

图 4-4　快速傅里叶变换

若多个采样数据块集合的时间长度为 T，FFT 能检测的最低频率等于此时间长度 T 的倒数，即 $1/T$。谱线之间的频率间隔 Δf 也等于 $1/T$，如图 4-5 所示，谱的最高频率 f_{max} 则等于 $(1/T)(N/2)$。

FFT 分析的频率范围，取决于数据块尺寸 N 和采样周期 T。要想获得高频特性，就需要有高速的采样频率，而同时也意味着短的采样周期。

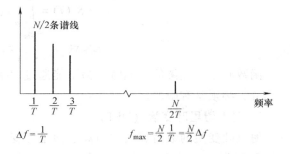

图 4-5　频率间隔、最高频率与谱线数的关系

5. 平均

信号采集过程中，都有不同程度的噪声污染问题。噪声可能来自试验结构本身、采集系统及导线、电源或环境影响等。在信号采集阶段应设法做到减少噪声污染，如采用良好的接地技术等措施。即使如此，信号中的噪声仍会存在。在信号处理阶段，通过平均技术可降低噪声的影响。平均的前提是认为噪声为随机信号。

（1）时域平均　对确定性信号，可采用时域平均技术。取多个等长度时域信号样本，采样后对应数据平均，可得到噪声较小的有效信号。但时域平均必须满足样本长度为信号周期的正整倍数以及样本初始相位相同这两个条件。时域平均不仅可以消除噪声偏差，还能消除噪声信号的均值，即在足够多次平均后可完全消除噪声影响。

（2）频域平均　使用更普遍的是频域平均，即对频谱做平均。这种平均只降低噪声的偏差，而不能减少噪声的均值。根据信号截取方式不同，分为顺序平均和叠盖平均。

顺序平均依次截取信号的若干样本，经 FFT 和加窗运算，得到所需频域信号后做平均，如图 4-6 所示。顺序平均所用时域信号互不重叠，每一采样周期前 20% 和后 20% 的数据，实际上大部分被舍弃掉了，它们对于平均处理而言几乎不做出任何贡献。

叠盖平均使用当前截取信号的后面部分数据及下一截取信号的前面部分作为新信号进行数据变换，即做 FFT 的时域样本是重叠的，如图 4-7 所示，施加至少 30% 的重叠，可挽回数

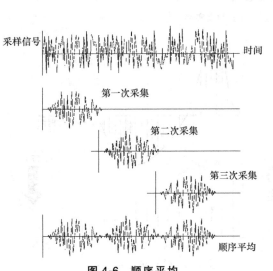

图 4-6　顺序平均

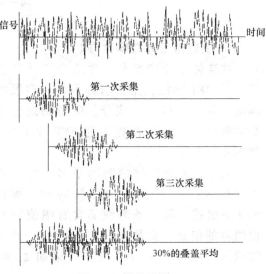

图 4-7　叠盖平均

据的损失，这不但加快了数据采集过程（对同样的平均次数而言），也使得在统计意义上更加可信，因为在平均过程中，所有采集数据被利用的程度更为均衡。

4.1.2　频率混叠与抗混滤波

进行数字信号处理的第一步是对连续模拟信号的离散化（即采样）。离散化本身一般会带来频率混叠误差，采样率过低会使混叠问题变得严重，甚至导致错误的结果，如图4-8所示。

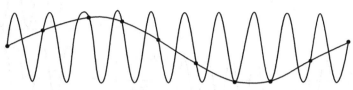

图4-8　采样率过低造成的频率混叠

这一问题可通过遵守奈奎斯特（Nyquist）准则予以克服。该准则规定：采样率f_s应大于感兴趣最高频率f_m的两倍，即

$$f_s > 2f_m \tag{4-3}$$

或者说，允许被测量的最高频率f_{max}等于采样率f_s的一半。后者也称为奈奎斯特频率f_n。

$$f_{max} = \frac{f_s}{2} = f_n \tag{4-4}$$

混叠的问题也可以在频域上用图4-9来说明。

奈奎斯特频率f_n的所有倍乘

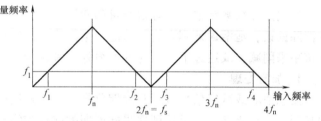

图4-9　频率混叠在频域上的表现

数起到"折叠线"的作用。图4-9中，f_4以$3f_n$线为基准折叠到f_3，f_3则以$2f_n$线为基准折叠到f_2，而f_2又以f_n线为基准折叠到f_1。因此，频率为f_2、f_3和f_4的所有信号看起来都是频率为f_1的信号。

避免这种问题有两种途径。一种途径是提高采样频率f_s，即缩小采样间隔。然而许多信号本身可能包含$0\sim\infty$的频率成分，不可能将采样频率提高到∞。事实上，每一种信号处理系统都有一个确定的频率上限。因此，提高采样频率避免频率混叠是有限制的。另一种途径是采用模拟式或数字式抗混滤波器，以抑制信号中的高频成分。然而，滤波器的特性不可能是完全理想的，如图4-10所示。应当使滤波器的截止频率等于感兴趣最高频率f_m，并关注滤波器在其通带以外的衰减特性。

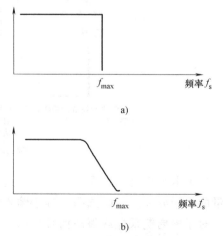

图4-10　滤波器的特性
a）理想滤波器的滤波特性
b）实际滤波器的滤波特性

4.1.3　泄漏与加窗

与离散时间采样数据相伴随的另一个问题是泄漏。一个连续的正弦波应该得到图4-11所示的单一谱线。

由于信号仅在一个采样周期 T 内被测量，而 DFT 却假定这段采样的周期重复表征了所有时刻的值。如果一个正弦波在采样时窗内不是整周期采样，如图 4-12 所示，其结果为由于边缘的不连续性，能量从本来的谱线处显著地泄漏至相邻频域。

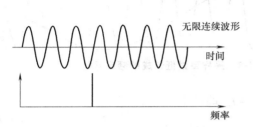

图 4-11　连续波形的时域与频域信号

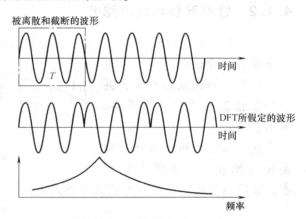

图 4-12　信号的非整周期截断导致的频域能量泄漏

泄漏是伴随数字信号处理最严重的问题之一。如果说混叠误差尚可通过某些处理技术予以消除的话，泄漏误差则永远不可能完全消除。泄漏可通过采取不同的激励技术和提高频率分辨率来削减，或通过下文论述的加窗处理来减少。

1．加窗处理

要想消除或减轻信号截断和周期化带来的不连续问题，有两种方法：一是保证采样周期同步于信号整周期；二是保证在采样周期的起点和终点处，信号的幅值均为零。后一种方法是通过"加窗"来实现的，这相当于对信号做幅值调制。加窗处理示意图如图 4-13 所示。

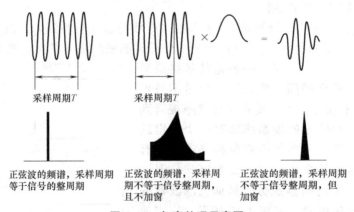

图 4-13　加窗处理示意图

加窗本身也会造成误差的增加，这一点应当清楚，并尽量避免。加不同的窗函数会导致能量的不同分配。窗的选择依赖于输入信号的类型，以及所感兴趣的问题属于哪方面。

对于整周期采样或瞬态信号采用自窗函数。瞬态信号的自然属性就是在采样周期的起点和终点幅值都等于零，例如脉冲或猝发信号。无论何时，自窗函数总是可取方案之一，因为加窗结果会带来它自身的问题。矩形窗或称其为等权（uniform）窗，可用作自窗函数，因为这种窗不影响能量的分布。对于采样周期与信号周期同步的情况，采用自窗函数优于任何其他窗函数。

2. 窗的特性

可供选用的窗函数有多种,其中多数可视为以多个正弦分量的组合做幅值调制。它们起到一种滤波器的作用,各种窗函数的性质可通过考察它们在频域上的滤波特性做出比较。图 4-14 所示为窗函数频域特性参数的物理意义。

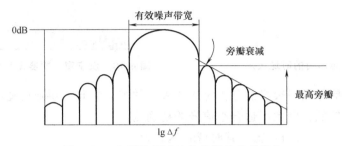

图 4-14 窗函数频域特性参数的物理意义

各种窗的差别主要在于集中于主瓣的能量和分散在所有旁瓣的能量的比例。窗的选择取决于分析的目标和被分析信号的类型。一般来说,有效噪声频带越宽,频率分辨率就越差,越难于分清有相同幅值的邻近频率。选择性(即分辨出强分量频率邻近的弱分量的能力)的提高与旁瓣的衰减率有关。通常,有效噪声带宽窄的窗,其旁瓣的衰减率较低,因此窗的选择是在两者中取折中。常用窗的主要特性见表 4-1。

表 4-1 常用窗的主要特性

窗类型	最高旁瓣 /dB	旁瓣衰减 /(dB/十个)	有效噪声带宽 Δf/Hz	最大幅值误差 /dB
矩形窗	-13	-20	1.00	3.9
汉宁窗	-32	-60	1.50	1.4
凯赛窗	-69	-20	1.80	1.0
平顶窗	-93	0	3.43	<0.01

3. 常用窗

(1)矩形(uniform)窗 其时域图形如图 4-15 所示,这种窗在泄漏不成为问题的情况下被采用。例如,用于整周期正弦波、脉冲、瞬态信号等,其采样周期起端和末端的函数值在自然属性上就等于零。其时域表达式为

$$w(t) = \begin{cases} 1 & |t| \leq \dfrac{T}{2} \\ 0 & |t| > \dfrac{T}{2} \end{cases} \tag{4-5}$$

下面介绍的其他窗,包括汉宁窗、凯赛窗和平顶窗(时域图形如图 4-16 所示),都是在时域上以多正弦分量函数对信号做幅值调制。它们在频域上的滤波特性比较,可参看表 4-1。

(2)汉宁(hanning)窗 其时域表达式为

$$w(t) = 1 - \cos\frac{2\pi}{T}t \quad (0 \leqslant t \leqslant T) \qquad (4\text{-}6)$$

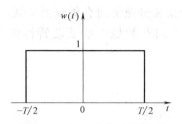

图 4-15　矩形窗的时域图形

图 4-16　汉宁窗、凯赛窗和平顶窗的时域图形

这是在对随机信号做一般目的分析时最常采用的窗。它具有拱形的滤波特性，区分小幅值邻近频率的能力较低，因此不适合小信号的精确测量。

（3）凯赛（kaiser-bessel）窗　其时域表达式为

$$w(t) = 1 - 1.24\cos\frac{2\pi}{T}t + 0.244\cos\frac{4\pi}{T}t - 0.00305\cos\frac{6\pi}{T}t \quad (0 \leqslant t \leqslant T) \qquad (4\text{-}7)$$

这种窗的滤波特性能提供较好的选择性，因而适合用于区分彼此的幅值差别甚大的多音信号。与汉宁窗相比较，在采用随机激励的情况下，这种窗会引起较大的泄漏误差。

（4）平顶（flattop）窗　其时域表达式为

$$w(t) = 1 - 1.93\cos\frac{2\pi}{T}t + 1.29\cos\frac{4\pi}{T}t - 0.388\cos\frac{6\pi}{T}t + 0.0322\cos\frac{8\pi}{T}t \quad (0 \leqslant t \leqslant T) \qquad (4\text{-}8)$$

这种窗的名称，源于它的滤波特性中通带内波纹度较低。这种窗用于纯音（单频）信号的精确幅值测量，特别适用于测量系统的标定。

（5）力（force）窗　其时域表达式为

$$w(t) = \begin{cases} 1 & 0 \leqslant t \leqslant T_1 \\ 0 & T_1 < t \leqslant T \end{cases} \qquad (4\text{-}9)$$

这种窗用于瞬态信号分析。它专用于削减激励通道的杂散噪声，如图 4-17 所示。在脉冲作用期间其取值为 1，其余时间取值为 0。

（6）指数（exponential）窗　其时域表达式为

$$w(t) = e^{-\beta t} \qquad (4\text{-}10)$$

这种窗也是用于瞬态信号的分析。目标是使信号在采样周期的终点衰减到接近于零，如图 4-18 所示。由衰减指数 β 可以确定在时窗的终点信号衰减的百分率。

指数窗通常用于锤击法模态试验的响应（输出）通道，也适用于猝发信号激励情况，其力信号和响应信号都应该加指数窗。然而加指数窗的结果是在测量数据中会附加阻尼，因此在随后的模态分析处理中应仔细计入其影响。

4. 窗的校正

加窗改变了信号的固有属性，为补偿这种改变需要乘以一个校正因子。这种校正可通过以下两种方式之一施加：

（1）幅值校正　对原数据从幅值上予以校正。作为例子，讨论正弦信号加汉宁窗前后幅值谱变化，如图 4-19 所示。

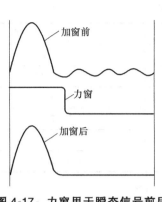

图 4-17　力窗用于瞬态信号前后

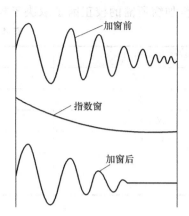

图 4-18　指数窗用于瞬态信号前后

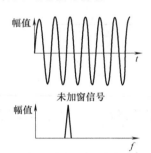

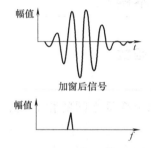

图 4-19　正弦信号加汉宁窗前后幅值谱变化

当加窗后的信号（正弦信号乘以汉宁窗）被转换至频域时，所得谱的幅值将等于同源未加窗信号幅值的一半。因此，为了校正汉宁窗对频谱幅值的影响，所得到的谱必须倍乘以幅值校正因子 2。

对于单频信号的幅值测量，如果想得到准确的分析结果，必须采用幅值校正。

（2）能量校正　对特定频带，校正信号的总能量，此方法仅用于宽带分析。加窗也改变了宽带信号的原有属性。不过，这时保持信号的能量不变通常更为重要。为此，可施加一能量校正因子使加窗后的信号恢复到与原信号有相同的能量。宽带信号加窗前后能量变化如图 4-20 所示。

原始信号

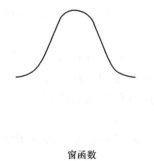

窗函数

加窗后信号

图 4-20　宽带信号加窗前后能量变化

在加汉宁窗的情况下，加窗后信号的能量仅为原信号能量的 61%。因此，加窗后的数据需要倍乘 1.63，以校正能量的大小。

补偿加窗所需的校正因子取决于校正类型和加窗的次数。各类窗的校正因子见表4-2。

表4-2 各类窗的校正因子

窗的类型	幅值校正因子	能量校正因子
矩形窗	1	1
汉宁窗×1	2	1.63
汉宁窗×2	2.67	1.91
汉宁窗×3	3.20	2.11
凯赛窗	2.49	1.86
平顶窗	4.18	2.26

4.2 时频域基本函数

4.2.1 时域基本函数

1. 自相关函数

相关用于测量两个变量之间的相似性。自相关函数取信号本身不同时刻的值相比较而得出。

时域计算自相关函数 $R_{xx}(\tau)$，是通过一个信号与同一信号的时延（τ）相乘，取其乘积对所有时间做积分平均而求出的，即

$$R_{xx}(\tau) = \lim_{T \to \infty} \frac{1}{T} \int_T x(t) x(t+\tau) \, \mathrm{d}t \tag{4-11}$$

不过，在一般情况下，都是通过频域函数计算相关函数。其采样信号 $x(n)$ 的离散型自相关函数 $R_{xx}(n)$ 由式（4-12）求出：

$$R_{xx}(n) = F^{-1}[S_{xx}(k)], \quad \begin{array}{l} k = 0, \cdots, N-1 \\ n = 0, \cdots, N-1 \end{array} \tag{4-12}$$

式中，F^{-1} 表示逆傅里叶变换；而 $S_{xx}(k)$ 则是离散型自功率谱。

可以看出，最大相关发生在 $\tau = 0$ 处，即自相关在 $\tau = 0$ 处有最大值，且等于 $x(t)$ 的均方值。纯随机信号只在 $\tau = 0$ 处有唯一的峰。而周期信号则有很多的峰，它们分别出现在时延等于周期的整数倍处。

周期信号的自相关函数也是周期函数，且其周期就等于信号波形本身的周期。这一性质被用来检测湮没在噪声中的周期信号。这种方法优于线性平均，它不要求有同步触发信号。对某些脉冲型的信号做分析时，利用自相关函数也许比利用频域函数能获得更好的结果。

2. 互相关函数

互相关用于测量两个不同信号之间的相似性，因此需要有多个测量通道。互相关函数在时域上的定义式为

$$R_{xy}(\tau) = \lim_{T \to \infty} \frac{1}{T} \int_T x(t) y(t+\tau) \, \mathrm{d}t \tag{4-13}$$

如同自相关函数的计算，两个采样信号 $x(n)$ 和 $y(n)$ 之间的离散型互相关函数按

式（4-14）计算：

$$R_{xy}(n) = F^{-1}[S_{xy}(k)], \quad \begin{matrix} k = 0, \cdots, N-1 \\ n = 0, \cdots, N-1 \end{matrix} \tag{4-14}$$

式中，$S_{xy}(k)$ 是两个信号之间的离散型互功率谱。

互相关作为时延的函数，表征两个信号之间的相似性，可用于确定两个信号之间的时间差关系。

3. 概率直方图（histogram）

信号分级与概率直方图如图 4-21 所示。概率直方图 $q(j)$ 表述特定的信号幅值出现的相对概率。将采样信号 $x(n)$ 的信号输入量程划分为 J 个级别，如图 4-21a 所示。其每一级别 $j(j = 0, \cdots, J-1)$，表征一平均值 x_j 和级增量 Δx。

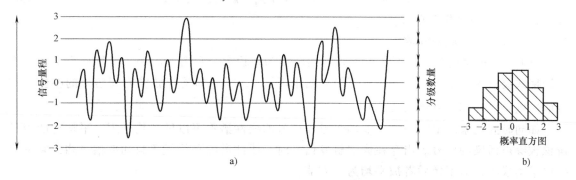

图 4-21 信号分级与概率直方图

采样信号 $x(n)$ 的概率直方图定义式为

$$q(j) = \frac{1}{N} \sum_{n=0}^{N-1} k[x(n)], \quad j = 0, \cdots, J-1 \tag{4-15}$$

$$k[x(n)] = 1, \quad 若 \ x_j - \frac{\Delta x}{2} \leq x(n) < x_j + \frac{\Delta x}{2}$$

$$k[x(n)] = 0, \quad 其他$$

式中，N 的最大取值，或等于时域采样数据总量，或等于谱线总量。

4. 概率密度

概率密度 $p(j)$ 是概率直方图 $q(j)$ 的正则化表示：

$$p(j) = \frac{100}{\Delta x} q(j), \quad j = 0, \cdots, J-1 \tag{4-16}$$

此函数代表每一工程单位所占百分率。

5. 概率分布

概率分布 $d(j)$ 表示信号幅值低于给定值所占的百分比概率。此函数可由式（4-15）给定的概率直方图 $q(j)$ 按式（4-17）求得：

$$d(j) = \sum_{i=0}^{j} q(i), \quad j = 0, \cdots, J-1 \tag{4-17}$$

4.2.2 频域基本函数

1. 频谱

瞬时离散型线性谱 $x(k)$，定义为瞬时采样时间记录的离散傅里叶变换：

$$x(k) = F[x(n)], \quad \begin{matrix} k = 0, \cdots, N-1 \\ n = 0, \cdots, N-1 \end{matrix} \tag{4-18}$$

对连续 M 个瞬时离散频谱做系集平均得到的频谱为

$$\overline{x}(k) = A_{m=0}^{M-1}[x_m(k)], \quad k = 0, \cdots, N-1 \tag{4-19}$$

考虑时间记录为实值情况，频谱存在厄米特（Hermitian）对称，即

$$x(k) = x^*(-k) = x^*(N-k), \quad k = 0, \cdots, N/2 \tag{4-20}$$

式中，x^* 表示 x 的共轭复数。

谱线数等于时域采样数的一半。

FFT 算法产生的是双边傅里叶变换，需转换为单边谱。只有正频率才有物理意义，这需要按格式要求来转换。峰值谱将计算结果倍乘因子 2，得到的是正弦波时间信号的幅值。有效值谱则是将计算结果倍乘 $\sqrt{2}$。

如同时间记录的平均一样，非同步触发信号的线性谱不可以做平均处理。平均功能用于辨识被噪声污染的信号。当存在同步触发信号时，线性谱的平均优于自功率谱平均，它可使噪声平均成零，而不像后者被平均为均方值。

2. 自功率谱

自功率谱的值等于线性谱幅值的二次方。抽样信号的离散型自功率谱 $S_{xx}(k)$ 定义为 M 个瞬时离散线性谱 $X_m(k)$ 幅值二次方的系集平均，即

$$S_{xx}(k) = A_{m=0}^{M-1}[X_m^*(k)X_m(k)], \quad k = 0, \cdots, N-1 \tag{4-21}$$

式中，X^* 是 X 的共轭复数。

频谱的值为复数，含相位信息；而自功率谱则是实数，不含相位信息。

考虑时间记录为实值情况，自功率谱在正负频域是偶对称的，即

$$S_{xx}(k) = S_{xx}(-k) = S_{xx}(N-k), \quad k = 0, \cdots, N/2 \tag{4-22}$$

功率谱的值是通过双边傅里叶变换得到的，因此它是双边谱。要想得到时域信号的功率估计，必须对正、负频率域的所有功率谱值求和而得出。由于只有正频率才有物理意义，对双边功率谱 $S_{xx}(k)$ 可按下面规则转换成单边功率谱 $G_{xx}(k)$：

$$G_{xx}(k) = S_{xx}, \quad k = 0$$

$$G_{xx}(k) = 2S_{xx}(k), \quad k = 1, \cdots, \frac{N}{2} - 1 \tag{4-23}$$

此单边功率谱也称为有效值（RMS）自功率谱，其二次方根则称为 RMS 谱。图 4-22 所示为各种形式的谱及其幅值。

自功率谱有多种格式：

1）功率谱密度（PSD）：是一种对于频率分辨率做幅值正则化的表示方式。这种方式可克服由于选取不同的分析带宽而造成幅值不同的问题。对于平稳宽带信号的测量，这是一种标准的表示形式。

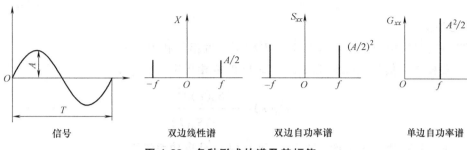

图 4-22　各种形式的谱及其幅值

2）能量谱密度（ESD）：用于瞬态信号。因为对于瞬态信号而言，研究它的总能量比研究它在采样总时间内的平均功率更有意义。实际运算是将 PSD 的值倍乘以测量周期 T 的值。

这些自功率谱不同格式之间的相互关系见表 4-3。其中，参数 A 和 T 的意义可参看图 4-22，而 Δf 则为频率分辨率。

表 4-3　自功率谱不同格式之间的相互关系

幅值类型	幅值格式	直流分量外取值
有效值（RMS）	功率	$A^2/2$
	线性	$A/\sqrt{2}$
	PSD	$A^2/2\Delta f$
	ESD	$A^2 T/2\Delta f$
峰值（peak）	功率	A^2
	线性	A
	PSD	$A^2/\Delta f$
	ESD	$A^2 T/\Delta f$

3. 互功率谱

互功率谱 S_{xy} 用以测量两个信号之间在分析带宽内每一频率的互功率。它与互相关函数为一傅里叶变换对。其定义式为

$$S_{xy}(k) = A \sum_{m=0}^{M-1} [X_m^*(k) Y_m(k)], \quad k = 0, \cdots, N-1 \tag{4-24}$$

式中，$X_m^*(k)$ 是时间信号 $x(n)$ 即时线性谱的共轭复数；$Y_m(k)$ 则是时间信号 $y(n)$ 的即时线性谱。

互功率谱蕴含两个信号之间在幅值和相位上的相互关系的信息。它在任意频率的相位值表示两个信号在该频率的相对相位，因此，可用它做相位关系分析。

由于互功率谱是一乘积，当两个信号的幅值都大时，它的值也大，两个信号的幅值都小时，它也小。因此，它可以指示输入和输出两者中占优势的信号幅值。然而，在利用这一关系时，也应当特别小心，互功率谱的高值也可能只是由于输出幅值高，而并非是由输入所引起的。输入和输出的相互关系可以由相干函数予以揭示，这将在下面讨论。

互功率谱的一个主要用途是计算频率响应函数。

互功率谱的幅值类型与前面介绍的自功率谱的幅值类型相同，分为有效值和峰值两种幅

值类型。

4. 相干函数

有四种类型的相干函数：常相干、重相干、偏相干和虚拟相干。

（1）常相干 信号 $x_i(n)$ 和 $x_j(n)$ 之间的常相干定义为

$$\gamma_{oij}^2(k) = \frac{|\overline{S}_{ij}(k)|^2}{\overline{S}_{ii}(k)\overline{S}_{jj}(k)} \tag{4-25}$$

式中，$\overline{S}_{ij}(k)$ 是互功率谱平均；$\overline{S}_{ii}(k)$ 和 $\overline{S}_{jj}(k)$ 是自功率谱平均。

常相干反映多分量组成的输出信号中最大能量与输出信号中总能量的比值。相干可用于检测由别的通道信号功率引起的一测量通道的功率，据此用于评估频率响应函数的测量质量。另外，它不仅可以用于评估输入、输出关系，还可用来评估多个激振器给出的激振力之间的相干关系。

相干函数的取值范围在 0 和 1 之间。高值（接近于 1）表明输出几乎完全由输入引起，用户可以充分相信频率响应函数的测量结果。低值（接近于 0）表明有其他的输入信号没有被测量出来，或存在严重的噪声，系统有明显的非线性或时延等诸类问题。

（2）重相干 重相干属于频域函数（量纲一的系数），它描述单一信号（输出谱）与另外一组视为参考信号（输入谱）之间的因果关系。它等于由多个输入信号引起的输出信号的能量与该输出信号的总能量之比。它用于检验测量中的噪声含量，其所有响应信号应该与所取参考（输入）信号有因果关系。

单一响应谱 $Y(k)$ 与一组参考谱 $X_i(k)$ 之间的重相干用式（4-26）计算：

$$\gamma_{yx}^2(k) = 1 - \frac{S_{yy \cdot n!}(k)}{S_{yy}(k)} \tag{4-26}$$

式中，$S_{yy}(k)$ 是响应信号 $y(n)$ 的自功率谱；$S_{yy \cdot n!}(k)$ 是自功率谱 $S_{yy}(k)$ 的局部分量，是在所有参考谱 $X_i(k)$ 的贡献均被消除之后得到的。

重相干的值也总是在 0 和 1 之间。

（3）偏相干 偏相干属于"条件信号"之间的常相干。所谓条件信号是指在最小二乘意义上排除了其他信号影响的一类信号。

考虑信号 $X_1, \cdots, X_i, X_j, \cdots$，其中 X_i 和 X_j 的偏相干是在排除信号 $X_1, \cdots, X_g$ 后由式（4-27）给出：

$$\gamma_{pij \times g}^2(k) = \frac{|S_{ij \times g}(k)|^2}{S_{ii \times g}(k)S_{jj \times g}(k)} \tag{4-27}$$

式中，$S_{ii \times g}(k)$ 是无信号 $X_1, \cdots, X_g$ 影响时信号 X_i 的自功率谱；$S_{jj \times g}(k)$ 是无信号 $X_1, \cdots, X_g$ 影响时 X_j 的自功率谱；$S_{ij \times g}(k)$ 是无信号 $X_1, \cdots, X_g$ 影响时 X_i 和 X_j 之间的互功率谱。

偏相干的取值也是在 0 和 1 之间。

（4）虚拟相干（virtual coherence） 虚拟相干是一信号与下文所述主分量之间的常相干。虚拟相干由式（4-28）求得：

$$\gamma_{vij}^2(k) = \frac{|S'_{ij}(k)|^2}{S'_{ii}(k)S_{jj}(k)} \tag{4-28}$$

式中，$S'_{ii}(k)$ 是主分量 $X'_{ii}(k)$ 的自功率谱；$S'_{ij}(k)$ 是信号 X_j 与主分量 X'_i 之间的互功率谱。

虚拟相干的值总是在 0 和 1 之间。任意信号与所有主分量之间虚拟相干的和也在 $[0，1]$ 的域内。

5. 主分量谱

考虑一组信号 X_1，$\cdots$，X_n，假定它们可以由一组完全不相关的信号通过线性组合来描述，这后一信号组（用 X'_1，$\cdots$，X'_n 表示）就称为原有信号组的主分量。注意，主分量之间的相干函数值精确地等于 0。因为按定义，它们之间是完全不相关的。在某种意义上，主分量就是信号组中能观察的主要独立源。

主分量可由时域抽样数据或响应的线性谱求得。基本关系式为

$$\begin{cases} x(k) = u^{\mathrm{H}} x'(k) \\ x'(k) = u x(k) \\ u^{\mathrm{H}} u = i \\ s_{xx} = u^{\mathrm{H}} s'_{xx} u \end{cases} \qquad (4-29)$$

式中，s'_{xx} 是以主分量自功率谱为对角线元素的对角线矩阵；$x'(k)$ 是不相关的主分量信号组；u 为转换酉矩阵。

主分量谱的主要应用是确定信号组中不相关源的数目。一个熟知的例子是多输入多输出频率响应函数估计中多输入激励源的鉴别。

6. 频率响应函数

频率响应函数（FRF）矩阵 $h(k)$ 表示一线性时不变系统输入和输出的频域关系，如图 4-23 所示。

以 N_i 表示系统输入个数，N_o 表示系统输出个数，$x(k)$ 为系统输入信号 N_i 维向量，$y(k)$ 为系统输出信号 N_o 维向量。维数为 $N_i \times N_o$ 的频率响应函数矩阵 $h(k)$ 与 $x(k)$ 和 $y(k)$ 之间的关系为

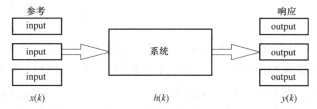

图 4-23 线性时不变系统输入（input）和输出（output）的频域关系

$$y(k) = h(k) x(k) \qquad (4-30)$$

式（4-30）描述的系统是一理想系统，其输出直接由输入引起，没有任何噪声混杂进来。实际上不可能是这样的情况，因而人们提出各种估计方法，用于从实际测量的输入和输出信号出发估计出 $h(k)$。

（1）H_1 估计 最常用的是 H_1 估计，如图 4-24 所示，它假定输入信号中不含有噪声，从而认为所有 $X(k)$ 的测量都是精确的，其形式如图 4-24a 所示，N 代表输出端的噪声干扰。

使输出信号的噪声影响在

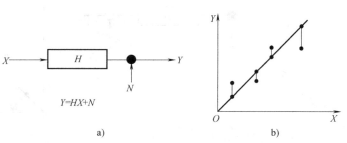

图 4-24 H_1 估计（只有输出信号受到噪声干扰）

最小二乘意义上极小化，如图 4-24b 所示，得到频率响应函数 H_1 估计的计算式为

$$h_1(k) = \frac{s_{yx}(k)}{s_{xx}(k)} \tag{4-31}$$

如果输入信号中存在噪声，那么 H_1 估计得到的是 FRF 的欠估计。反共振区的 H_1 估计优于共振区的 H_1 估计。在各输入信号之间不相关的情况下，H_1 估计可以得到最佳的结果。

（2）H_2 估计　作为替换，可以采用 H_2 估计，如图 4-25 所示。这里假定输出信号中都不含有噪声，从而所有 $Y(k)$ 值的测量都是精确的，其形式如图 4-25a 所示，M 代表输入端的噪声干扰。

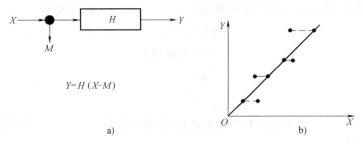

图 4-25 　H_2 估计 （只有输入信号受到噪声干扰）

使输入信号的噪声影响在最小二乘意义上极小化，如图 4-25b 所示，得到频率响应函数 H_2 估计的计算式为

$$h_2(k) = \frac{s_{yy}(k)}{s_{yx}(k)} \tag{4-32}$$

如果输出信号中存在噪声，那么 H_2 估计得到的是 FRF 的过估计，其对共振区的估计优于反共振区的估计。需要注意的是，式（4-32）这种估计只有在单输出情况下才能直接计算，若是在多输入多输出情况下，需要采用广义逆矩阵法对互功率谱矩阵求逆后进行计算。

（3）H_v 估计　对 H_v 估计，如图 4-26 所示，$h(k)$ 的值由矩阵 s_{xxy} 的最小特征值相应的特征向量得出，其中

$$s_{xxy} = \begin{pmatrix} S_{xx} & S_{xy} \\ S_{yx} & S_{yy} \end{pmatrix} \tag{4-33}$$

如图 4-26b 所示，这种估计由总体最小二乘意义上总体噪声贡献的极小化得到。采用这种估计，输入信号和输出信号中的噪声成分均可被缩减。

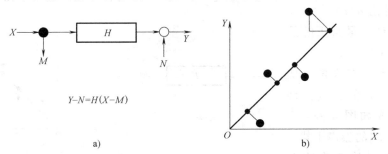

图 4-26 　H_v 估计 （输入、输出信号都受到噪声干扰）

H_v 估计得到 FRF 的最佳总体估计。它在共振区的估计接近于 H_2 估计，而在反共振区的估计则接近于 H_1 估计。不过，与 H_1 估计和 H_2 估计相比，H_v 估计需要较长的计算时间。

7. 脉冲响应函数

脉冲响应（IR）函数矩阵 $h(t)$ 代表线性系统输入输出之间在时域上的关系。这一关系取卷积运算的形式：

$$y(t) = \int x(\tau)x(t-\tau)\mathrm{d}\tau \tag{4-34}$$

$h(t)$ 由频率响应函数的逆傅里叶变换求出，即

$$h(t) = F^{-1}H(k) \tag{4-35}$$

求脉冲响应函数至少需要有一个参考通道和一个响应通道。

4.2.3 复合函数

若信号在整个分析周期内不断地变化，称之为非稳态信号。例如，汽车的振动和噪声特性随着发动机或传动轴的转速而变化。在升速或降速的过程中，测量一系列的信号，从中确定出转速（由转速信号确定）的变化与相应的振动噪声特性变化。

不同外部参数（如转速）下的谱数据，被分析并绘制成图 4-27 所示的形式。像这样对函数做阵列布置的图形就是所谓的瀑布（waterfall）图或彩色云（colormap）图。所有的时域和频域函数都可以阵列成瀑布图的形式。

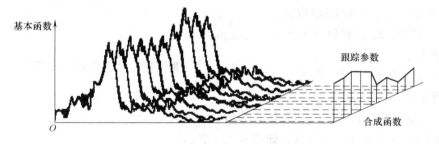

图 4-27 不同外部参数下谱数据的瀑布图

瀑布图数据包含了各转速下的频谱信息，针对每个转速对频谱做处理可得到各种复合函数。这些是直接相对于跟踪参数值的二维函数。这些函数常用的有总量级、频率切片、阶次切片等。

1. 总量级（overall）

总量级描述测量信号的总能量随参数（转速、时间等）变化的演变。通常它总是表示为谱的总有效值。对于所有的基本函数，都可以得到它。只是对不同的函数，应施加相应的能量校正。

（1）时基总量级计算 通过指数平均计算时间信号在特定带宽的总量级，以 $e^{-\Delta t/\tau}$ 作为指数加权因子。其中，Δt 为信号的采样间隔，τ 为时间常数。τ 的取值与信号类型有关，ANSI 1.4 标准规定有三种标准取值：

$\tau = 35\mathrm{ms}$，对脉冲信号

$\tau = 125\mathrm{ms}$，对快变信号

$\tau = 1000\text{ms}$，对缓变信号

对于包含有尖峰的信号，按"脉冲"处理并附加峰值检测功能。这时，信号的首次平均取 35ms 平均时间常数，此后以 1500ms 的延迟率进行峰值检测。

（2）频基总量级计算　每个参数（转速、时间等）下谱数据的总有效值作为该参数下的总量级，频谱需首先还原为双边幅值谱。频率范围应覆盖计算有效值所要求的频带，即如图 4-28 中上限频率 f_2 和下限频率 f_1 所限定的频率区间。对于 i 的取值为 1 至 $k-1$ 的所有谱线取其幅值 A_i 进行计算，对于始末谱线取其半值 $A_0^2/2$ 和 $A_k^2/2$ 进行计算，即

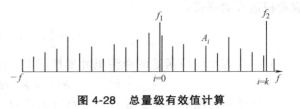

图 4-28　总量级有效值计算

$$\text{RMS} = \sqrt{2\left(\frac{A_0^2}{2} + \sum_{i=1}^{k-1} A_i^2 + \frac{A_k^2}{2}\right)} \tag{4-36}$$

2. 频率切片

频率切片描述瀑布图数据中在规定频带内测量信号的能量随参数（转速、时间等）的变化。它总是表示为有效值谱，计算是围绕一中心频率邻近一定带宽上的积分运算。频率切片的上、下限如图 4-29 所示。

频率切片带宽选择如图 4-30 所示。切片带宽的上、下限频率取决于中心频率±（带宽/2），有以下三种表示带宽的方法：

1）固定频率区间带宽，如图 4-30a 所示。

2）固定谱线数，谱线吻合精确的频率值。

3）固定中心频率百分比带宽，如图 4-30b 所示。

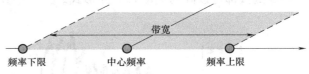

图 4-29　频率切片的上、下限

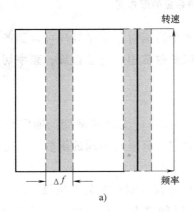

a)

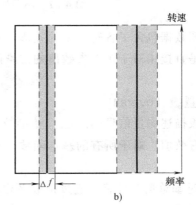

b)

图 4-30　频率切片带宽选择

a）固定频率区间带宽　b）固定中心频率百分比带宽

图 4-31 所示为一个瀑布图数据的频率切片示意。在图 4-31a 中，黑色线框表示了在所有

转速下这一频率的切片，按此平面切出的二维数据就是如图 4-31b 所示特定频率下随转速变化的曲线。

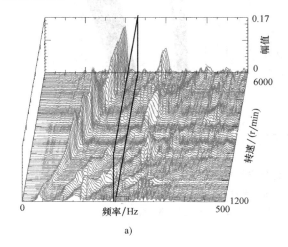
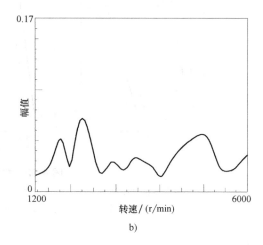

a)　　　　　　　　　　　　　　　　b)

图 4-31　频率切片示意

a）瀑布图　　b）频率切片

3. 阶次切片

旋转机械，如发动机、传动轴等的大多数信号特征，都与转速频率及其倍频有关。转速的倍频称为阶次，它是信号频率（f）与转速（n）之间的比例系数，以字符 O 表示。即

$$f = \frac{On}{60} \tag{4-37}$$

相应的最高分析阶次与最高分析频率的关系为

$$f_{max} = \frac{O_{max}n}{60} \tag{4-38}$$

阶次分辨率（ΔO）与频率分辨率（Δf）的关系为

$$\Delta f = \frac{\Delta On}{60} \tag{4-39}$$

阶次切片描述瀑布图数据中特定的"阶次"信号的能量变化。阶次频带的中心频率随跟踪参数改变。跟踪参数一般为"频率型"参数（即以 r/min 表示的转速）。阶次就是基本跟踪参数的倍乘系数。在特定阶次带内的能量变化表示为测量转速的函数，就形成了阶次切片。阶次切片带宽选择如图 4-32 所示。阶次切片分析定义带宽的方法如下：

1）固定频率区间带宽，如图 4-32a 所示。

2）固定谱线数，谱线吻合精确的频率值或阶次值。

3）固定阶次带宽，如图 4-32b 所示。

4）固定阶次百分比带宽，如图 4-32c 所示。

图 4-33 所示为一个瀑布图数据的 2 阶次切片示意。在图 4-33a 中，黑色线框表示的阶次表明了转速与频率的比例关系，按此平面切出的二维数据就是如图 4-33b 所示随转速变化的

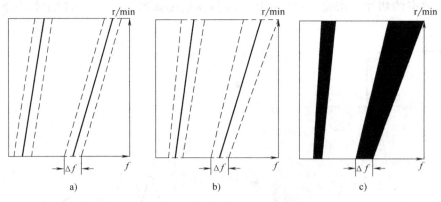

图 4-32 阶次切片带宽选择

a）固定频率区间带宽（频率分辨率 Δf 为常数）　b）固定阶次带宽（阶次分辨率 ΔO 为常数）

c）固定阶次百分比带宽 $\left[\Delta O_i = \text{带宽（\%）} \times i,\ \Delta O_{i+1} = \text{带宽（\%）} \times (i+1)\right]$

阶次曲线。

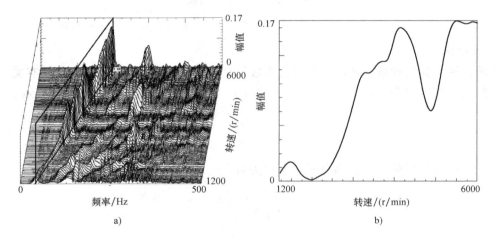

图 4-33 2 阶次切片示意

a）瀑布图　b）阶次切片

4.3　时频分析

时频分析用于考察一类谱（频率）的成分随时间变化的信号。

4.3.1　概述

物理信号中有很大一部分属于非平稳信号。傅里叶变换建立起了时域和频域之间的对应关系，但它不能提供信号频率分量的时间定位。从总体上表示出观察周期内所有出现频率的同时，不能指示出这些频率出现的确切时间。

时频分析方法将信号表述成时间和频率的二元函数，其目的是发现信号能量在时间局域和频率局域上的分布。这些分布可能满足也可能不满足某些关心的数学性质，例如所谓的

"边际方程"。

信号在时刻 t 的瞬时功率为：

$|S(t)|^2$——在时刻 t 每单位时间的能量或强度

每单位频率的强度由傅里叶变换 $S(\omega)$ 模的二次方得出：

$|S(\omega)|^2$——在频率 ω 处单位频率的能量或强度

二元函数 $P(\omega, t)$ 应该表述出单位时间、单位频率的能量，即

$P(\omega, t)$——每单位时间（在时刻 t）和每单位频率（在频率 ω 处）的能量或强度

理想情况下，在所有频率下对能量分布求和，应当得到即时功率：

$$\int_{-\infty}^{+\infty} P(\omega,t)\mathrm{d}\omega = |S(t)|^2 \tag{4-40}$$

而在所有时间下求和，应当得到能量密度谱：

$$\int_{-\infty}^{+\infty} P(\omega,t)\mathrm{d}t = |S(\omega)|^2 \tag{4-41}$$

式（4-40）和式（4-41）就是所谓的"边际方程"，时间与频率上的总能量为

$$E = \int_{-\infty}^{+\infty} P(\omega,t)\mathrm{d}t\mathrm{d}\omega \tag{4-42}$$

当满足边际方程时，E 应当等于信号的总能量。有多种分布都能满足式（4-40）和式（4-41），但彼此却有不同的属性。一般有两种时频分析技术：线性时频分析技术和二次型（双线性）时频分析技术。

4.3.2 线性时频分析

这是一种满足线性原理的分析技术。设 x_1 和 x_2 为两个独立信号，$T(t, f)$ 为线性时频表示。假设 $T_{x_1}(t, f)$ 与 $T_{x_2}(t, f)$ 分别代表 $x_1(t)$ 和 $x_2(t)$ 的线性时频表示，则有

$$x(t) = c_1 x_1(t) + c_2 x_2(t) \Rightarrow T_x(t,f) = c_1 T_{x_1}(t,f) + c_2 T_{x_2}(t,f) \tag{4-43}$$

下面讨论两种线性时频分析技术：短时傅里叶变换和小波变换。

1. 短时傅里叶变换（STFT）

短时傅里叶变换（STFT）是研究时变信号的一种标准方法，如图 4-34 所示。它选择相对短的观察周期并对其加时窗后计算该段时间内的频率。然后，让观察窗沿着总时间轴移动，从而得到一系列图 4-34 所示竖向灰带中包含的谱。

时间信号 $s(t)$ 倍乘窗函数 $g(t)$ 后，定位在时间 τ 的短时傅里叶变换式为

$$\mathrm{STFT}(\tau,\omega) = \frac{1}{\sqrt{2\pi}} \int_{-\infty}^{+\infty} \mathrm{e}^{-\mathrm{j}\omega t} s(t) g^*(t-\tau)\mathrm{d}t \tag{4-44}$$

如果可以这样来选择观察周期，认为观察周期内的信号是平稳的，那么 STFT 这一

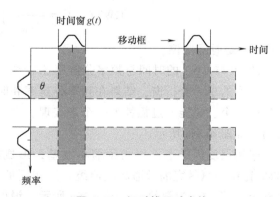

图 4-34 短时傅里叶变换

技术是可靠的。然而，也存在一种广域信号，其频率成分的变化非常迅速，以至于对观察周期的要求短到难以接受的程度。

这种技术的另一个缺点是，对整个时域信号总是用同一宽度的时窗去分析，从而保持固定不变的频率分辨率（$\Delta f = 1/T$）。这种固定的关系，意味着必须在频率分辨率和时间分辨率之间做出权衡。如果碰到一种由准稳态长周期信号与混杂在其中的短促猝发信号复合成的信号时，要分析出其中每种信号的成分，就必须同时有细的时间分辨率和高的频率分辨率，而实际上却难以两全。

从另一个角度来观察和计算 STFT，就是将它表示为信号 $S(\omega)$ 和窗函数 $G(\omega)$ 积的逆傅里叶变换。这时式（4-44）就变为

$$\text{STFT}(\tau, \omega) = \frac{1}{\sqrt{2\pi}} \int_{-\infty}^{+\infty} e^{-j\theta\tau} S(\theta) G^*(\omega - \theta) \, d\theta \tag{4-45}$$

与前面的讨论相类似，频率窗沿着频率轴移动得到对整体时间信号的频率映射，如图 4-34 中的水平灰带所示。这些带可看作是带通滤波器的通带，该滤波器的脉冲响应函数与窗函数相对应。

2. 小波（wavelet）变换

短时傅里叶变换采用不变的分析窗，使得对某些非平稳信号的分析难以在时间分辨率和频率分辨率之间妥善地彼此兼顾。小波变换技术可以解决这样的问题。

实际上，傅里叶变换是把信号分解为一系列基函数，该基函数就是不同频率的正弦波。小波变换也是将信号分解为一系列基函数，但基函数不再是正弦波，而是所谓的小波。这些基函数在时间上更加集中，能得到信号能量更确切的时间定位。先定义一种称为"原象小波"的基函数，再通过一个"尺度因子"来扩展或收缩该原象函数，就得到分析所需的一系列基函数。

这促成了连续小波变换的定义。设 $h(t)$ 为定位在时间 t_0 和频率 ω_0 处的原象函数（小波基），变尺度基函数由式（4-46）给出：

$$h_a(t) = \frac{1}{\sqrt{|a|}} h\left(\frac{t}{a}\right) \tag{4-46}$$

式中，a 是尺度因子，由 ω_0/ω 给定。

连续小波变换（CWT）由式（4-47）定义：

$$\text{CWT}(a, t) = \frac{1}{\sqrt{|a|}} \int_{-\infty}^{+\infty} s(\tau) h\left(\frac{\tau - t}{a}\right) d\tau \tag{4-47}$$

式中，τ 是时间定位。

STFT 与 CWT 的时间与频率分辨率比较如图 4-35 所示。短时傅里叶变换的缺点是采用恒定带宽的单一分析窗，结果在频率分辨率和时间分辨率之间有一固定不变的关系。要想改善其中一个，只能通过牺牲另一个来实现。在时间/频率平面上的映射只能在固定的分格上绘出，如图 4-35a 所示。

采用尺度因子来扩展或压缩小波基，形成在高频窄、低频宽的分析窗。图 4-35a 中将 STFT 比作一恒带宽的带通滤波器组。按相同的概念，小波变换可视为一恒百分比带宽的滤波器组，即 $\Delta f/f$ 为常数，如图 4-35b 所示，说明其频率分辨率和时间分辨率均允许变化，即

可实现多分辨率的分析。

事实上，这种信号分析方法是一种十分自然的途径。低频是一种随时间缓慢变化的现象，只需粗的时间分辨率，细的时间分辨率可能损害高的频率分辨率。高频则是随时间快速变化的现象，因而时间的尺度变得十分重要。对此，小波分析正好可以在损失频率分辨率的前提下，提高时间分辨率。这种类型的分析与人耳

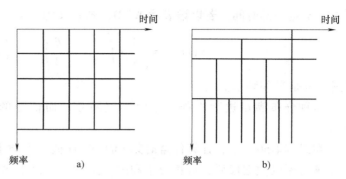

图4-35 STFT与CWT的时间与频率分辨率比较
a) STFT b) CWT

听觉过程也有着十分密切的联系，因为人耳是以倍频程带来分析声音的。

4.3.3 二次型（双线性）时频分析

虽然线性是人们希望有的性质，然而在许多情况下，更关心的是如何用时频表示来阐明时频能量分布，而能量分布本身就是二次型信号表示。这种类型的时频表示可以揭示出许多数学性质，但先要讨论一下双线性原理及其推论。

假设 $T_x(t, f)$ 与 $T_y(t, f)$ 分别代表 $x(t)$ 和 $y(t)$ 的时频表示，$z(t)$ 为 $x(t)$ 和 $y(t)$ 的线性叠加：

$$z(t) = c_1 x(t) + c_2 y(t) \tag{4-48}$$

$T_z(t, f)$ 为 $z(t)$ 的时频表示，则

$$T_z(t,f) = |c_1|^2 T_x(t,f) + |c_2|^2 T_y(t,f) + c_1 c_2 T_{xy}(t,f) + c_2 c_1 T_{yx}(t,f) \tag{4-49}$$

式（4-49）右边前两项视为"信号项"，后面项为"干涉项"。干涉项需满足某些数学上的性质，如"边际方程"，但常常难以对结果做出解释。

二次型时频表示的两个特例是"谱图"（spectrogram）和"尺度图"（scalogram）。它们分别定义为短时傅里叶变换（STFT）和小波变换（WT）幅值的二次方：

$$谱图 = |STFT|^2$$
$$尺度图 = |WT|^2$$

这两种表示的干涉项，仅当不同信号分量重叠时才存在。因此，如果信号分量在时间/频率平面上分开得足够远，干涉项将实质上等于零。对于能量定位的定性评估来说，当两种表示都不满足边际方程时也无妨。

为了能充分解释时频分析结果，常常将 STFT 或 WT 技术与其二次型技术结合，从"干涉项"中分离出"信号分量"。

1. Wigner-Ville 分布（WVD）

在所有具有能量化解释的二次型时频分析技术中，WVD 满足大多数所希望的数学性质，实际信号 $s(t)$ 的 WVD 定义为

$$W(\omega, t) = \frac{1}{\sqrt{2\pi}} \int_{-\infty}^{+\infty} s\left(t - \frac{\tau}{2}\right) e^{-j\tau\omega} s\left(t + \frac{\tau}{2}\right) d\tau \tag{4-50}$$

式中，τ 是局部时间。若以谱表示 WVD，则定义为

$$W(\omega,t) = \frac{1}{\sqrt{2\pi}}\int_{-\infty}^{+\infty} s\left(\omega - \frac{\theta}{2}\right)e^{-jt\theta}s\left(\omega + \frac{\theta}{2}\right)d\theta \tag{4-51}$$

式中，θ 是局部频率。

这种分布满足边际方程，且为实值函数。而信号的时移和频移会引起 WVD 的相应偏移。

在式（4-50）中，计算任意时刻 t 的 WVD 值，实质上是以先于该时刻的数据段，乘上后于该时刻的数据段后，再积分求和的。据此不难理解 WVD 的多项特性。上述运算，也可想象为将 t 左边的数据段，折叠到 t 右边的数据段的前端，其相重叠的数据彼此相乘，再积分求和，由此而得到 WVD 的值。

WVD 计算的起始时刻与末端时刻如图 4-36 所示，该信号有一起始时刻 t_{start}，由于末端时刻 t_{end} 左边任意时刻的值均为零值，可知时刻 t_{start} 的 WVD 值也具有零值。同理，末端时刻 t_{end} 的 WVD 也将具有零值。

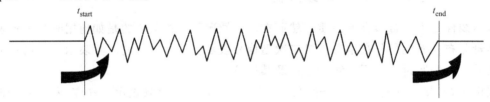

图 4-36　WVD 计算的起始时刻与末端时刻

据此，WVD 的第一个特性就是：对于有限长度的信号而言，相应于信号起始端之前及其末端之后所有时刻的 WVD 值均为零。在考虑频域上的限带信号时，同样可以认为超越该频率范围的 WVD 值均等于零。

用同样的思路，可以解释为什么当某段时间的信号跌落至零值，而该时段的 WVD 值却不为零。图 4-37 所示为信号为零时的 WVD 计算。

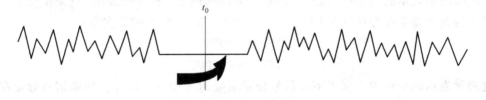

图 4-37　信号为零时的 WVD 计算

在 t_0 时刻，信号本身为零值，但其左边的数据段与其右边的数据段相乘及求和之后得到的 WVD 都是非零值。通常可以这么说：某时刻的信号值为零，但其 WVD 值却往往不为零，这一不良特性使得对信号的诠释变得困难，尤其是分析包含多种分量的信号时更甚。

由于相同的机理，在信号中并不存在噪声的区段，计算相应的 WVD 值时，却很可能需计及其他区段所存噪声的影响，包含噪声时的 WVD 计算如图 4-38 所示。

图 4-38 中，在估算时刻 t_1 的 WVD 值时，重叠段可不涉及噪声；但在时刻 t_2 附近，即便该时刻信号不含噪声，但后面信号段的噪声却一定会影响该时刻的 WVD 值。可见，噪声可以扩散到信号中很宽的时间段内。

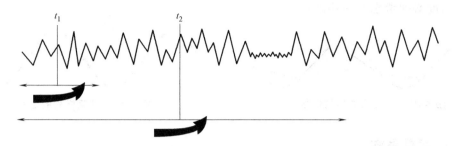

图 4-38 包含噪声时的 WVD 计算

用同样的理由可以解释沿频率轴出现的干涉项，尤其当信号在某时刻同时存在多个频率分量的情况下，在各分量频率间的中间频率处，会形成频率干涉项。如前所述，这些干涉项可依据其振荡属性很容易地辨认出来，并采用平滑技术缩小其影响。下面将讨论某些可实施的平滑技术。

2. 广义化

WVD 的广义化，引导出时频表示的统一形式。它们具有所希望的主要数学性质，如它们在时移、频移及时、频尺度展缩运算中的不变性，即信号的时移或频移导致信号时频表示中的等量偏移，而信号的尺度变化导致时频表示相应的尺度变化。

时频表示最普遍的形式一般可定义为

$$T_x(t,f) = \iint_{t'f} \psi_T(t-t', f-f') W_x(t',f') \, dt' df' \tag{4-52}$$

式中，$W_x(t',f')$ 是信号 $x(t)$ 的 Wigner-Ville 分布，而 ψ_T 则称为"核函数"。核函数的不同选择，决定了由一般定义所导出的各种特定时频表示的基本特性。核函数也可视为对 WVD 所施加的平滑函数。

4.4 重采样

将已经按特定频率采样的信号，转换为不同频率的采样，这样的过程称为重采样。

重采样可能有多种应用场合，如数字式磁带记录仪是以每秒 48000 个采样的频率对信号采样的，如果信号的带宽仅仅为 200Hz，那么有每秒 500 个采样的频率已经足够了。也就是说，磁带机的采样率远远高于描述信号所需的采样率。在这种场合下，采样率可予以缩减，这一过程称为降采样（downsampling）。

另外，对于一个处于临界采样的信号，即在这样的采样频率下刚刚足以描述信号的全部频率成分，但在时域上，采样信号波形的直观表现并不好，或者说表达得不够充分，临界采样后的信号如图 4-39 所示。

提高采样率产生的是一个频率信息相同但具有更好波形的采样信号。当重采样涉及提高采样率时，处理过程就称为插值（interpolation）或升采样（upsampling）。升采样后的信号如图 4-40 所示。

重采样可分为固定重采样和自适应重采样，前者的重采样频率固定，后者根据外部参数（如转速）的变化而相应调整。本节讨论数字重采样处理的理论背景，并讨论实施重采样达到要求的精度必须考虑的一些因素。

图 4-39　临界采样后的信号　　　　　图 4-40　升采样后的信号

4.4.1　固定重采样

1. 整数倍降采样

以因子 n 做整数倍的降采样，意味着对原数据保留住每隔 n 点的数据。不过，在做降采样处理时，需要注意避免出现频率混叠的问题。降采样过大的信号如图 4-41 所示，降采样因子为 13，而原始信号中，对应每一信号周期的采样点数为 16。这样，总采样信号的采样率低于信号最高频率每周期 2 个以上采样点的要求，从而会给出错误的结果。

为避免重采样处理引起混叠，必须保证信号不包含任何高于采样率缩减后能描述的频率成分。为此，需采用一低通滤波器来做到这一点。下面以降采样因子为 5 的例子来说明这一问题。

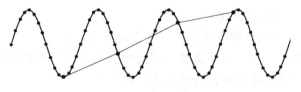

图 4-41　降采样过大的信号

如图 4-42 所示，设原始信号以 1kHz 的频率采样，其许可分析的带宽为 500Hz。假定信号中有两个谱分量，一个在 8Hz 处，另一个在 325Hz 处。

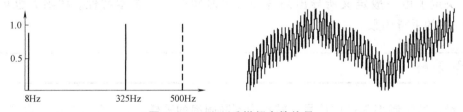

图 4-42　1kHz 采样频率的信号

降采样因子为 5 意味着采样率缩减到 200Hz，其许可分析的带宽为 100Hz。首先需要加一个低通滤波器，使数据的谱成分限制在 100Hz 带宽以内。也就是滤掉 325Hz 的高频分量，而保留下的时域信号为 8Hz 的分量。由于是通过每相隔 5 个点取一个点来实现，其每一周期仍然有 125 个采样点。加低通滤波器的降采样如图 4-43 所示。

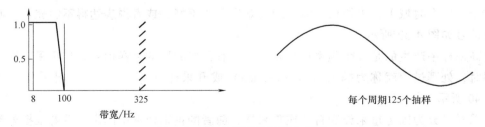

每个周期125个抽样

带宽/Hz

图 4-43　加低通滤波器的降采样

而不加低通滤波器的降采样如图 4-44 所示，325Hz 的分量折叠到 100Hz 带宽的 75Hz 处，从而给出严重失真的结果。

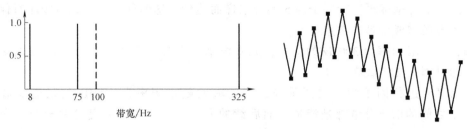

图 4-44 不加低通滤波器的降采样

2. 整数倍升采样

因子为 n 的整数倍升采样，涉及在原有测量的采样点之间插入 $n-1$ 个数据点。通常的做法是先令所有插入点的取值为零，然后需要加一适当的滤波器来消除这一处理所产生的谐波成分。

图 4-45 所示为升采样过程，迹线以因子 4 作为升采样，这意味着在现有数据点之间各添补 3 个零值。其结果是看起来时域信号产生严重失真。

可以证明，这种升采样信号的谱，由它原来的谱加上这个谱在所有更高频率上的"镜像"所组成。

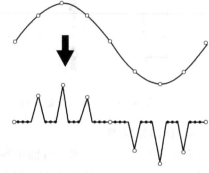

图 4-45 升采样过程

这种由插零引起的"失真"，可以通过加适当的低通滤波器来滤除，使其正好保留原信号带宽内的谱成分。对临界采样的正弦波做升采样以改善其时域表示的过程如图 4-46 所示。临界采样的采样率刚好大于每个信号周期 2 个采样，即满足耐奎斯特准则。虽然其时域表示显得粗糙，但对于频域的精确表示却已得到足够的信息。采用因子为 10 的升采样可以使信号的时域描述更加精确。

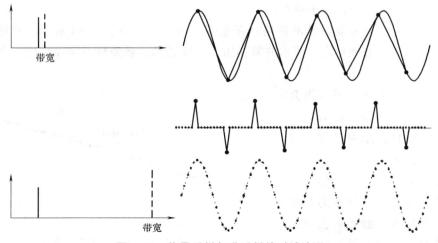

图 4-46 临界采样与升采样的时域波形

3. 分数比率重采样

非整数比率的重采样可通过升采样和降采样的组合来实现。如因子为2.5的降采样，可先做因子为2的升采样再进行因子为5的降采样而达到。这两种处理的先后顺序对保持原始信号中感兴趣的谱成分是非常重要的。

例如，一上限频率为300Hz的信号，原采样率为2kHz。现在要求以800Hz的采样率做重采样，即以因子2.5做降采样。

如果信号先进行因子为5的降采样，则要求做截止频率为200Hz的低通滤波，结果200~300Hz之间的信号分量都被滤掉，而后续的升采样已不可能恢复这些成分，先降后升重采样如图4-47所示。

正确的步骤如图4-48所示，首先升采样至4kHz（其分析带宽为2kHz），采用截止频率为1kHz的低通滤波器可保留信号的原本谱成分。第二步是做因子为5的降采样，并采用截止频率为400Hz的低通滤波，这样就保留了原本上限频率300Hz的所有谱成分。

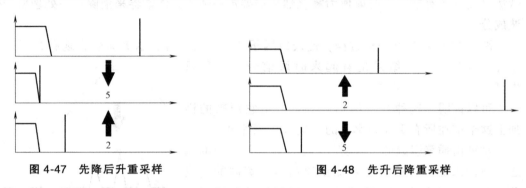

图4-47　先降后升重采样　　　　　　图4-48　先升后降重采样

4. 任意采样率

对采样率的有些要求，可能不容易通过升采样和降采样的组合来实现。即便是要求的采样率可以表示为原有采样率的分数倍，却需要极高的中间升采样率，处理过程强加繁琐的计算。

例如，假定某一测量的采样率为每秒8192个采样，现在要将其转换为8000Hz的采样率，以便在数字式声频硬件上重放。理论上，这可以通过125倍升采样和1/128降采样的组合来实现，但这样计算的代价十分高。

对于这种情况，可采取另外的策略。任意采样率重采样如图4-49所示。在图4-49中，信号的原始采样用空心圈标出，要求的采样用实心圈表示，新采样率与原采样率之间不成整数比。

第一步，以较高的因子 a 做升采样。该因子称为"插值前升采样因子"，比如取15。图中以方形点表示升采样的插值。

第二步，对升采样后的信号实施线性插值，使新的采样率为目标采样率的整数倍 b。线性插值引致的误差 ε 将会小于以足够高的比率

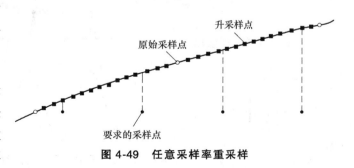

图4-49　任意采样率重采样

升采样后的源迹线长度。指示的误差表示为信号失真比（signal to distortion ratio，SDR）。它取决于"插值前升采样因子"参数和滤波器的截止频率，其表达式为

$$SDR = 10\lg\left[80\times\frac{100R}{(\text{cut-off in}\%)\pi}\right]$$ (4-53)

式中，R 是插值前升采样因子；cut-off in% 是滤波器的截止频率相对于耐奎斯特频率的百分比。

第三步，以前面所述整数因子 b 做降采样，以达到要求的采样率。也可以直接通过插值过程本身达到要求的降采样，只要求降采样倍率 b 低于之前的升采样倍率 a 即可。

4.4.2　自适应重采样

自适应重采样或同步重采样，是以从不同"域"考察信号特征为目的，对信号进行重采样。在汽车试验领域，一个熟知的应用就是以发动机某一旋转部件的转速测量为基础，提取发动机振动信号中与"阶次"相关联的现象。该现象的分析和解释在某一个"域"内可能是困难的，而在另一个"域"则有可能变得清晰和明朗。

例如，信号处理中的同步平均，对于研究参与平均的不同信号段在相同时刻发生的重复现象来说是必不可少的。采用同步采样技术，数据可转换到特殊的"域"内，在该"域"内，现象才真正是重复性的。

类似于傅里叶变换将时域数据转换到频域，以揭示其频率成分，也可以将角度域数据转换至阶次域。正如每秒发生两次的事件其频域为 2Hz 一样，每一循环发生两次的事件与阶次为 2 相关联。例如，假定测量取自恒定转速的发动机，而即便是转速的微小变化，仍有可能在频域表示法中，对应低阶次的谱分量发生锐变，而对于更高的频率变化则将显得模糊不清。小的转速变化可能会导致频域中大的疏漏误差。

作为应用，有必要研究更高阶次的现象（例如，以齿轮箱为例），变化的模糊不清使得难以甄别谐分量的阶次。如果将这样的数据转换到阶次域，则所有阶次的结果都可以清晰地显示出来，但任何谐振现象的存在仍然是模糊不清的。频域和阶次域的表示互相补充，可以在最适合的分析域内获得有用的信息。自适应重采样能灵活地从一个域转换到另一个域。

图 4-50 所示为转角的时域变化，图 4-51 所示为时域转换到角度域，其原理适用于任意两个域之间的转换。源信号必须和跟踪信号一起测量。跟踪信号最可能是转速信号，即由光电式、磁电式或电涡流式探头得到的脉冲串，它可以转换为转速与时间的函数，经过积分后还可以得到转角与时间的函数。

从时域转换至角度域的情况下，要求有恒定的角度域分辨率（$\Delta\alpha$），其相应的时间间隔，对于按某时间间隔采样的振动测量数据而言，是可以得到的。

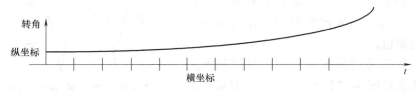

图 4-50　转角的时域变化

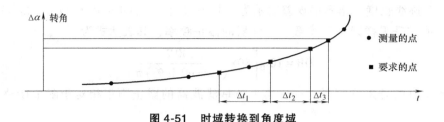

图 4-51　时域转换到角度域

时域采样时，时间增量 ΔT 是采样率 F_s 的倒数，即

$$\frac{1}{F_s} = \Delta T \tag{4-54}$$

根据采样定理，能获得信号的上限频率为 $F_s/2$。自适应重采样遵守同样的规则：如果采样率不够高，就会丢失信息；如果采样率过高，则不必要地增加了处理的工作量。

需要确定出与时/频域转换中所需采样率 F_s 相对应的角度域分辨率 $\Delta\alpha$。自适应重采样利用变时间增量，若转角与时间之间是非线性关系，数据的丢失将首先发生于最低转速值处，目标是确定一个介于过采样和欠采样之间的角度分辨率 $\Delta\alpha$ 阈值：

$$\Delta\alpha = \frac{\left(\dfrac{\mathrm{d}\alpha}{\mathrm{d}t}\right)_{\min}}{F_s} = \frac{n_{\min}}{F_s} \tag{4-55}$$

例如，设最低角度变化率（$\mathrm{d}\alpha/\mathrm{d}t$）为 500 r/min，而采样频率为 2000Hz，那么，$\Delta\alpha$ 的阈值为

$$\Delta\alpha = \frac{500}{2000} \times \frac{360°}{60} = 1.5° \tag{4-56}$$

采用小于阈值的角度增量，会产生更多的角度域数据点，但不会增加任何信息，只意味着超量处理。采用高于阈值的角度增量，会导致低转速范围内的信息损失，如果将数据转换回原来的域，将不能恢复原来的数据。

从角度域中要求的参考点 α_1 出发，由 $\alpha(t)$ 函数曲线找出相对应的时刻 t_1。然后，时间信号在 t_1 时刻的测量值必须表示为角度域上对应某角位移的测量值 y_1'。如此重复产生对应于角度域每一角位移值的测量值。

依赖于原始信号的分辨率和两个域之间的关系，可能需要进行图 4-52 所示的角度域/时域转换时的插值。

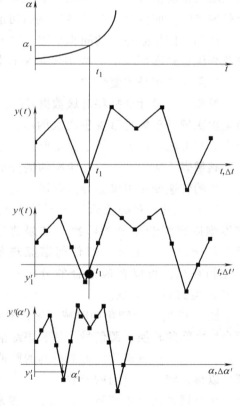

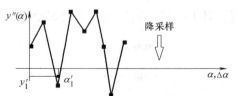

图 4-52　角度域/时域转换时的插值

　　为了保持信号的动态特性，维持信号的谱成分乃是基础，因此，在插值之前需对信号做升采样处理。

　　最终的插值率（以及相对应的升采样因子）按照可能和要求的数据采样之间的实际局域间隔做出调整。建立起角度域信号的最后一个步骤是需要对信号做重采样（通常是降采样），以适应希望的角度分辨率。

第 5 章

汽车动力子系统振动噪声试验

汽车所涉及的振动噪声试验项目繁多，本书按照试验对象将汽车振动噪声试验技术分为动力子系统、汽车结构以及整车三部分予以介绍，其涵盖了目前较为主要的试验内容。另外，汽车噪声的声源定位试验技术以及声品质主观评价试验技术作为专题单独列出。

动力子系统包括动力装置（发动机）及其隔振系统（悬置）、传动轴系、进气系统和排气系统，因此它是汽车非常重要的振动噪声源。对其进行的试验主要有发动机振动及辐射声功率试验、悬置隔振率试验、动力总成转动惯量试验、传动轴扭振试验以及进气与排气系统的管口噪声与壳体辐射噪声试验。

5.1　发动机振动及辐射声功率试验

发动机是汽车最主要的振动噪声源，控制整车的振动噪声之前必须先了解发动机的振动噪声特性。由于气缸内周期变化的气体压力和曲柄机构产生的惯性力，发动机产生上下、前后、左右的振动，这些振动通过悬置传递到车体上。因此，发动机的振动可以通过测量发动机侧悬置点位置的振动来体现。发动机侧悬置点也称为主动侧，相应的悬置连接的车体侧位置称为被动侧。振动强度由加速度来衡量，发动机工作时同时产生三个方向的振动，在试验时，主动侧需要布置三向加速度计或者三个单项加速度计同时测量。需要注意的是，发动机主动侧的振动较大，在某些极限工况下可能会超过 $500\mathrm{m/s^2}$ 或 $50g$（g 为重力加速度，$g = 9.8\mathrm{m/s^2}$），由于数据采集系统的输入量程（电压）是恒定的，因此，加速度计的选取对试验数据的可靠性尤为重要。数据采集系统可采集的最大加速度为

$$A_{\max} = \frac{V_{\text{in\_max}}}{S_a} \tag{5-1}$$

式中，$V_{\text{in\_max}}$ 是数据采集系统的最大输入量程；S_a 是加速度计的灵敏度，对于 ICP 类型的加速度计，其单位为 $\mathrm{mV/(m/s^2)}$ 或 mV/g。

可以看出，在数据采集系统最大输入量程给定的情况下，加速度计的灵敏度与可测得的最大振动加速度成反比，过高的灵敏度会导致因输入量程的限制而造成的信号过载，使得部分真实数据丢失。因此，当明确了发动机可能最大的振动加速度后，需要选取合适灵敏度的

加速度计。例如，数据采集系统的输入量程为 5V 时，测量发动机振动最好选用灵敏度小于 $100\mathrm{mV}/g$ 的加速度计。

发动机具有很宽的运转范围，一般可以从怠速时的 $800\mathrm{r}/\mathrm{min}$ 到额定转速 $6000\mathrm{r}/\mathrm{min}$，并且还有全负荷与部分负荷的运转情况。因此，其振动加速度也有一个较宽的量级范围。在试验过程中，数据采集系统采集振动信号实际上是一个将模拟信号转换为数字信号的量化过程，量化级数越多，采集信号的精度就越高。实际采集中的量化级数为

$$L_{\mathrm{act}} = \frac{2^n}{2} \frac{V_{\max}}{V_{\mathrm{in\_range}}} \tag{5-2}$$

式中，n 是数据采集系统的量化位数，由硬件决定；$V_{\max}$ 是该工况下最大振动加速度相应的电压；$V_{\mathrm{in\_range}}$ 为数据采集系统设定的测量量程。可以看出，同一台数据采集系统在使用不同量程设置时会造成测量精度的差异。当量程设定越接近信号的最大值时其精度越高。通常情况是 $\frac{V_{\max}}{V_{\mathrm{in\_range}}} \leq 1$，$\frac{V_{\max}}{V_{\mathrm{in\_range}}} > 1$ 则会造成测量过载。设置过高的量程会导致实际用于量化信号的级数减少。例如，一台最大量程为 10V 的 16 位数据采集系统采集最大信号电压为 1.5V 的加速度信号，使用最大量程采集时的实际量化级数为 $\frac{2^{16}}{2} \times \frac{1.5}{10} = 4915$；若将量程设置到 2V，则量化级数为 $\frac{2^{16}}{2} \times \frac{1.5}{2} = 24576$。

传感器灵敏度以及试验时量程设置的影响在汽车振动噪声试验中十分关键，式（5-1）和式（5-2）的原理也同样适用于噪声以及其他物理量的测量。目前，大多数数据采集系统及其相应的软件都提供了"自动量程"功能，在正式试验采集之前，利用该功能选取工况下最合适的量程以达到最好的采集精度。

发动机振动试验通常测量悬置主动侧的加速度，这是由于悬置将发动机和车体连接在一起，悬置上的振动体现了发动机对车体的激励源。悬置上的加速度计布置应遵循在刚度较大并尽量靠近弹性中心的位置原则。若悬置通过单个螺栓与车身或支架相连，加速度计应尽可能靠近螺栓布置，如图 5-1 所示。若悬置通过两个螺栓与车身或支架连接，加速度计应放置在图 5-2 所示的两个螺栓之间。若悬置为非对称结构或螺栓安装点为非对称，这时需要同时布置 2 个或 3 个加速度计采集振动后进行平均处理。对于发动机纵向布置的动力总成，后悬置通常位于变速器上，其加速度计也按照以上原则布置（见图 5-3）。此外，加速度计的各轴向应与整车坐标系一致，如斜置式悬置上的加速度计就需要进行坐标变换。整车坐标系的定义为：

X 向：从车前到车后的纵向。

Y 向：从驾驶人到乘客的横向。

Z 向：由下到上的竖向。

车辆在由底盘测功机转鼓模拟的道路上行驶，各种工况下（如怠速、加速、开启空调等）发动机的负荷变化产生不同的振动。采集到的各工况下悬置主动侧三方向振动加速度用式（5-3）来计算每个悬置上的总加速度。整个发动机的振动可以采用式（5-4）把所有悬置的振动加速度综合起来度量。

$$A_{\text{悬置}} = \sqrt{A_x^2 + A_y^2 + A_z^2} \tag{5-3}$$

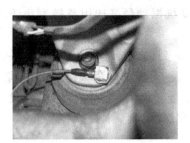

图 5-1　单个螺栓连接悬置

图 5-2　两个螺栓连接悬置

图 5-3　后悬置加速度计及布置

$$A_{\text{总}} = \sqrt{A_{\text{悬置}1}^2 + A_{\text{悬置}2}^2 + \cdots + A_{\text{悬置}N}^2}$$

(5-4)

图 5-4 和图 5-5 分别显示了一台三点悬置发动机在急速及三档加速工况下各悬置的振动及发动机总振动。其中，急速振动以频谱表示，加速振动以跟踪发动机转速表示。

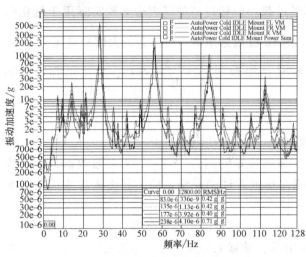

图 5-4　急速发动机振动

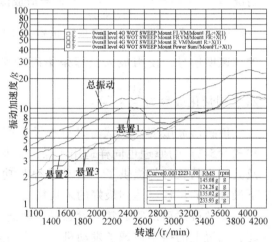

图 5-5　三档加速发动机振动

发动机工作时不仅产生振动，其热力过程的周期性及部分受力机件的往复运动还产生了燃烧噪声、机械噪声和空气动力噪声。机械噪声与燃烧噪声通过发动机的外表面向外辐射；而空气动力噪声主要在进气和排气过程中产生，最终通过进气和排气系统后以进气噪声和排气噪声的形式出现，属于独立的噪声源。发动机噪声以声功率级来度量，测量方法有相应的国家标准（GB/T 1859.1~4）。但要了解发动机装入整车后运转的噪声，就需要在半消声室的底盘测功机转鼓上进行声功率的测量。移除发动机盖以及装饰罩盖，同时，为有效屏蔽进气系统辐射噪声，用一套辅助消声器（见图 5-6）与进气口连接消除进气口气流噪声。用吸声及隔声材料包裹进气系统的空气滤清器壳体以屏蔽由壳体振动产生的辐射噪声。

发动机本体及其附件组成的外表面包络面可以视作一个虚拟的长方体，作为噪声各主要辐射面。采用类似半球

图 5-6　辅助消声器

面声压法测量声功率，由于发动机装在整车内，用于噪声测量的自由场范围被限制在发动机舱上方及前方所形成的 1/4 球面内，这个假想的 1/4 球面半径等于或大于发动机外包络面长方体尺寸的两倍，且不小于 1m。测量传声器在 1/4 球面上对称布置，数量不少于 3 个。球面上的平均声压级为

$$\overline{L_p} = 10\lg\left(\frac{1}{S}\sum_{i=1}^{N} S_i \times 10^{0.1L_{pi}}\right) \tag{5-5}$$

式中，L_{pi} 是在 i 点测得的频带声压级；S_i 是第 i 个测点在测量球面上占有的面积；S 是测量球面的总面积；N 是测点数。

发动机的声功率级 L_W 可由声压级导出，即

$$L_W = \overline{L_p} + 10\lg\frac{S}{S_0} + C \tag{5-6}$$

式中，$S_0 = 1m^2$；C 是温度和气压修正值。

图 5-7 所示为整车发动机声功率级测量的一种三点声压传声器布置的形式。图 5-8 和图 5-9 所示为怠速和加速工况下的声功率级。

图 5-7　三点声压传声器布置

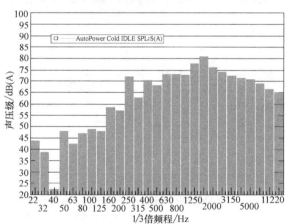

图 5-8　怠速声功率级

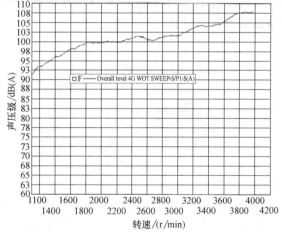

图 5-9　加速声功率级

5.2　悬置隔振率试验

动力总成悬置是将车体与动力系统相连接的装置。悬置除了承受动力系统的重量外，还有一个重要作用是衰减动力总成对车体的振动。评价一个悬置的工作效果通常采用隔振率这一指标，隔振率是指主动侧振动大小与被动侧振动大小的比值。如果隔振率越大，那么悬置的隔振效果就越好。加速度的隔振率 T 用分贝形式表达为

$$T = 20\lg\frac{|a_a|}{|a_p|} \tag{5-7}$$

式中，a_a 是主动侧加速度；a_p 是被动侧加速度。

当隔振率达到 20dB 以上时，意味着振动从主动侧传递到被动侧衰减为原来的 1/10 以

下。主、被动侧加速度计可参照"发动机振动试验"中的布置方式，两侧加速度计应尽量布置在图 5-10 中的悬置安装轴向中心线上或附近。

试验时，为掌握动力系统不同运转情况下悬置的隔振效果，车辆需要在多种工况下运行。常用的工况有怠速、匀速、全节气门加速以及部分节气门加速。由于动力系统的振动源是与转速和频率有关的，因此隔振率也与转速和频率有关。在怠速、匀速这类稳态运行工况下，悬置隔振率以随频率变化表示。图 5-11 所

图 5-10 悬置主被动侧加速度计的布置

示为一个四缸四冲程发动机的一个悬置在怠速下的隔振率频谱。此发动机怠速转速为 755r/min，其振动幅值较大的频率位于转速的二阶以及四阶，相应频率为 25Hz 和 50Hz。可以看到，在这两个频率下，该悬置三个方向上的隔振率都在 20dB 以上，隔振效果较好。若在加速这种非稳态运行工况下，隔振率需要以图 5-12 中随转速变化来表示，图中 Y、Z 两个方向的隔振率在 2500r/min 附近出现谷值，说明悬置在该点出现振动的通过频率使得隔振性能急剧下降，需要进行改进。

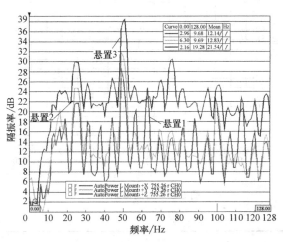

图 5-11 怠速悬置隔振率频谱

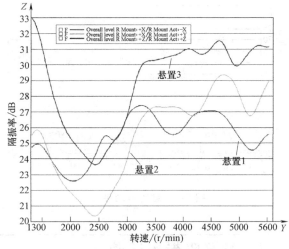

图 5-12 加速悬置隔振率

5.3 动力总成转动惯量试验

在悬置的设计过程中，动力总成通常简化为刚体，其刚体转动惯量特性是悬置设计的重要参数之一。刚体转动惯量特性包括刚体的质量、质心位置，以及在一定坐标系下的转动惯量。除了质量外，转动惯量特性的其他信息如质心位置、转动惯量等目前都没有相应的传感器直接测量，可采用三线扭摆法通过测量绕各轴的转动惯量计算得到。但动力总成外形复杂，转动惯量的测量并不容易，可能需要使用专用试验台。

另一种获取动力总成转动惯量参数的方法是基于刚体运动学与振动频率响应函数，试验时动力总成由弹性绳悬吊模拟自由状态并受到激励，其振动加速度频率响应函数可分为图5-13中所示的三部分：第一部分低频段反映的是悬吊频率；第二部分高频段反映的是弹性模态；第三部分介于低频与高频段之间是一段水平平滑区，

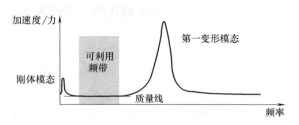

图5-13 刚体频率响应函数

这是由动力总成的惯性所决定的，称之为质量线，质量线反映的是具有柔性支承结构的惯性制约力。将质量线的数据代入一组运动学方程和动力学方程，就可以求出动力总成的基本属性（包括质心、转动惯量、惯量主轴和主轴方向等）。

对动力总成所有响应测量点 P，Q，$\cdots$，以及所有输入（激励）1，2，$\cdots$，在所选 $OXYZ$ 全局坐标系中有式（5-8）给出的矩阵形式的运动学关系：

$$
\begin{pmatrix}
\ddot{X}_{1P_x} & \ddot{X}_{2P_x} & \cdots \\
\ddot{X}_{1P_y} & \ddot{X}_{2P_y} & \cdots \\
\ddot{X}_{1P_z} & \ddot{X}_{2P_z} & \cdots \\
\ddot{X}_{1Q_x} & \ddot{X}_{2Q_x} & \cdots \\
\ddot{X}_{1Q_y} & \ddot{X}_{2Q_y} & \cdots \\
\ddot{X}_{1Q_z} & \ddot{X}_{2Q_z} & \cdots \\
\vdots & \vdots & \cdots
\end{pmatrix}
=
\begin{pmatrix}
1 & 0 & 0 & 0 & Z_P & -Y_P \\
0 & 1 & 0 & -Z_P & 0 & X_P \\
0 & 0 & 1 & Y_P & -X_P & 0 \\
1 & 0 & 0 & 0 & Z_Q & -Y_Q \\
0 & 1 & 0 & -Z_Q & 0 & X_Q \\
0 & 0 & 1 & Y_Q & -X_Q & 0 \\
 & \vdots & \vdots & \vdots & \vdots &
\end{pmatrix}
\begin{pmatrix}
\ddot{X}_{1g_x} & \ddot{X}_{2g_x} & \cdots \\
\ddot{X}_{1g_y} & \ddot{X}_{2g_y} & \cdots \\
\ddot{X}_{1g_z} & \ddot{X}_{2g_z} & \cdots \\
\ddot{a}_{1g_x} & \ddot{a}_{2g_x} & \cdots \\
\ddot{a}_{1g_y} & \ddot{a}_{2g_y} & \cdots \\
\ddot{a}_{1g_z} & \ddot{a}_{2g_z} & \cdots \\
\vdots & \vdots & \cdots
\end{pmatrix}
\tag{5-8}
$$

式中，X_P、Y_P 和 Z_P 是测点 P 在全局坐标系中的坐标；$\ddot{X}_g$ 和 $\ddot{a}_g$ 分别代表原点加速度与角加速度。对于所有的输入1，2，$\cdots$，可得到其在原点对应的作用力 F_g 和力矩 M_g：

$$
\begin{pmatrix}
F_{1g_x} \\
F_{1g_y} \\
F_{1g_z} \\
M_{1g_x} \\
M_{1g_y} \\
M_{1g_z}
\end{pmatrix}
=
\begin{pmatrix}
1 & 0 & 0 \\
0 & 1 & 0 \\
0 & 0 & 1 \\
0 & -Z_1 & Y_1 \\
Z_1 & 0 & -X_1 \\
-Y_1 & X_1 & 0
\end{pmatrix}
F_1
\tag{5-9}
$$

式中，F_1 是输入1的激励力向量；X_1、Y_1 和 Z_1 是输入1的坐标。

对于每一个输入，根据刚体动力学可列出：

$$
\begin{pmatrix} F_{gx}-ma_{gx} \\ F_{gy}-ma_{gy} \\ F_{gz}-ma_{gz} \\ M_{gx} \\ M_{gy} \\ M_{gz} \end{pmatrix} = \begin{pmatrix} 0 & -ma_z & ma_y & 0 & 0 & 0 & 0 & 0 & 0 \\ ma_z & 0 & -ma_x & 0 & 0 & 0 & 0 & 0 & 0 \\ -ma_y & ma_x & 0 & 0 & 0 & 0 & 0 & 0 & 0 \\ 0 & F_{gz} & -F_{gy} & a_x & 0 & 0 & -a_y & 0 & -a_z \\ -F_{gz} & 0 & F_{gx} & 0 & a_y & 0 & -a_x & -a_z & 0 \\ F_{gy} & -F_{gx} & 0 & 0 & 0 & a_z & 0 & -a_y & -a_x \end{pmatrix} \begin{pmatrix} X_{cog} \\ Y_{cog} \\ Z_{cog} \\ I_{xx} \\ I_{yy} \\ I_{zz} \\ I_{xy} \\ I_{yz} \\ I_{zx} \end{pmatrix} \tag{5-10}
$$

式中，X_{cog}、Y_{cog} 和 Z_{cog} 是质心在全局坐标上的坐标分量；I_{xx}、I_{yy} 和 I_{zz} 是动力总成对全局坐标各坐标轴的轴转动惯量；I_{xy}、I_{yz} 和 I_{zx} 是在全局坐标系中的惯量积。

式（5-10）可分两步来求解。首先，由前三个方程求解出质心坐标。然后，将求得的质心坐标代入后面几个方程，求得轴转动惯量和惯量积。若输入数等于或大于 2，式（5-10）成为超定方程组，可采用最小二乘法求解。

再由转动惯量与惯量积得

$$
\begin{pmatrix} L_x \\ L_y \\ L_z \end{pmatrix} = \begin{pmatrix} I_{xx} & -I_{xy} & -I_{xz} \\ -I_{yx} & I_{yy} & -I_{yz} \\ -I_{zx} & -I_{zy} & I_{zz} \end{pmatrix} \begin{pmatrix} \omega_x \\ \omega_y \\ \omega_z \end{pmatrix} \tag{5-11}
$$

式中，L 是原点的动量矩向量；ω 是角速度向量。

式（5-11）实际是特征值问题，其特征值就是动力总成的三个主转动惯量，特征向量代表三个惯量主轴的方向余弦。

在理论上，计算动力总成刚体属性要求有 2 个激励和 6 个响应。实践表明，要想获得良好的计算结果，至少应测量 6 个激励（2 个点各三个方向）和 12 个响应。

图 5-14 所示为对一台发动机进行的转动惯量试验，由弹性绳将其悬吊模拟自由支承状态。

经过测量，弹性绳的悬吊频率为 1.8Hz，该发动机的第一阶弹性模态频率为 230Hz，远高于悬吊频率，自由支承的边界条件成立。试验时可取发动机曲轴与端面交点作为原点建立坐标系，如图 5-15 所示。试验采用力锤单点激励多点响应的单输入多输出（SIMO）方式，在多个位置进行激励并合成最终的频率响应函数。激励的位置选择主要考虑以下几点：

1）应避开支承点和结构弹性模态振型节点，以保证采集的测点信号有较高的信噪比。

2）应选择便于能量传递的位置，一般该位置的刚度应该尽可能大。

3）为了之后计算时有充裕的数据供选择，在时间和传感器充裕的情况下，应尽可能多地选取激励点。

4）避免激励力（或其延长线）通过质心。通过质心的激励力不会激起刚体的转动，所有刚体角加速度为零。

该试验中选取了 3 个 X 方向、3 个 Y 方向和 4 个 Z 方向共计 10 个激励点。

图 5-14 发动机转动惯量试验悬吊方式

图 5-15 原点坐标系

响应点的选择主要考虑其能够基本反映结构的主要轮廓，避开弹性模态振型的节点，同时尽可能远离质心及对称轴位置。该试验选取 10 个位置的三方向响应点，发动机试验结构模型如图 5-16 所示，充分反映了该发动机的整体结构外形。

在频率响应函数的采集过程中，时刻观察激励与响应信号之间的相干性，只有相干系数（coherence coefficient）高（如图 5-17 中高于 0.8）的信号才视为有效。最终，在由所有有效频率响应函数所合成的一个集总频率响应函数曲线上选择较平滑的质量线频段数据进行转动惯量的计算，尽可能选取如图 5-18 所示的较大范围的频段。表 5-1 中列出了频率响应函数质量线法与三线扭摆法两种试验方法精确测量的结果对比。

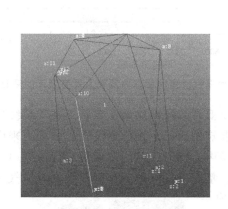

图 5-16 发动机试验结构模型

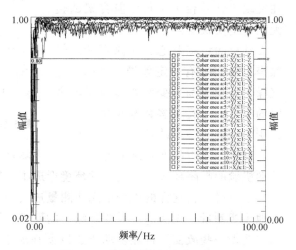

图 5-17 频率响应函数相干系数

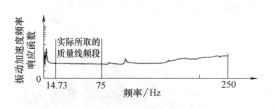

图 5-18 集总频率响应函数质量线频段选取

表 5-1 两种试验方法结果对比

转动惯量	$I_{xx}/\text{kg} \cdot \text{m}^2$	$I_{yy}/\text{kg} \cdot \text{m}^2$	$I_{zz}/\text{kg} \cdot \text{m}^2$
质量线法	5.445	19.758	19.346
三线扭摆法	5.552	21.553	20.138
相对误差（%）	1.927	8.328	3.933

质量线法不仅适用于动力总成这类一阶弹性模态频率较高结构的转动惯量参数的测量，也可以应用于如重型货车驾驶室或轿车车身这类模态频率较低的结构上，其试验的关键是在结构悬吊支承系统频率与弹性模态频率之间有较平滑的质量线段数据用于计算。

5.4 进气与排气噪声试验

5.4.1 进气噪声试验

发动机工作在进气循环时产生的空气动力噪声通过进气系统向外传播。进气系统的噪声是汽车最主要的噪声源之一，主要是指进气口处的噪声，这个噪声源离车厢的距离很近，所以对车内噪声的贡献非常大。图 5-19 所示为一辆加速行驶汽车在消除进气噪声前后车内驾驶人耳旁噪声的变化。同时，进气口噪声也是汽车最主要的通过噪声源。另外，如果空气滤清器壳体和消声元件的刚度不足，就会引起很大的辐射噪声。因此，进气噪声试验包含了进气口噪声以及壳体辐射噪声两项内容。进气噪声试验可在发动机试验台上进行，但台架试验无法完全反映实际整车在道路上行驶时发动机的负荷状态，所测得的进气噪声也与实际有一定差异。目前，进气噪声试验逐渐转变为在转鼓半消声室的整车上进行，多数整车生产企业也明确了进气噪声试验的此项要求。

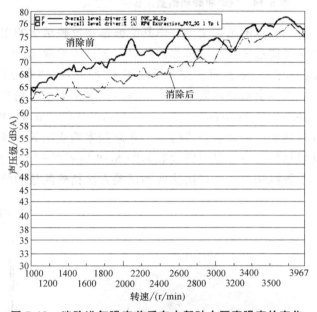

图 5-19　消除进气噪声前后车内驾驶人耳旁噪声的变化

对声源噪声的准确测量需要有自由声场环境以及低背景噪声这两个条件。进气系统位于发动机舱的封闭环境内，这样的环境形成了扩散或混响的声场，声源声波在扩散场内来回地发生全反射，在这样的声场中无法测量进气的直达噪声。同时，舱内发动机运行的噪声会极大地干扰测量，无法满足低背景噪声的要求。因此，整车进气噪声试验时，需要对进气系统的位置做一些改变。拆除发动机盖以便在舱上方形成一定的自由声场，将进气口或整个进气系统抬出发动机舱，置于软垫上或以弹性绳悬吊，进气口指向自由场方向。使用隔声材料，如铅板和厚毛毡等铺设于发动机舱与进气系统之间以隔离发动机噪声。图 5-20 所示为在整车半消声室转鼓上进行进气口噪声试验的布置。

进气口噪声属于管道声学范畴，对其测量通常取管口近场位置，如 100mm 处。使用自由场传声器测量时，传声器测量面垂直于进气流场方向；使用压力场传声器

图 5-20　进气口噪声试验的布置

测量时，应与流场方向平行，不同类型传声器布置方式如图 5-21 所示。

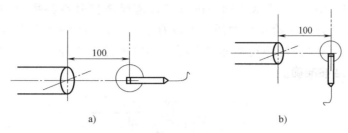

图 5-21　不同类型传声器布置方式

a）自由场传声器布置　b）压力场传声器布置

在正式试验前，分别测量传声器位于同一位置时，进气口噪声由辅助消声器消除前后的噪声声压级差，以检查发动机噪声是否被有效隔离。声压级差 L_d 根据式（5-12）计算，即

$$L_d = 10\lg\left(10^{\frac{L_i}{10}} - 10^{\frac{L_b}{10}}\right) \tag{5-12}$$

式中，L_i 是进气口噪声声压级；L_b 是加入辅助消声器后进气口位置背景噪声声压级。当声压级差大于 10dB 时，背景噪声对测量的影响可以忽略。

进气门开闭形成周期性压力脉冲而产生的阶次噪声是进气口噪声的主要特征，主阶次数 O 与发动机的气缸数和冲程系数的关系为

$$O = \frac{z}{\tau} \tag{5-13}$$

式中，z 是气缸数；τ 是冲程系数，四冲程取 2，二冲程取 1。如一台四缸四冲程发动机其主阶次为 2。相应的阶次频率按照式（4-37）随着发动机转速而变化。

除了主阶次噪声，还存在主阶次的倍数阶次，如 $2O$、$3O$、$4O$ 等所产生的噪声。阶次噪声是进气口噪声在低频的主要贡献，进气口噪声试验不但需要测量在发动机整个运行范围（如 $1000 \sim 6000$r/min）内的声压总量级，还要根据阶次切片计算出阶次噪声，掌握各阶次对声压总量级的贡献情况。图 5-22 所示为一辆四缸四冲程发动机汽车的进气口噪声曲线，其中两条直线分别为总量级和阶次声压级的目标线。可以看出，2 阶、4 阶和 6 阶这几个主要的阶次声压级对声压总量级有较高的贡献。

进气口加速噪声信号是一种随发动机转速变化的非稳态信号，在进行谱分析时采用 4.3.2 节中介绍的短时傅里叶变换技术，这种方法要在频率分辨率和时间分辨率之间做出权衡，而频率分辨率的粗细将影响到阶次噪声的计算结果，这是因为阶次噪声计算的是所选模式

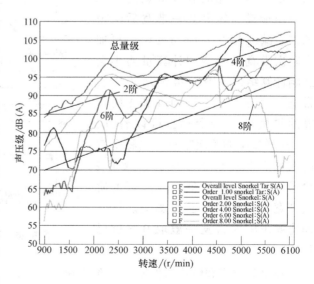

图 5-22　进气口噪声曲线

（固定频率带宽、固定阶次带宽等）带宽内噪声能量的积分，频率分辨率的粗细直接影响了带宽内的能量分布。图 5-23 所示为同一进气口加速噪声信号在频率分辨率分别为 1Hz 和 10Hz 时的频谱图及各自的 2 阶噪声曲线。可以看出，过粗的频率分辨率会造成阶次噪声计算的欠估计，对于进气加速噪声这类非稳态噪声的频率分辨率通常取 1~4Hz，此时计算出的阶次噪声幅值已足够准确。

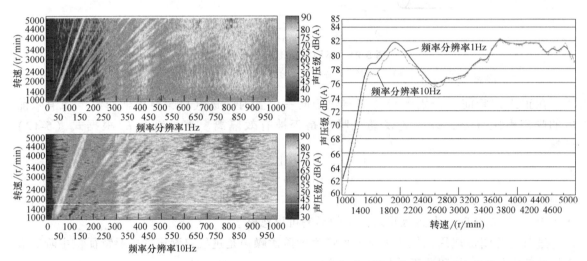

图 5-23　频率分辨率分别为 1Hz 和 10Hz 时的频谱图及各自的 2 阶噪声曲线

　　另外，阶次噪声的计算通常采用固定阶次带宽模式，也就是以阶次为中心，所选带宽也以阶次数表示。例如，2 阶噪声，阶次带宽 0.5 表示将 1.75~2.25 阶内的噪声能量作为 2 阶噪声进行计算。如此看来，选择不同的阶次带宽也会造成不同的阶次噪声计算结果，过小的阶次带宽将降低阶次噪声的计算结果。而设置过大的阶次带宽也并不能帮助提高阶次噪声计算的准确性，这是因为，阶次噪声只在随转速变化的有限带宽内呈现高声压能量，超出某一带宽后噪声急剧衰减［超过 30dB（A）］，再加大阶次带宽只会增加计算量而不会影响计算结果。图 5-24 所示为阶次带宽分别设置为 0.1、0.5 和 1 时计算的进气口 2 阶噪声，可以看到，0.1 这样过小的阶次带宽无法将所有阶次噪声能量包含在内，导致了 2 阶噪声计算值的降低，而过宽的阶次带宽对计算结果已无影响。进气加速噪声阶次带宽一般取 0.5 就已足够。

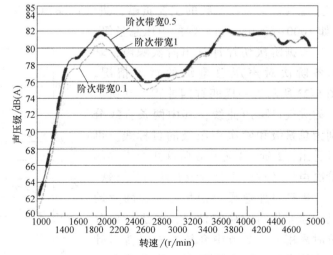

图 5-24　不同阶次带宽时计算的进气口 2 阶噪声

　　频率分辨率和阶次带宽对进气阶次噪声计算的影响在类似旋转机械振动噪声试验分析中也有同样的作用。

对于装有涡轮增压器的发动机，压气机产生的气动噪声通过进气管和空气滤清器向进气口传播并辐射。当发动机瞬时加速时，对低速大转矩的需求使得增压器转速在相对短的时间内快速提升，这种情况下会产生 Hiss 噪声（嘶嘶的噪声）并向进气口传播，此噪声高频成分明显，容易传入车内。进气口 Hiss 噪声的测量对考察装有涡轮增压器发动机车辆的进气系统声学设计是十分必要的。由于 Hiss 噪声产生于发动机从低速加速后涡轮增压介入的一段较短时间内，为稳定测量噪声，需要在节气门全开的同时将发动机转速维持在加速初期的低转速内，使得涡轮增压处于刚介入的状态以产生稳定的 Hiss 噪声。这样的运行工况只能在底盘测功机转鼓上通过力控制或速度控制的模式来实现。Hiss 噪声频带较宽，高频成分明显，因此，测量噪声主要考察中高频声压级。图 5-25 所示为某 1.3L 涡轮增压发动机车辆在节气门全开下 2500r/min 涡轮增压介入时进气口的 Hiss 噪声 500～6300Hz 的 1/3 倍频程频谱，其中折线为各频段目标噪声上限。

进气系统上的空气滤清器壳体以及大容积消声元件如赫姆霍兹共振腔的表面板件非常薄并且面积大，当进气高速气流通过时，这些薄板结构很容易被激励起来，从而辐射出强烈的噪声。壳体辐射噪声测量同样需要将壳体抬出发动机舱并隔离发动机噪声。同时，为了消除进气口噪声的影响，需要将进气口接入图 5-6 所示的辅助消声器进行消声。壳体辐射噪声试验布置如图 5-26 所示，测量时选取壳体正上方的近场，如 100mm，布置传声器。

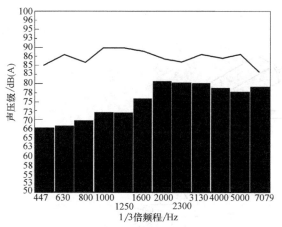

图 5-25　进气口 Hiss 噪声 1/3 倍频程频谱

图 5-26　壳体辐射噪声试验布置

5.4.2　排气噪声试验

汽车排气系统具有废气处理以及降低发动机燃烧噪声，气体和声波在管道中摩擦噪声的功能。稳定气流的空气噪声和不稳定气流产生的摩擦噪声在尾管处形成了尾管噪声。排气系统中的消声器有很多薄板，机械振动、稳定或不稳定气流对消声器外壳板件的激励会对外辐射噪声。排气系统的噪声在汽车车外通过噪声中有着很高的贡献量，对车内后排乘员位置的噪声也有很大影响。排气尾管噪声及辐射噪声是评判排气系统在整车上声学性能的重要指标。同进气噪声试验一样，排气噪声试验可在发动机台架消声室中进行，但为了与实际运行工况相吻合，目前更多的是在整车半消声室的转鼓上进行试验。

排气尾管噪声试验与进气口噪声试验同样属于管道声学测量，测点位于尾管口气流轴向成水平 45°方向上 500mm 处，排气尾管噪声试验布置如图 5-27 所示。排气消声器辐射噪声测量与进气系统空气滤清器壳体辐射噪声测量类似，传声器位于消声器正下方 100mm 或 50mm 处，排气消声器辐射噪声布置如图 5-28 所示，由于测量的为非气流噪声，对于全指向性的自由场传声器可平行或垂直布置于消声器正下方。

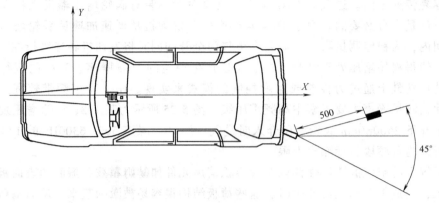

图 5-27　排气尾管噪声试验布置

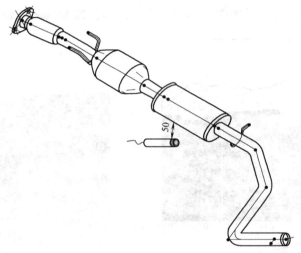

图 5-28　排气消声器辐射噪声布置

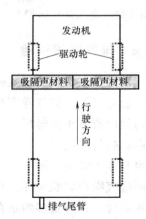

图 5-29　排气噪声试验背景噪声隔离方式

　　整车排气噪声试验时，也需要隔离发动机辐射以及驱动轮滚动产生的背景噪声。由于在整车上排气系统无法像进气系统一样调整安装位置，需要采用图 5-29 所示的方式将吸隔声材料布置于发动机、驱动轮与消声器、尾管之间以隔离背景噪声，同时也要进行声压级差的测量以保证试验结果不受背景噪声影响。

　　排气尾管噪声及辐射噪声试验与进气噪声试验一样需要计算跟踪发动机转速的阶次噪声，其频率分辨率与阶次带宽的设置可以参照进气噪声试验。

5.5　消声器传递损失试验

进排气噪声的控制对于整车 NVH 性能的提升十分重要，可通过消声器控制进排气噪声。消声器可以是单个声学元件也可以是多个声学元件的组合，评价消声器声学性能的指标称为传递损失，传递损失不包括声源和进排气管道末端（进气口和尾管口）的声学特性，它只与消声器自身的结构有关。

传递损失表明声音经过消声元件后声音能量的衰减，即入射声功率级 L_{W_i} 和透射声功率级 L_{W_t} 的差值。传递损失用 TL（transmission loss）来表示，表达式为

$$TL = 10\lg\frac{W_i}{W_t} = L_{W_i} - L_{W_t} \tag{5-14}$$

传递损失测量需要采用特定的试验装置，常用方法有三种：声波分解法、两声源法和两负载法。声波分解法需要在试验装置管道下游末端设置全消声条件，实际工程中一般采用尖劈或高性能的吸声材料来制造全消声末端，一般很难做到声波没有一点反射，而反射波的存在会降低传递损失测量结果的精度。目前，多采用两声源法或两负载法进行试验，这两种方法都是基于传递矩阵获取消声器声学特性的四端网络参数从而得到传递损失。

设 p 和 u 是管道某端的压力和速度，在传递矩阵两边分别是两个输入参数和两个输出参数，这四个参数的关系由传递矩阵来决定，这种表达方式称为四端网格法。

对长度为 L 的管道，可以得到管道两端的传递关系矩阵 $\boldsymbol{T}_L$。

$$\boldsymbol{T}_L = \begin{pmatrix} T_{11} & T_{12} \\ T_{21} & T_{22} \end{pmatrix} \tag{5-15}$$

$$\begin{pmatrix} p_L \\ u_L \end{pmatrix} = \begin{pmatrix} T_{11} & T_{12} \\ T_{21} & T_{22} \end{pmatrix} \begin{pmatrix} p_0 \\ u_0 \end{pmatrix} = \boldsymbol{T}_L \begin{pmatrix} p_0 \\ u_0 \end{pmatrix} \tag{5-16}$$

$$TL = 20\lg\left(\frac{1}{2}\left| T_{11} + T_{12}/\rho c + T_{21}\rho c + T_{22} \right|\right) \tag{5-17}$$

式中，ρ 是流体介质密度；c 是当地声速。

5.5.1　两负载法

两负载法是通过改变管道末端负载的特性来改变测量系统参数，基于传递矩阵计算消声元件的传递损失。两负载法测量传递损失的示意图如图 5-30 所示。消声元件将连接管道分

为上游管道和下游管道，上游管道与声源相连接，在上游管道和下游管道上分别布置两个传声器。其中，传声器 1、2 的间距为 L_{12}，传声器 3、4 之间的间距为 L_{34}。两次测量的末端阻抗分别为 Z_a 和 Z_b，a 和 b 分别代表第一次测量和第二次测量。

传声器 1、2 之间和传声器 3、4 之间的传递矩阵分别为

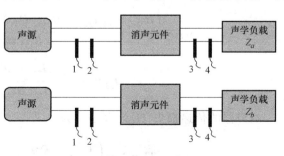

图 5-30　两负载法测量传递损失的示意图

$$\begin{pmatrix} P_{1a} \\ V_{1a} \end{pmatrix} = \begin{pmatrix} A_{12} & B_{12} \\ C_{12} & D_{12} \end{pmatrix} \begin{pmatrix} P_{2a} \\ V_{2a} \end{pmatrix} \tag{5-18}$$

$$\begin{pmatrix} P_{3a} \\ V_{3a} \end{pmatrix} = \begin{pmatrix} A_{34} & B_{34} \\ C_{34} & D_{34} \end{pmatrix} \begin{pmatrix} P_{4a} \\ V_{4a} \end{pmatrix} \tag{5-19}$$

忽略气流影响，直管的传递矩阵计算公式为

$$\begin{pmatrix} A_{12} & B_{12} \\ C_{12} & D_{12} \end{pmatrix} = \begin{pmatrix} \cos kl_{12} & j\rho c \sin kl_{12} \\ j\sin kl_{12}/\rho c & \cos kl_{12} \end{pmatrix} \tag{5-20}$$

$$\begin{pmatrix} A_{34} & B_{34} \\ C_{34} & D_{34} \end{pmatrix} = \begin{pmatrix} \cos kl_{34} & j\rho c \sin kl_{34} \\ j\sin kl_{34}/\rho c & \cos kl_{34} \end{pmatrix} \tag{5-21}$$

式中，$k = 2\pi f/c$，是波数。

改变末端负载测量传声器 2 和传声器 3 之间的传递矩阵为

$$\begin{pmatrix} P_{2b} \\ \dfrac{1}{B_{12}}(P_{1b} - A_{12}P_{2b}) \end{pmatrix} = \begin{pmatrix} A_{23} & B_{23} \\ C_{23} & D_{23} \end{pmatrix} \begin{pmatrix} P_{3b} \\ \dfrac{D_{34}}{B_{34}}P_{3b} + \left(C_{34} - \dfrac{D_{34}A_{34}}{B_{34}}\right)P_{4b} \end{pmatrix} \tag{5-22}$$

$$\begin{pmatrix} P_{2a} \\ \dfrac{1}{B_{12}}(P_{1a} - A_{12}P_{2a}) \end{pmatrix} = \begin{pmatrix} A_{23} & B_{23} \\ C_{23} & D_{23} \end{pmatrix} \begin{pmatrix} P_{3a} \\ \dfrac{D_{34}}{B_{34}}P_{3a} + \left(C_{34} - \dfrac{D_{34}A_{34}}{B_{34}}\right)P_{4a} \end{pmatrix} \tag{5-23}$$

式中，$\begin{pmatrix} A_{23} & B_{23} \\ C_{23} & D_{23} \end{pmatrix}$ 即为所需要的传递矩阵，有四个未知参数需要求解。联立式（5-22）和式（5-23）即可求出。

传声器之间的传递函数可以由试验测量时测得，设 $H_{ij} = P_j/P_i$，则 A_{23}、B_{23}、C_{23}、D_{23} 的计算公式如下：

$$A_{23} = \frac{(H_{32a}H_{34a} - H_{32b}H_{34b}) + D_{34}(H_{32b} - H_{32a})}{(H_{34b} - H_{34a})} \tag{5-24}$$

$$B_{23} = \frac{B_{34}(H_{32a} - H_{32b})}{(H_{34b} - H_{34a})} \tag{5-25}$$

$$C_{23} = \frac{(H_{31a} - A_{12}H_{32a})(H_{34b} - D_{34}) + (H_{31b} - A_{12}H_{32b})(H_{34a} - D_{34})}{B_{12}(H_{34b} - H_{34a})} \tag{5-26}$$

$$D_{23} = \frac{(H_{31a} - H_{31b}) + A_{12}(H_{32b} - H_{32a})}{B_{12}(H_{34b} - H_{34a})}B_{34} \tag{5-27}$$

消声器的传递损失 TL 计算公式为

$$\mathrm{TL} = 20\lg\left(\frac{1}{2}\left|A_{23} + \frac{B_{23}}{\rho c} + \rho c C_{23} + D_{23}\right|\right) + 10\lg\left(\frac{S_{\mathrm{inlet}}}{S_{\mathrm{outlet}}}\right) \tag{5-28}$$

两负载法所使用的两个负载阻抗需要有较大差异，若两个负载阻抗接近会导致不稳定的测量结果。通常，这两个负载可以采用不同长度的管道作为末端，或者采用有吸声材料和无吸声材料的相同管道。

5.5.2 两声源法

两声源法测量示意图如图 5-31 所示，为了得到被测目标的传递矩阵，首先由上游声源发声（测量 A），然后变换声源位置，由下游声源发声（测量 B）。两声源法计算传递矩阵与两负载法相同，只是公式中下标 a、b 所对应的由不同负载 Z_a、Z_b 的测量变为不同声源发声的测量。

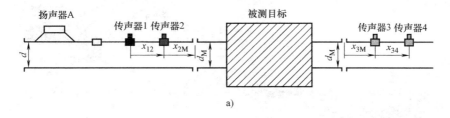

a)

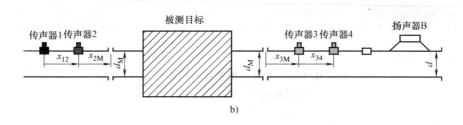

b)

图 5-31 两声源法测量示意图

a）上游声源测量 A　b）下游声源测量 B

两负载法及两声源法测量传递损失的试验台架系统构成示意图及实物图如图 5-32 所示，试验台架系统分为三部分：信号发生系统、信号采集系统、待测元件及系统管路。传递损失测量系统的有效测量频率与连接管道半径和传声器间距相关，连接管道半径要与待测消声器两端管道相匹配，连接管道半径固定，传声器间距越小，所能测量的最低频率和最高频率的值越高。比如连接管道半径为 60mm 时，对于间距 45mm，系统可测量的频率范围为 400～3150Hz；对于间距 170mm，系统可测量的频率范围为 100～800Hz。

传递损失测量系统的声源由内置扬声器提供，扬声器通过功率放大器放大发出具有宽频带的随机白噪声，设置 70%～80% 的猝发随机白噪声及 50 次平均时，各传声器响应的相干性较高，试验效果最佳。声源强度需要根据测试环境决定，声源强度要远远大于测量系统内部的背景噪声，因此，试验最好放置在消声室或半消声室环境中进行。试验前测量背景噪声和信号噪声（背景噪声测量见图 5-33），以确定背景噪声不会对试验测量结果产生不良影响。需要注意的是，两负载法或两声源法所使用的下游末端负载的声反射系数应尽可能低，高反射系数的末端会降低测量信号的信噪比，增大随机误差，造成不稳定的试验结果。

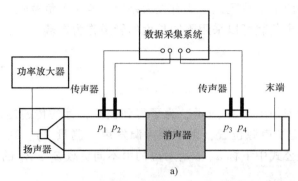

a)

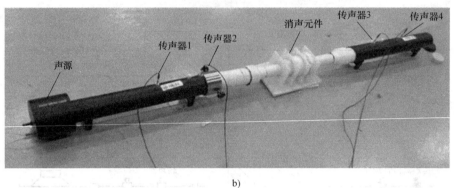

b)

图 5-32　传递损失试验台架系统构成示意图及实物图

a）台架系统构成示意图　　b）台架实物图

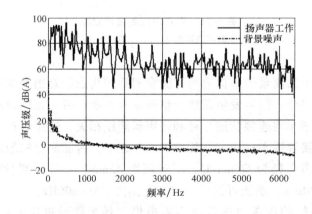

图 5-33　背景噪声测量

5.6　进排气系统声源特性提取试验

对于发动机进排气系统而言，噪声由进排气系统入口与发动机接口处向消声元件传播，最后辐射到大气中，也就是说发动机是进排气系统的声源。为了预测进排气消声器设计接入发动机后的噪声响应，以发动机声源特性作为边界条件，采用数值仿真技术进行预测。根据线性声学理论，发动机声源特性可以由随频率变化的声压参数和声阻抗参数来表达，这两项参数通过试验获得。

5.6.1 进排气系统声源阻抗和声源强度

对于发动机进排气系统而言，噪声由进排气系统入口与发动机接口处，即发动机节气门或排气歧管口处向消声器传播，最后辐射到大气中。因此可以将声源平面定位在节气门或排气歧管口部，将消声系统看作下游的声学负载，从而发动机进排气系统与声源的关系可以类比为电路模型，如图 5-34 所示的进气系统，在电-声环路里，未知的声源阻抗与负载阻抗是串联的。空气滤清器、进气管、进气口组成了负载，在图 5-34b 中用 Z_L 表示。

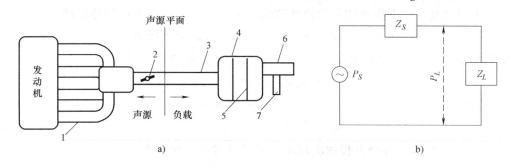

图 5-34 进气系统

a）进气系统示意图 b）进气系统声-电类比电路

1—进气歧管 2—节气门 3—进气管 4—空气滤清器

5—滤芯 6—进气口 7—消声元件

具有管路开口的机械，如气泵、风扇、内燃机进排气系统等，这类机械在管口产生的空气动力噪声可以利用单口声学模型进行计算。当管口保持不变时，管口处的声学负载可以看作是恒定的；或者多个开口之间在声学上是非耦合的，则这些开口的声学特性可以采用单口声源模型来进行研究。管子内的声波假定为平面波并且具有时不变系统的特性。在屏蔽掉发动机等其他噪声源后，进排气系统的入口噪声视为单口声源模型。单口声源的声学特性，在频域内可以用声源的声压和声阻抗来表述：

$$G_S = G_L \frac{Z_S + Z_L}{Z_L}$$

$$W = |G_S|^2 \frac{\mathrm{Re}(Z_L)}{|Z_S + Z_L|^2}$$

（5-29）

式中，W 是在声源平面的声功率；G_S 是声源声压；Z_S 是声源阻抗；G_L 是声源出口处声压；Z_L 是声源所连接负载的声阻抗。

阻抗是很复杂的，它包含了声阻 R_S 和声抗 X_S，因此 Z_S 常表述为 $Z_S = (R_S + jX_S)$。

5.6.2 声源特性提取方法与原理

基于线性声学理论，提取声源特性参数的方法分为两种：直接法和间接法。

直接法是通过外部附加的声源来激励待测声源，从而来提取声源的阻抗。但由于发动机在低频时有很高的声压级，获得高声功率谱的外部声源十分困难，且在试验过程中需要剔除与声源无关的信号，使传感器只接收到外部声源的信号，常需要引入一个与外部声源相关且与待测声源相关系数非常低的参考信号，或者在测量声源阻抗时关掉发动机，但发动机工作时声源特性会发生很大的变化，该方法不能得到理想的结果。

间接法是在声源上安装两个或更多个不同的负载，通过相关测量来获得声源特性。如果声源是时不变的，那么单口声源特性可以通过两个不同的负载来获取。实际进排气系统是非线性时变系统，多负载法对于不是线性时不变系统能够给出更精确的声源特性。四负载法较好地平衡了负载数量与结果精度。

四负载法利用四个不同的声学负载来取代进气系统，并测量距离负载管口一定距离的声压值。基于线性声学理论，假设发动机在某一特定工况，声源特性是线性时不变的，即不随声负载的不同而改变。下面介绍采用四负载法提取进排气系统声源特性的原理。

声源特性由声源声压 p_S 和声源阻抗 Z_S 来表示，负载阻抗用 Z_L 表示。

由图 5-34b 可知，声源口部即图 5-35 中 $x=0$ 处的声压值可表示为

$$p_L = [Z_L/(Z_S+Z_L)]p_S \qquad (5-30)$$

那么对应于四个负载，在 $x=0$ 处的声压值可表示为

$$G_{pL_n} = [|Z_{L_n}|/|Z_S+Z_{L_n}|]G_{p_S} \qquad (5-31)$$

式中，$n=1$，2，3，4，四个方程依次相除，可以得到三个比例因子：

$$\alpha_m = (G_{pL_m}|Z_{L_{m+1}}|)/(G_{pL_{m+1}}|Z_{L_m}|) = |Z_S+Z_{L_{m+1}}|/|Z_S+Z_{L_m}| \qquad (5-32)$$

式中，$m=1$，2，3，G_{pL} 为 $x=0$ 处的声压值。

由于 $x=0$ 处是在发动机节气门或排气歧管口部，受高温和气流的影响，声压测量会存在较大的误差，因此不能直接测量此处的声压值，可以通过测量管口外一定距离点的声压值，再利用负载入口处与测点之间的声学传递特性推算到 $x=0$ 处的声压值。

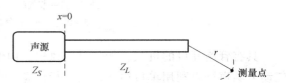

图 5-35　四负载法提取声源特性参数

负载声学传递特性是声学结构的固有特性，与声源无关，可由理论公式或数值仿真的方法计算其传递函数 f_L，则 $x=0$ 处的声压 G_{pL} 可由声负载传递函数 f_L 和试验测量声学负载末端声压 G_p 求得，即 $G_{pL}=f_L G_p$。$|Z_{L-}|$ 为四个负载的声阻抗值，通过数值计算可以得到。因此可以分别求得 α_1、α_2 和 α_3 的值。

式（5-32）中，未知数为声源阻抗值 Z_S，比例因子 α_m 和负载阻抗 Z_L 为已知，将 Z_L 和 Z_S 分别表示为复数形式，即 $Z_S = R_S+jX_S$，$Z_L = R_L+jX_L$，代入式（5-32）中并展开整理得

$$(1-\alpha_m^2)(R_S^2+X_S^2)+2(R_{L_{m+1}}-\alpha_m^2 R_{L_m})R_S+2(X_{L_{m+1}}-\alpha_m^2 X_{L_m})X_S$$
$$= \alpha_m^2(R_{L_m}^2+X_{L_m}^2)-(R_{L_{m+1}}^2+X_{L_{m+1}}^2), m=1,2,3 \qquad (5-33)$$

可简化为

$$a_m(x^2+y^2)+b_m x+d_m y=c_m, m=1,2,3 \qquad (5-34)$$

式中　$x=R_S$

　　　$y=X_S$

　　　$a_m=1-\alpha_m^2$

　　　$b_m=2(R_{L_{m+1}}-\alpha_m^2 R_{L_m})$

$$d_m = 2\left(X_{L_{m+1}} - \alpha_m^2 R_{L_m}\right)$$

$$c_m = \alpha_m^{2}\left(R_{L_m}^2 + X_{L_m}^2\right) - \left(R_{L_{m+1}}^2 + X_{L_{m+1}}^2\right)$$

在解式（5-33）的过程中，将非线性项 $\left(R_S^2 + X_S^2\right)$ 当作未知数直接消去，变成两个等式的方程组，未知数只有 x 和 y，通过求解可以得到声源声阻和声源声抗值分别为

$$x = R_S = \frac{(a_2 c_1 - a_1 c_2)(a_3 d_2 - a_2 d_3) - (a_3 c_2 - a_2 c_3)(a_2 d_1 - a_1 d_2)}{(a_2 b_1 - a_1 b_2)(a_3 d_2 - a_2 d_3) - (a_3 b_2 - a_2 b_3)(a_2 d_1 - a_1 d_2)} \tag{5-35}$$

$$y = X_S = \frac{(a_2 c_1 - a_1 c_2)(a_3 b_2 - a_2 b_3) - (a_3 c_2 - a_2 c_3)(a_2 b_1 - a_1 b_2)}{(a_2 d_1 - a_1 d_2)(a_3 b_2 - a_2 b_3) - (a_3 d_2 - a_2 d_3)(a_2 b_1 - a_1 b_2)} \tag{5-36}$$

将声源阻抗代入式（5-31）中，即可求得声源的声压 G_{P_S}。

5.6.3 四负载法提取进气系统声源特性

下面以进气系统为例介绍四负载法提取发动机声源特性。四负载法提取进气噪声声源特性时，声学负载的选择对后处理中声源特性的计算结果影响很大，且声学负载差异越大，试验测量误差对计算结果的影响越小，声源提取结果越具有准确性和可靠性。同时，在声学负载都是直管时，负载阻抗较小，试验结果的稳定性很差，四负载法受试验测量误差影响很大，容易导致计算系统病态。但在声学负载差异较大时，四负载法的声源特性提取结果较为准确，且后处理较为简单。

声学负载的阻抗可根据理论或数值仿真的方法获取。对于膨胀腔类型的声学负载，不同膨胀比的声学阻抗在频域和时域上差异都较大，同种膨胀比不同长度膨胀腔的声学阻抗有所差别，膨胀腔容积差别越大，声学阻抗的差别越大。另外，膨胀腔型声学负载和直管型声学负载的差别较大。因此，可以选择一个直管型声学负载与三个不同膨胀比与膨胀容积的膨胀腔型声学负载（见图 5-36）进行试验。

进排气噪声与发动机转速变化密切相关，以阶次噪声为主。根据第 4 章介绍的阶次跟踪原理，各阶次噪声随转速的变化实质上是随频率的变化。例如：对于四缸四冲程发动机，2 阶噪声在 1000~5000r/min 的变化对应的频率范围为 33.3 ~ 166.6Hz。在声源特性时，G_{pL} 是随转速变化的阶次噪声，而

图 5-36 声学负载

负载阻抗 Z_L 和声学传递函数 f_L 是随频率变化的，因此在转速、阶次、频率同时存在的情况下，可以以频率为基础，将转速按照阶次原理换算到频率范围内进行声源特性计算，最后利用阶次原理将计算结果换算到转速及阶次上。

进气系统声源特性提取试验在整车半消声室转鼓上进行。拆除进气系统空气滤清器，安装声学负载，声学负载与发动机节气门口连接处进行密封处理。同时需要屏蔽发动机、排气系统、驱动轮等干扰噪声。声学负载末端噪声测点位置可与进气口噪声测点位置相同，与声学负载轴线方向呈 45°夹角、距离 100mm。图 5-37 所示为一个直管与三个不同膨胀腔声学负载在试验中的安装布置。

试验工况设定为三档全节气门 1000~5000r/min 加速，测量声学负载末端噪声 G_p 并计算

相应阶次噪声后根据式（5-31）～式（5-36）计算出各阶次声源阻抗及声源声压。图 5-38 所示为提取的 2 阶和 4 阶声源阻抗。

图 5-37　四个声学负载的安装布置

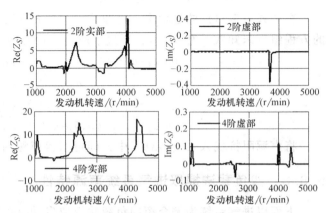

图 5-38　2 阶和 4 阶声源阻抗

5.7　传动系扭振试验

轴系旋转时快时慢的回转不均匀性称为扭转振动，简称扭振，体现为轴小范围的反向旋转产生的转速波动，它是轴类最基本的振动形式之一。传动系的扭振是影响车辆 NVH 性能的一个重要原因。扭振将使车身产生振动和噪声，从而影响乘坐舒适性。整个动力传动系中的轴类，如发动机的曲轴，变速器的齿轮轴以及传动轴，都是产生扭振的源头。

轴系扭振测量的方法主要有三种：应变片法、激光多普勒法和编码盘法。

应变片扭振测量法是一种接触式测量方法，在被测轴系粘贴一个电阻应变片阵列，使用集电环引线器把应变片和外部电路连接，通过测量电阻应变片的电阻值获取被测轴在旋转过程中的变形信息，经过分析计算后得到轴系的功率谱线，根据获得的功率谱线分析轴系的扭振。

激光多普勒扭振测量法由于光路设计不同分为几种不同的形式，其中一种激光多普勒测量法的光路设计如图 5-39 所示。图中的激光器产生的激光经过分光镜后分为两路分别照射至轴上 A、B 两点。当轴系以圆频率 ω 发生旋转时，在 A、B 两点上沿激光传播方向的速度分别为 $V_A = \omega r_A \cos\theta_A$ 和 $V_B = \omega r_B \cos\theta_B$（$\theta_A$ 和 θ_B 分别为线速度与激光传播方向的夹角），由于多普勒效应，A、B 两点的反射光的频率相应发生变化并在传感器的接收端产生拍频信号，根据传感器测得的拍频信号可计算求得 $|V_A - V_B|$ 的值，θ_A 和 θ_B 可通过测量和几何计算求得，经过换算后即可求得轴系的圆频率 ω。根据求得的 ω

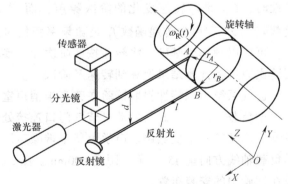

图 5-39　激光多普勒测量法的光路设计

进行进一步的处理计算即可获得轴系的扭振信息。

编码盘扭振测量法有多种实现方式，主要有电容式、电感式、光电编码盘式等，其中光电编码盘式已成为目前主流的扭振测量方式。编码盘扭振测量法主要是运用一个编码盘结合传感器，当编码盘条纹掠过传感器时会在传感器中产生相应的脉冲信号，再运用高速脉冲填充计时等方法计算各个脉冲信号的来临时刻或直接计算脉冲间的时间间隔，结合编码盘参数计算得到轴系的圆频率 ω，再通过进一步的计算分析获取轴系的扭振信息。

5.7.1 光纤式扭振测量

通过光纤传感器结合条纹编码盘测量轴系瞬时角速度或转速，结合频谱分析论述轴系扭振的强烈程度以及扭振在频域上的分布。这种测量方法是基于条纹编码盘的脉冲定时测振法，该方法主要使用一个可随被测轴转动且角度被等分编码的器件（如图 5-40 所示的黑白编码带），结合光纤传感器来完成扭振测量。当黑白编码带上的白条纹和黑条纹分别通过传感器测头区域时，传感器会相应地输出高电平和低电平。当轴系不发生扭振，被测轴将会以恒定速度转动，传感器会输出一个周期相等的高低电平脉冲序列。一旦轴系发生扭振，轴的旋转速度势必跟随扭振的强度发生起伏性的变化。图 5-41 所示为这种在平均转速下的转速波动，波动频率就是轴的扭振频率。此时传感器输出的信号不再是等周期的脉冲序列，而是一个受到扭转振动调制的脉冲序列。通过测量各个脉冲间的时间间隔，就可以把扭振信号从脉冲序列中解调出来。

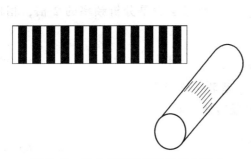

图 5-40 黑白编码带及其安装在轴上

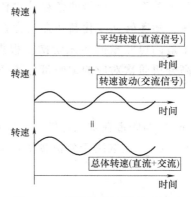

图 5-41 平均转速下的转速波动

设轴上编码带条纹数为 N，$t(i)$ 为第 i 个条纹掠过传感器的时刻，$i = 1, 2, \cdots, N$。第 $i+1$ 和第 i 个条纹之间的时间间隔 Δt_i 为

$$\Delta t_i = t_{i+1} - t_i \tag{5-37}$$

轴旋转的瞬时角速度为

$$\omega_i = \frac{\Delta \theta}{\Delta t_i} \tag{5-38}$$

式中，$\Delta \theta$ 是编码带条纹之间对应等分的轴角。

当轴系稳定运转，通过编码带测得的瞬时角速度 $\omega_1 = \omega_2 = \cdots = \omega_N = \Delta\theta/\Delta t_1 = \Delta\theta/\Delta t_2 = \cdots = \Delta\theta/\Delta t_N = \omega_0$，$\omega_0$ 为平均角速度且为常数。此时轴系无扭转振动，若轴系发生扭振，则其瞬时角速度 ω_i 不再为常数，而是绕平均角速度 ω_0 上下波动。

5.7.2　光纤传感器

扭振测量系统中使用的光纤传感器如图 5-42 所示。光纤传感器由发射光纤和接收光纤组成。半导体激光器产生的激光通过发射光纤导引，入射至条纹编码带表面。部分反射光通过测头耦合到接收光纤中，并传输至光接收机完成光电转换。由于条纹编码带的黑白条纹对激光有着差异很大的发射率，从而导致黑白条纹分别掠过传感器测头时有着非常明显的光强变化，经过光电转换后会获得一个高斯脉冲序列，再通过后续电路的放大和整形，即可获得所需的矩形脉冲序列。输出的矩形脉冲序列经过高速数据采集仪，即可完成数据的采集。

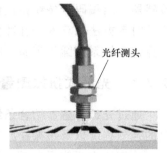

图 5-42　光纤传感器与
编码带的距离

光纤传感器的安装位置理论上应使得其测头到编码带的距离与编码带条纹宽度相同，如图 5-43 所示。对于直径较小（小于 100mm）的轴类，编码带条纹宽度一般选取 1mm 或 2mm，测头距离过远会使光点发散，不能很好地聚焦，扩散出单个条纹之外，导致转速测量的偏差。

5.7.3　编码带分辨率

轴转速的波动体现为其瞬时的转速。如果采样时间足够小，也就是编码带分辨率足够高，则认为轴系在编码带两条纹掠过传感器中间时刻的转速为其瞬时转速。另外，轴系作为旋转机械，随着转速变化其扭振还存在阶次问题。编码带的分辨率不仅影响转速测量精度，还决定了最高可测量的扭振阶次。根据采样定理，采样频率至少是分析频率的 2 倍，相似地，最高分析阶次对应的编码带分辨率为

$$\text{ppr} > 2O_{\max} \tag{5-39}$$

式中，ppr 是编码带在轴上每转一圈的脉冲数；$O_{\max}$ 是最高分析阶次。

同时，$O_{\max}$ 还取决于分析频率带宽以及轴的最低转速，即

$$O_{\max} = \frac{60BW}{n_{\min}} \tag{5-40}$$

式中，BW 是分析频率带宽；$n_{\min}$ 是轴的最低转速。

因此，当确定了轴的最低转速以及所要分析的频率带宽后，就可以选取合适分辨率的编码带分辨率：

$$\text{ppr} > \frac{120BW}{n_{\min}} \tag{5-41}$$

编码带分辨率直接影响到旋转轴转速波动是否能被正确测量，从图 5-43 中可以看出，安装 120ppr 的编码带能够在整个转速范围内采集到因扭振引起的转速波动，而只有 1ppr 无法正确测量到这一波动。

编码带分辨率若不能满足式（5-39），还会产生如图 5-44 中类似频域中的阶次"混叠"现象，但此时不是高频信号向低频的"混叠"，而是高阶次向低阶次的"混叠"。频域中的

"混叠"可以采用在数据采集硬件中加入抗混滤波器来解决，而扭振阶次"混叠"取决于编码带的实际分辨率，无法用硬件消除。因此，编码带分辨率是扭振测量中极其重要的一个参数。

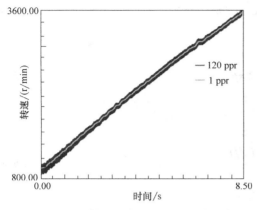

图 5-43　编码带分辨率对扭振测量的影响

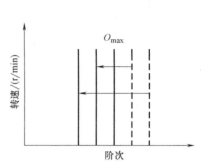

图 5-44　阶次"混叠"

编码带在轴上的安装也需十分注意，要保证条纹与轴线平行，还必须首尾相接连续无缝隙。若出现 5-45a 所示不理想的接缝，则会造成转速测量信号中出现图 5-45b 所示的信号"毛刺"。虽然目前已有后处理软件可以对"毛刺"信号进行校正，但还是应尽量避免出现这类情况。

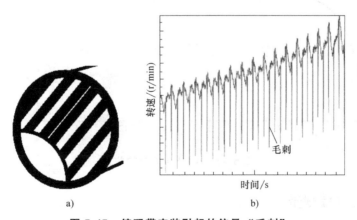

图 5-45　编码带安装引起的信号"毛刺"

5.7.4　扭振测量采样频率

通过式（5-38）计算得到的角速度 ω_i 只能作为瞬时角速度的近似，通过测量平均角速度来评定轴系的扭振必然会存在一定程度上的误差。假设旋转轴系存在一频率为 f、振幅为 A 的扭振角速度信号：

$$\omega = A\cos(2\pi ft) \tag{5-42}$$

系统的采样时间间隔为

$$\Delta t = \frac{1}{f_s} \approx \frac{\Delta\theta}{\omega_0} \tag{5-43}$$

式中，f_s 是采样频率；ω_0 是轴旋转的平均角速度。

在时间区间 $[t_n-\Delta t/2,\ t_n+\Delta t/2]$ 对扭振信号进行采样，测得的角速度 ω_n 为

$$\omega_n = \frac{1}{\Delta t}\int_{t_n-\Delta t/2}^{t_n+\Delta t/2} A\cos(2\pi ft)\,\mathrm{d}t \tag{5-44}$$

化简式（5-44），得

$$\omega_n = A'\cos(2\pi ft_n) \tag{5-45}$$

式中，

$$A' = \frac{A\sin\left(\dfrac{\pi}{f_s/f}\right)}{\dfrac{\pi}{f_s/f}} \tag{5-46}$$

根据式（5-46），通过平均角速度测量扭振，测得的信号幅值会发生不同程度的衰减。衰减程度与采样频率 f_s 和振动频率 f 的比值 f_s/f 有关。图 5-46 所示为测量幅值 A' 与实际幅值 A 的比值 A'/A 随频率比值变化的关系。可以看到，为了保证测量精度，即 $A'/A=1$，对扭振测量的采样频率有着更高的要求。

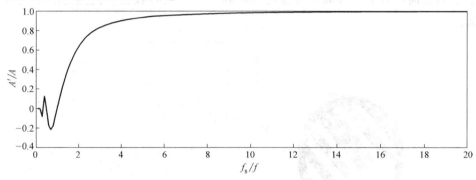

图 5-46　A'/A 与 f_s/f 的关系

5.7.5　传动轴扭振测量

　　布置一个光纤测头可以测量传动轴动平衡问题引起的转速波动，若同时在轴的两端布置测头则可对轴旋转时产生的扭转振动进行测量。图 5-47 所示为某后驱车型传动轴布置的光纤测头，编码带条纹宽度为 1mm，分辨率为 110ppr。两个测头分别记录了车辆加速状态下轴两端的转速（角速度），计算这两组信号之差 $\omega_1-\omega_2$，经过式（5-47）的积分变换再进行滤波处理，就得到了传动轴自身扭振引起的相对扭转角 $\Delta\theta$，其时域波形如图 5-48 所示，纵坐标为轴发生扭振

图 5-47　光纤测头布置

时的扭转角度。通过跟踪轴的平均转速进行频谱分析（图 5-49），可以得到传动轴在哪些转速下会发生扭振并确定扭振的频率。

$$\Delta\theta = \int_{t_1}^{t_2} (\omega_1 - \omega_2)\,\mathrm{d}t \tag{5-47}$$

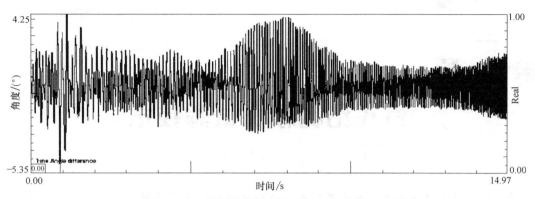

图 5-48　传动轴扭振时的扭转角时域波形

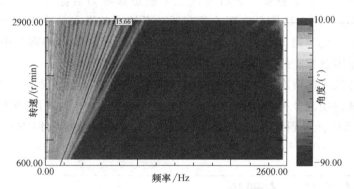

图 5-49　传动轴扭振转速跟踪频谱

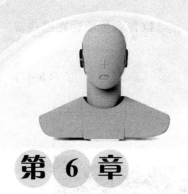

第 6 章

汽车结构模态试验技术

模态分析是振动理论的一个重要分支，研究的是结构的动力特征。以振动理论为基础，以结构的模态频率、模态振型和模态阻尼这三个模态参数为目标分析结构振动的固有动态（随频率变化）属性。汽车结构是典型的动态振动系统，其模态参数决定了在多种振源（动力系统、路面等）激励下结构的共振现象以及所带来的振动辐射噪声，模态分析可为研究振动噪声产生的原因及相应的治理措施提供有效方法。

结构的动力特征可用模态参数来描述，也可用频率响应函数或脉冲响应函数这样的非参数模型来描述。试验模态分析就是通过试验测量结构激励和响应的时间历程，求得频率响应函数或脉冲响应函数，得到结构的非参数模型，然后运用参数识别方法求得结构的模态参数。

6.1　试验模态分析基本理论

模态分析有以下几个基本假设：

1）线性假设：结构的动态特性是线性的，就是说任何输入组合引起的输出等于各自输出的组合，其动力学特性可以用一组线性二阶微分方程来描述。设结构在激励 $f_1(t)$、$f_2(t)$ 单独作用下的响应是 $x_1(t)$、$x_2(t)$，则在 $a_1f_1(t) + a_2f_2(t)$ 作用下的响应为 $a_1x_1(t) + a_2x_2(t)$。

2）时不变性假设：结构的动态特性不随时间而变化，具有频率保持性，因而微分方程的系数是与时间无关的常数。

3）可观测性假设：确定结构动态特性所需要的全部数据都是可以测量的，合理选择响应自由度是非常重要的。

4）互易性假设：结构遵从 Maxwell（麦克斯韦）互易性原理，即在 q 点输入所引起的 p 点的响应，等于在 p 点的相同输入所引起的 q 点响应，两者的频率响应函数相等，即

$$H(j\omega) = \frac{X_p(j\omega)}{F_q(j\omega)} = \frac{X_q(j\omega)}{F_p(j\omega)} \tag{6-1}$$

此假设使得多自由度结构的频率响应函数矩阵成为对称矩阵。

6.1.1 多自由度系统频率响应函数及脉冲响应函数矩阵

汽车的各部件结构是典型的多自由度系统，其模态试验从测量频率响应函数矩阵或脉冲响应函数矩阵开始，即

$$H(j\omega) = \sum_{r=1}^{N} \left(\frac{Q_r \boldsymbol{\psi}_r \boldsymbol{\psi}_r^{\mathrm{T}}}{j\omega - \lambda_r} + \frac{Q_r^* \boldsymbol{\psi}_r^* \boldsymbol{\psi}_r^{*\mathrm{T}}}{j\omega - \lambda_r^*} \right) \tag{6-2}$$

式中，r 是模态阶数；N 是自由度数；Q_r 是比例换算因子；$\boldsymbol{\psi}_r$ 是 r 阶模态的模态振型向量；极点 $\lambda_r = \sigma_r + j\omega_r$；$\sigma_r$ 是阻尼因子；ω_r 是阻尼固有频率。

由式（6-2）可以看出，频率响应函数矩阵由各阶模态所在的单自由度频率响应函数叠加而成，包含了结构的所有模态参数信息。模态试验得到的总模态数不会超过自由度数 N。

令

$$V = \begin{bmatrix} \boldsymbol{\psi}_1 & \cdots & \boldsymbol{\psi}_N & \boldsymbol{\psi}_1^* & \cdots & \boldsymbol{\psi}_N^* \end{bmatrix}$$

$$L = \begin{pmatrix} \ddots & & \\ & Q & \\ & & \ddots \end{pmatrix} V^{\mathrm{T}}$$

并考虑到 $\left[j\omega \begin{pmatrix} \ddots & & \\ & I & \\ & & \ddots \end{pmatrix} - \begin{pmatrix} \ddots & & \\ & \Lambda & \\ & & \ddots \end{pmatrix} \right]^{-1}$ 中含有 $\dfrac{1}{j\omega - \lambda_r}$ 和 $\dfrac{1}{j\omega - \lambda_r^*}$ 项，式（6-2）可以写成：

$$H(j\omega) = V \left[j\omega \begin{pmatrix} \ddots & & \\ & I & \\ & & \ddots \end{pmatrix} - \begin{pmatrix} \ddots & & \\ & \Lambda & \\ & & \ddots \end{pmatrix} \right]^{-1} L \tag{6-3}$$

式中，矩阵 V 与响应有关，称为模态向量矩阵。矩阵 L 与输入或激励有关，称为模态参与因子矩阵，L 是各激励自由度对各阶模态激励有效性的一种度量。

若试验中测量的激励自由度数与响应自由度数相等，根据互易性原理，频率响应函数矩阵 $H(j\omega)$ 为对称方阵。但由于实际上的限制，模态试验不可能去测量完整的频率响应函数矩阵。能识别出的模态数 N_m 将总是小于响应点的数量 N_o，而响应点的数量 N_o 又总是小于自由度数 N。并且，在大多数情况下，输入或激励点数 N_i 通常为 $1 \sim 5$，远小于响应点数。因此，模态试验中实际频率响应函数的维数为

$$H(j\omega)_{N_o \times N_i} = V_{N_o \times 2N_m} \left[j\omega \begin{pmatrix} \ddots & & \\ & I & \\ & & \ddots \end{pmatrix} - \begin{pmatrix} \ddots & & \\ & \Lambda & \\ & & \ddots \end{pmatrix}_{2N_m \times 2N_m} \right]^{-1} L_{2N_m \times N_i} \tag{6-4}$$

矩阵的各列代表了同一激励自由度下对所有响应自由度所组成的频率响应函数向量，矩阵的各行表示了各激励自由度对同一响应自由度所组成的频率响应函数向量。

对频率响应函数矩阵表达式进行拉式逆变换，便可得到时域脉冲响应函数矩阵：

$$h(t) = \sum_{r=1}^{N} \left(Q_r \boldsymbol{\psi}_r \boldsymbol{\psi}_r^{\mathrm{T}} e^{\lambda_r t} + Q_r^* \boldsymbol{\psi}_r^* \boldsymbol{\psi}_r^{*\mathrm{T}} e^{\lambda_r^* t} \right) \tag{6-5}$$

或

$$\boldsymbol{h}(t) = \boldsymbol{V} \begin{pmatrix} \backslash & & \\ & e^{\Lambda t} & \\ & & \backslash \end{pmatrix} \boldsymbol{L} \tag{6-6}$$

式中

$$\begin{pmatrix} \backslash & & \\ & e^{\Lambda t} & \\ & & \backslash \end{pmatrix} = \begin{pmatrix} e^{\lambda_1 t} & & & & & \\ & \ddots & & & & \\ & & e^{\lambda_N t} & & & \\ & & & e^{\lambda_1^* t} & & \\ & & & & \ddots & \\ & & & & & e^{\lambda_N^* t} \end{pmatrix}$$

同样，脉冲响应函数矩阵也包含了结构的模态参数信息。

6.1.2 模态参数估计

利用测得的频率响应函数或时间历程来估计模态参数，当需要近似考虑所关心的频率范围之外的那些模态的影响时，频率响应函数矩阵可表示为

$$\boldsymbol{H}(\mathrm{j}\omega)_{N_o \times N_i} = \boldsymbol{V}_{N_o \times 2N_m} \left(\mathrm{j}\omega \begin{pmatrix} \backslash & & \\ & \boldsymbol{I} & \\ & & \backslash \end{pmatrix} - \begin{pmatrix} \backslash & & \\ & \boldsymbol{\Lambda} & \\ & & \backslash \end{pmatrix} \right)_{2N_m \times 2N_m}^{-1} \boldsymbol{L}_{2N_m \times N_i} +$$

$$\boldsymbol{UR}_{N_o \times N_i} - \frac{\boldsymbol{LR}_{N_o \times N_i}}{\omega^2} \tag{6-7}$$

式中，$\boldsymbol{UR}$ 称为上剩余项矩阵；$\boldsymbol{LR}$ 称为下剩余项矩阵。

上剩余项矩阵代表了高于所关心的频率范围的那些模态对频率响应函数的影响，可以用一个常数项来近似。下剩余项矩阵代表了低于所关心的频率范围的那些模态对频率响应函数的影响，可以近似为 $-\dfrac{\boldsymbol{LR}_{N_o \times N_i}}{\omega^2}$。频率响应函数中的上、下剩余项如图 6-1 所示。

若在时域中采用脉冲响应函数矩阵估计模态参数

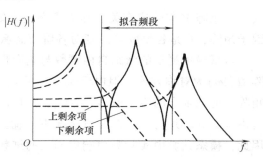

图 6-1　频率响应函数中的上、下剩余项

$$\boldsymbol{h}(t)_{N_o \times N_i} = \boldsymbol{V}_{N_o \times 2N_m} \begin{pmatrix} \backslash & & \\ & e^{\Lambda t} & \\ & & \backslash \end{pmatrix}_{2N_m \times 2N_m} \boldsymbol{L}_{2N_m \times N_i} \tag{6-8}$$

则在时域中无法采用剩余项。

模态参数估计除了采用频域或时域方法外，还可分为单自由度法与多自由度法、局部识别法与整体识别法、单输入法与多输入法等。在此主要介绍汽车结构模态试验常用的时域及频域的多自由度多输入整体识别法。

1. 单输入估计与多输入估计

多输入模态参数估计相对于单输入估计有很多好处。对于相隔很近的极点或双极点（特征方程的重根），只有对多输入数据进行多输入模态参数估计才能把它们分开。假定有两个靠得很近的极点 λ_k 和 λ_l，考虑脉冲响应函数矩阵 $\boldsymbol{h}(t)$ 的第 1 列（与输入点 1 相对应）的表达式中的对应各项：

$$\boldsymbol{h}(t)_1 = \cdots + \boldsymbol{\psi}_k \mathrm{e}^{\lambda_k t} L_{k1} + \boldsymbol{\psi}_l \mathrm{e}^{\lambda_l t} L_{l1} + \cdots \tag{6-9}$$

由于 $\lambda_k \approx \lambda_l$，因此

$$\boldsymbol{h}(t)_1 = \cdots + (\boldsymbol{\psi}_k L_{k1} + \boldsymbol{\psi}_l L_{l1}) \mathrm{e}^{\lambda_k t} + \cdots \tag{6-10}$$

式（6-10）指出，在来自输入点 1 的数据中，存在两个耦合模态的组合，其组合系数就是这两个耦合模态的模态参与因子。此时，仅凭输入点 1 的数据无法区分 k 阶和 l 阶的模态振型向量，若有另一输入点 2 的数据：

$$\boldsymbol{h}(t)_2 = \cdots + (\boldsymbol{\psi}_k L_{k2} + \boldsymbol{\psi}_l L_{l2}) \mathrm{e}^{\lambda_k t} + \cdots \tag{6-11}$$

与式（6-10）比较，不同的只有模态参与因子 L_{k2} 和 L_{l2}。多输入参数估计之所以能够识别耦合紧密的极点甚至双极点，正是缘于它考虑多个输入数据提供的方程并同时估计多个模态参与因子。

2. 多输入最小二乘复指数（LSCE）法

LSCE 法是模态参数估计的时域方法，它允许同时估计出几个模态的模态频率和阻尼因子。由于所有的数据都同时被分析，因而得到的是整体估计。

对采样测量的脉冲响应函数可以写成：

$$\boldsymbol{h}(n\Delta t) = \boldsymbol{V} \begin{pmatrix} \diagdown \\ \quad \mathrm{e}^{\Lambda \Delta t} \\ \quad\quad \diagdown \end{pmatrix} \boldsymbol{L} \tag{6-12}$$

与响应点 o 相对应的脉冲响应函数矩阵第 o 行为

$$\boldsymbol{h}(n\Delta t)_o = \sum_{r=1}^{N} (\psi_{or} z_r^n \boldsymbol{L}_r + \psi_{or}^* z_r^{n*} \boldsymbol{L}_r^*) \tag{6-13}$$

式中，$z_r = \mathrm{e}^{\lambda + \Delta t}$。

复指数 z_r 和模态参与因子 $\boldsymbol{L}_r$ 的组合 $z_r \boldsymbol{L}_r$ 与响应点位置无关，是下列 p 阶有限差分矩阵方程的一个解：

$$z_r^n \boldsymbol{L}_r \begin{pmatrix} \diagdown \\ \quad \boldsymbol{I} \\ \quad\quad \diagdown \end{pmatrix} + z_r^{n-1} \boldsymbol{L}_r \boldsymbol{W}_1 + \cdots + z_r^{n-p} \boldsymbol{L}_r \boldsymbol{W}_p = \boldsymbol{0} \tag{6-14}$$

系数矩阵 $\boldsymbol{W}_1 \cdots \boldsymbol{W}_p$ 的维数是 $N_i \times N_i$，即所考虑的输入点数。为了求得 $2N_m$ 个特征解（或极点），式（6-14）的阶数 p 必须满足：

$$p \geqslant \frac{2N_m}{N_i} \tag{6-15}$$

对于响应点 o 测得的脉冲响应函数是式（6-14）特征解 $z_r \boldsymbol{L}_r$ 的线性组合：

$$\boldsymbol{h}(n\Delta t)_o \begin{pmatrix} \diagdown \\ \quad \boldsymbol{I} \\ \quad\quad \diagdown \end{pmatrix} + \boldsymbol{h}((n-1)\Delta t)_o \boldsymbol{W}_1 + \cdots + \boldsymbol{h}((n-p)\Delta t)_o \boldsymbol{W}_p = \boldsymbol{0} \tag{6-16}$$

原则上，可以利用任何一个脉冲响应函数数据。一次只利用单一数据的方法，将产生极点的局部估计。对所有可能的时间点及所有的响应自由度和输入自由度，在最小二乘意义上求得式（6-16）中系数矩阵 W 的估计，这一方程组是超静定的，得到系数矩阵的最小二乘解。知道了这些矩阵系数，式（6-14）即可重新写成一般特征值问题，从中求出 pN_i 个特征位 z_r，得到系统极点 λ_r 的估计，以及与模态参与因子向量相对应的左特征向量 L_r。

系数矩阵是由最小二乘法估计得到的，由此产生相应的最小二乘误差，这一误差对于确定数据中的最佳模态数来说是十分重要的。

有限差分方程的阶数 p 决定了能够识别出的模态数 N_m，可以认为其是假定的模态数，而数据所包含的模态数实际上是未知的。采用 LSCE 法，可以通过考察系数矩阵解的最小二乘误差随方程阶数的增减而演变的状况来判定。为此，在建立差分方程时，假定有足够大的模态数 p。当这一数学模型所取的阶次增加到足以描述数据存在的物理模态数时，则相应的最小二乘误差应该比假定有较少模态数时的误差显著地变小。

将最小二乘误差随假定模态数增加而变化的情况绘成图形，就称为最小二乘误差图。图 6-2 所示就是典型的 4 个模态的最小二乘误差图，它表明被分析的系统有 4 个模态（即从被分析数据可观察到 4 个模态）。

当数据中存在噪声时，误差图仍会在增至某一假定模态数时表现出明显跌落。随着假定模态数的增加，误差将持续缩小。

为了确定出最佳的模态数，还可以对有不同假定模态阶数的模型所估计的频率和阻尼做比较。对真实的结构模态，其频率和阻尼估计不应随假定模态数的增减而发生明显的变化，而计算模态则不然。表示模态频率和阻尼随假定模态数的增加而变化的图形，称为**稳态图**（图 6-3）。最佳模态数可通过考察这种稳态图而确定，其依据是物理模态的频率和阻尼值不随模态数的增减出现明显的变化。也就是说，它们是稳定的。

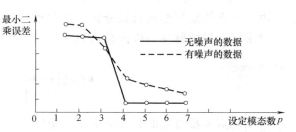

图 6-2　4 个模态的最小二乘误差图

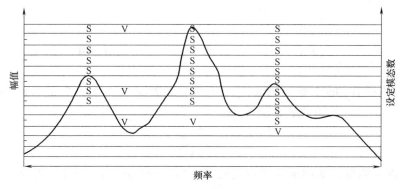

图 6-3　稳态图

在模态识别过程中，根据式（6-15）可知，差分方程数学模型的阶数 p 随着输入自由度数量的增加而减少，即在识别相同模态数时模型的阶数越小。表 6-1 列出了模型阶次（p）、模态数（N_m）和输入自由度数（N_i）之间的关系。

表 6-1　模型阶次（p）、模态数（N_m）和输入自由度数（N_i）之间的关系

N_m \ p \ N_i	1	2	3	4	5	6
1	2	1	1	1	1	1
2	4	2	2	1	1	1
3	6	3	2	3	1	1
4	8	4	3	2	2	2
5	10	5	4	3	2	2
6	12	6	4	3	3	2
7	14	7	5	4	3	3
8	16	8	6	4	4	3
9	18	9	6	5	4	3
10	20	10	7	5	4	4
11	22	11	8	6	5	4
12	24	12	8	6	5	4
13	26	13	9	7	6	5
14	28	14	10	7	6	5
15	30	15	10	8	6	5
16	32	16	11	8	7	6
17	34	17	12	9	7	6
18	36	18	12	9	8	6
19	38	19	13	10	8	7
20	40	20	14	10	8	7
21	42	21	14	11	9	7
22	44	22	15	11	9	8
23	46	23	16	12	10	8
24	48	24	16	12	10	8
25	50	25	17	13	10	9
26	52	26	18	13	11	9
27	54	27	18	14	11	9
28	56	28	19	14	12	10
29	58	29	20	15	12	10
30	60	30	20	15	12	10
31	62	31	21	16	13	11
32	64	32	22	16	13	11

3. 多输入最小二乘频域（LSFD）法

LSFD 法是用来估计模态振型系数的多自由度方法，该方法要求频率和阻尼值已经预先估计出来。该方法对有关多个输入自由度的数据做同时分析，以估计出依赖于输入自由度的模态振型系数。

在关心的频率范围内，响应点 i 和输入点 j 之间的频率响应函数近似为：

$$H_{ij}(\mathrm{j}\omega) = \sum_{r=1}^{N_m} \left(\frac{\psi_{ir}L_{rj}}{\mathrm{j}\omega - \lambda_r} + \frac{\psi_{ir}^* L_{rj}^*}{\mathrm{j}\omega - \lambda_r^*} \right) + UR_{ij} - \frac{LR_{ij}}{\omega^2} \tag{6-17}$$

式中，上剩余项 UR_{ij} 和下剩余项 LR_{ij} 是频带范围上、下那些模态影响的近似。式（6-17）等号左边是实测的频率响应函数；等号右边可看作频率 ω 的函数模型，带有 N_u 个未知参数 λ_r、ψ_{ir}、L_{rj}、UR_{ij} 和 LR_{ij}，可表示为

$$G_{ij}(\mathrm{j}\omega) = G_{ij}(\mathrm{j}\omega, \lambda_r, \psi_{ir}, L_{rj}, UR_{ij}, LR_{ij}) \mid_{r=1,\cdots,N_u} \tag{6-18}$$

$G_{ij}(\mathrm{j}\omega)$ 是根据 N_u 个参数估计出的频率响应函数，它与实测频率响应函数之间的差为

$$e_{ij}(\mathrm{j}\omega) = H_{ij}(\mathrm{j}\omega) - G_{ij}(\mathrm{j}\omega) \tag{6-19}$$

所关心的频带（$\omega_0 \sim \omega_{N_f}$）内的总方差为

$$E_{ij} = \sum_{f=0}^{N_f} e_{ij}(\mathrm{j}\omega_f) e_{ij}^*(\mathrm{j}\omega_f) \tag{6-20}$$

全面考虑 N_i 个输入点和 N_o 个输出点之间的全部频率响应函数，则总方差为

$$E = \sum_{i=1}^{N_o} \sum_{j=1}^{N_i} E_{ij} \tag{6-21}$$

为了使总误差最小来估计所有 N_u 个参数：

$$\begin{cases} \dfrac{\partial E}{\partial r_1} = 0 \\ \vdots \\ \dfrac{\partial E}{\partial r_{N_u}} \end{cases} \tag{6-22}$$

式（6-22）是未知量的高度非线性方程，因此要用迭代法围绕一个带有未知参数初始值的模型，作为一个线性化问题（一阶级数展开式）来解。而迭代法要求各个未知量的初始值要好，收敛速度受到限制，存在发散的危险。如果模态频率、阻尼和模态参与因子的估计已经获得（如通过 LSCE 方法），那么作为这一数学模型中唯一未知的模态振型系数表观上是线性的。这样的线性方程按照最小二乘意义解起来就相对容易些。因为这种方法是通过同时分析每个响应自由度和全部输入自由度之间的数据来估计振型系数，所以它给出的是各模态振型的整体估计。LSCE-LSFD 联合应用在试验模态分析中得到了广泛应用。

4. 复模态指示函数（CMIF）法

复模态指示函数法以多输入频率响应函数数据为基础，可快捷、简便地确定结构的模态数，其特点是能够识别出重根的存在。

有 N_o 个输出自由度和 N_i 个输出自由度的系统，其频率响应函数矩阵可表示为

$$H(\omega) = \sum_{r=1}^{2N} \phi_r \frac{Q_r}{\omega - \lambda_r} L_r^{\mathrm{T}} \tag{6-23}$$

或写作

$$H(\omega) = \phi\left(\frac{Q_r}{\omega - \lambda_r}\right)L^{\mathrm{T}} \tag{6-24}$$

式中，$H(\omega)$ 是 **FRF** 矩阵，其维数为 $N_o \times N_i$；ϕ 是模态振型矩阵，其维数为 $N_o \times 2N$；Q_r 是第 r 阶模态的比例因子；λ_r 是第 r 阶模态的系统极点；L^{T} 是模态参与因子矩阵的转置，其维数为 $2N \times N_i$。

对每一谱线的频率响应函数矩阵做奇异值分解，得

$$H = USV^{\mathrm{H}} \tag{6-25}$$

式中，U 称为左奇异值矩阵，对应于模态振型向量矩阵；S 为对角线型奇异值矩阵；V 称为右奇异值矩阵，对应于模态参与因子向量矩阵。

对于任一模态而言，固有频率就发生在奇异值最大的频率点。复模态指示函数定义为正则矩阵的特征值解，正则矩阵为频率响应函数矩阵左乘其共轭转置后得到的 $N_i \times N_i$ 方阵，即 $H^{\mathrm{H}}H$，对应每一谱线，有

$$H^{\mathrm{H}}H = VS^2V^{\mathrm{H}} \tag{6-26}$$

$$\mathrm{CMIF}_k(\omega) = \mu_k(\omega) = s_k(\omega)^2 \tag{6-27}$$

式中，$\mu_k(\omega)$ 是在频率为 ω 时，正则 **FRF** 矩阵的第 k 个特征值；$s_k(\omega)$ 是在频率为 ω 时，**FRF** 矩阵的第 k 个奇异值。

对 $H^{\mathrm{H}}H$ 矩阵，按照每一谱线进行计算求得特征值。这些 CMIF 值作为频率的函数取对数标尺，可得到与输入自由度同样数目的 CMIF 曲线。清晰的峰指示出模态，其相应的频率，即是模态的有阻尼固有频率，由 CMIF 曲线选择模态频率如图 6-4 所示。

对于每个参考自由度，都可以求出一个 CMIF。它们可以依据特征值幅值分拣出来，并作为频率的函数绘制在同一图上，两个输入自由度的一阶和二阶 CMIF 如图 6-5 所示。

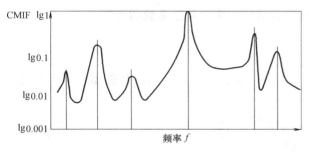

图 6-4 由 CMIF 曲线选择模态频率

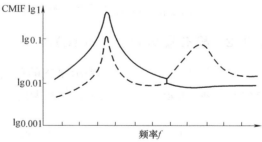

图 6-5 两个输入自由度的一阶和二阶 CMIF

在任一频率处，这些 CMIF 将指明发生多少个显然是独立的现象，且它们都比较重要。在一个共振点，即对应每一个 CMIF 的峰，至少有一个模态在起作用。在其他频率点，可能有另一个模态在增强其影响，并对响应做出重要贡献。在两个共振点之间，可能出现一个交叉点，在此处两个模态的贡献相等。图 6-5 指明了在 CMIF 第一个峰值点频率上有两个独立的模态，属于重根（双极点）模态，它们有着相同的模态频率而模态振型不同。在模态参数识别中，LSCE-LSFD 方法与 CMIF 识别重新结合在一起，可提高参数估计的准确度。

6.2　模态验证

模态验证是指对模态参数估计所得结果的正确性进行检验，对估计得到的模态模型的质量予以评估。根据检验的复杂程度，模态验证可分为两个级别。第一级别相当直观，对振型进行视觉检查，或把实测到的频率响应函数与从模态参数识别过程中计算"综合"出来的频率响应函数进行比较，包括相关性和误差评估。

6.2.1　频率响应函数综合相关性与误差

相关性是对综合的和测量的频率响应函数值复共轭乘积的规一化，即

$$\text{correlation} = \frac{\left| \sum_i S_i M_i^* \right|^2}{\sum_i (S_i S_i^*) \sum_i (M_i M_i^*)} \tag{6-28}$$

式中，S_i 是综合的频率响应函数在每一谱线 i 的复数值；M_i 是测量的频率响应函数在每一谱线 i 的复数值；* 号代表取共轭复数。

式（6-28）类似于相干函数的计算，表示了两组数据之间的相似程度。

测量与综合的频率响应函数之间的误差以最小方差表示：

$$\text{LS error} = \frac{\sum_i (S_i - M_i)(S_i - M_i)^*}{\sum_i (S_i S_i^*)} \tag{6-29}$$

利用式（6-28）和式（6-29）能够较直观地判断综合的频率响应函数的质量好坏，进而对模态参数识别的正确性提供有效的信息。

模态验证的第二级别是采用一些数学工具检验估计出来的模态参数的质量。

6.2.2　模态置信判据（MAC）

模态置信判据（MAC）表示模态的可信程度或用来比较不同组的估计振型。两个模态振型向量 $\boldsymbol{\psi}_r$ 和 $\boldsymbol{\psi}_s$ 之间的模态置信判据定义为

$$\text{MAC}(\boldsymbol{\psi}_r, \boldsymbol{\psi}_s) = \frac{|\boldsymbol{\psi}_r^{*\text{T}} \boldsymbol{\psi}_s|^2}{(\boldsymbol{\psi}_r^{*\text{T}} \boldsymbol{\psi}_r)(\boldsymbol{\psi}_s^{*\text{T}} \boldsymbol{\psi}_s)} \tag{6-30}$$

如果 $\boldsymbol{\psi}_r$ 和 $\boldsymbol{\psi}_s$ 是同一物理振型的估计，那么模态置信判据应当接近 1。如果 $\boldsymbol{\psi}_r$ 和 $\boldsymbol{\psi}_s$ 是不同的物理振型的估计，即两者是线性独立的，则 MAC 应该很低。计算两个不同模态之间的 MAC 值，也就等于近似地检验它们之间的正交性。

6.2.3　模态参与（MP）

模态参与是研究给定频段上各模态的相对重要性以及所选择的激励（输入）自由度的有效性的一个工具。

用模态参与的概念可考察某频带内不同模态的相对占优程度。对于某一模态，对应特定激励（输入）的所有留数值之和，代表了该模态对响应的贡献量。这种求和可对应所有激

励（输入）做累加，以评估每一模态的相对占优程度。

就某一模态而言，对应不同激励点的留数分别求和做比较，可评估不同激励点的输入对该模态的作用效果。留数求和值最大的激励点，就是这一模态的最佳激励点。

此外，对所有模态进行留数求和，比较不同输入之间的这种求和结果，从总体意义上评估选择的激励点对全体模态的影响大小。

表6-2说明了模态参与的原理，表中 MP_{ir} 表示第 r 阶模态在自由度 i 激励所引起的总响应中所占有的分量。就不同自由度 i 比较这些 MP_{ir} 项即可看出，第 r 阶模态是怎样由各个激励点相对地激励出来的（表中各行）。表中"总（模态）"表示不同激励自由度在总响应中的分布。就不同模态比较这些 MP_{ir} 项，可以指明激励点 i 对哪个模态激励得最好（表中各列）。"总（输入）"这一列是各个模态在所有激励所引起的总响应中所占份额。模态参与的信息有助于选择最有效的激励自由度。

表6-2 模态参与的原理

	输入 1	…	输入 N_i	总（输入）
模态 1	$MP_{11} = \sum\limits_{o=1}^{N_o} \lvert A_{o11} \rvert$	$\vdots$	$MP_{N_i1} = \sum\limits_{o=1}^{N_o} \lvert A_{oN_i1} \rvert$	$\sum\limits_{r=1}^{N_i} MP_{i1}$
$\vdots$	$\vdots$	$\vdots$	$\vdots$	$\vdots$
模态 N_m	$MP_{1N_m} = \sum\limits_{o=1}^{N_o} \lvert A_{o1N_m} \rvert$	$\vdots$	$MP_{N_iN_m} = \sum\limits_{o=1}^{N_o} \lvert A_{oN_iN_m} \rvert$	$\sum\limits_{r=1}^{N_i} MP_{iN_m}$
总（模态）	$\sum\limits^{N_m} MP_{1r}$	…	$\sum\limits^{N_m} MP_{N_ir}$	

注：A_{oir}—响应 o，输入 i，模态 r 的留数；N_o—响应自由度；N_i—输入自由度；N_m—模态数。

6.2.4 模态超复性（MOV）

在一个测量点给结构附加一个质量将会降低各阶模态的阻尼固有频率，这个原理构成了模态超复性检验的基础。对于每一个测点而言，各固有频率对该测点质量增加的灵敏度应该是负值。对应某一阶模态（r）的所谓"模态超复性（MOV）"定义为在该测点附加质量后，固有频率确实降低的这种测点所占的加权百分比，即

$$\mathrm{MOV}_r = \frac{\sum\limits_{o=1}^{N_o} w_o S_{or}}{\sum\limits_{o=1}^{N_o} w_o} \times 100\%$$

(6-31)

$$S_{or} = \begin{cases} 1 & 质量增加灵敏度 \leqslant 0 \\ 0 & 质量增加灵敏度 > 0 \end{cases}$$

式中，w_o 是加权系数。

对于模态参数估计质量高的模态，MOV 指数应当有高值（接近100%）。如果该指数偏低，则认为该模态只是一个计算模态（非物理模态），测量数据中的噪声信号被模型化，或者是模态参数估计出现了问题。

6.2.5 模态相位共线性（MPC）和平均相位偏移（MPD）

对于弱阻尼结构或比例阻尼结构，估计出的模态振型应该完全是"实模态"的。即同一模态各个复数的模态振型系数（对应于不同测点）之间要么同相（相位差为0°），要么反相（相位差为180°或-180°）。模态相位共线性（MPC）的指数表示无标尺模态振型向量各元素的实部与虚部之间的线性关系：

$$\mathrm{MPC}_r = \frac{\parallel \mathrm{Re}\,\tilde{\boldsymbol{\psi}}_r \parallel^2 + (\mathrm{Re}\,\tilde{\boldsymbol{\psi}}_r^{\mathrm{T}}\,\mathrm{Im}\,\tilde{\boldsymbol{\psi}}_r)\left[2(1+\varepsilon^2)\sin^2\theta - 1\right]/\varepsilon}{\parallel \mathrm{Im}\,\tilde{\boldsymbol{\psi}}_r \parallel^2 + \parallel \mathrm{Re}\,\tilde{\boldsymbol{\psi}}_r \parallel^2} \tag{6-32}$$

$$\tilde{\psi}_{ir} = \psi_{ir} - \frac{\sum\limits_{o=1}^{N_o} \psi_{or}}{N_o} \quad (i=1,2,\cdots,N_o)$$

$$\varepsilon = \frac{\parallel \mathrm{Im}\,\tilde{\boldsymbol{\psi}}_r \parallel^2 - \parallel \mathrm{Re}\,\tilde{\boldsymbol{\psi}}_r \parallel^2}{2(\mathrm{Re}\,\tilde{\boldsymbol{\psi}}_r^{\mathrm{T}}\,\mathrm{Im}\,\tilde{\boldsymbol{\psi}}_r)}$$

$$\theta = \arctan\left[\,\mid\varepsilon\mid + \sin(\varepsilon\sqrt{1+\varepsilon^2})\,\right]$$

对于实模态，MPC指数应有高值（接近于100%）。MPC指数低，表明在一定程度上是复模态，其原因或是试验结构上存在局部的阻尼元件，或是有不良的测量或者不良的分析处理。

平均相位偏移（MPD）是模态振型向量复杂性的另一个指标。该指数是为模态振型各个系数的相位角对其平均值的统计偏差。模态 r 的平均相位：

$$\mathrm{MPH}_r = \frac{\sum\limits_{o=1}^{N_o} w_o \phi_{or}}{\sum\limits_{o=1}^{N_o} w_o}, \quad w_o\ \text{为加权系数}\,(\text{如}\ w_o=1\ \text{或}\ w_o=\mid\psi_{or}\mid)$$

$$\phi_{or} = \begin{cases} \arctan\left[\mathrm{Re}(\psi_{or})/\mathrm{Im}(\psi_{or})\right] & \text{如果}\ \phi_{or} \geqslant 0 \\ \arctan\left[\mathrm{Re}(\psi_{or})/\mathrm{Im}(\psi_{or})\right] + \pi & \text{如果}\ \phi_{or} < 0 \end{cases} \tag{6-33}$$

相应的平均相位偏移：

$$\mathrm{MPD}_r = \sqrt{\frac{\sum\limits_{o=1}^{N_o} w_o (\phi_{or} - \mathrm{MPH}_r)^2}{\sum\limits_{o=1}^{N_o} w_o}} \tag{6-34}$$

平均相位偏移指示出模态振型在相位上的分散程度。对于实模态，MPD的值应该很小（接近于0°）。

6.2.6 模态指示函数（MIF）

模态指示函数（MIF）属于频域函数，其特征是在模态的固有频率处，函数的值会呈现局域的极小化。给定表述结构输入-输出特性的频率响应函数矩阵 $\boldsymbol{H}$，以及激振力向量 $\boldsymbol{F}$，就可以计算输出或响应 $\boldsymbol{X}$：

$$X = HF \tag{6-35}$$

省略表示矩阵的括号，将式（6-35）分解为实部和虚部，得到：

$$X_r + \mathrm{j}X_i = (H_r + \mathrm{j}H_i)(F_r + \mathrm{j}F_i) \tag{6-36}$$

对于实模态，结构响应必定在相位上落后于激振力 90°。因此，当结构受到某一正确的模态频率激励时，响应向量实部的贡献在总向量长度中必然极小。在数学上可将其公式化为下面给出的极小值问题：

$$\left| \overset{\min}{FF} \right| = 1\left(\frac{X_r^{\mathrm{T}} X_r}{X_r^{\mathrm{T}} X_r + X_i^{\mathrm{T}} X_i} \right) \tag{6-37}$$

将式（6-36）代入式（6-37），得到：

$$\left| \overset{\min}{FF} \right| = 1\left(\frac{F H_r^{\mathrm{T}} H_r F}{F^{\mathrm{T}} (H_r^{\mathrm{T}} H_r + H_i^{\mathrm{T}} H_i) F} \right) \tag{6-38}$$

求解方程（6-38），简化为找频率函数的极小值问题，这可以通过解特征值问题来实现。对应每一谱线，得到一个特征值问题的关系式如下：

$$H_r^{\mathrm{T}} H_r F = \lambda (H_r^{\mathrm{T}} H_r + H_i^{\mathrm{T}} H_i) F \tag{6-39}$$

方阵 $H_r^{\mathrm{T}} H_r$ 和 $H_i^{\mathrm{T}} H_i$ 的行数和列数，等于输入（激励）自由度数，即等于测量得到的频率响应函数矩阵的列数。第一阶 MIF 是由对应每一谱线的式（6-39）的最小特征值组成的，当某一频率存在实模态时，它将有明显地呈现出局域的极小值。第二阶 MIF 则是由对应每一谱线的式（6-39）的第二最小特征值所组成，如果结构有重根模态，它也会包含有明显的局域极小化。这一论点同样适用于式（6-39）的所有其他特征值。可组成的 MIF 阶数，等于特征值的个数，也等于输入自由度数。

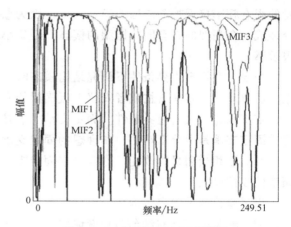

图 6-6 一个三阶的 MIF 函数图

由此，可以确定对应每一个模态频率下最多有几个重根模态。图 6-6 所示为一个三阶的 MIF 函数图。

6.3 模态试验设置

建立一个具体的模态分析试验需要根据试验的对象和试验目的考虑许多实际问题，如是采用多输入（对象是白车身）还是单输入（对象是车门板件），是固定式激励还是非固定式激励，激励信号采用何种类型，激励点和响应点位置如何选择，采用何种形式边界条件等。本节将对这些问题进行讨论。

6.3.1 悬挂与边界条件

为了能够对结构进行模态试验，试件与环境之间需要有某种连接。连接方式取决于试验目的，主要有三种情况：与模态仿真计算结果进行比较，验证其准确性；在规定边界条件下研究结构模态；在工作条件下的结构模态试验。

当模态试验的主要目的是与模态仿真计算结果相比较时，如研究白车身的结构模态，试验边界条件应与仿真计算中的边界条件相一致。通常情况下，采用的是自由-自由边界条件，这意味着结构处于"悬空"状态，与环境之间不存在连接。在实际试验中，需要采用较软的弹性绳或者是软垫将结构悬吊或支承起来以近似这种自由-自由的边界条件。为了使悬吊或支承的影响减到最小，悬吊或支承点应当选择处于或尽可能接近结构的模态节点上，避免选择刚度小的柔性端。所谓模态节点是指结构在模态频率振动时始终不产生位移的位置点，这些位置可能是局部刚度极高的点或是结构的对称点。悬挂或支承使结构的刚体共振频率从理论上的 0Hz 偏移到稍高一些的频率上，因此悬挂或支承要足够软，以保证刚体共振频率远低于结构的第一阶模态频率。研究表明，当刚体共振频率为结构第一阶模态频率的1/3 时，悬挂或支承对结构模态频率的影响只有 1%。在实际试验中，悬挂或支承频率通常小于刚体频率的 10%。此外，悬挂或支承装置可视为连续质量-弹簧-阻尼系统，要防止其本身的固有频率接近被测结构的模态频率，因为悬挂或支承的固有频率可能把结构的模态频率分裂成两个相似的具有同样振型的模态。轻质小阻尼结构，如车身上的板件，会对这一现象很敏感。

当要求在规定边界条件下研究结构模态时，会采用某些固定支承方式。如为了模拟副车架、后驱动桥、转向管柱或者安仪表板横梁等安装在车身上的状态下进行模态试验，需要采用固定支承或铰接的边界条件。固定支承要求具有较大的刚度和质量，实际工程中要实现理想的固定支承是十分困难的，非理想的固定支承连接会对结构高阶模态产生影响，引起模态频率和振型相当明显的改变。通常要求固定支承装置的最低固有频率为所关心被测结构最高频率的 3 倍以上。

当试验目的是确定结构在工作条件下的动态特性时，边界条件应尽可能与工作条件相一致，如一辆装配完整的汽车四轮着地地进行模态试验。大多数模态试验是在静态下进行的，而整车在工作条件下（如在粗糙颠簸的路面上行驶）的激励力是无法测量的，这就需要采用一种基于响应的工作模态分析方法，这将在后面的章节中予以介绍。

6.3.2 激励信号

模态试验的一个重要环节是给结构施加一个动态激励。施加激励的目的是使结构在所选定的频率范围内振动起来，并要求所施动态力是可以测量的。模态试验会用到的激励信号分为稳态正弦信号、纯随机信号、周期信号和瞬态信号这几类。除了瞬态信号中的冲击信号，其他激励信号都需要使用第 3 章中介绍的由信号发生器、功率放大器以及激振器所组成的激振系统将激励施加到结构上。

1. 稳态正弦信号

稳态正弦信号通过缓慢改变正弦信号的频率，可激发出结构的各阶模态。频率改变可通过模拟式或数字式正弦信号发生器实现。数字式正弦信号发生器能更精确地控制信号频率的变化，根据模态频率范围大小，频率可以以线性或对数方式变化。频率的变化必须足够慢，以使结构响应达到稳态。

稳态正弦信号的优点：激励能量能集中在单一频率上，测量信号具有很高的信噪比，因而试验精度高，还能够检测出结构的非线性程度。其缺点也是很明显的：需要逐个频率点进行测量，试验周期相当长；不能通过平均消除系统非线性因素的影响；容易产生信号"泄漏"误差。

稳态正弦信号的一种改进或者现代模式是步进正弦扫描信号，它是由分段变化的频率而不是由连续变化的频率构成的。它具有稳态正弦信号的所有优点，同时允许改变频率间隔，减少试验时间，并能更好地处理混叠和泄漏问题。但步进正弦激励需要专门的硬件和软件。

2. 纯随机信号

纯随机信号又称白噪声信号，是一种具有高斯分布的随机信号，在整个时间里程上都是随机的，不具有周期性。频域上是一条理想的直线，包含 $0 \sim \infty$ 的频率成分，且任何频率成分所包含的能量相等。实际应用中纯随机信号做不到理想情况也无需做到无穷大的频率，在所关心的频率范围内采用数字式随机信号发生器产生信号。

纯随机信号的优点：可以经过多次平均消除噪声干扰和非线性因素的影响。因为在每个被平均的时间记录中非线性失真都不相同，若平均次数足够多，则这些非线性失真倾向于互相抵消。纯随机信号的主要问题是"泄漏"。这种信号在观察窗内是非周期性的，因而泄漏误差不可避免，虽然可以加窗（如汉宁窗）控制，但会导致频率分辨率降低，特别是小阻尼结构尤为突出。因此，纯随机信号在模态试验中的应用并不多。

3. 周期信号

在观察窗或测量窗内幅值由 0 开始并且由 0 结束的任何波形信号，几乎都可以构成一个周期激励信号。可应用于模态试验的周期信号主要有伪随机信号、周期随机信号和周期快扫信号。

（1）伪随机信号　伪随机信号是一种方差为零、各态历经的稳态信号。它是由离散傅里叶变换的频谱逆变换而来，在一定频率范围内幅频特性曲线为一平坦直线，相位随机均匀分布。变换得到的长度就是伪随机信号的周期，因此在测量窗口内它是完全周期性的。其每个周期内信号的相关函数、功率谱密度函数等统计特性是严格不变的，可以准确重复。

伪随机信号的优点：由于信号的周期性，不存在泄漏问题。其缺点：抗干扰能力差；由于信号的严格重复性，不能采用多次平均来减少噪声干扰和试验结构非线性因素的影响。

（2）周期随机信号　与伪随机信号类似，周期随机信号也是由离散傅里叶变换的频谱逆变换而来，频谱由离散频率构成。在每个周期内，都是一种伪随机信号，但各个周期的伪随机信号统计特性不同，即各周期的伪随机信号互不相关。

周期随机信号综合了纯随机信号和伪随机信号的优点，周期之间具有随机性，测量窗口内又具有周期性。它既可以消除泄漏误差，又可利用平均来减少噪声干扰和非线性影响。其主要缺点是测量速度较慢。

（3）周期快扫信号　周期快扫是一种极快的正弦扫描，即频率在数据采集的每个测量窗口时段内很快地由低到高正向和/或由高到低反向扫描，扫描可采用线性或对数的形式。这种信号实际上是伪随机信号的一种特例，因而其特性也类似。

周期快扫信号有着与伪随机信号同样的周期性、无泄漏的优点。其缺点也是不能采用多次平均来减少噪声干扰和试验结构非线性因素的影响。另外，周期内扫频时间很短，测量系统的增益和量程不易控制。

4．瞬态信号

瞬态信号在测量窗口周期内持续时间短，并有明显的开始和结束，具有周期性的特点。瞬态信号包含较宽的激励力频率成分，是模态试验中采用的主要激励方式之一。它有两个特点：一是仅在短时间内激励试验结构；二是在测量周期窗口内，试验结构几乎消耗掉激励的全部能量，使结构自由响应趋于零。模态试验常用的瞬态信号主要有随机猝发信号和冲击信号两种。

（1）随机猝发信号　以周期随机信号作为激励信号，并在测量窗口周期的最后部分时刻（如最后的 20%时段）停止激励，就形成了图 6-7 所示的随机猝发信号。

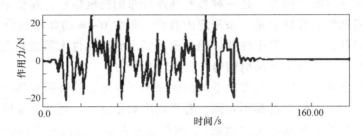

图 6-7　随机猝发信号

随机猝发信号具有周期随机信号的所有优点，既具有周期性，又具有随机性，同时又具有瞬态性，试验速度优于周期随机激励，是一种优良的激励信号；但需要有专门的信号发生硬件，目前大多数测量系统都带有机内随机猝发信号发生器。

（2）冲击信号　冲击信号又称脉冲信号，是一种确定性瞬态信号，由一个脉冲构成，此脉冲的持续时间只占测量周期窗口的很小一部分。第 3 章中介绍的力锤是产生冲击信号最常用的激励装置。冲击信号的脉冲形状和幅值决定力谱的量级，而宽度决定激励带宽：最高频率与脉冲宽度成反比，即窄而尖的冲击信号有着较高的激励频率。图 6-8 所示为一个典型的冲击信号。

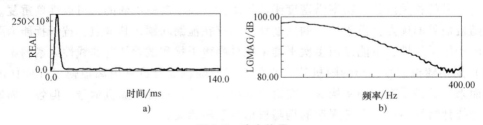

图 6-8　冲击信号

a）时间历程　b）频谱

冲击信号的频率成分和能量可大致控制，试验周期短，无泄漏，但信噪比差，特别是对大型结构，冲击产生的激励能量往往不足以激起足够大的响应信号。即使如此，冲击信号仍不失为一种简单实用的激励方式。

本小节讨论了模态试验可采用的不同激励方式以及各自的特点。根据被测结构特点、试验环境、仪器条件等可按照激励信号特性（表 6-3）选择适当的激励信号以改善测量结果。

当前模态试验应用最广泛的激励信号是随机猝发信号和冲击信号。

表 6-3　常用激励信号特性

项目	宽带随机						单频	
	非周期	周　期			瞬　态			
	纯随机	伪随机	周期随机	周期快扫	随机猝发	冲击	稳态正弦	步进正弦
减小泄漏	－ －	＋ ＋	＋ ＋	＋ ＋	＋	＋	－ －	＋ ＋
信噪比	○	○	○	＋	－	－ －	＋ ＋	＋ ＋
能量谱密度	○	○	○	○	－	－ －	＋ ＋	＋ ＋
测量时间	＋	＋ ＋	○	＋	＋ ＋	＋ ＋		
可控性（频率）	○	＋ ＋	＋ ＋	＋ ＋	＋ ＋		＋ ＋	＋ ＋
可控性（幅值）	－ －	－ －	－ －	＋ ＋			＋ ＋	＋ ＋
消除非线性失真	＋ ＋	－ －	＋ ＋	－ －	＋ ＋		－ －	－ －
能发现非线性表征	－	－	－	＋			＋ ＋	＋ ＋
特殊设备需求	＋	－		－ －	－	＋ ＋	○	－ －

注：＋＋表示很好，＋表示好，○表示一般，－表示差，－－表示很差。

6.3.3　激励方式

模态试验的激励信号由激励装置传递给被测结构，这种装置可以与结构相连接，也可以不连接。一种典型的方式是由一个或多个刚性固定或弹性固定的激振器与结构连接。另一些情况下采用非固定非连接的激励，即激励装置与结构不相连，力锤激励就是最典型的例子。

1. 固定式激励

固定式激励通常由激振器与被测结构相连，根据支承激振器的形式分为刚性固定和弹性固定两种方式。

（1）刚性固定激励　将激振器外壳刚性地固定在基础或支架上，如图 6-9 所示。理想情况下，基础或支架应是刚性的。实际中，这种理想情况很难实现，基础或支架总是弹性的。激振器与基础组成的一个振动系统的第一阶固有频率称为安装频率。刚性固定激励要求安装频率远远大于激励频率。

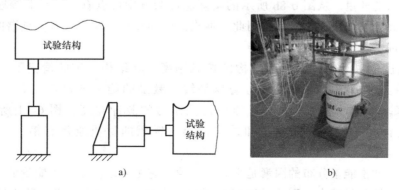

图 6-9　刚性固定激励

a）示意图　b）实物图

（2）弹性固定激励　当结构激励部位附近无法为激振器提供刚性支承（如汽车的顶棚）或所关心结构的模态频率很高，激振频率不满足远低于安装频率的条件时，可采用相反的弹性固定激励方式，如图 6-10 所示。此时安装频率远小于激励频率。弹性固定一般采用弹性绳或软弹簧实现。激振器在这种支承下工作时，其可动部分和不动部分质心基本保持不动。

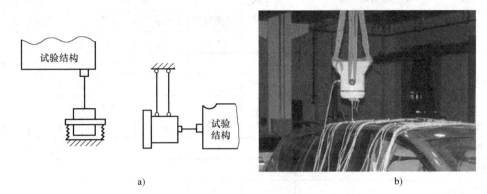

图 6-10　弹性固定激励

a）示意图　b）实物图

（3）固定激励的连接方式　如图 6-9 和图 6-10 所示，采用固定式激励时，激振器需要通过一顶杆与结构相连，将激振力传递给结构，顶杆连接的被测结构端安装力传感器来测量该激励力。为确保在力测量方向上去激励结构，顶杆的轴向刚度较横向刚度大很多，以避免激振力侧漏。此外，由于与结构相连，激振器可能对激励点处的结构附加一定的质量、刚度，这对于小型或轻质结构的模态会产生影响，若是较大结构，如整车或白车身，该影响很小。

2. 非固定式激励

非固定式激励最重要的优点是不给结构附加任何质量，因而不会影响试件的动态特性，这对轻质结构的模态试验尤为重要。最常见的非固定式激励就是力锤激励，另外还有声激励和磁激励等非接触激励。

力锤施加的冲击激励是一种脉冲信号。理想的脉冲信号即 Dirac 函数，其特征如 6.3.2 节中介绍，脉冲信号宽度表示激励作用时间，高度表示冲击力幅值，曲线与时间轴所围成的面积表示冲击力的冲量。从图 6-8b 所示的实际脉冲频谱中可以看出，在低频段能量近似均匀分布，而在高频段能量逐步衰减。因此，冲击激励的高频率响应较差。频谱曲线与频率轴所围面积表示冲击力输入给结构的总能量。

力脉冲宽度取决于力锤锤帽与结构的接触刚度。在结构一定的情况下，锤帽越硬即刚度越大，冲击时接触时间越短，力谱越平缓，激励的能量向高频延伸，反之，激励力的带宽较窄。可通过选取不同材料的锤帽控制力的脉冲宽度，图 6-11 所示为使用三种不同材质的锤帽测得的时间里程和冲击力谱。锤帽的材质通常有钢、铝、尼龙、橡胶及充气锤帽等。

另一个影响冲击能量分布的因素是力脉冲幅值，它主要取决于输入能量的大小。在相同冲击速度下，力锤质量越小，则力脉冲谱越平缓。图 6-12 所示为使用三种不同附加质量时力锤激励测得的力谱曲线。

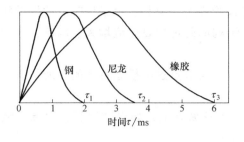 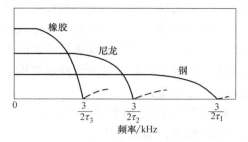

图 6-11　不同材质锤帽的时间里程和冲击力谱

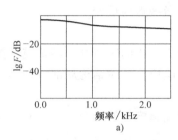 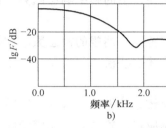 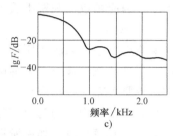

图 6-12　使用三种不同附加质量时力锤激励测得的力谱曲线

a）30g　b）80g　c）450g

力锤激励特别适用于质量较小、比较刚硬的结构，如钣金部件、转子叶片等。

3. 激励方式的选择

固定式激励的主要优点是可以采用多种多样的激励信号（见 6.3.2 节），主要缺点是设置较麻烦，并且对轻质结构存在附加质量影响。非固定式激励的两个主要优点是设置简单，不会影响试件的动态特性；主要缺点是能量集中在很短的时间内，容易引起过载和非线性问题，而且对于大结构需要很多次敲击。

单个固定式激励可测出频率响应函数矩阵的一列，而多路激励可以更好地把激励能量分配到整个结构上，这对车身及整车这样的大结构是很重要的。这可以最大限度地减小因激励点刚好选在某阶模态节点上而使该阶模态激励不出来的机会。对于具有重根的结构，只有采用多路激励测量才能识别出这些重根，因为得到的是频率响应函数矩阵的多列（见 6.1.2 节）。

非固定式力锤激励可以有两种激励模式：激励点固定响应点移动模式与响应点固定激励点移动模式。它们分别测量得到频率响应函数矩阵的一列和一行，由于频率响应函数矩阵的对称性，理论上这两种激励模式会得到相同的结果。但要注意的是，若每个测点需要三个方向的测量，后一种激励模式需要在每个激励点都进行三方向的激励，否则无法得到一行完整的频率响应函数。而前一种激励模式只需要布置并移动三向振动传感器就能得到完整的一列频率响应函数。

6.3.4　激励点与响应点的选择

1. 激励点

进行多路激励模态试验时，应当使各激振器指向不同方向。如果激振点正好选在结构某阶模态节点上，则该阶模态不能被激发出来。即使激振点在节点附近，该阶模态的振动信号也很弱。因此，应避免模态节点上的激励。

在结构模态的反节点处激励，能有效地激起该阶模态。但是，由于反节点的振动幅值最大，特别是低阶模态，此时，顶杆与力传感器对结构的附加质量效应增大。因此，合理的激振点应选在适当远离结构低阶模态反节点的地方。

事实上，在模态试验前是无法知道结构的节点或反节点这些模态特性的，通常有以下两种方法确定合适的激振点。

1）根据经验确定，激振点结构刚度较大，如车身纵梁上，如果结构有自由端，激振点应选在自由端附近，如果结构对称，不宜选在对称面上。

2）根据试验确定，在通过经验初步确定的基础上，可选定几个激振点激励试验，测量若干频率响应函数，观察不丢失重要模态的频率响应函数，此激振点为最佳。

2. 响应点

响应点的选择取决于所选频率范围、期望的模态数、结构上关心的区域等。高阶模态频率高，振型驻波波长短，要准确描述这些模态就需要比较多的响应点。对结构局部特别感兴趣的区域要多布一些响应点。

响应点在结构上均匀分布是比较好的做法，这样可以减少漏掉模态的机会。当试验目的是验证有限元模型时，如果所选响应点位置与有限元模型的自由度一致，就可以使两者之间的相关过程简化。

如果响应点数量不足，或响应点位置选择不当，就有可能使可观测条件遭到破坏，即没有测到结构上重要部分或方向的运动。在模态分析结果中，两个很不同的频率上出现两个非常类似的振型，就表明上述情况很可能发生了，图 6-13 说明了这一现象，若只测量平板一端的振动响应，无法区分第 1、3 阶弯曲模态振型以及第 2、4 阶扭转模态振型。这也可以通过模态验证指标模态置信判据 MAC 计算出来（见 6.2.2 节）。

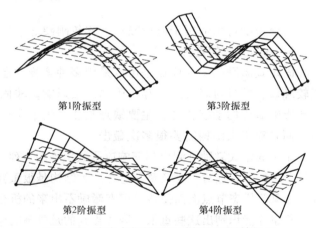

第1阶振型　　第3阶振型

第2阶振型　　第4阶振型

图 6-13　响应点数量不足破坏可观测性假设

作为大致的原则，应测量尽可能多的响应点，同样，响应点不应选在模态节点上。

6.3.5　频率响应函数测量设置

在正式测量所有频率响应函数之前，应对激励的自功率谱、试验结构的互易性、线性特性以及各激励力信号之间的关系等进行检查。

首先考察激励力的自功率谱。在激振器随机激励下，力的自功率谱看上去是杂乱的，但在所激励的频带内应保持大致相同的量级。如果自功率谱在某些频率降为零，这表明在这些频率上没有激励能量进入试验结构，要另选激励点或更换顶杆来解决问题。但自功率谱在共振频率附近有一定量的下降还是可以容忍的，如图 6-14 中在 16Hz、83Hz 以及与局部模态相对应的 130～200Hz 的较高频率处的下降。

在锤击情况下，脉冲激励力的自功率谱在所选频段内应当干净而平坦，如图 6-8 所示。

如果自功率谱有图 6-15 所示的剧烈波动，则表明敲击时连击。

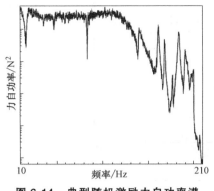

图 6-14　典型随机激励力自功率谱

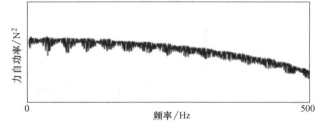

图 6-15　锤击激励连击时的力自功率谱

由于试验模态分析是建立在互易性的前提下，多点激励试验中可以在频率响应函数级别上检查互易性，跨点频率响应函数是相等的：$H_{pq} = H_{qp}$，其中 p、q 表示第一、第二个激励位置。图 6-16 所示为一对一致的跨点频率响应函数及其相位。跨点频率响应函数不一致可能是激励力的问题，是由于某个激励点非常靠近某阶模态的一个节点造成的。

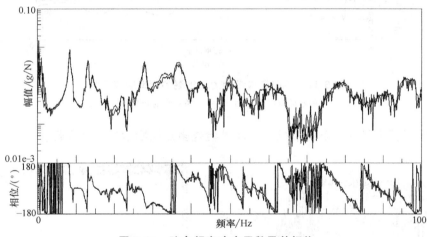

图 6-16　跨点频率响应函数及其相位

频率响应函数可以看作响应振动加速度与激励力的比值关系。如果试验结构的动态特性是线性的，那么频率响应函数应当与激励力的量级无关。分别用几种不同量级的力测量频率响应函数可以表明结构的线性特性。图 6-17 表明了在结构同一位置用三种不同量级激励力所得到的频率响应函数是一致的。

从 4.2.2 节中介绍的频率响应函数估计方法中可以知道，要准确计算多输入的频率响应函数，其激励力自功率谱矩阵在数学上应是非奇异的，也就是各激励力自功率谱应当是线性不相关的。直观上很容易理解，如果这些激励力相关，那么在某一点的总响应就不能分解成来自各激励力的贡献。对于两个或两个以上的多点激励的情况，对每个频率上的激励力自功率谱矩阵进行奇异值分解，会产生数目等于激励数目的几条曲线，以表示独立激励信号和相关激励信号的主分量。图 6-18a 显示了三个不相关激励力信号的主分量曲线，呈现出较高且相近的幅值。而当其中一个激励力信号与另外两个信号相关时，一条主分量曲线幅值呈现出

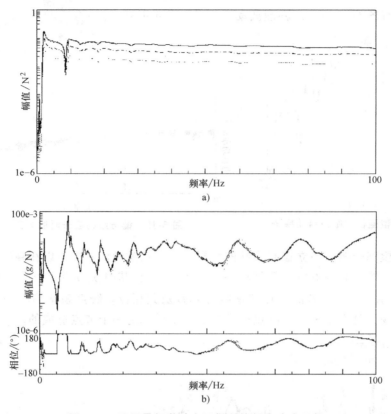

图 6-17　不同量级激励力下得到的频率响应函数

a) 三种不同量级激励力　b) 三条一致的频率响应函数

图 6-18b 所示远低于另外两条的情况，由此可检查多点激励信号的独立性。

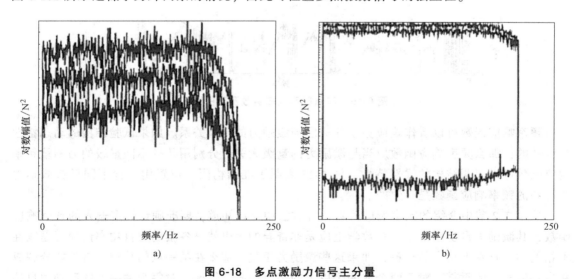

图 6-18　多点激励力信号主分量

a) 三个不相关激励力信号主分量曲线　b) 一个信号与另外两个相关时的主分量曲线

　　在上述设置检查无误后，可开始测量所有频率响应函数，测量过程中应观察加速度振动响应与激励力信号之间的相干函数［式（4-25）］，它显示了激励对响应的有效性，反映了频率响应函数的质量。相干函数在激励频带内接近于 1 (大于 0.8), 说明测量的频率响应函数质量较好。在反共振频率处的信噪比较低, 因而相干函数值常有所下降 (图 6-19), 这一般不会引起什么严重问题, 因为模态分析的兴趣集中在共振频率附近的信息。而相干函数在共振频率点下降通常表明有能量泄漏问题。在多点激励试验时, 可采用重相干函数 [式 (4-26)] 来检查所有激励点对某一响应点的激励有效性。

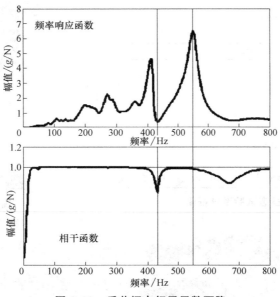

图 6-19 反共振点相干函数下降

6.4 汽车模态试验实例

6.4.1 白车身模态试验

白车身是完成焊接后未涂装的车身, 主要由车身框架结构本体和板结构组成, 包括梁、地板、顶棚等。白车身的模态对后续整车振动噪声性能有很大影响。因此, 进行白车身模态试验, 了解白车身模态频率及振型在整车开发中具有重要意义。

白车身模态试验通常采用激振器多点激励以确保激励能量能传递到车身各处, 同时不遗漏重根或相邻紧密的模态。图 6-20 所示为模态试验系统框图, 试验采用西门子公司 SCADA-SIII SC316 多通道数据采集系统, 该采集系统配置了信号发生器模块 QDAC。试验数据采集及模态分析软件为 Test. lab。为保证试验中自由-自由的边界条件, 白车身由弹性绳通过前后保险横梁 (图 6-21) 或前后减振器安装点悬吊, 悬吊频率为 2～5Hz。采取三点激励对车身纵向 (X)、横向 (Y) 和垂向 (Z) 同时激励, 白车身激振点如图 6-22 所示, 激振点选择在车身刚度较大的纵梁处, 三个激振器位置互相错开, 避开结构的节点。响应点布置遵从 6.3.4 中的原则, 并能体现出白车身总体框架的几何形状, 共布置 154 个响应点。图 6-23 所示为白车身试验模态几何模型。激励信号截止频率为 260Hz, 采用 80% 随机猝发信号, 采样带宽为 200Hz, 频率分辨率为 0.5Hz, 即周期窗口期为 2s。因此, 随机信号的猝发时长如

图 6-24 所示为 1.6s。激励信号及响应信号都加汉宁窗以减少信号能量的泄漏。激励力输入信号通过激振点力传感器测量，通常不会受到干扰，响应点输出信号由于距离激振点远近不同可能会受到干扰，故频率响应函数估计通常采用 H_1 估计［式（4-31）］。为降低频率响应函数测量的随机误差，设置 60 次 30% 的叠盖平均。

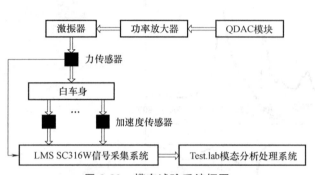

图 6-20　模态试验系统框图

图 6-21　白车身悬吊

a)

b)

图 6-22　白车身激振点

a）横向（Y）激振点　b）纵向（X）和垂向（Z）激振点

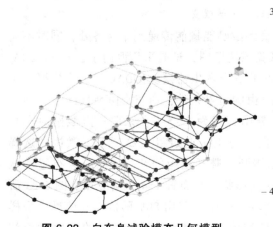

图 6-23　白车身试验模态几何模型

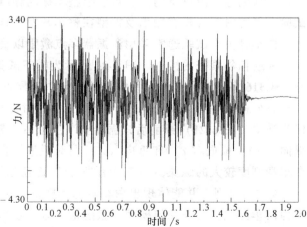

图 6-24　一个窗口期内 80% 随机猝发信号

在测量过程中，实时观察各响应点对于三个激振点信号的重相干函数［式（4-26）］以检验多点激振的能量都传递到了响应点，即响应点信号都由三个激振点所贡献。图6-25所示为车身三个响应点对多点激振信号的重相干函数，可以看出，三个激振点的信号都有效地传递到了各响应点。

在多点激励模态试验时，采用 H_1 估计频率响应函数矩阵需保证各激励力信号的相对独立性（信号不相关）。计算白车身模态试验激励力信号矩阵的主分量谱［式（4-29）］，三个主分量谱都具有相近的较高幅值（图6-26），确保了三向激励的独立性。

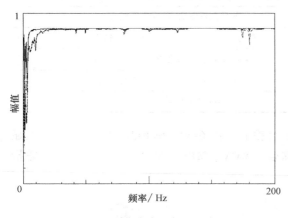

图6-25　响应点重相干函数

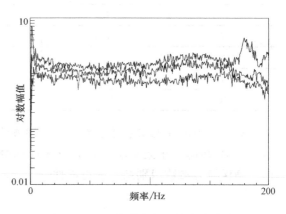

图6-26　三点激励信号的主分量谱

将测量得到的所有响应点对激励的频率响应函数集总得到图6-27所示的白车身模态集总频率响应函数。其中3Hz左右峰值显示了白车身的悬吊频率。集总频率响应函数反映了白车身结构所有响应点对多个激振点响应的整体状态，采用该频率响应函数在一定频带内同时选取多个极点进行模态参数识别，这就属于模态的多自由度多输入整体识别方法。采用最小二乘复指数（LSCE）法和最小二乘频域（LSFD）法分别识别白车身前100Hz的模态频率及模态振型，集总频率响应函数的稳态图及模态指示函数如图6-28所示，拟合计算模型的阶数为64，结合模态指示函数（MIF）（见6.2.6节）可以识别重根或相邻紧密的模态。可以看到，在53～54Hz，集总频率响应函数仅显示了一个峰值，而稳态图识别出了两阶相邻紧密的模态。再结合三条模态指示函数曲线，其中有两条在此处急剧下降，可以确认此处确有两阶不同的模态。表6-4列出了白车身前1000Hz识别出的模态频率及模态振型，其中54.2Hz出现了顶棚局部模态。图6-29所示为白车身一阶扭转模态振型。

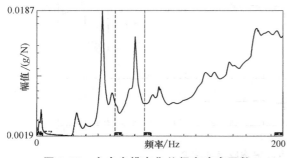

图6-27　白车身模态集总频率响应函数

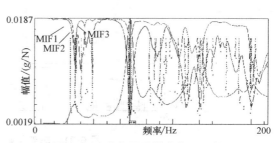

图6-28　稳态图及模态指示函数

表 6-4 白车身前 1000Hz 识别出的模态频率及模态振型

模态阶数	频率/Hz	模态振型描述
1	31.1	后保险杠局部模态
2	32.8	车身一阶扭转
3	35.3	行李舱平板局部模态
4	39.5	车身一阶弯曲,顶棚局部模态
5	53.7	车身二阶弯曲
6	54.2	车身二阶弯曲,顶棚局部模态
7	61.2	车身与车架反向弯曲,顶棚局部模态
8	80.1	后保险杠纵梁局部模态,左右对称摆动
9	95.2	后保险杠纵梁局部模态,左右摆动
10	99.7	车内底板横梁局部模态

对识别出的模态参数按照 6.2 节所述方法进行检验。图 6-30、图 6-31 以及表 6-5 分别显示了 MAC 矩阵,车架某响应点频率响应函数综合,MOV、MPC、MPD、MP 等模态验证指标,确保模态参数识别结果的可靠性。

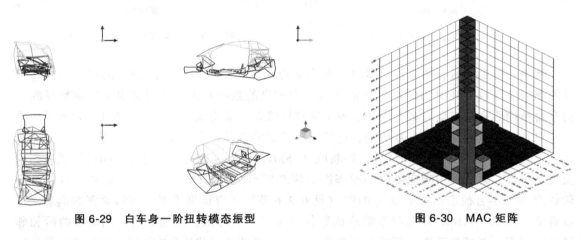

图 6-29 白车身一阶扭转模态振型 　　　　图 6-30 MAC 矩阵

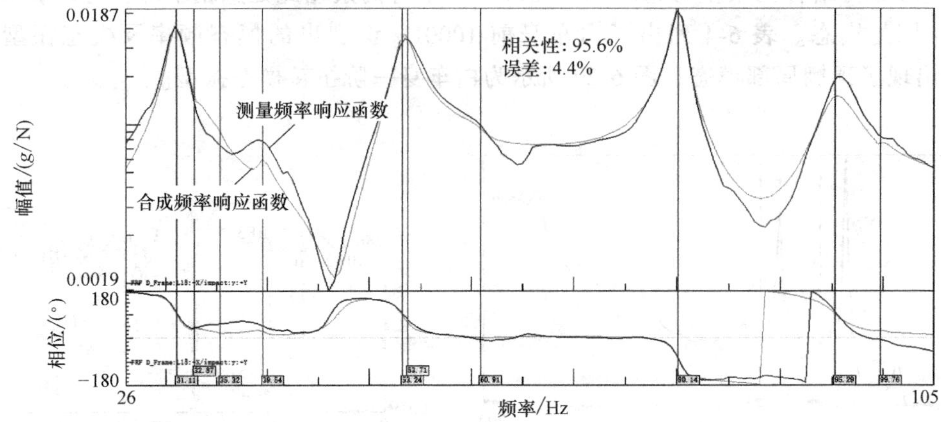

图 6-31 车架某响应点频率响应函数综合

表 6-5 MOV、MPC、MPD、MP 等模态验证指标

模态阶数	模态频率 /Hz	X 向激励 MOV(%)	Y 向激励 MOV(%)	Z 向激励 MOV(%)	MPC(%)	MPD/(°)	X 向激励 MP(%)	Y 向激励 MP(%)	Z 向激励 MP(%)
1	31.1	81.8	74.6	85.9	86.4	23.6	10.3	100	6.3
2	32.8	87.6	73.3	87.9	85.2	19.7	58.5	100	99.9
3	35.3	90.7	81.1	85.0	79.2	14.6	100	19.0	25.9
4	39.5	74.7	76.5	76.3	76.3	11.6	16.5	26.7	100
5	53.7	91.4	93.1	93.0	93.7	16.4	3.9	100	41.8
6	54.2	94.5	92.1	94.8	93.2	16.4	100	64.2	23.3
7	61.2	83.5	79.8	84.7	78.8	22.9	100	9.6	89.0
8	80.1	79.5	80.7	79.7	96.0	14.5	6.9	100	10.0
9	95.2	91.6	91.5	89.3	93.4	17.2	9.5	100	20.2
10	99.7	83.1	82.1	83.1	90.5	18.8	100	20.4	41.6

6.4.2 锤击法声响应结构模态试验

对于汽车的一些小型零部件结构模态，锤击法是一种好的选择，它不会对小型结构产生附加载荷。通过对结构不同位置的多次锤击，也能实现多点激励多点响应，前提是加速度计要遍布响应测点。这对轻质结构（如车门板件、空气滤清器壳体塑料件等）的试验带来了附加质量的问题。若是采用移动加速度计的分批测量，则会破坏模态试验的时不变性前提，这可能会导致对称结构如制动盘的重根模态识别的遗漏。

模态试验是基于频率响应函数的测量，而能够体现结构动态特性的频率响应函数可以有多种形式，只要能够有效激励起结构并测量出响应。除了通常采用的力激励加速度响应（g/N），还可用体积加速度声激励加速度响应的形式，其量纲为（m/s^2）/（m^3/s^2）。根据声-振互易性原理，声激励加速度响应与力激励声压响应有如下关系：

$$\frac{p_{ai}}{f_{sj}} = -\frac{a_{sj}}{\dot{q}_{ai}} \tag{6-40}$$

式中，f_{sj} 是结构上 j 点的力激励；p_{ai} 是空气中 i 点的声压响应；$\dot{q}_{ai}$ 是空气中 i 点的体积加速度声激励；a_{sj} 是结构上 j 点的加速度响应。

根据式（6-40），频率响应函数的测量可以转换成力激励声压响应的形式，类似于脉冲响应，其物理意义为当结构受到脉冲力激励后，辐射的声压响应与其振动响应相对应。由多点激励和多个传声器响应可获得相应整个结构的频率响应函数矩阵进行模态的整体识别。这其中涉及了声-振耦合作用，该声-振耦合振动微分方程解的左特征向量包含了结构的模态频率及模态振型信息，体现在测量的频率响应函数矩阵中：

$$\frac{p_{ai}}{f_{sj}} = \sum_{h=1}^{m+n} \left(\frac{\lambda_h \boldsymbol{\phi}_{ahi}^r \boldsymbol{\phi}_{shj}^l}{-\lambda_h + \mathrm{i}\omega} + \frac{(\lambda_h \boldsymbol{\phi}_{ahi}^r \boldsymbol{\phi}_{shj}^l)^*}{-\lambda_h^* + \mathrm{i}\omega} \right) \tag{6-41}$$

式中，$\boldsymbol{\phi}_{shj}^l$ 表示结构上 j 点第 h 阶模态振型向量（由左特征向量得到）；$\boldsymbol{\phi}_{ahi}^r$ 表示空气中 i 点第 h 阶模态振型向量（由右特征向量得到）；m 是响应自由度数，n 是激励自由度数。

以一个汽车制动盘为例进行声响应模态试验，制动盘为对称结构，加速度响应若布置不

当，会造成模态的遗漏。制动盘由软垫支承以近似自由-自由状态，采取移动力锤激励方式多点激励制动盘，声响应信号由三个固定位置的自由场传声器采集（图6-32），传声器靠近制动盘以获得较高的信噪比。制动盘刚度较大，选取钢制锤头进行激励，激励力和声响应信号分别加力窗和指数窗以减少能量泄漏。每个激励点敲击5次进行频率响应函数平均，频率分辨率设为0.25Hz。由于传声器采集声响应易受到外界干扰，采用 H_1 估计频率响应函数。模态参数识别采用同样的最小二乘复指数（LSCE）法结合最小二乘频域（LSFD）法。

由于制动盘为对称结构，其存在相同或接近频率下不同振型的重根模态。图6-33所示为分别采用声响应和加速度响应测量得到的前两阶模态的频率响应函数。可以看到，声响应测量的频率响应函数只显示了一个峰值，通过模态识别得到了1072Hz和1073Hz两阶重根模态，对应的模态振型如图6-34所示。而加速度响应测量得到的频率响应函数由于受到加速度计布置方式造成的附加质量影响，峰值频率有所降低，并且出现了两个峰值，模态识别得到的模态频率分别为1064Hz和1070Hz。对于重根模态来说，其模态频率应是相同或十分接近的，因此，声响应测量得到的频率响应函数能够更准确地识别此类模态。

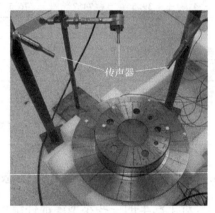

图6-32　制动盘声响应模态试验设置

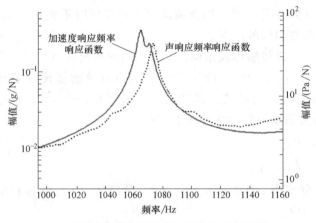

图6-33　声响应和加速度响应测量得到的前两阶模态的频率响应函数

图6-34　第1、2阶模态振型

声响应模态试验应选择在较安静的环境下进行，多个传声器尽量布置在激励点的同侧并靠近结构以提高声响应测量的信噪比。声响应模态试验适用于对附加质量敏感的轻质结构以及几何形状对称的结构。由于其基于声-振耦合特性及互易性原理，结构的表面积越大，如车门板件，试验效果越好。

6.5　汽车工作模态分析

经典的模态试验方法，是基于在实验室内进行试验，对结构施加人为的动力激励并进行频率响应函数（FRF）测量。然而，结构承受的真实载荷，与其在实验室试验中施加的激励之间，常常有很大的差别。如装配好的整车车身在道路不平激励下的状态与实验室内激振器激励的白车身在质量、载荷位置、约束状态等方面都有很大差别，这直接影响到车身的模态参数。实验室内白车身模态试验的主要目的是校核结构的CAE模型，工作模态试验的目的在于分析车身实际工作状态中在真实载荷与约束下的模态参数。

理论上，如果在工作状态下，输入力可以被测量出来，那么，传统的以FRF测量为基础的模态分析技术就可以被采用。然而，汽车在实际工作状态下的激励，典型的如道路不平载荷，通常难以测量。在这种场合，工作状态下的响应数据常常是唯一可供利用的数据。因此，工作模态分析是一种在无法获取有效激励，或者难以测量有效激励信号的前提下，通过获得自然激励或者工作状态下的响应信号，进行的结构模态参数的识别方法。工作模态参数识别方法是基于响应信号的时域或频域参数识别法和联合时频域分析法。

6.5.1 工作模态分析理论

工作模态分析方法相对于传统模态参数识别方法的不同在于，一是利用自然激励，如道路对车辆的激励；二是仅根据系统的响应数据就可进行结构的模态参数识别。工作模态的参数识别方法仍然以传统模态参数识别方法为基础，通常将环境激励信号简化为各态历经过程，建立待识别结构的数学模型，通过求解模型目标函数识别结构的模态参数。目前常用的工作模态分析方法包括峰值拾取法、PolyMax法、随机减量法、自然激励技术（NExT）LSCE法、时间序列法、随机子空间法、小波变换等。根据模态参数识别是在频域内进行还是在时域内进行，可以将上述方法分为频域模态参数识别法和时域模态参数识别法。表6-6列出了各种方法的特点。这些识别方法中，峰值拾取法仅适用于实模态或比例阻尼结构，仅在土木工程领域得到应用。时间序列法在船舶、桥梁等结构中得到了一些应用。时频分析法适用于非平稳激励下的结构，目前该方法还不能识别密集模态、阻尼比以及激励中的周期信号。在这里介绍自然激励技术（NexT）LSCE法和PolyMax法这两种适用于汽车工作模态的识别方法。

表6-6 工作模态参数识别方法比较

模态参数识别方法		适合系统	激励信号	识别能力	参数识别效果
频域方法	峰值拾取法	线性结构	白噪声	不能识别密集模态和阻尼比	适用实模态或比例阻尼结构，计算迅速容易
	PolyMax法	线性结构	白噪声	可识别频率和阻尼比	计算速度快，辨识精度高，有抗干扰能力
时域方法	随机减量法	线性结构	白噪声	可识别频率和阻尼比	分辨率较高，计算工作量大
	自然激励技术（NexT）LSCE法	线性结构	白噪声弱平稳随机激励	可识别频率和阻尼比	识别参数时可采用各种传统方法，精度与相关公式有关，还与数据平均次数有关
	时间序列法	线性结构	白噪声	可识别频率和阻尼比	难度和计算工作量大，分辨率高，无能量泄漏，抗噪性较强
	随机子空间法	线性结构	白噪声平稳激励	可识别频率和阻尼比	矩阵选取、虚假模态识别等问题有待解决

（续）

模态参数识别方法		适合系统	激励信号	识别能力	参数识别效果
时频域联合法	小波变换	线性结构	非平稳激励	不能识别密集模态和阻尼比以及激励中的周期信号	激励信号频带较宽，频率和振型识别精度较高

1. 自然激励技术（NexT）LSCE 法

自然激励技术（natural excitation technique，NexT）是一种利用环境激励获得脉冲响应的有效方法，解决了以系统脉冲响应作为输入的模态参数识别方法的应用限制问题。美国 SADIA 国家实验室的 James 等人证明了对于 n 自由度线性时不变黏性阻尼系统，在激励近似满足高斯白噪声的条件下，结构中两点位移响应的相关函数表达式与脉冲响应函数形式相似，都能表示成一系列衰减正弦函数的和，固有频率和阻尼比同结构各阶模态相对应，振型向量的位置也相同。求得互相关函数后，可运用时域模态识别方法 LSCE 识别出系统的模态参数。该方法广泛运用于飞机、汽车和汽轮机等方面的工作模态参数识别。

工作模态分析的 LSCE 法是用结构上两点响应的互相关函数代替脉冲响应函数，从时域互相关函数中识别出模态参数。选取若干响应点作为参考信号，响应点信号与参考点信号形成的互相关函数表达式与传统模态分析的脉冲响应函数形式相似，因此，式（4-13）可以转变为

$$R_k = \sum_{r=1}^{N_p} (\boldsymbol{\psi}_r \lambda_r^k \boldsymbol{L}_r^{\mathrm{T}} + \boldsymbol{\psi}_r^* \lambda_r^{*k} \boldsymbol{L}_r^{*\mathrm{T}}) \tag{6-42}$$

式中，R_k 是代替脉冲响应函数的互相关函数；N_p 是系统的总模态阶数；$\boldsymbol{\psi}_r$ 是响应点列向量；$\boldsymbol{L}_r$ 是 N_{ref} 个参考点元素的列向量；$\lambda_r = \mathrm{e}^{\mu_r \Delta t}$，其中 Δt 为采样时间间隔。

同样，该函数可表示为复指数函数的和，可构造一个线性有限差分多项式来确定未知参数，并用来求解 λ_r 和 $\boldsymbol{L}_r$：

$$\boldsymbol{L}_r^{\mathrm{T}}(\lambda_r^k \boldsymbol{I} + \lambda_r^{k-1} \boldsymbol{F}_1 + \cdots + \lambda_r^{k-i} \boldsymbol{F}_i) = 0 \tag{6-43}$$

式中，$\boldsymbol{F}_1$，$\cdots$，$\boldsymbol{F}_i$ 是 $N_{\mathrm{ref}} \times N_{\mathrm{ref}}$ 阶的系数方阵。

由于系数矩阵未知，式（6-43）是无法直接求解的。然而由于相关函数是复指数有限差分方程式（6-43）的特征解的线性组合，因此，相关函数应满足

$$R_k \boldsymbol{I} + R_{k-1} \boldsymbol{F}_1 + \cdots + R_{k-i} \boldsymbol{F}_i = 0 \tag{6-44}$$

式（6-44）包含了全部响应点的信息数据，可利用最小二乘法求解系数矩阵 $\boldsymbol{F}_1$，$\cdots$，$\boldsymbol{F}_i$。一旦系数矩阵确定后，式（6-43）就能重新转化为求解广义特征值 λ_r 的问题，进而求出系统的极点 μ_r、阻尼和相应的特征向量。

多参考 LSCE 法不能得到模态振型。因此作为第二步，需利用已识别的模态频率和阻尼比来萃取模态振型。LSCE 法通过拟合响应点和参考点间的互功率谱，用作参考的关系式为

$$x_{mn}(\mathrm{j}\omega) = \sum_{r=1}^{N_p} \left(\frac{A_r^{mn}}{\mathrm{j}\omega - \mu_r} + \frac{A_r^{mn*}}{\mathrm{j}\omega - \mu_r^*} + \frac{B_r^{mn}}{-\mathrm{j}\omega - \mu_r} + \frac{B_r^{mn*}}{-\mathrm{j}\omega - \mu_r^*} \right) \tag{6-45}$$

式中，$x_{mn}(\mathrm{j}\omega)$ 是在第 m 个响应点与第 n 个参考点间的互功率谱密度函数。

由模态理论可知，留数 A_r 或 B_r 反映各阶振型对系统响应的贡献。因此，辨识振型即是对留数的拟合问题。在式（6-45）中，留数 A_r^{mn} 与模态振型 $\boldsymbol{\psi}_r$ 的第 m 行的元素成正比；留

数 B_r^{mn} 则与模态振型 $\boldsymbol{\psi}_r$ 的第 n 行的元素成正比。因此，通过拟合在所有响应点与参考点间的互功率谱的数据，就可以获得系统的全部模态振型。

这种功率谱拟合步骤的优点在于，在时域参数萃取流程中不需要包括所有响应，而大量响应点的模态振型则容易通过顺序拟合功率谱的处理得到。另外，可以通过将真实试验数据与人工的综合数据重叠在一起进行图形的品质检验。与模态的 FRF 综合相比较，由式（6-45）可看出，正确的综合应当包括两个 $j\omega$ 函数的附加项，而互功率谱假定是以 FFT 和分段平均为基础得到的估计。如果 $x_{mn}(j\omega)$ 不是用 FFT 和分段平均途径求得的，而是通过响应点和参考点间的相关函数进行 FFT 得到的，那么式（6-45）的后面两项可以忽略。

2. PolyMax 法

PolyMax 法是原比利时 LMS 国际公司（现西门子公司）提出的一种创新的模态参数识别方法，也称为多参考最小二乘复频域（LSCF）法。它采用离散时间频域模型，使用快速递推运算技巧，具有较好的抗干扰能力。

PolyMax 法在总体思路上与多参考 LSCE 法相似，只是 LSCE 法是以时域的脉冲响应函数 $\boldsymbol{h}(t)$ 作为拟合函数，而 PolyMax 法则是以频率响应函数矩阵 $\boldsymbol{H}(\omega)$ 作为拟合函数，用于工作模态分析时，使用多参考互功率谱矩阵代替频率响应函数矩阵作为拟合函数。

拟合过程采用一种称为"矩阵分式"的数学模型：

$$[\boldsymbol{H}(\omega)]_{l\times m}=[\boldsymbol{B}(\omega)]_{l\times m}[\boldsymbol{A}(\omega)]_{m\times m}^{-1} \tag{6-46}$$

式中，m 是参考通道总数；l 是输出（响应）参考通道总数。

令

$$\boldsymbol{B}(\omega)=\sum_{r=0}^{p}Z^r\boldsymbol{\beta}_r,\quad \boldsymbol{A}(\omega)=\sum_{r=0}^{p}Z^r\boldsymbol{\alpha}_r,\quad Z=\mathrm{e}^{-j\omega\Delta t}$$

式中，$\boldsymbol{\beta}_r$ 是分子矩阵多项式系数；$\boldsymbol{\alpha}_r$ 是分母矩阵多项式系数；p 是数学模型的设定阶次；Z 是多项式基函数；Δt 是时域数据的取样间隔。

对于任意频率 ω_k，由实测的互功率谱矩阵 $\hat{\boldsymbol{H}}(\omega_k)$，列出方程组（6-46）；取不同的频率，列出足够数量（超定）的方程，便可通过最小二乘估计求得待定的分子和分母矩阵多项式系数 $\boldsymbol{\beta}_r$、$\boldsymbol{\alpha}_r$（$r=0,1,\cdots,p$）。这便是 PolyMax 法第一步的目标。

一般设定 $\boldsymbol{\alpha}_r$、$\boldsymbol{\beta}_r$ 各元素均为实值系数，设定它们为复数也是可以的。由于 $\boldsymbol{\alpha}_r$ 出现在方程的分母上，是非线性参数识别问题。但进行一定的线性化处理后，可变为线性最小二乘估计问题。

该方法的第二步，是在求得分母矩阵多项式系数 $\boldsymbol{\alpha}_r$（$r=0,1,\cdots,p-1$，给定 $\boldsymbol{\alpha}_p=\boldsymbol{I}$）的基础上，构建其扩展的友（companion）矩阵，对友矩阵做特征值分解，得到系统的极点和模态参与因子：

$$\begin{pmatrix} \boldsymbol{O} & \boldsymbol{I} & \cdots & \boldsymbol{O} & \boldsymbol{O} \\ \boldsymbol{O} & \boldsymbol{O} & \cdots & \boldsymbol{O} & \boldsymbol{O} \\ \vdots & \vdots & & \vdots & \vdots \\ \boldsymbol{O} & \boldsymbol{O} & \cdots & \boldsymbol{O} & \boldsymbol{I} \\ -(\boldsymbol{\alpha}_0)^{\mathrm{T}} & -(\boldsymbol{\alpha}_1)^{\mathrm{T}} & \cdots & -(\boldsymbol{\alpha}_{p-2})^{\mathrm{T}} & -(\boldsymbol{\alpha}_{p-1})^{\mathrm{T}} \end{pmatrix}\boldsymbol{V}=\boldsymbol{V}\boldsymbol{\Lambda} \tag{6-47}$$

式中，$\boldsymbol{\Lambda}$ 是友矩阵的特征值矩阵（对角阵），其对角线元素（特征值）$\lambda_i(i=1,\cdots,mp)$ 与系统极点 p_i，p_i^*（总是以共轭复数形式成对出现）之间存在如下关系：

$$\lambda_i = e^{-p_i \Delta t} \text{ 或 } \lambda_i = e^{-p_i^* \Delta t} \tag{6-48a}$$

$$p_i, p_i^* = -\sigma_i \pm j\omega_{di} \tag{6-48b}$$

而模态阻尼比为

$$\zeta_i = \frac{\sigma_i}{\omega_i} = \frac{\sigma_i}{\sqrt{\sigma_i^2 + \omega_{di}^2}} \tag{6-49}$$

式中，ω_i 是无阻尼固有频率；ω_{di} 是有阻尼固有频率。

由特征值分解得到的特征向量矩阵 $\mathbf{V}_{mp \times mp}$，取其最下面的 m 行，构成的子矩阵就是模态参与因子矩阵 $\mathbf{L}_{m \times mp}$，其每一列向量 $\mathbf{l}_i$ 代表了各个输入对响应模态的比例贡献。

仿照 LSCE 方法，在个别或求和的互功率谱曲线上建立稳态图。即取不同的模型阶次 p，计算出相应的极点和模态参与因子，如果某阶固有频率、阻尼比和模态参与因子在设定的容差范围内不随 p 的取值不同而变化，就在稳态图相应频率处注上符号 "s"。用 PolyMax 方法得到的稳态图远比用其他方法得到的稳态图更加清晰可靠，因此很容易区分物理模态和虚假模态（噪声模态），筛选出定阶的 N 个物理模态的极点和参与因子。

理论上可以将求得的所有矩阵多项式系数 $\boldsymbol{\beta}_r$ 和 $\boldsymbol{\alpha}_r$ 代入式（6-46）后，再通过数学分析求出模态振型。但 PolyMax 采用一种较简便的方法，即采用最小二乘频域（LSFD）法求模态振型，其拟合函数为

$$\mathbf{H}(\omega) = \sum_{i=1}^{N} \left[\frac{\boldsymbol{\psi}_i \mathbf{l}_i^T}{j\omega - p_i} + \frac{\boldsymbol{\psi}_i^* \mathbf{l}_i^H}{j\omega - p_i^*} \right] - \frac{\mathbf{LR}}{\omega^2} + \mathbf{UR} \tag{6-50}$$

式中，$\mathbf{H}(\omega)$ 是测量的互功率谱矩阵；$\boldsymbol{\psi}_i$ 是待求的第 i 阶模态振型列向量；$\mathbf{l}_i^T$ 是模态参与因子行向量；$\mathbf{l}_i^H$ 是 $\mathbf{l}_i$ 的共轭转置；$\mathbf{LR}$、$\mathbf{UR}$ 是分析频带带外模态影响的下残余项和上残余项矩阵。

由于极点 p_i 和模态参与因子向量 $\mathbf{l}_i^H$ 先已求出，故可按不同的取样频率由测量的互功率谱矩阵 $\mathbf{H}(\omega)$ 列出式（6-49），然后通过线性最小二乘估计求未知的模态振型 $\boldsymbol{\psi}_i$（$i = 1, \cdots, N$），以及上、下残余项矩阵 $\mathbf{LR}$ 和 $\mathbf{UR}$ 的取值。

PolyMax 法在大阻尼、密集模态情况下，仍可获得非常清晰的稳态图，从而很容易实现物理模态定阶，结果的客观性更好。

6.5.2　整车车身工作模态试验

整车在道路不平激励下容易出现车内振动噪声问题，路面激励通过轮胎、悬架传递至车身，在这种工作状态下的车身激励位置及边界条件与进行白车身模态试验时有很大差别。工作模态分析能够识别出车身在工作状态下的模态参数，其结果更加符合车身真实的运行状况，同时不需要采集激励信号也能够实现试验过程的简化和快速性。

工作模态试验的硬件系统与传统模态试验稍有不同。由于只根据响应信号进行模态参数识别，也就无需激励力信号的测量，少了力传感器的使用。同时，采用实际工作下的激励，无需人工激励装置。而像整车道路不平激励也可在实验室内采用电液伺服振动台模拟实现。工作模态试验的数据采集硬件与传统模态试验相同，而模态参数识别需要专门的软件，如

LMS Test. Lab。整车车身工作模态试验就是在振动台上对整车四轮输入路面谱激励，模拟试验车辆在整备状态下的实际运行情况，通过测量布置于车身的加速度响应信号，使用工作模态参数识别方法识别出车身工作模态。图 6-35 所示为整车工作模态的支承方式，四轮接地，不增加其他约束。

电液式振动台是电控液压振动模式，电子伺服控制系统通过油压使传动装置产生振动。这种振动台能产生很大的激振力和位移，如激振力可高达 10^4kN，位移可达 2.5m，而且在很低的频率下能够得到很大的激振力，能很好地模拟路面不平时低频激励大、高频激励小的特性。进行工作模态试验时，选用经过迭代的典型路面谱驱动信号对车轮进行激励。由于整车具有一部分薄壁的构件，试验中要注意控制激励的振幅不至于过大，否则整车振动的非线性影响会变得严重。试验中路面谱激励信号的功

图 6-35　整车工作模态的支承方式

率谱密度如图 6-36 所示，可以看到，路面激励能量随着频率升高而有所降低，有着粉红噪声信号的特征，而不是传统模态试验激励的随机白噪声信号。

响应点的布置同样遵循传统模态试验的原则，要清楚全面地反映车身的振型变化特点，图 6-37 所示为车身响应点及参考点的布置情况，同时，在响应点中选取 2 个参考点以计算模态参数识别所需的互相关函数或互功率谱。

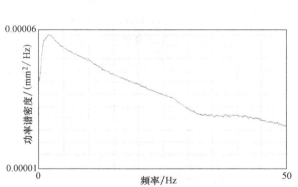

图 6-36　路面谱激励信号的功率谱密度

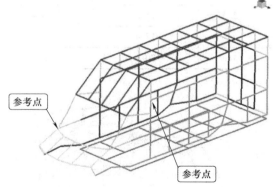

图 6-37　车身响应点及参考点的布置情况

利用振动台模拟道路激励的好处是可以无限时长地激励整车，这给测量过程中的多次平均带来便利，能更好地消除测量中的随机误差。经过 30 次平均测量得到的所有响应点与参考点的互功率谱，在这里采用 PolyMax 法进行模态参数识别，同样也通过稳态图来选取可能的模态参数，从而获得模态频率、阻尼比和模态振型。

PolyMax 法的基本原理就是用拟合的互功率谱函数去逼近实测得到的互功率谱函数。逼近的过程通过迭代运算来实现，参与迭代的参数就是模态参数（模态频率、阻尼比、模态参与因子、留数）以及所选频带内的模态阶数估计值 N。当给定的初值在经过若干次迭代

后，利用这些参数拟合得到的互谱函数与实测互谱函数的误差在一定范围内时（这个误差范围选择要依据对模态参数估计精度的实际需要），就将最后一次迭代得到的模态参数输出，作为对系统模态参数的估计值。车身所有响应点总互功率谱稳态图如图 6-38 所示，从中识别出前 5 阶模态参数（表 6-7 和图 6-39），参数识别过程中同样可以辅助以模态指示函数 MIF 或 CMIF 来帮助确定真实模态。

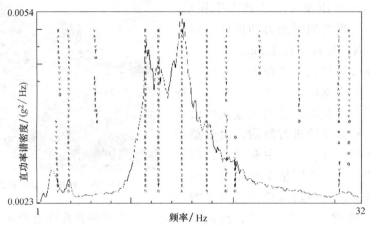

图 6-38　车身所有响应点总互功率谱稳态图

表 6-7　车身工作模态参数

阶数	模态频率/Hz	模态阻尼比(%)	模态振型描述
1	2.6	7.5	车身侧向一阶弯曲
2	11.4	4.5	左车身一阶弯曲,顶棚一阶弯曲,地板一阶扭转
3	15.2	0.4	左右车身同向振动,顶棚局部模态
4	17.4	0.9	左右车身反向振动,顶棚、地板一阶弯曲
5	20.1	0.1	发动机盖局部模态

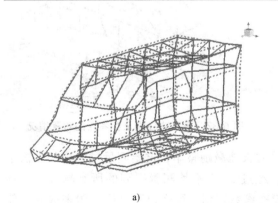
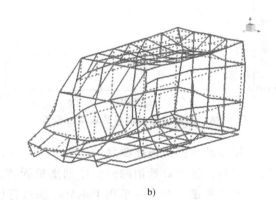

a)　　　　　　　　　　　　　　　　　b)

图 6-39　车身工作模态振型

a）第 2 阶　b）第 3 阶

　　工作模态参数识别后同样要进行模态验证以保证识别的准确性。在这里列出了前 5 阶工作模态参数的 MAC 值（表 6-8）。可以看到，第 2 阶和第 3 阶模态的 MAC 值较大，达到

39.8%，分析其振型可以看出，车身左侧、顶棚的振型较为相似，而右车身和地板的振型有很大的区别，因此这两阶模态是确实存在的。而 MAC 值偏大强烈表明试验设置破坏了可观测性的假设：传感器数量不足或安装位置不当致使产生了两个相似模态。这是由于试验中车身布置的响应点较为松散，如果布置更多更精确的测点或者更好地保证各测点安装位置恰当，则各个模态的振型能够更好地区分开，相应模态之间的 MAC 值也会随之降低。

表 6-8 前 5 阶工作模态参数的 MAC 值 （%）

	第 1 阶	第 2 阶	第 3 阶	第 4 阶	第 5 阶
第 1 阶	100	1.477	10.494	4.271	4.300
第 2 阶	1.477	100	39.820	8.547	16.157
第 3 阶	10.494	39.820	100	19.604	24.655
第 4 阶	4.271	8.547	19.604	100	5.797
第 5 阶	4.300	16.157	24.655	5.797	100

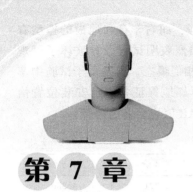

第 7 章

整车振动与噪声试验技术

整车运行时,动力系统(如发动机及相应的进排气系统,或驱动电机加减速器)、传动系统、路面激励等都会产生动态作用力,直接或间接传到车身,引起车身振动,并通过结构辐射噪声到车内。车内这样产生的噪声称为结构噪声(structure-borne noise),其主要频率范围一般是从几十赫兹到几百赫兹。与结构噪声相对应的空气传播噪声(airborne noise)是指动力系统与轮胎直接辐射出的噪声以及高速行驶时的风噪通过车身透射到车内,其主要频率范围一般从几百赫兹到几千赫兹甚至更高。

分析整车结构噪声和空气噪声问题可以用源-路径-接受体这个模型。振动与噪声在源头产生,通过传递路径(振动源与车体连接点到车内的传递关系,噪声源到车内的传递关系)传递到人体(车内振动或噪声)。该模型用于分析所有传递到车内的振动噪声源以及相应的传递路径特征,形成了整车振动噪声的传递路径分析方法。利用该方法,还可对车外通过噪声的声源贡献进行分析。

车身板件振动辐射出的噪声与振速相关,分析此类问题需要采用板件贡献分析方法以帮助工程师判断在合适的位置进行板件刚度及阻尼的控制。传递路径分析、车外通过噪声分析以及板件贡献分析都属于振动噪声源贡献量化分析技术。

另外,车内封闭空间存在空腔声学模态,有模态频率和振型,可能与结构模态重合,产生声-固耦合效应,加剧共振作用,使车内噪声恶化。因此,车内声学模态分析在整车振动噪声研究中也十分重要。此外,发动机舱盖、车内防火墙以及壁板上铺设的内饰声学包装与座椅表面及填充材料对空气噪声的隔绝和吸收有着重要作用,其吸隔声性能采用隔声量进行评判。本章将针对整车传递路径分析、板件贡献分析、车外通过噪声贡献分析、车内声学模态分析以及整车隔声量分析做详细介绍。

7.1 整车传递路径分析

传递路径分析(transfer path analysis,TPA)是汽车振动噪声工程分析和科学研究的一种方法,它的基本思想来源于线性系统的思想。在研究汽车振动与噪声问题时,可将整车用"源-路径-接受体"(source-path-receiver)来表示,通过计算每个源通过各条路径施加到接受体上的响应，将这些响应叠加可获得所有源通过所有路径传递到接受体上的总响应。这便是传递路径分析的基本思想。若已知源的输入和路径的特征，该模型便可将复杂的振动噪声问题转化为简单的数学量化计算。这一方法可以有效地识别噪声源，找出关键的路径，可给整车减振降噪带来很大的好处。

7.1.1 传递路径分析的基本原理

图 7-1 所示为一个简化的汽车传递路径分析模型。图中实线箭头部分为振动源（如发动机振动）或噪声源（发动机表面辐射噪声、轮胎噪声等），虚线箭头部分为路径，虚线弧线为接受体响应的表现形式，它可以是振动（地板、转向盘），也可以是声音（驾驶人右耳等）。

汽车在实际行驶工况下，振动噪声源有许多种，如路面不平度、发动机燃烧产生的振动和噪声、排气噪声等。这些源的激励会通过一些结构或者空气媒介传递到车内，对汽车乘坐室内产生一定的振动或噪声的响应，直接影响到驾驶人以及乘员的乘坐舒适性。在汽车的NVH 特性分析中，汽车主要的振动源和噪声源及其传递过程如图 7-2 所示。

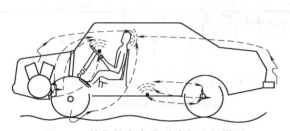

图 7-1 简化的汽车传递路径分析模型

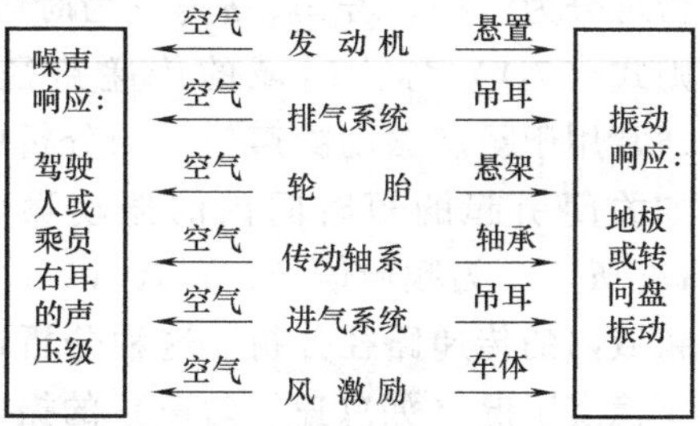

图 7-2 汽车主要的振动源和噪声源及其传递过程

由图 7-2 可知，激励可通过不同的路径作用于整车系统。例如，发动机燃烧产生的振动可以通过发动机悬置传递到车身，引起车身板件的振动，进而辐射出噪声。发动机对车内的这一作用称为振动激励，其传递过程称为结构传播。一般轿车的发动机悬置有 3 个或者 4 个，比较大型的货车或客车悬置可能达到 5 个。每个悬置考虑 x、y、z 三个平动自由度的激励，忽略转动自由度的激励，此时，发动机的振动就可能通过 9~15 个路径对车内振动或声学响应进行贡献。此外，发动机产生的燃烧噪声或机械噪声还可能通过表面振动（发动机缸盖罩振动、油底壳表面振动、缸体表面振动等）辐射到空气中，通过空气媒介传递到车内引起声学响应或振动响应，这一作用称为声学激励，其传递过程称为空气传播。发动机产生的声学激励也可以通过多个路径进行传递，通常考虑发动机前面、后面、上面、下面、左面和右面六条路径。因此对于汽车振动噪声车内总响应而言，其所有激励和传递路径如图 7-3 所示。当然，实际的激励源和传递路径与汽车的行驶工况有关，如在怠速工况则轮胎振动激励不存在。因此，简化模型时需要根据研究的车况来进行。

在图 7-3 中，所有的源都可以看作是线性系统的输入，而每一条传递路径特征可看作是对应的传递函数来代替。假设汽车系统有 m 个输入，而每个输入都有 n 条路径，则总响应为

$$y = \sum_{i=1}^{m} \sum_{j=1}^{n} x_{ij} h_{ij} \qquad (7\text{-}1)$$

式中，x_{ij} 是第 i 个激励在第 j 条路径上的输入，$i = 1, 2, \cdots, m$，$j = 1, 2, \cdots, n$；h_{ij} 是第 i 个激励在第 j 条路径输入的传递函数，$i = 1, 2, \cdots, m$，$j = 1, 2, \cdots, n$，y 是系统总的输出。

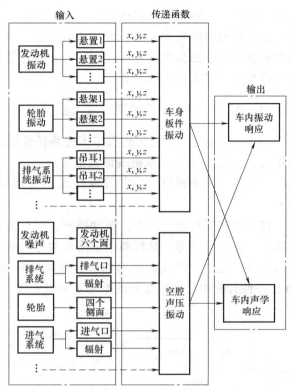

图 7-3　汽车振动噪声车内总响应的激励及对应的传递路径

通过式（7-1），可以在已知激励力以及各个路径传递函数的情况下计算出总的输出响应。同时，可以通过比较各个路径产生的贡献量找出主要的振动噪声源和关键传递路径，为改进汽车振动噪声性能找出有效的措施。

根据信号分析所在的域，传递路径分析可分为两种。若 x_{ij}、h_{ij}、y 为时域信号，则式（7-1）称为时域的传递路径分析，通常用于瞬态振动噪声信号的分析中，例如关门引起的短时间内的振动噪声。若 x_{ij}、h_{ij}、y 为频域信号，则式（7-1）称为频域内的传递路径分析。这种分析通常用于稳态工况（如怠速、匀速）的振动噪声分析，并可以用于转速跟踪或者阶次跟踪的分析中，是目前应用比较广泛的传递路径分析。

根据激励源数量和性质的不同，传递路径分析又可分为单参考和多参考两类。当激励源只有一个或有多个完全相干的激励源，车内振动噪声响应有着固定的相位关系，仅反映出一个完全相干的振动噪声源时，属于单参考传递路径分析。发动机及进排气振动噪声就属于典型的单参考分析，因为这些激励都源自发动机，它们之间完全相干，分析时只需以发动机的转速或振动作为相位参考。若多个激励源之间存在部分相干，此时车内振动噪声响应无固定相位关系，反映出多个独立的振动噪声源时，就属于多参考分析。典型的多参考传递路径分析问题是路噪，汽车四轮传递的激励力之间部分相干，需要有多个参考信号（如轴头上的振动），并且还需采用主分量分析技术将部分相干的激励进行分解。

需要指出的是，传递路径分析延续了普通的线性思想，但又不同于一般的线性现象。因为在输入激励为带有相位的频谱时，传递路径分析可以实现矢量的叠加，即不仅考虑幅值的大小还考虑方向。矢量叠加如图7-4所示，矢量 $y = x_1 + x_2 + x_3 + x_4$。若只考虑幅值，则各个分量对 y 的贡献排序为 $x_4 > x_3 > x_1 > x_2$。然而，考虑分量的方向后的排序却与此不同。可将 x_1、x_2、x_3、x_4 往 y 的方向上投影分别得到 x_{1y}、x_{2y}、x_{3y}、x_{4y}。这样，就可以把矢量的叠加转换成简单的线性叠加。x_{1y}、x_{2y}、x_{3y} 的方向与 y 一致，因此加和时符号取"+"，而 x_{4y} 的方向与 y 相反，因此加和时符号取"−"。换言之，x_{1y}、x_{2y}、x_{3y} 对 y 起增强作用而 x_{4y} 对 y 起削弱作用。因此，x_1、x_2、x_3、x_4 对 y 的贡献排序应为 $x_3 > x_1 > x_2 > x_4$。

考虑矢量叠加的传递路径分析能更准确地识别主要的激励源以及关键的贡献路径。若只比较信号的幅值，根据分析结果提出的减振降噪措施可能失效甚至起到相反的效果。例如，认为图7-4中的 x_4 为主要的贡献量，采用措施后将其作用削弱，不仅不能使总响应 y 减小，反而使其增加，如图7-5所示。

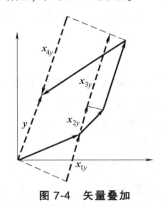

图 7-4　矢量叠加

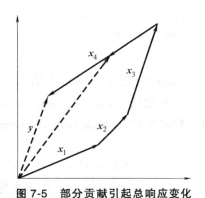

图 7-5　部分贡献引起总响应变化

7.1.2　结构声传递路径

车内振动响应都由结构振动路径传递，而噪声响应包含了结构声和空气声。即

$$p_{sum} = p_{stru} + p_{air} \tag{7-2}$$

式中，p_{sum}、p_{stru} 和 p_{air} 分别为总响应、结构声和空气声，通常是声压。

需要分别对其结构路径和空气路径进行分析。

1. 结构声响应

在结构声传递路径中，系统通常可以分为主动方、被动方以及连接主动方和被动方的元件。振动激励输入所在的一方称为主动方，系统响应所在的一方称为被动方，而两者之间的连接元件称为耦合元件。发动机产生振动，可将其定义为主动方。由发动机激励产生的车内地板或转向盘的振动和乘坐室空腔的声学响应都在车身，因此可将车身定义为被动方。发动机和车身之间的悬置就是耦合元件。类似地，排气管抖动引起车身板件的振动以及乘坐室的声学响应，可将排气管定义为主动方，车身定义为被动方，两者之间的吊耳即为耦合元件。在分析结构路径中，主动方具体可表现为发动机的振动、排气管的抖动、路面不平度引起的轮胎跳动、传动轴系的振动等，被动方一般为车内地板的振动、转向盘的振动、驾驶人或乘员右耳的声压级，耦合元件可以是铰链、轴承、橡胶件等。

主动方产生激励通过耦合元件作用到被动方。假设系统响应为驾驶人右耳的声压 p，系统共有 m 个耦合点，每个耦合点考虑 x、y、z 三个平动自由度，则主动方的振动共有 $3m$ 条传递路径。对于单一激励输入的系统，响应可以写成：

$$p_i(f) = H_i(f) F_i(f) \tag{7-3}$$

式中，$F_i(f)$ 是输入的激励力谱；$H_i(f)$ 是声-振传递函数。

结构传递的总响应可以认为是各条路径的叠加，即

$$p_{stru}(f) = \sum_{i=1}^{3m} H_i(f) F_i(f) \tag{7-4}$$

在传递路径分析中，首先需要根据不同性质的问题以及不同的分析精度，明确所需分析的耦合点（激励点）。例如，急速工况的分析只需考虑发动机悬置的耦合点、排气系统的耦合点和进气系统的耦合点。若在加速的行驶工况，则还需要考虑轮胎在车轴的耦合和传动系统与车身之间的耦合。在明确所需分析的激励点后，只要测定激励力以及传递函数，便可实现相关的源识别和贡献分析。

2. 激励力获取

结构声传递路径分析中，激励力的识别方法主要有直接测量法（directly measurement method）、动态复刚度法（complex dynamic stiffness method）、矩阵求逆法（matrix inversion method）、单路径求逆法（single path inversion method）和激励点反演法（driving point inversion method）。其中，后四种方法都属于激励力的间接测量方法。

（1）直接测量法　直接测量法是指在耦合点处直接安装力传感器测量被动方在耦合位置所受的激励力。在实际操作中，常用事先标定过的弹簧减振器来代替力传感器，激励力用测量到的弹簧相对位移来表示。直接测量法原理简单，但实际中的可操作性并不强。因为力传感器的尺寸和安装具有一定的空间要求，但通常情况在耦合点处如发动机悬置空间限制比较大；另外，安装弹簧减振器一般存在预紧力，这使得激励力的实际工作状态改变；而且直接测量法还要求保证对弹簧相对位移的测量精度。鉴于上述原因，激励力通常采用间接的方法来测量。

（2）动态复刚度法　对于那些耦合点为悬置的路径来说，激励力有一个比较简便的测量方法，即采用悬置的复刚度矩阵和上下支承点的位移之差来获得：

$$F_i(f) = k_i(f)\left[X_s(f) - X_t(f)\right] \tag{7-5}$$

式中，$k_i(f)$ 是悬置的动态复刚度；$X_s(f)$ 是激励源所在的主动方在耦合点处的位移；$X_t(f)$ 是目标响应所在的被动方在耦合点处的位移。

该方法的关键是主动方和被动方在耦合点处的位移测量。位移可以用位移传感器直接获得，也可以使用速度传感器或加速度传感器测量得到速度或加速度，然后进行积分计算得到。但不管采用何种测量方法，都要注意传感器布置的位置。理论上来讲，传感器越靠近耦合点位置，测量结果越精确。但是实际情况中通常耦合点处的空间比较有限，因此传感器的布置就会受到限制。如果传感器布置得离耦合点位置比较远，测量结果将不能正确反映高频特征。

此外，悬置动态复刚度的测量对激励力的识别也很重要。悬置的动态刚度一般在电液伺服振动台上通过试验来拾取。动态复刚度法求激励力的应用也有其局限性。如果主动方和被动方是刚性连接或者弹性连接但弹性元件的刚度相对于主、被动双方的局部刚度较大，耦合元件的变形相对于其周围结构的变形比较小，就不适合使用动态复刚度法测量耦合激励力，此时可采用矩阵求逆法。

（3）矩阵求逆法　对于线性函数 $y = kx + b$，只要任意给定一个自变量 x，便可求得 y。当 $k \neq 0$ 时，其反函数存在：$x = (y - b)/k$。根据反函数，只要知道任意函数值 y 便可求得自变量值 x。矩阵求逆法的原理类似于通过反函数来求自变量。

对于线性系统的振动，当有激励力 F_1，F_2，$\cdots$，F_N 存在时，存在响应 X_1，X_2，$\cdots$，X_m，其之间的关系为

$$\begin{pmatrix} X_1 \\ X_2 \\ \vdots \\ X_m \end{pmatrix} = \begin{pmatrix} H_{11} & H_{12} & \cdots & H_{1N} \\ H_{21} & H_{22} & \cdots & H_{2N} \\ \vdots & \vdots & & \vdots \\ H_{m1} & H_{m2} & \cdots & H_{mN} \end{pmatrix} \begin{pmatrix} F_1 \\ F_2 \\ \vdots \\ F_N \end{pmatrix} \tag{7-6}$$

因此，耦合激励力可用式（7-7）估计：

$$\begin{pmatrix} F_1 \\ F_2 \\ \vdots \\ F_N \end{pmatrix} = \begin{pmatrix} H_{11} & H_{12} & \cdots & H_{1N} \\ H_{21} & H_{22} & \cdots & H_{2N} \\ \vdots & \vdots & & \vdots \\ H_{m1} & H_{m2} & \cdots & H_{mN} \end{pmatrix}^{-1} \begin{pmatrix} X_1 \\ X_2 \\ \vdots \\ X_m \end{pmatrix} \tag{7-7}$$

式（7-7）可写为

$$\boldsymbol{F}(f) = \left[\boldsymbol{H}_{ij}(f) \right]^{-1}_{m \times N} \boldsymbol{X}(f) \tag{7-8}$$

式中，$\boldsymbol{F}(f)$ 是耦合激励力向量；$\boldsymbol{X}(f)$ 是工作状态下结构上的响应向量，为了与车内振动噪声响应区分开，称这里的 $\boldsymbol{X}(f)$ 为指示点响应向量；$H_{ij} = X_i / F_j$ 是由输入 F_j 到指示点 X_i 的传递函数。

由于指示点响应的形式可以多样，如位移、速度、加速度，因此传递函数也可有三种形式：力-位移、力-速度、力-加速度。需要注意的是，式（7-8）中的 $H(f)$ 与式（7-3）、式（7-4）中的 $H(f)$ 为两个不同的传递函数概念，前者是为获取激励力测量的指示点传递函数，后者是激励力到声响应接收点的声-振传递函数。

式（7-8）为数值的矩阵运算问题。为了抑制噪声，避免数值问题，并使估计出的耦合激励力更为精确，应使参考自由度数 m 不小于耦合激励力数 N（传递路径数），通常取 $m \geq 2N$。当 $m > N$ 时，$(\boldsymbol{H})^{-1}_{m \times N}$ 并不存在，以其广义逆矩阵 $(\boldsymbol{H})^{+}_{m \times N} = (\boldsymbol{H}^{\mathrm{T}} \boldsymbol{H})^{-1} \boldsymbol{H}^{\mathrm{T}}$ 来代替。同时，为了避免因 $\boldsymbol{H}$ 可能是病态矩阵而引起的计算错误，需要对 $\boldsymbol{H}$ 进行奇异值分解。

此外，在使用矩阵求逆法时还应注意：指示点自由度需取在被动方，尽量分布在耦合点附近；测量传递函数 $(\boldsymbol{H})_{m \times N}$ 时，主动方应在各耦合点处与被动方解耦并从耦合点移走，以消除激励源耦合的影响；传递函数 $(\boldsymbol{H})_{m \times N}$ 的测量在频域内实际上就是测量频率响应函数，有时需要根据耦合点处的结构形式制作相应的连接件，以便于 x、y、z 三个方向自由度的激励与指示点响应测量。

（4）单路径求逆法 单路径是矩阵求逆法的简化，它只对单一路径的激励力进行识别。可采用一个或者多个指示点，见式（7-9）。这种方法忽略了路径之间的耦合作用，并且认为所选取的参考点只对这一路径具有代表性，忽略指示点响应受其他路径激励的影响。这种方法存在一定的误差，但是它对一次试验中所需的传感器数量降低，在工程上具有较强的操作性。

$$\boldsymbol{F}_i = \begin{pmatrix} H_{X_1 / F_i} \\ \vdots \\ H_{X_m / F_i} \end{pmatrix}^{-1} \begin{pmatrix} X_1 \\ \vdots \\ X_m \end{pmatrix} \tag{7-9}$$

（5）激励点反演法 在运用单路径求逆法时，若指示点只有一个并选在耦合点上，测量被动方耦合点处的频率响应函数及该点的工作响应，便演化成了激励点反演法。因为这种方法除了激励点的频率响应函数，其他频率响应函数均不考虑，计算结果误差较大，但试验工作量比较小，一般用于快速且粗略的分析。

3. 传递函数测量

前面提到，结构声传递路径分析中有两种不同的传递函数：路径耦合点到指示点的振动传递函数和路径耦合点到目标接受点的声-振传递函数，对频域传递路径分析来说，就是测量频率响应函数。测量的方法有两种：直接激励法和互易法。

（1）直接激励法　直接激励法就是采用激振器或力锤直接激励被动方路径耦合点，得到指示点振动响应及目标点声压响应，计算出相应的频率响应函数。直接激励法识别传递函数如图7-6所示，装有力传感器的力锤在悬置安装点激励，传声器安放在车内驾驶人右耳位置，振动加速度传感器安放在车内地板上以及悬置附近指示点上。图7-7所示为某车动力总成从车身解耦拆除后力锤在悬置路径耦合点进行激励。

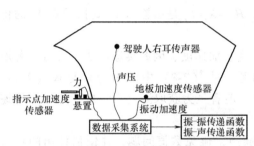

图7-6　直接激励法识别传递函数

图7-7　力锤激励悬置路径耦合点

对于多条传递路径，直接激励法需要逐一对各路径进行激励，试验周期较长。同时，测量车内声压响应，需要在较好的声学环境如消声室中进行。

（2）互易法　线性弹性系统内，某一点的振动激励会在另一点产生响应。一般来说，如果系统是时不变的，系统就具有互易的特性，即振动传递不随激励点和观测点的位置交换而变化。换句话说，一个方向的传递函数等于相反方向的传递函数，这一原理在机械、电学、声学系统以及混合系统内都是有效的。

在结构声传递路径分析中，如果路径耦合点的位置空间受限，使得直接激励法无法应用，可采用互易法来识别传递函数：将激振器/力锤在目标响应点激振，在被动方路径耦合点位置安装拾振传感器如加速度传感器，由此识别振动传递函数。而声-振传递函数根据第6章中式（6-40）的声-振互易性原理进行测量，互易法识别传递函数如图7-8所示，在目标声响应点如驾驶人右耳放置体积加速度声源激励，在路径耦合点如悬置布置加速度传感器测量响应，可得到与直接激励法一致的声-振传递函数。图7-9所示为采用互易法时车内体积声源的布置。

由于可在各路径耦合点同时布置加速度传感器，互易法可明显减少传递函数测量的试验周期。但需要注意的是，采用互易法时要确保体积加速度声源能有效激励起路径耦合点的振动响应，这可以通过相干函数来检验。此外，互易法的应用仅限于式（7-4）中路径耦合点到目标响应点的传递函数测量，式（7-8）中指示点传递函数的测量只能采用直接激励法。

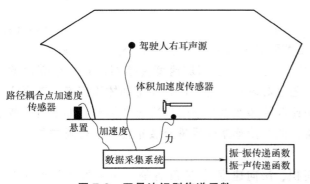

图 7-8 互易法识别传递函数

图 7-9 采用互易法时车内体积声源的布置

7.1.3 空气声传递路径

通常车内结构声的影响范围在 500Hz 以内，500Hz 以上的车内噪声就要考虑空气传播路径了。

1. 空气声响应

空气声传递路径分析用于确定噪声源通过各个空气声传递路径对车内目标点的噪声贡献量。在空气声传递路径分析的情况下，路径上不存在耦合点，如果有 N 个辐射声源，每个声源到目标点均形成一条传递路径，它们的总贡献量为

$$p_{air}(f) = \sum_{i=1}^{N} H_i(f) Q_i(f) \tag{7-10}$$

式中，$p_{air}(f)$ 是目标点上的计算空气声，通常是声压；$H_i(f)$ 是声源 i 到目标点的声传递函数（频率响应函数）；$Q_i(f)$ 是声源 i 的工作体积速度。

所谓体积速度就是声源表面积与其法向速度的乘积，是声源强度的度量，单位是 $m^3 \cdot s^{-1}$。在实际应用中，也经常使用体积加速度。在测量困难或模型粗糙的情况下还使用声源的近场声压来代替。

与结构声传递路径分析方法类似，空气声传递路径分析也主要分为两步：

1）测量声源的实际激励输入（体积速度或体积加速度）。

2）测量声源到目标点之间的声-声传递函数。

2. 空气声体积速度获取

进行空气声传递路径分析时，需要知道噪声源的工作体积速度。工作体积速度的数据可以来自试验，也可以来自解析或数值分析。测量噪声源的工作体积速度的方法主要有三种：辐射面逐点采集法、矩阵求逆法和声强法。

（1）辐射面逐点采集法 将声源辐射表面分成一系列足够小的截面，细分截面的尺寸不大于最小声波波长的 1/6，如图 7-10 所示。将这些截面看成一个个小的噪声源，则整个噪声源的体积速度为每个小噪声源体积速度之和。

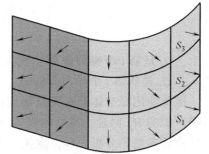

图 7-10 声源辐射面的振动速度

某一截面 S_j 的体积速度为

$$Q_j = A_j v_{jn} \tag{7-11}$$

式中，Q_j 是声辐射截面 S_j 的体积速度；A_j 是截面 S_j 的面积；v_{jn} 是截面 S_j 的法向速度。

v_{jn} 可通过非接触式的激光测振仪直接测量得到，或使用加速度传感器测得每个截面的法向加速度，计算出噪声源的体积加速度，通过对体积加速度积分而得到体积速度。需要注意的是，采用这种方法时应尽量使用轻质加速度传感器以减小附加质量的影响。如果所分截面比较多、测点也多时，可以采用分批测量，此时传感器应尽量分散布置，使得附加质量分布均匀。

辐射面逐点采集法仅适用于辐射面的面积、法向速度/加速度容易测量且形状平整规则的表面辐射声，如风窗玻璃、发动机体、车顶棚、地板、车门等。

（2）矩阵求逆法　同结构声传递路径分析类似，在空气声传递路径分析时，噪声源的体积速度也可以用矩阵求逆法来间接测量。当有 N 个噪声源时，在这些噪声源附近选择 m 个指示点（图7-11），则这些指示点的声压为

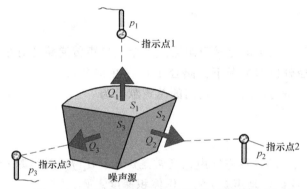

图 7-11　矩阵求逆法测量噪声源工作体积速度

$$\begin{pmatrix} p_1 \\ p_2 \\ \vdots \\ p_m \end{pmatrix} = \begin{pmatrix} H_{11} & H_{12} & \cdots & H_{1N} \\ H_{21} & H_{22} & \cdots & H_{2N} \\ \vdots & \vdots & & \vdots \\ H_{m1} & H_{m2} & \cdots & H_{mN} \end{pmatrix} \begin{pmatrix} Q_1 \\ Q_2 \\ \vdots \\ Q_N \end{pmatrix} \tag{7-12}$$

则这些噪声源的体积速度为

$$\begin{pmatrix} Q_1 \\ Q_2 \\ \vdots \\ Q_N \end{pmatrix} = \begin{pmatrix} H_{11} & H_{12} & \cdots & H_{1N} \\ H_{21} & H_{22} & \cdots & H_{2N} \\ \vdots & \vdots & & \vdots \\ H_{m1} & H_{m2} & \cdots & H_{mN} \end{pmatrix}^{-1} \begin{pmatrix} p_1 \\ p_2 \\ \vdots \\ p_m \end{pmatrix} \tag{7-13}$$

式中，Q_i 是第 i 个噪声源的体积速度（$1 \leq i \leq N$）；p_j 是第 j 个指示点的声压（$1 \leq j \leq m$）；$H_{ji} = p_j / Q_i$ 是从第 i 个噪声源到第 j 个指示点的声传递函数。

通常使用标准体积速度或加速度声源来进行宽频激励测量 H_{ji}。图7-12所示为排气尾管口噪声源的 H_{ji} 测量，高频体积加速度声源在尾管口激励，近场指示点传声器采集响应。同结构声传递路径分析一样，应使 $m \geq 2N$。

（3）声强法　如图7-13所示，将声源包络面分为 m 个截面单元，则每个截面单元辐射

的声功率等于截面面积与该单元上法向声强的乘积，即

$$W_j = I_{nj}S_j \qquad (7\text{-}14)$$

式中，W_j 是第 j 个截面单元的声功率；I_{nj} 是第 j 个截面单元的法向声强；S_j 是第 j 个截面的面积。

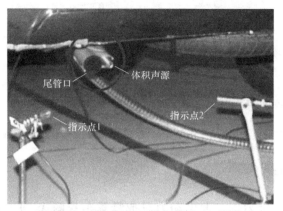

图 7-12 排气尾管口噪声源的 H_{ji} 测量

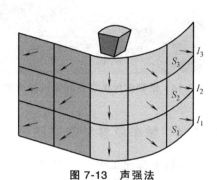

图 7-13 声强法

如果把每个截面单元看作单极子声源，则

$$Q_j^2 = W_j \frac{4\pi c}{\rho \omega^2 C} \qquad (7\text{-}15)$$

将式（7-14）代入式（7-15）得

$$Q_j = \sqrt{I_{nj}S_j \frac{4\pi c}{\rho \omega^2 C}} \qquad (7\text{-}16)$$

式中，Q_j 是第 j 个截面单元的体积速度；c 是空气中的声速，20℃时，为 340m/s；ρ 是空气密度，20℃时，为 1.21kg/m³；C 是加权因子，取 2，表示相对于单极子声源向 1/2 空间辐射的情况。

声强应采用近场测量，而且只能用于稳态工况。由于没有相位信息，低频时可能得不到准确的结果，一般用于 250Hz 以上的高频情况。

3. 空气声传递函数测量

与结构声传递路径分析类似，对于式（7-10）中空气声声源到目标点的声传递函数测量也可采取直接法和互易法两种方法。图 7-14 所示为直接法测量时拆除发动机后中低频体积声源在发动机舱内激励的布置，可分别针对发动机六个面的噪声辐射变换声源的激励方向进行传递函数的测量。

当声源激励点受到空间布置限制（如进排气管口中低频声源激励）而无法采用直接激励法时，可采用与结构声传递函数测量类似的互易法，在目标点布置体积声源激励（图 7-9），在噪声源点布置传声器测量响应。互易法测量空气声传递函数如图 7-15 所示，由于激励时可同步采集多个噪声源点的响应，测量传递函数的效率较高。传递路径分析原理是基于线性系统的假设，车辆的结构振动及声学传递特性不随激励的变化而改变，因此传递函数具有唯一性，也就是在分析过程中传递函数只需测量一次便可代入不同工况下的激励中进行计算。

图 7-14　低频体积声源在发动机舱内激励的布置

图 7-15　互易法测量空气声传递函数

7.1.4　整车单参考传递路径建模及分析

以整车怠速工况下车内噪声的传递路径分析为例，考虑动力总成悬置车身侧 X、Y、Z 三向与排气系统车身侧吊点 Z 向为结构传递路径，发动机辐射面与排气尾管口为空气声传递路径，总共 14 条传递路径如图 7-16 所示。怠速下驾驶人右耳的总声压是发动机悬置和排气系统的结构声以及空气声的总和，即

$$p_{sum} = p_{eng,s} + p_{exh,s} + p_{eng,a} + p_{exh,a}$$
$$(7\text{-}17)$$

式中

$$p_{eng,s} = \sum_{i=1}^{3} \sum_{j=x,y,z} F_{eng,ij} H_{eng,ij} \quad (7\text{-}18)$$

$$p_{exh,s} = \sum_{i=1}^{4} F_{exh,i} H_{exh,i} \quad (7\text{-}19)$$

$$p_{eng,a} = \sum_{i=1}^{6} \dot{Q}_{eng,i} H_{eng,i} \quad (7\text{-}20)$$

$$p_{exh,a} = \dot{q}_{exh} h_{exh} \quad (7\text{-}21)$$

首先要获得各结构声路径与空气声路径的激励。三个悬置的 9 条结构路径以及 4 个排气吊点的 4 条结构路径所受的激励力采用矩阵求逆法分别为

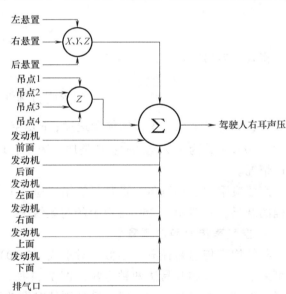

图 7-16　整车怠速传递路径

$$(\boldsymbol{F}_{eng})_{9\times1} = (\boldsymbol{h}_{eng})_{18\times9}^{-1} (\boldsymbol{a}_{eng,ind})_{18\times1} \quad (7\text{-}22)$$

$$(\boldsymbol{F}_{exh})_{4\times1} = (\boldsymbol{h}_{exh})_{8\times4}^{-1} (\boldsymbol{a}_{exh,ind})_{8\times1} \quad (7\text{-}23)$$

由于 $(\boldsymbol{h}_{eng})_{18\times9}$ 和 $(\boldsymbol{h}_{exh})_{8\times4}$ 为非方阵，求逆时采用其广义逆 $(\boldsymbol{h}_{eng})_{9\times18}^{+}$ 和 $(\boldsymbol{h}_{exh})_{4\times8}^{+}$ 来代替。指示点加速度传感器的数量按照路径数的 2 倍布置。图 7-17 所示为采用矩阵求逆法获得的左悬置 Y 向、后悬置 Z 向以及排气吊点 Z 向结构声路径的激励力频谱。对于四缸四冲程的发动机，当怠速转速在 800r/min 时，结构声路径的激励力在二阶频率（27Hz）和四阶频率（54Hz）十分突出。

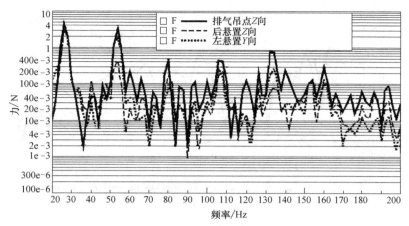

图7-17　结构声路径的激励力频谱

急速工况下空气声路径包括了发动机六个面的辐射路径以及排气尾管口辐射噪声路径，同样采用矩阵求逆法，空气声路径的体积加速度激励分别为

$$(\dot{\boldsymbol{Q}}_{\mathrm{eng}})_{6\times1} = (\boldsymbol{h}_{\mathrm{eng,air}})_{12\times6}^{-1}(\boldsymbol{p}_{\mathrm{eng,ind}})_{12\times1} \tag{7-24}$$

$$\dot{\boldsymbol{q}}_{\mathrm{exh}} = (\boldsymbol{h}_{\mathrm{exh,air}})_{2\times1}^{-1}(\boldsymbol{p}_{\mathrm{exh,ind}})_{2\times1} \tag{7-25}$$

图7-18所示为排气尾管口及发动机底面辐射的空气声激励，与结构声激励相似，空气声激励在二阶和四阶频率处也较突出。

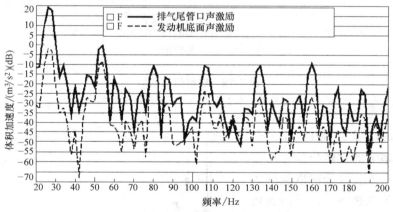

图7-18　空气声激励

根据传递路径分析原理，要计算式（7-18）~式（7-21），还需获得各路径激励点到目标点的传递函数，通常采用效率较高的互易法在半消声室内分别对结构声传递函数和空气声传递函数进行测量，得到图7-19所示的路径传递函数，这些传递函数也反映了目标点对各路径激励的声学灵敏度。

急速车内总噪声按照式（7-17）将所有路径激励产生的噪声分量合成得到，其中包括了结构声与空气声总贡献量。图7-20所示为急速车内噪声及结构声与空气声分量。可以看到，在800Hz内的中低频范围，结构声占据了主要贡献；而在800Hz以上的中高频，以空气声的贡献为主。这说明车内噪声的中低频主要由车体结构振动传播，而中高频噪声则由空气传播。

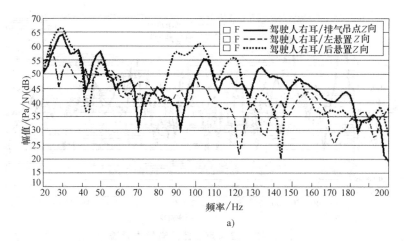

a)

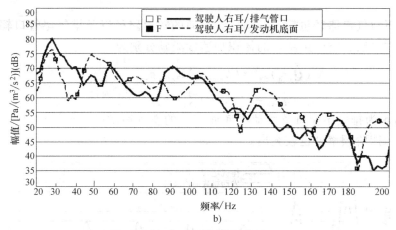

b)

图7-19　路径传递函数

a）结构声传递函数　b）空气声传递函数

将式（7-18）~式（7-21）中所有路径在各个频率下的贡献分量通过云图的方式显示出来，该云图以频率为横坐标，路径为纵坐标，以云图颜色的深浅表示路径贡献量的大小。图7-21所示分别为结构声路径贡献与空气声路径贡献云图，可以直观且清晰地看到各频率下哪些路径的贡献较大。比如27Hz下，发动机右悬置 Y 向、左悬置 Y 向、后悬置 Z 向以及后排气吊点 Z 向这4条结构路径对车内噪声产生了主要贡献，可通过优化这些悬置的刚度或路径耦合点结构动刚度加以改进。而在中高频的1500Hz

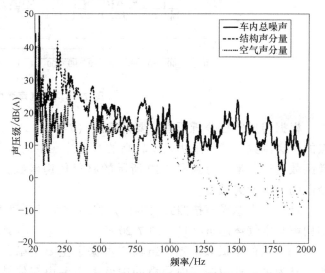

图7-20　怠速车内噪声及结构声与空气声分量

左右的频率，发动机上表面辐射的噪声贡献量较大，需要增加此处的吸隔声性能。

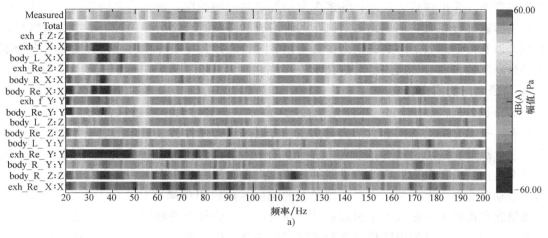

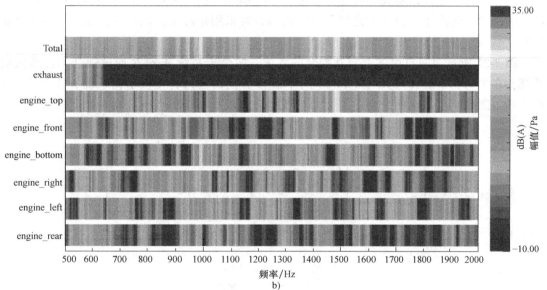

图 7-21　怠速车内噪声路径贡献量云图

a）结构声路径贡献　b）空气声路径贡献

传递路径分析技术是研究汽车振动噪声问题的强大工具，其结果能清晰地指出汽车振动噪声问题主要的源头及其传递方式，为进一步对结构及吸隔声性能的优化改进指出方向。

7.1.5　影响传递路径分析精度的因素

传递路径分析结果的可靠性直接影响到后续优化改进手段的方向，虽不至于"差之毫厘，失之千里"，但过大的分析误差可能导致的路径识别错误也会造成后续改进的无效。影响传递路径分析准确度的因素主要有以下几个：①传递路径分析模型的准确性：是否考虑了所有源及其传递路径，特别是某些贡献量较大的传递路径；②测量及数据处理的精度：例如测量频率响应函数时，激励信号是否覆盖所关注频率，激励点及响应点（互易法）位置是否与路径耦合点一致，又如数据处理时的加窗、平均等设置是否合适；③各路径之间的耦合：是否考虑传递路径之间受力的相互耦合作用；④传递函数矩阵病态：矩阵条件数过高导致求逆的数值计算出现较大误差；⑤多个激励源之间的相关性：激励源之间是相互独立还是完全相关抑或部分相关，例如路面对汽车四轮造成的激励具有部分相关性。本小节对路径之间的耦合以及传递函数矩阵病态这两个影响因素进行介绍，下一小节将介绍针对具有多个部分相关激励源的多参考传递路径分析技术。

1. 路径之间的耦合影响

传递路径分析模型中，主动侧的激励源子系统（如发动机）通过耦合元件与被动侧子系统相连，被动方所受的耦合激励力是由主动方通过耦合元件传递过来形成了传递路径。若在路径耦合点处，主动侧具有多个自由度的激励输入如自由度1和自由度2，则被动侧在耦合点具有自由度1和自由度2的传递路径。若定义主动侧在自由度1和自由度2的输入分别只引起被动侧在自由度1和自由度2路径上的响应，这说明传递路径之间不存在耦合效应。若主动侧在自由度1的输入除了引起被动侧在自由度1路径上的响应还会引起被动侧在自由度2路径上的响应，这就说明传递路径之间存在耦合效应，更进一步，该耦合还会在不同被动侧的路径之间产生。是否考虑路径之间的耦合对采用矩阵求逆法计算的激励力精度有很大影响。

图7-22所示为两自由度上相互耦合的系统，两个子系统 A 和 B 通过耦合元件连接成新系统，在主动侧系统 A 中具有 x 和 y 两个自由度方向的输入，在被动侧系统 B 上具有 x 和 y 两个自由度的响应。在两个自由度方向相互耦合的激励和指示点响应具有如下关系：

图7-22　两自由度上相互耦合的系统

$$F_{Ax} \rightarrow \begin{cases} F_{Bxx} \rightarrow X_{Bxx} \\ F_{Bxy} \rightarrow X_{Bxy} \end{cases}$$

$$F_{Ay} \rightarrow \begin{cases} F_{Byx} \rightarrow X_{Byx} \\ F_{Byy} \rightarrow X_{Byy} \end{cases}$$

其中，F_{Bxy} 表示子系统 A 在 x 自由度激励引起的子系统 B 在路径耦合点处 y 自由度上的激励力；X_{Bxy} 表示子系统 A 在 x 自由度激励引起的子系统 B 在指示点处 y 自由度上的响应。

通过矩阵求逆计算得到系统 B 在耦合点处的激励力应为

$$\begin{cases} F_{Bx} = F_{Bxx} + F_{Byx} \\ F_{By} = F_{Bxy} + F_{Byy} \end{cases} \tag{7-26}$$

式中，$F_{Byx} = H_{Byx}^{-1} X_{Byx}$；$F_{Bxy} = H_{Bxy}^{-1} X_{Bxy}$。

若忽略路径自由度间的耦合，则耦合激励力 F_{Byx} 和 F_{Bxy} 为零。但是在采用矩阵求逆法计算时，指示点响应信号是实际测量得到的包含耦合激励引起的响应 X_{Byx} 和 X_{Bxy}，此时计算所得到的激励力为

$$\begin{cases} \boldsymbol{F}_{Bx}' = \boldsymbol{F}_{Bxx} + \boldsymbol{F}_{Byx}' \\ \boldsymbol{F}_{By}' = \boldsymbol{F}_{Bxy}' + \boldsymbol{F}_{Byy} \end{cases} \tag{7-27}$$

式中，$\boldsymbol{F}_{Byx}' = \boldsymbol{H}_{Byx}^{-1} \boldsymbol{X}_{Byx}$，$\boldsymbol{F}_{Bxy}' = \boldsymbol{H}_{Bxy}^{-1} \boldsymbol{X}_{Bxy}$。

要使式（7-26）和式（7-27）计算得到的耦合激励力相等，即 $\boldsymbol{F}_{Bx}' = \boldsymbol{F}_{Bx}'$，$\boldsymbol{F}_{By}' = \boldsymbol{F}_{By}'$，只有

$$\begin{cases} \boldsymbol{F}_{Bxy}' = \boldsymbol{F}_{Bxy} \\ \boldsymbol{F}_{Byx}' = \boldsymbol{F}_{Byx} \end{cases} \tag{7-28}$$

使式（7-28）成立的充分条件有：

1）$\boldsymbol{H}_{Bxx}^{-1} = \boldsymbol{H}_{Byx}^{-1}$ 且 $\boldsymbol{H}_{Byy}^{-1} = \boldsymbol{H}_{Bxy}^{-1}$。

2）$\boldsymbol{H}_{Bxy}$ 和 $\boldsymbol{H}_{Byx}$ 的幅值很小，可以忽略。

3）$\boldsymbol{X}_{Byx}$ 和 $\boldsymbol{X}_{Bxy}$ 的幅值远小于 $\boldsymbol{X}_{Bxx}$ 和 $\boldsymbol{X}_{Byy}$，可以忽略。

只有满足以上条件后才可忽略传递路径之间的耦合效应。以 7.1.4 节中发动机悬置的 9 条传递路径为例研究是否考虑路径耦合对耦合激励力计算结果的影响。

当考虑悬置 9 条路径之间完全耦合时，认为所有路径之间都存在不可忽略的力传递关系，式（7-7）的传递函数矩阵中元素都不为零，为全元素矩阵：

$$\left(\begin{array}{cccccccccc}
H_{lx,l1x} & H_{lx,1ly} & H_{lx,1lz} & H_{lx,1rx} & H_{lx,1ry} & H_{lx,1rz} & H_{lx,1rex} & H_{lx,1rey} & H_{lx,1rez} & H_{lx,2lx} \\
H_{ly,l1x} & H_{ly,1ly} & H_{ly,1lz} & H_{ly,1rx} & H_{ly,1ry} & H_{ly,1rz} & H_{ly,1rex} & H_{ly,1rey} & H_{ly,1rez} & H_{ly,2lx} \\
H_{lz,l1x} & H_{lz,1ly} & H_{lz,1lz} & H_{lz,1rx} & H_{lz,1ry} & H_{lz,1rz} & H_{lz,1rex} & H_{lz,1rey} & H_{lz,1rez} & H_{lz,2lx} \\
H_{rx,l1x} & H_{rx,1ly} & H_{rx,1lz} & H_{rx,1rx} & H_{rx,1ry} & H_{rx,1rz} & H_{rx,1rex} & H_{rx,1rey} & H_{rx,1rez} & H_{rx,2lx} \\
H_{ry,l1x} & H_{ry,1ly} & H_{ry,1lz} & H_{ry,1rx} & H_{ry,1ry} & H_{ry,1rz} & H_{ry,1rex} & H_{ry,1rey} & H_{ry,1rez} & H_{ry,2lx} \\
H_{rz,l1x} & H_{rz,1ly} & H_{rz,1lz} & H_{rz,1rx} & H_{rz,1ry} & H_{rz,1rz} & H_{rz,1rex} & H_{rz,1rey} & H_{rz,1rez} & H_{rz,2lx} \\
H_{rex,l1x} & H_{rex,1ly} & H_{rex,1lz} & H_{rex,1rx} & H_{rex,1ry} & H_{rex,1rz} & H_{rex,1rex} & H_{rex,1rey} & H_{rex,1rez} & H_{rex,2lx} \\
H_{rey,l1x} & H_{rey,1ly} & H_{rey,1lz} & H_{rey,1rx} & H_{rey,1ry} & H_{rey,1rz} & H_{rey,1rex} & H_{rey,1rey} & H_{rey,1rez} & H_{rey,2lx} \\
H_{rez,l1x} & H_{rez,1ly} & H_{rez,1lz} & H_{rez,1rx} & H_{rez,1ry} & H_{rez,1rz} & H_{rez,1rex} & H_{rez,1rey} & H_{rez,1rez} & H_{rez,2lx}
\end{array} \right.$$

$$\left. \begin{array}{cccccccc}
H_{lx,2ly} & H_{lx,2lz} & H_{lx,2rx} & H_{lx,2ry} & H_{lx,2rz} & H_{lx,2rex} & H_{lx,2rey} & H_{lx,2rez} \\
H_{ly,2ly} & H_{ly,2lz} & H_{ly,2rx} & H_{ly,2ry} & H_{ly,2rz} & H_{ly,2rex} & H_{ly,2rey} & H_{ly,2rez} \\
H_{lz,2ly} & H_{lz,2lz} & H_{lz,2rx} & H_{lz,2ry} & H_{lz,2rz} & H_{lz,2rex} & H_{lz,2rey} & H_{lz,2rez} \\
H_{rx,2ly} & H_{rx,2lz} & H_{rx,2rx} & H_{rx,2ry} & H_{rx,2rz} & H_{rx,2rex} & H_{rx,2rey} & H_{rx,2rez} \\
H_{ry,2ly} & H_{ry,2lz} & H_{ry,2rx} & H_{ry,2ry} & H_{ry,2rz} & H_{ry,2rex} & H_{ry,2rey} & H_{ry,2rez} \\
H_{rz,2ly} & H_{rz,2lz} & H_{rz,2rx} & H_{rz,2ry} & H_{rz,2rz} & H_{rz,2rex} & H_{rz,2rey} & H_{rz,2rez} \\
H_{rex,2ly} & H_{rex,2lz} & H_{rex,2rx} & H_{rex,2ry} & H_{rex,2rz} & H_{rex,2rex} & H_{rex,2rey} & H_{rex,2rez} \\
H_{rey,2ly} & H_{rey,2lz} & H_{rey,2rx} & H_{rey,2ry} & H_{rey,2rz} & H_{rey,2rex} & H_{rey,2rey} & H_{rey,2rez} \\
H_{rez,2ly} & H_{rez,2lz} & H_{rez,2rx} & H_{rez,2ry} & H_{rez,2rz} & H_{rez,2rex} & H_{rez,2rey} & H_{rez,2rez}
\end{array} \right)_{9 \times 18}^{-1}$$

矩阵中的任一元素 $H_{ij,mnk}$ 代表 i 悬置 j 方向的激励力（i 可取 l、r、re，分别对应左悬置、右悬置和后悬置；j 可取 x、y、z 方向）到第 m 个 n 悬置 k 方向的指示点自由度（m 可取 1 和 2，n 可取 l、r、re，分别对应左悬置、右悬置和后悬置；k 可取 x、y、z 方向）的传

递函数。

若忽略悬置之间路径的耦合，只考虑单个悬置内各条路径的耦合，则悬置之间路径的传递函数元素均为零，即当 $i=n$ 时，$H_{ij,mnk} \neq 0$。传递函数矩阵变为类似块矩阵形式：

$$
\begin{pmatrix}
H_{lx,l1x} & H_{lx,l1y} & H_{lx,l1z} & 0 & 0 & 0 & 0 & 0 & 0 \\
H_{ly,l1x} & H_{ly,l1y} & H_{ly,l1z} & 0 & 0 & 0 & 0 & 0 & 0 \\
H_{lz,l1x} & H_{lz,l1y} & H_{lz,l1z} & 0 & 0 & 0 & 0 & 0 & 0 \\
0 & 0 & 0 & H_{rx,1rx} & H_{rx,1ry} & H_{rx,1rz} & 0 & 0 & 0 \\
0 & 0 & 0 & H_{ry,1rx} & H_{ry,1ry} & H_{ry,1rz} & 0 & 0 & 0 \\
0 & 0 & 0 & H_{rz,1rx} & H_{rz,1ry} & H_{rz,1rz} & 0 & 0 & 0 \\
0 & 0 & 0 & 0 & 0 & 0 & H_{rex,1rex} & H_{rex,1rey} & H_{rex,1rez} \\
0 & 0 & 0 & 0 & 0 & 0 & H_{rey,1rex} & H_{rey,1rey} & H_{rey,1rez} \\
0 & 0 & 0 & 0 & 0 & 0 & H_{rez,1rex} & H_{rez,1rey} & H_{rez,1rez}
\end{pmatrix}
$$

$$
\begin{pmatrix}
H_{lx,2lx} & H_{lx,2ly} & H_{lx,2lz} & 0 & 0 & 0 & 0 & 0 & 0 \\
H_{ly,2lx} & H_{ly,2ly} & H_{ly,2lz} & 0 & 0 & 0 & 0 & 0 & 0 \\
H_{lz,2lx} & H_{lz,2ly} & H_{lz,2lz} & 0 & 0 & 0 & 0 & 0 & 0 \\
0 & 0 & 0 & H_{rx,2rx} & H_{rx,2ry} & H_{rx,2rz} & 0 & 0 & 0 \\
0 & 0 & 0 & H_{ry,2rx} & H_{ry,2ry} & H_{ry,2rz} & 0 & 0 & 0 \\
0 & 0 & 0 & H_{rz,2rx} & H_{rz,2ry} & H_{rz,2rz} & 0 & 0 & 0 \\
0 & 0 & 0 & 0 & 0 & 0 & H_{rex,2rex} & H_{rex,2rey} & H_{rex,2rez} \\
0 & 0 & 0 & 0 & 0 & 0 & H_{rey,2rex} & H_{rey,2rey} & H_{rey,2rez} \\
0 & 0 & 0 & 0 & 0 & 0 & H_{rez,2rex} & H_{rez,2rey} & H_{rez,2rez}
\end{pmatrix}_{9 \times 18}
$$

如果完全忽略所有路径之间的耦合效应，也就是认为单个路径上的激励只引起该路径自由度上的响应，那么只有路径各自自由度上的传递函数为非零元素，即当 $i=n$ 且 $j=k$ 时，$H_{ij,mnk} \neq 0$。此时传递函数矩阵以类似对角阵的形式出现：

$$
\begin{pmatrix}
H_{lx,l1x} & 0 & 0 & 0 & 0 & 0 & 0 & 0 & 0 \\
0 & H_{ly,l1y} & 0 & 0 & 0 & 0 & 0 & 0 & 0 \\
0 & 0 & H_{lz,l1z} & 0 & 0 & 0 & 0 & 0 & 0 \\
0 & 0 & 0 & H_{rx,lrx} & 0 & 0 & 0 & 0 & 0 \\
0 & 0 & 0 & 0 & H_{ry,lry} & 0 & 0 & 0 & 0 \\
0 & 0 & 0 & 0 & 0 & H_{rz,lrz} & 0 & 0 & 0 \\
0 & 0 & 0 & 0 & 0 & 0 & H_{rex,1rex} & 0 & 0 \\
0 & 0 & 0 & 0 & 0 & 0 & 0 & H_{rey,1rey} & 0 \\
0 & 0 & 0 & 0 & 0 & 0 & 0 & 0 & H_{rez,1rez}
\end{pmatrix}
$$

$$\begin{pmatrix}
H_{lx,l2x} & 0 & 0 & 0 & 0 & 0 & 0 & 0 & 0 \\
0 & H_{ly,l2y} & 0 & 0 & 0 & 0 & 0 & 0 & 0 \\
0 & 0 & H_{lz,l2z} & 0 & 0 & 0 & 0 & 0 & 0 \\
0 & 0 & 0 & H_{rx,2rx} & 0 & 0 & 0 & 0 & 0 \\
0 & 0 & 0 & 0 & H_{ry,2ry} & 0 & 0 & 0 & 0 \\
0 & 0 & 0 & 0 & 0 & H_{rz,2rz} & 0 & 0 & 0 \\
0 & 0 & 0 & 0 & 0 & 0 & H_{rex,2rex} & 0 & 0 \\
0 & 0 & 0 & 0 & 0 & 0 & 0 & H_{rey,2rey} & 0 \\
0 & 0 & 0 & 0 & 0 & 0 & 0 & 0 & 0
\end{pmatrix}_{9\times18}$$

按照三种不同的路径耦合情况计算得到的部分悬置耦合激励力如图 7-23 所示。可以看到，忽略悬置之间耦合作用得到的激励力结果与考虑所有路径耦合所得到的结果基本一致，

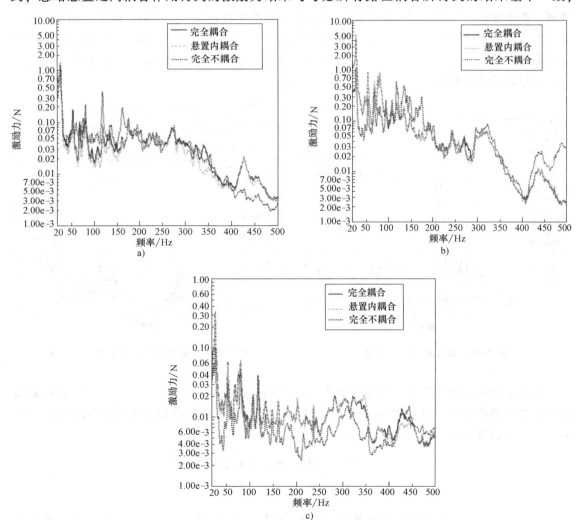

图 7-23 三种路径耦合状态计算的悬置激励力比较

a）左悬置 X 方向　b）右悬置 X 方向　c）后悬置 X 方向

而完全忽略所有路径之间耦合的结果有很大的偏差。这说明悬置之间路径力的传递很小，可以忽略，而悬置内各自由度方向路径的耦合作用十分明显，不可忽略。实际情况中，所有结构路径之间都有着或大或小的耦合作用，此时采用路径全耦合计算耦合激励力所测量全部传递函数的工作量十分大，为缩短试验周期、提高效率，可先检验式（7-28）成立的充分条件，以减少传递函数的测量。比如图 7-24 中，当悬置间路径的传递函数幅值远小于悬置内不同自由度以及相同自由度路径之间传递函数的幅值时，这部分传递函数可予以忽略。

路径耦合作用应根据情况具体分析，考虑过多的耦合会增加测量周期，而忽略过多的耦合作用会导致激励力计算结果的偏差。通常，可以忽略发动机悬置之间的耦合，但悬置内部3 个自由度的耦合应予以考虑。对于排气管吊点，可以忽略互相距离较远吊点之间的耦合或者只计相邻吊点的耦合作用。

2. 传递函数矩阵病态的影响

在使用矩阵求逆法识别激励力时，需要计算传递函数的逆矩阵，这是数值计算上的一个难题。传递路径分析通常采用振动加速度作为每条路径附近指示点的响应信号，而每个振动加速度信号都能体现出结构的一部分整体动态特性（结构模态）。因此，式（7-7）的传递函数矩阵中的一些元素有着如图 7-25 中相似的曲线形状，因为它们包含了指示点所在路径结构上相似的共振频率。

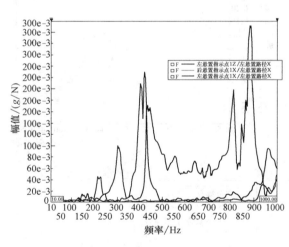

图 7-24　悬置路径传递函数

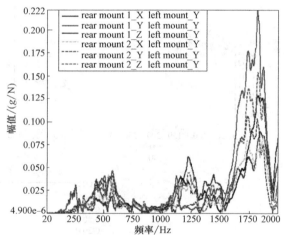

图 7-25　加速度响应传递函数的相似性

将求逆矩阵过程看作是一个找多个曲面交点的问题。求 $n \times n$ 阶变量的逆矩阵过程看成是找 n 个 n 维曲面的交点。如 $n = 2$ 时，求式（7-29）中的 $\boldsymbol{H}$ 矩阵相当于找图 7-26 中二维平面 A_1 和 A_2 的交点。

$$\begin{pmatrix} F_1 \\ F_2 \end{pmatrix} = \begin{pmatrix} H_{11} & H_{12} \\ H_{21} & H_{22} \end{pmatrix} \begin{pmatrix} X_1 \\ X_2 \end{pmatrix} \tag{7-29}$$

A_1 和 A_2 分别具有一定的输入误差。当 A_1 和 A_2 夹角为 90°（条件好）时，那么两个平面的交点可能的范围就在图 7-26a 中的虚线正方形内。当 A_1 和 A_2 的夹角比较小（条件差），甚至两个平面接近于平行时（图 7-26b），A_1 和 A_2 输入误差不变，此时两个平面的交点就在

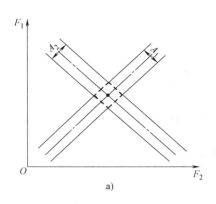

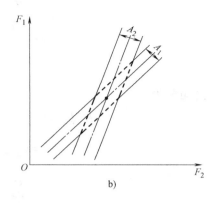

图 7-26　二维平面内两个输入交点

a) A_1 和 A_2 夹角为 90°　b) A_1 和 A_2 夹角小于 90°

虚线的平行四边形内部。可见平行四边形所框选的 F_1 和 F_2 的变化范围比正方形框选的范围大得多，即误差比较大。

一个矩阵也有条件好和条件差的情况，尤其是传递函数矩阵中的元素来自于同一系统时，条件差的可能性更大。条件差的矩阵又常称为病态矩阵。在共振频率附近，不同力与不同位置加速度响应点的关系会比较相似。因此式（7-26）中传递函数矩阵的条件好坏可以定义为其行向量是正交不相关的还是平行相关的。

在矩阵条件较差时，减小 F_1 和 F_2 误差的一个方法是增加输入数据，使式（7-29）变为超定方程：

$$\begin{pmatrix} F_1 \\ F_2 \end{pmatrix} = \begin{pmatrix} H_{11} & H_{12} & H_{13} \\ H_{21} & H_{22} & H_{23} \end{pmatrix} \begin{pmatrix} X_1 \\ X_2 \\ X_3 \end{pmatrix} \tag{7-30}$$

此时，二维平面内交点由图 7-27 中的三个输入组成，与图 7-26b 相比，F_1 和 F_2 的变化范围小了许多，误差减小了。输入数据的增加也不宜过多，超定因数（输入数据数与待求变量数之比）大于 2 后对减小误差已无明显作用。这也是传递路径分析中每条路径只布置两个指示点响应的原因。

超定因数为 2 的超定方程使得式（7-8）的传递函数矩阵成为非方阵，无法直接得到其逆矩阵，需求解其广义逆矩阵。求解时，矩阵被转化到正交空间，见式（7-31）。这就是奇异值分解（singular value decomposition，SVD）的过程。U 和 V 为正交矩阵，对角矩阵 $\boldsymbol{\Sigma}$ 中对角线上的元素称为奇异值，而其对应的向量称为奇异向量。

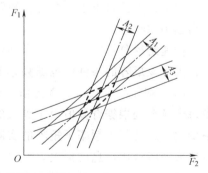

图 7-27　二维平面内三个输入交点

$$H_{m \times n} = U_{m \times m} \boldsymbol{\Sigma}_{m \times n} V_{n \times m}^{*} = \sum_{i=1}^{n} U_i \sigma_i V_{in}^{*}$$

$$\boldsymbol{\Sigma} = \begin{pmatrix} \sigma_1 & 0 & \cdots & 0 \\ 0 & \sigma_2 & \cdots & 0 \\ \vdots & \vdots & & \vdots \\ 0 & 0 & \cdots & \sigma_n \end{pmatrix} \tag{7-31}$$

广义逆矩阵为

$$\boldsymbol{H}_{n\times m}^{-1} = (\boldsymbol{V}_{n\times n}^{\mathrm{T}})^{-1}(\boldsymbol{\Sigma}_{m\times n})^{-1}(\boldsymbol{U}_{m\times m})^{-1}$$

$$= \boldsymbol{V}_{n\times n}\boldsymbol{\Sigma}^{-1}{}_{n\times m}\boldsymbol{U}_{m\times m}^{\mathrm{T}}$$

$$= \sum_{i=1}^{n} \boldsymbol{V}_{in}\sigma_i^{-1}\boldsymbol{U}_{im}^{*}$$

$$\boldsymbol{\Sigma}^{-1}{}_{n\times m} = \begin{pmatrix} \sigma_1^{-1} & 0 & \cdots & 0 \\ 0 & \sigma_2^{-1} & \cdots & 0 \\ \vdots & \vdots & & \vdots \\ 0 & 0 & \cdots & \sigma_n^{-1} \end{pmatrix} \tag{7-32}$$

式（7-32）表明，当某一奇异值比较小，接近于零时，其倒数则为无限大。在矩阵求逆识别激励力时，这一现象将表现为某些传递函数在实际中的作用很小，几乎为零，但通过矩阵求逆后，其作用会被放大，甚至大于那些原来占主要部分的分量，造成计算结果的偏差。为避免这种情况，在矩阵求逆时需要剔除那些影响很小的奇异值。但如果剔除方法不当，就会损失信号中有用的信息，因此应引入一个标准来评价矩阵的条件状态。

一个矩阵的奇异值分布状态可以由条件数来决定。通常对角矩阵 $\boldsymbol{\Sigma}$ 中的元素按从大到小的顺序排列：$\sigma_1 > \sigma_2 > \sigma_3 > \cdots > \sigma_n$。定义矩阵 $\boldsymbol{H}$ 的条件数

$$A_H = \frac{\sigma_1}{\sigma_n} \tag{7-33}$$

通常，条件数小于 100 时，矩阵的奇异值分布状态好。一个相当病态的矩阵其条件数可以高达 100000。

传递路径分析中采用矩阵求逆法识别激励力时，由于传递函数矩阵中各元素都随频率变化，因此该矩阵的条件数也随频率变化。剔除小奇异值的方法有以下三种：

（1）剔除固定数目的奇异值 即在分析过程中，设定剔除奇异值的个数，在计算过程中每个频率处根据奇异值由小到大的顺序剔除所设定的数目。这种方法剔除的奇异值不随频率变化，忽视每个频率下矩阵的实际条件数，设定数目内最小的奇异值都会被剔除，这可能会造成一些有用信息的损失。

（2）剔除小于设定门槛值的奇异值 即在分析过程中，设定剔除奇异值的门槛值，在计算过程中每个频率下只要出现绝对值小于门槛值的奇异值都会被剔除。这种方法剔除的奇异值随频率变化。但是由于各频率下矩阵的条件数不一样，可能出现矩阵的条件数较好的频率处有较多奇异值都小于门槛值的情况，这些被剔除的奇异值包含了一些重要信息。

（3）剔除固定相对百分比的奇异值 即在分析过程中，设定剔除奇异值的百分比，如 1%。在计算过程中每个频率下只要出现绝对值小于该频率处传递函数矩阵最大奇异值的 1%

的奇异值就被会剔除。这种方法剔除的奇异值随频率变化,并且考虑了每个频率下奇异值矩阵的分布状态,是一种较周全的剔除方法。

图7-28所示为发动机悬置9条路径耦合计算激励力剔除奇异值前后传递函数矩阵的条件数变化。剔除奇异值前,条件数(虚线)在175~200Hz部分超过100,剔除1%奇异值后的条件数(实线)均小于100,使得该传递函数矩阵成为状态良好的矩阵。

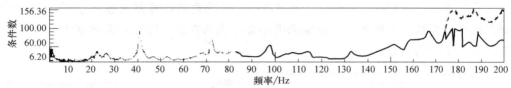

图7-28 剔除奇异值前后传递函数矩阵的条件数变化

比较图7-29中剔除小奇异值前后计算得到的三条悬置路径激励力,在条件数改善的频段内,不剔除极小奇异值会放大矩阵求逆过程中的冗余信息,从而得到偏大的激励力幅值。而在后悬置路径上,极小奇异值的剔除几乎不影响其激励力计算结果,说明选取的1%极小奇异值未出现在这些路径对应的传递函数奇异值上。

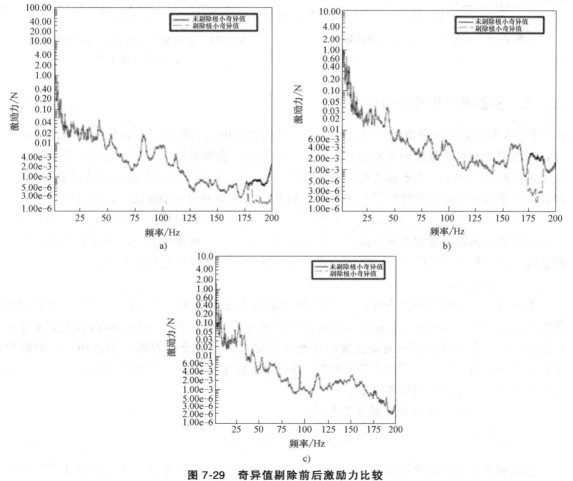

图7-29 奇异值剔除前后激励力比较

a) 左悬置 Y 向路径　b) 右悬置 Y 向路径　c) 后悬置 Y 向路径

前面提到采用振动加速度作为指示点响应信号，由于加速度信号在路径结构上的全局响应特性造成传递函数之间出现部分相似的线性相关现象，导致传递函数矩阵的病态，通过增加方程数以及剔除极小奇异值加以改善。另一种改善传递函数矩阵条件的方法是在各路径指示点使用应变信号代替加速度信号响应，这是由于应变信号只反映结构的局部响应，这使得指示点的响应信号差异较大（图7-30），由此得到的传递函数之间趋向于线性不相关。因此，所组成的传递函数矩阵条件更好（图7-31），激励力的计算将更接近于图7-26a中的情形，误差更小。相较于增加方程数和剔除极小奇异值的方法，应变响应的方法更能从本质上解决传递函数矩阵的病态。

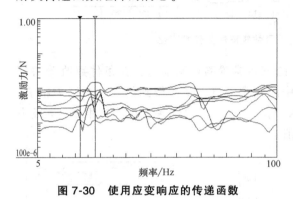

图7-30　使用应变响应的传递函数

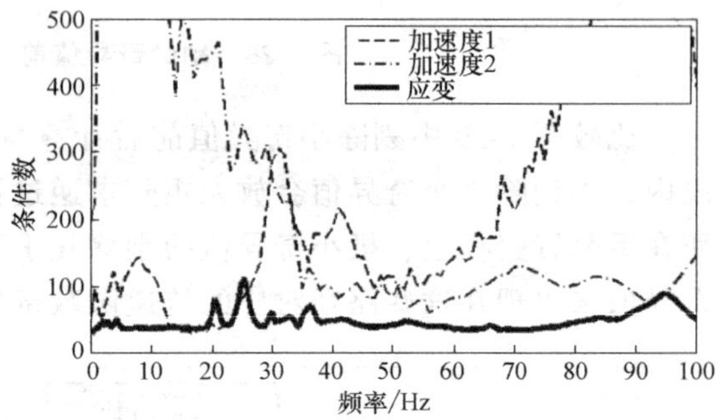

图7-31　加速度响应与应变响应传递函数
矩阵条件数比较

7.1.6　多参考传递路径分析

7.1.4节所讨论的单参考传递路径分析问题相对简单，只需进行多条传递路径的贡献量计算。而对于有多个激励源激励的传递路径分析方法，必须要分析激励源之间的关系，当系统中的激励源之间是完全不相关的，可以采用测量单个互功率谱的方法与其他激励源分离，即选择一个反映该激励源特性的点进行参考测量；当系统中的激励源之间是部分相关的，即并不是完全不相关，而是部分相关，或者说物理方法上并不能很好地分离，测量中就需要采用多参考谱，为解决这种由多个激励引起的耦合问题，需要将部分相关的源分解为独立的非耦合源后再按照单参考问题进行分析，这种分解的过程采用主分量分析技术。

1. 主分量分析

主分量分析一般采用"奇异值解耦"的虚拟相关分析技术，即利用另一组基去表示所测得的数据空间，将测量得到的部分相关信号组利用奇异值分解（SVD）解耦为正交基分量（即主分量），然后其他所有测量位置的功率互谱信号都将被分解为相对于这些主分量的单个参考功率互谱，称为"虚拟功率互谱"，利用对应的主分量自功率谱来度量各功率互谱就可得到参考谱，称之为虚拟参考谱。

若有参考点 X 与响应点 Y 的互功率谱：

$$G_{XY}(f) = X^*(f)Y^*(f) \tag{7-34}$$

假设响应 Y 受到 n 个激励源 $S_1, S_2, \cdots, S_n$ 的影响，如果可以分离出完全不相干的 n 个参考 $X_1, X_2, \cdots, X_n$，即

$$\overline{G_{XX}} = XX^* = \begin{pmatrix} X_1 X_1^* & 0 & \cdots & 0 \\ 0 & X_2 X_2^* & \cdots & 0 \\ \vdots & \vdots & & \vdots \\ 0 & 0 & \cdots & X_n X_n^* \end{pmatrix} \tag{7-35}$$

把多参考问题分解成多个不相关的单参考问题，所有的响应 Y 相对于某一个参考有定义明确的相位关系：

$$\overline{G_{YX}} = YX^* = \begin{pmatrix} Y_1 X_1^* & Y_1 X_2^* & \cdots & Y_1 X_n^* \\ Y_2 X_1^* & Y_2 X_2^* & \cdots & Y_2 X_n^* \\ \vdots & \vdots & & \vdots \\ Y_m X_1^* & Y_m X_2^* & \cdots & Y_m X_n^* \end{pmatrix} \tag{7-36}$$

而实际测量到的不同参考之间总是部分相关的，即在式（7-35）中，矩阵的非对角线上不为零：

$$\overline{G_{XX}} = XX^* = \begin{pmatrix} X_1 X_1^* & X_1 X_2^* & \cdots & X_1 X_n^* \\ X_2 X_1^* & X_2 X_2^* & \cdots & X_2 X_n^* \\ \vdots & \vdots & & \vdots \\ X_n X_1^* & X_n X_2^* & \cdots & X_n X_n^* \end{pmatrix} \tag{7-37}$$

采用奇异值分解法，将式（7-37）中的矩阵对角化，得

$$\overline{G_{X'X'}} = X'X'^* = \begin{pmatrix} X_1' X_1'^* & 0 & \cdots & 0 \\ 0 & X_2' X_2'^* & \cdots & 0 \\ \vdots & \vdots & & \vdots \\ 0 & 0 & \cdots & X_n' X_n'^* \end{pmatrix} \tag{7-38}$$

式中，X' 代表了虚拟参考谱。实际参考谱矩阵 XX^* 经奇异值分解后变为

$$XX^*_{\ n \times n} = U_{n \times n} \Sigma_{n \times n} U_{n \times n}^{\mathrm{H}} \tag{7-39}$$

$$\Sigma_{n \times n} = \begin{pmatrix} \sigma_1 & 0 & \cdots & 0 \\ 0 & \sigma_2 & \cdots & 0 \\ \vdots & \vdots & & \vdots \\ 0 & \cdots & \cdots & \sigma_n \end{pmatrix} \tag{7-40}$$

式中，$\sigma_1 > \sigma_2 > \sigma_3 > \cdots > \sigma_n$。

将式（7-38）代替式（7-40）可得虚拟参考谱矩阵与实际参考谱矩阵的关系为

$$XX^* = UX'X'^* U^{\mathrm{H}} \tag{7-41}$$

式（7-40）和式（7-41）表明奇异值 σ_i 就是虚拟参考谱的自功率谱，即主分量自功率谱，虚拟参考谱 X' 之间都是不相关互相独立的，主分量自功率谱按照 σ_i 的大小进行降序排列，主分量的自功率谱数值越大表示它所占的贡献量越高。

2. 路面噪声的多参考传递路径分析

车内噪声除了动力系统激励的贡献外，路面激励也占据了很大一部分，特别是在 50～90km/h 中速行驶工况下（图 7-32）。路面激励主要由两个方面组成：一是轮胎通过与路面

接触而发生压缩变形，产生垂向激励力；另一个是轮胎滚动时与路面摩擦产生的纵向激励力，这两个激励力除了引起轮胎的辐射噪声，还通过轮胎胎腔和轴头经悬架系统传递到车身，引起车内的振动噪声。

车辆路面噪声是由车轮传递的激励作用在悬架系统产生的，而车轮激励之间存在部分相关的特性，没有固定的相位关系，这就意味着需要多个参考信号。车内的路面噪声

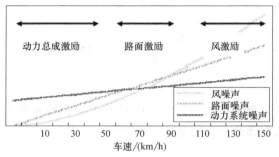

图 7-32　车内噪声激励源分布

应是所有不相关的独立激励所引起的噪声响应之和，为了确定路面噪声是由哪些独立分量组成的，首先，将运行工况下的参考信号分解为独立的分量，车内的总响应可以看成这些独立分量的叠加。其次，对每一个分量以单参考传递路径进行分析，从而针对每个主分量确定路径的贡献。最后，采用均方根值求和将所有独立分量中同一路径的贡献叠加得到该路径的总体贡献。

以具有独立悬架和承载式车身的车辆为例，轮胎的激励力有两条主要传递通道：一是通过悬架弹簧和减振器传到车身；二是通过摇臂铰接点、托架传到车身托架支承部位。如果有横向稳定杆和纵向推力杆，应考虑其与车身的连接。对于转向轮，车轮激励力会传到转向臂，并通过安装在托架上的转向结构传到车身。进行路面噪声传递路径分析时，轮胎作为主动侧，汽车车身（包括悬架系统在内）为被动侧，连接车轮和车身的各运动副为主、被动侧的耦合点，驾驶人右耳的声压为目标响应。前、后悬架的传递路径示意如图 7-33 所示，车辆前悬架为麦弗逊式独立悬架，左右各有 5 个耦合点，30 条传递路径；后悬架为两连杆式独立悬架并带有后副车架，左右各有 8 个耦合点，48 条传递路径。由此，前、后悬架共有 78 条传递路径。

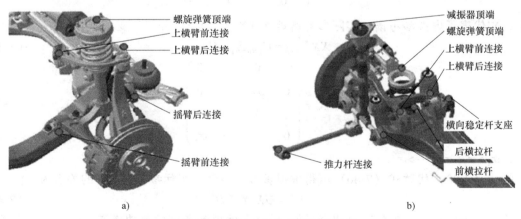

图 7-33　前、后悬架的传递路径示意

a）前悬架　b）后悬架

路面噪声传递路径分析只考虑车轮激励引起的车内噪声，理想的状态是测量时关闭其他激励源，如动力系统，这就需要在带底盘测功机转鼓的半消声室内通过转鼓驱动车辆实现。

根据激励源的位置，通常可选取四轮轴头的振动加速度为参考点，对轴头振动信号进行

主分量分解得到独立的结构主分量信息，但并不是所有的结构主分量最终都能够引起车内噪声。换句话说，四轮轴头的振动信号包含了多个独立的结构振动激励源信息，但不是所有的振动激励源都会产生车内噪声。这就意味着，采用轴头振动作为参考信号进行主分量分解可能会产生与车内噪声无关的主分量。

由于车轮激励之间部分相关，由此所引起的车内不同位置的噪声信号也是部分相关的，这些噪声信号包含了车轮激励相关部分的所有信息。并且，四轮激励所包含的互不相关的独立激励数量不会超过 4 个。因此，可采用车内 4 个不同位置的噪声作为参考信号，对其进行主分量分解得到的独立分量幅值代表了车内路面噪声中存在的互不相关独立激励所引起的那部分的噪声能量。

图 7-34 所示为转鼓驱动车辆在 60km/h 的时速运行时车内 4 个不同位置的噪声频谱及其主分量谱。在 86Hz 处，车内噪声有明显峰值，并且第一阶主分量占据主要能量。这说明在 86Hz 处的噪声仅由一个独立的激励所引起，也反映了在此频率处四轮的激励是完全相关的。

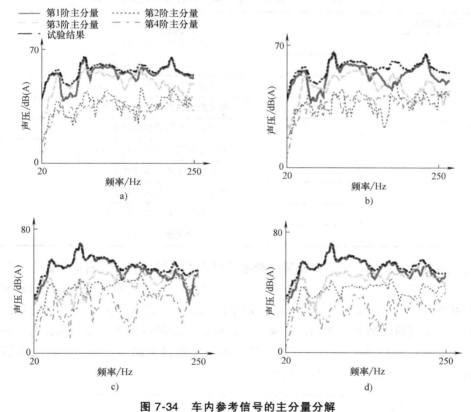

图 7-34　车内参考信号的主分量分解

a）驾驶人左耳　b）副驾驶左耳　c）左后乘客右耳　d）右后乘客右耳

在分解并选出主要的主分量之后，就可按照单参考传递路径分析方法对该主分量代表的独立激励进行路径贡献分析，采用矩阵求逆法计算路径激励力。需要注意的是，测量传递函数时同样应将悬架各路径耦合点解耦拆除，此时，应将车身自由悬吊或以软垫支承。分析得到此例中针对一阶主分量的路径贡献如图 7-35 所示，对应 86Hz 副驾驶左耳噪声响应的路径贡献排序见表 7-1。

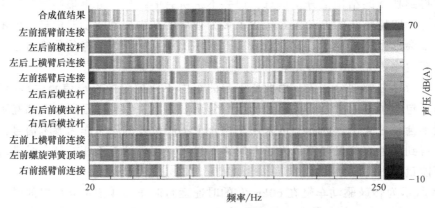

图 7-35　针对一阶主分量的路径贡献图

表 7-1　对应 86Hz 副驾驶左耳噪声响应的路径贡献排序

贡献量排序	传 递 路 径
	后悬架左侧前横拉杆 X 向
	后悬架右侧后横拉杆 X 向
	后悬架左侧后横拉杆 X 向
	前悬架左侧摇臂后连接点 X 向
大	后悬架左侧前横拉杆 Z 向
↓	前悬架左侧摇臂前连接点 Z 向
小	后悬架左侧前横拉杆 X 向
	前悬架左侧摇臂前连接点 X 向
	后悬架左侧后横拉杆 Z 向
	后悬架左侧后横拉杆 Y 向

　　上例中路面噪声问题频率下仅有第一阶主分量占据主导，只需针对第一阶主分量进行传递路径分析。很多情况下，路面噪声存在多个独立激励源，车内参考点信号在问题频率处会出现多个主要的主分量。如图 7-36 所示，在频率 100Hz 下有两阶主分量幅值较高，说明此频率下有两个不同的激励共同作用产生噪声，此时需要针对两阶主分量分别进行单参考传递路径分析，得到图 7-37 所示两个独立激励各自的传递路径贡献。某一路径的总体贡献就是两个独立分量中同一路径贡献的均方根叠加。

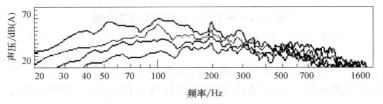

图 7-36　问题频率下有两阶主分量共同作用

　　路面噪声的多参考传递路径分析技术在原理上并不复杂，但由于底盘悬架结构的复杂性，从轮胎到车内的传递路径数量十分庞大，因此相对于单参考传递路径分析，建立一套完

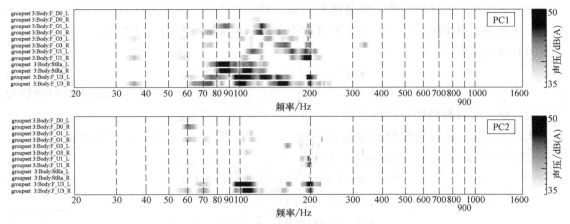

图 7-37 两个独立激励各自的传递路径贡献

整的路面噪声传递路径模型需要的试验量更庞大。同时还需解决矩阵数值计算稳定性、数据处理技术等多方面问题。目前已有成熟的商业软件，比自己编程更方便有效，如西门子工业软件公司的 TPA 传递路径分析软件在行业中应用比较普遍。

7.1.7 时域传递路径分析

前面所介绍的传递路径分析都是研究问题频率下传递路径的贡献大小，激励力、响应以及传递函数都是在频域中描述的，属于频域传递路径分析方法。该方法对工况时域信号进行傅里叶变换转换为频域数据，在信号处理时对测量的工况时域数据进行平均化处理。因此，频域传递路径分析适用于稳态工况或者缓慢升降速等准稳态工况。然而汽车经常遇到起动、急升速降速、道路冲击、关门等短时瞬态工况，这类工况下激励源及车内噪声响应有着较宽的频谱特性，人们更关心的是某一时刻（如噪声峰值时刻）下传递路径的贡献情况。此时，就需要采用时域传递路径分析技术。时域传递路径分析是分解量化瞬态工况下车内振动噪声传递路径的有效途径。

1. 时域传递路径分析原理

同时考虑结构声和空气声的噪声总贡献的时域表达为

$$p(t) = \sum_{i=1}^{m} p_i^{sb}(t) + \sum_{j=1}^{n} p_j^{ab}(t) \tag{7-42}$$

式中，t 是时间变量；$p(t)$ 是结构声和空气声的总声压贡献；$p_i^{sb}(t)$ 是第 i 条结构路径的时域声压贡献；$p_j^{ab}(t)$ 是第 j 条空气路径的时域声压贡献。

对于整车振动噪声线性系统的假设，系统的时域响应为时域激励信号与系统的单位脉冲响应函数的卷积：

$$p(t) = \sum_{i=1}^{m} h_i^{sb} * f_i(t) + \sum_{j=1}^{n} h_j^{ab} * q_j(t) \tag{7-43}$$

式中，$f_i(t)$ 是结构声第 i 条路径的激励力；h_i^{sb} 是结构声第 i 条路径对目标点的单位脉冲响应函数；$q_j(t)$ 是第 j 个空气声声源体积速度；h_j^{ab} 是空气声第 j 条路径对目标点的单位脉冲响应函数；$*$ 表示卷积。

时域激励信号的获取同频域传递函数分析一样，需要测量路径耦合点附近的指示点加速度或应变响应，而单位脉冲响应函数通过对测量的频率响应函数进行傅里叶逆变换得到。指示点的时域响应为

$$a(t)_{l\times1} = h(t)_{l\times m} * f(t)_{m\times1} \tag{7-44}$$

式中，$a(t)$ 是 l 个指示点响应的时间历程构成的向量；$f(t)$ 是 m 条路径激励力的时间历程构成的向量；$h(t)$ 是激励力对指示点 $l\times m$ 维单位脉冲响应函数矩阵。

从式（7-44）中反解出路径激励力向量 $f(t)$ 的过程称为反卷积，为此将指示点响应 $a(t)$ 通过时域反卷积滤波系统 $s(t)$ 时关系如下：

$$f(t) = s(t) * a(t) = s(t) * h(t) * f(t) \tag{7-45}$$

反卷积要能够得到 $f(t)$ 必须满足以下关系：

$$s(t) * h(t) = \text{diag}[\delta_1(t), \delta_2(t), \cdots, \delta_m(t)] \tag{7-46}$$

式中，$\delta_i(t)(i=1, 2, \cdots, m)$ 均为狄拉克函数。

对式（7-46）两边做傅里叶变换可得：

$$S(f)H(f) = E \tag{7-47}$$

式中，$S(f)$、$H(f)$ 分别是 $s(t)$、$h(t)$ 的傅里叶变换；E 是单位矩阵。

由式（7-47）可知，$S(f)$ 与 $H(f)$ 互为广义逆。因此，首先测量获得各路径激励力到指示点响应的频率响应函数矩阵 $H(f)$，然后求其广义逆得到反卷积的滤波系统的频率响应函数矩阵 $S(f)$，接着采用频率采样法将其构造成有限脉冲响应数字滤波器（FIR）矩阵 $s(n)$，再将指示点时域响应信号通过滤波便得到各路径耦合点的时域激励力 $f(t)$。

由于时域激励力的计算是基于频率响应函数矩阵的广义逆矩阵，因此，同样会受到频率响应函数矩阵病态的影响。此时，也需要按 7.1.5 节中的方法检查矩阵条件数并剔除极小奇异值，以减小矩阵求逆过程中的偏差。

采用频率采样法构造有限脉冲响应数字滤波器（FIR）矩阵，对去卷积滤波系统的频率响应函数矩阵 $S(f)$ 进行 N 点等间隔采样，即可得理想去卷积滤波系统的振幅响应 $S(\omega_k)$，ω_k 为采样频率，$k=0, 1, 2, \cdots, N-1$。

要使反卷积滤波系统具有线性相位的特性，则其频率响应有如下形式：

$$S(k) = |S(\omega_k)|\mathrm{e}^{-\mathrm{j}\omega\tau} \tag{7-48}$$

式中，τ 是一个实数，且 $\tau = \dfrac{N-1}{2}$；ω 是 $[0, 2\pi]$ 区间等分成 N 点后的频率值。

再对 N 点 $S(k)$ 进行离散傅里叶变换，即可唯一确定反卷积滤波系统的单位脉冲响应 $s(n)$，即

$$s(n) = \frac{1}{N}\sum_{k=0}^{N-1}S(k)\mathrm{e}^{\mathrm{j}\frac{2\pi}{N}kn} \tag{7-49}$$

由频率采样定理中的内插公式可知，还可以利用这 N 个频率采样值 $S(k)$ 得到去卷积滤波系统的频率响应 $S(\mathrm{e}^{\mathrm{j}\omega})$：

$$S(\mathrm{e}^{\mathrm{j}\omega}) = \mathrm{e}^{-\mathrm{j}\frac{N-1}{2}\omega}\sum_{k=0}^{N-1}\frac{1}{N}\mathrm{e}^{\mathrm{j}\frac{N-1}{N}\pi k}S(k)\frac{\sin\left[N\left(\dfrac{\omega}{2} - \dfrac{\pi k}{N}\right)\right]}{\sin\left(\dfrac{\omega}{2} - \dfrac{\pi k}{N}\right)} \tag{7-50}$$

所有单位脉冲响应 $s(n)$ 构成的反卷积滤波矩阵可写成如下形式：

$$s(n)=\begin{pmatrix} s_{11}(n) & s_{12}(n) & \cdots & s_{1l}(n) \\ s_{21}(n) & s_{22}(n) & \cdots & s_{2l}(n) \\ \vdots & \vdots & & \vdots \\ s_{m1}(n) & s_{m2}(n) & \cdots & s_{ml}(n) \end{pmatrix} \tag{7-51}$$

因此，路径耦合点激励力可表示为如下卷积形式：

$$\begin{pmatrix} f_1 \\ f_2 \\ \vdots \\ f_m \end{pmatrix}=\begin{pmatrix} s_{11}^{sb} & s_{12}^{sb} & \cdots & s_{1l}^{sb} \\ s_{21}^{sb} & s_{22}^{sb} & \cdots & s_{2l}^{sb} \\ \vdots & \vdots & & \vdots \\ s_{m1}^{sb} & s_{m2}^{sb} & \cdots & s_{ml}^{sb} \end{pmatrix}*\begin{pmatrix} a_1 \\ a_2 \\ \vdots \\ a_l \end{pmatrix} \tag{7-52}$$

式中，s_{ij}^{sb}（$i=1$，2，$\cdots$，m；$j=1$，2，$\cdots$，l）表示构造的结构声反卷积滤波系统的第 i 个激励力 f_i 对第 j 个指示点响应 a_j 的单位脉冲响应函数。

同样的方法可以得到空气声反卷积滤波的单位脉冲响应函数矩阵及时域体积速度激励向量：

$$\begin{pmatrix} q_1 \\ q_2 \\ \vdots \\ q_n \end{pmatrix}=\begin{pmatrix} s_{11}^{ab} & s_{12}^{ab} & \cdots & s_{1r}^{ab} \\ s_{21}^{ab} & s_{22}^{ab} & \cdots & s_{2r}^{ab} \\ \vdots & \vdots & & \vdots \\ s_{n1}^{ab} & s_{n2}^{ab} & \cdots & s_{nr}^{ab} \end{pmatrix}*\begin{pmatrix} p_1 \\ p_2 \\ \vdots \\ p_r \end{pmatrix} \tag{7-53}$$

式中，s_{ij}^{ab}（$i=1$，2，$\cdots$，n；$j=1$，2，$\cdots$，r）表示构造的空气声反卷积滤波系统的第 i 个体积速度 q_i 对第 j 个指示点声压 p_j 的单位脉冲响应函数。

基于同样的原理，采用路径激励点到目标点的频率响应函数可以构造出相应的单位脉冲响应函数 h_i^{sb} 和 h_j^{ab}，结合式（7-52）和式（7-53），按照式（7-43）就可计算出各路径的时域声压响应，并在时间历程上分析其贡献量。

2. 车内瞬态振动噪声的时域传递路径分析

时域传递路径分析技术是研究瞬态工况下车内振动噪声各个时刻路径贡献量大小的有效方法。下面对其所应用的两种案例进行介绍。

（1）加速踏板急加急减（tip-in/tip-out）工况下车内振动的传递路径分析

车辆行驶中当加速踏板急加（tip-in）和急减（tip-out）时，传动系统中会产生瞬时的扭矩振荡，其中的低频振动成分会通过动力总成、悬架和车身模态被放大而造成明显的车内振动。图 7-38 所示为在急加和急减工况下车内座椅导轨纵向（X 向）均出现明显的瞬态振动。

由于目标响应点为座椅导轨振动加

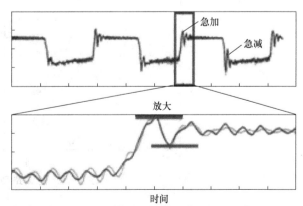

图 7-38 急加和急减工况下车内座椅导轨纵向瞬态振动

速度，因此，只考虑结构路径，不存在空气路径。该瞬态振动的传递路径不仅涉及动力总成悬置点，还包括了悬架系统悬置点。各路径时域激励力采用前面介绍的频率响应函数矩阵广义逆的反卷积得到。为了更好地克服频率响应函数矩阵病态问题，指示点响应采用了记录动态应变信号的应变传感器。

试验中采集急加急减工况下的目标点振动加速度及指示点应变信号，频率响应函数的测量方法与频域传递函数分析中一致。关键是将测得的频率响应函数按照式（7-47）~式（7-51）转变为相应的单位脉冲响应函数，结合对指示点响应信号的卷积计算，获取时域路径激励力。图7-39和图7-40所示为反卷积滤波的单位脉冲响应函数和计算得到的时域路径激励力。

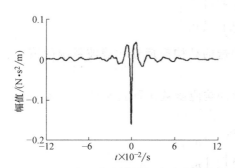

图7-39　反卷积滤波的单位脉冲响应函数

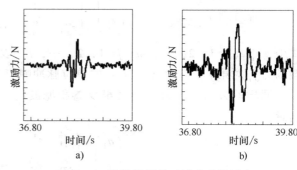

图7-40　计算得到的时域路径激励力

a）发动机悬置纵向路径　b）悬架路径侧向路径

最后，按照式（7-43）在时域上合成所有路径的振动贡献分量得到图7-41所示的时域路径贡献图，各路径在任何时刻的贡献量也一目了然，这是在频域传递路径分析中无法实现的。如果考虑各路径分量相位的矢量叠加，将某一时刻下所有路径贡献量制成柱状图显示路径的正负贡献，图7-42所示为振动峰值时刻路径正负贡献。该图清晰地指出了由发动机两个悬置路径与悬架某一悬置路径传递的瞬态振动能量较为突出。

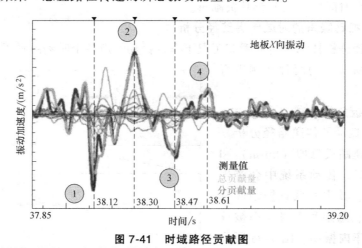

图7-41　时域路径贡献图

（2）车门关闭瞬态声传递路径分析　关门声是一种典型的瞬态声，虽然车门与车身的撞击时间极短（100ms以内），但是车门是在不同的时刻撞击车身各部分，如下门框到B

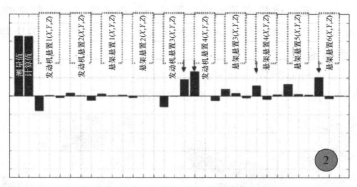

图 7-42　振动峰值时刻路径正负贡献

柱，再到上门框。各部分不同时刻的碰撞产生了总体的关门噪声，要研究哪个时刻下哪一部分撞击的贡献大就需要采用时域传递路径分析方法。

关门声的贡献一部分来自由车身与车门、门锁与锁扣之间撞击力产生的结构声路径，同时还要考虑车门密封和车身之间撞击直接辐射出的空气声的路径。车门与车身发生碰撞激励实际为一个闭合环形的连续路径结构，根据传递路径分析的原理，车门与车身被视为线性系统，即环状路径上不同点的振动始终存在线性关系，仅用一个路径激励点就能代表整个车门车身的振动。但在实际中，关门碰撞的振动在各个位置并非是完全线性的，为了提高分析的准确度，在传递路径分析中需要对环形路径进行离散化处理，将其分解为图 7-43 所示同时存在的若干个点激励源，结构声路径主要划分为下门框、上门框、A 柱、B 柱、铰链柱以及门锁，同时，空气声也产生于这些位置，也做相似处理。

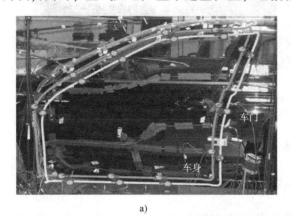
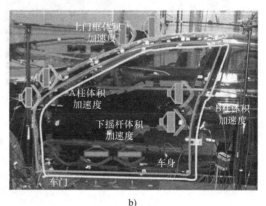

a)　　　　　　　　　　　　　　　　b)

图 7-43　环形路径的离散化

a）结构声路径　b）空气声路径

在这里需要注意的是，关门撞击力的作用是双向的，既对车身也对车门产生激励。因此，车身及车门在交界面上都存在结构路径，需要同时考虑。结构声激励力与空气声激励体积速度也采用矩阵求逆法获得。按照超定因数为 2 在所有路径附近采集相应的指示点信号，结构激励采用加速度或应变，空气激励采用传声器测量声压。整个关门声传递路径分析的测量步骤为：

1）力锤激励离散后的结构路径点，测量其与指示点之间的频率响应函数。

2）采用互易法使用低频体积声源激励并测量结构路径的结构声频率响应函数。

3）使用中高频体积声源激励并测量离散后的空气路径与指示点传声器，以及车外目标响应点的两种频率响应函数。

4）关门工况下测量目标响应点与所有指示点信号。

所有测量均在消声室内进行，部分测量过程如图 7-44 所示。

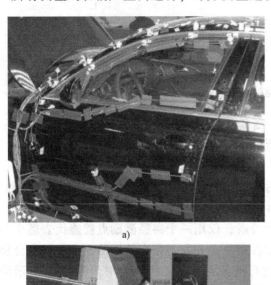
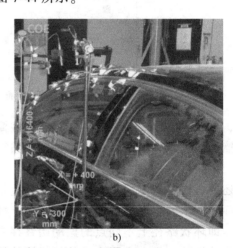

a)

b)

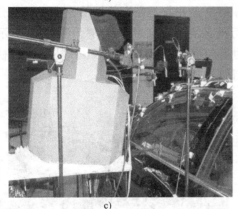
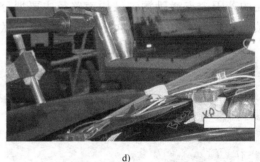

c)

d)

图 7-44　部分测量过程

a）车门与车身结构路径指示点　　b）车外目标点及空气声路径指示点

c）互易法测量结构声频率响应函数　　d）空气声频率响应函数测量

同样按照时域传递路径分析的原理，计算出关门声在时域上的路径贡献，图 7-45 所示为门锁、锁扣和部分空气声路径在瞬态关门声各时刻的贡献量。针对某一时刻（如峰值时刻）或整个声音时间历程还可以进一步分析各路径的频域贡献。图 7-46 所示为整个关门声时间历程上各类路径的频域总体贡献量，其中，车门板、车身、门锁和锁扣在中高频贡献能量较高，而空气声在中低频有较大作用。

传递路径分析是研究汽车振动噪声问题强有力的工具，能够深入了解问题的根源及其传递途径，为整车或零部件振动噪声性能的设计开发和优化改进提供坚实的依据。进行传递路径分析首先要明确振动噪声问题源头的性质，是单参考问题（如动力总成）还是多参考问题（如路面噪声）？其次要确定分析的域，频域通常针对稳态或缓变工况（如怠速、匀速、

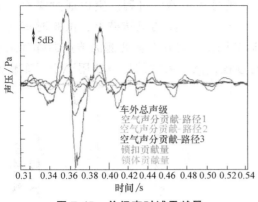

图 7-45　关门声时域贡献量

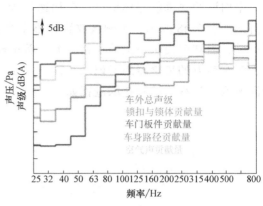

图 7-46　关门声频域贡献量

缓加速），而时域分析更适合瞬态工况（如急加减速、冲击、开关门等）。在进行工况及频率响应函数的测量时，理想情况是同时采集所有目标点及路径指示点的信号，但受到实际传感器及数据采集系统通道数量的限制，一次完成所有测量十分困难。通常采取分批测量方式，此时应保证各批测量时被测对象边界条件的一致性，如发动机温度、车身支承方式等。同时建议在所有批次测量中都包含目标响应点的测量，用于检查各批测量工况的一致性。为了保证这样的一致性，传递路径分析的测量通常在带有底盘测功机转鼓的半消声室内进行。根据涉及的路径数量不同，试验及分析的周期也不同，一个完整的传递路径分析周期可能会长达两个月。

7.2　汽车室内加速通过噪声贡献量分析技术

汽车的噪声问题不限于车内，行驶过程中向环境辐射的车外噪声对人群的影响更广。我国对机动车加速行驶的车外噪声有着强制的限值要求，并有相应的试验标准 GB 1495—2002。国际上，欧洲经济委员会（ECE）和国际标准化组织（ISO）对车外加速噪声也都有类似的标准，如 ECE R51 和 ISO 362。这些标准的试验条件都为室外道路，并且以评判车外噪声是否超出限值为试验目的。研究人员更希望了解的是车辆各类声源对车外噪声的各自贡献量，以便有针对性地改善车外噪声。

传递路径分析技术的发展为车外噪声贡献量分析提供了理论基础。同时，底盘测功机转鼓、整车半消声室以及数据采集系统等汽车振动噪声试验设备都已十分成熟，为车外噪声贡献量分析提供了平台。就此发展出了基于传递路径分析理论在整车半消声内进行的汽车室内通过噪声贡献量分析技术。

7.2.1　汽车室内通过噪声试验原理

室内通过噪声试验是对室外试验的模拟并还原出汽车的行驶状态。根据我国汽车通过噪声试验标准 GB 1495—2002《汽车加速行驶车外噪声限值及测量方法》，室外通过噪声试验方法如图 7-47 所示。由测量区的中心始，加速段长度为 $2\times(10m\pm0.05m)$，AA' 线为加速始端线，BB' 线为加速终端线，CC' 线为行驶中心线。传声器布置在离地高 1.2m±0.02m，距离行驶中心线 CC'7.5m±0.05m 处。车辆加速行驶并测量车外噪声的距离为 AA' 线至 BB' 线之间的 20m。

室内试验要求能够模拟出汽车加速行驶 20m 并驶过传声器的过程。室内通过噪声试验示意图如图 7-48 所示，车辆被放置在整车半消声室内的底盘测功机转鼓上，试验时车辆定置行驶，由转鼓提供模拟的道路阻力。而车辆的运动则由放置在车辆两侧的传声器阵列来模拟，汽车前方的传声器用于记录车辆进入 AA' 线的过程，汽车后方的传声器用于记录车辆离开测量区的过程。信号获取过程如下：

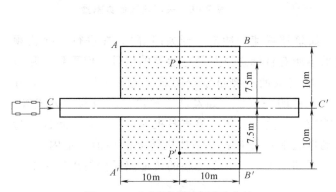

图 7-47　室外通过噪声试验方法

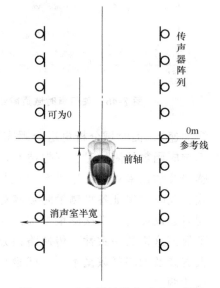

图 7-48　室内通过噪声试验示意图

1）设单侧线性传声器阵列的传声器位置坐标依次为 m_1，m_2，$\cdots$，m_x。

2）试验开始，所有传声器同时开始测量，获得 m_1，m_2，$\cdots$，m_x 处噪声的时间信号，由车速信号可得出车辆位置随时间变化的关系：

$$x(t) = C_{\text{te}} + \int_0^t v(\tau)\,\mathrm{d}\tau \tag{7-54}$$

式中，C_{te} 是汽车的初始位置。

此时便可获得相应位置传声器所应取信号的时刻 t_x，如图 7-49 所示。

3）利用传声器阵列的间隔，对获得的噪声时间信号进行截断处理，如从 m_1 到 m_2 过程中，汽车行驶时间从 t_1 到 t_2，在 m_1 时域信号中截取 t_1 时刻到 t_2 时刻的信号，最后共获得 $x-1$ 个信号段，时间信号截取过程如图 7-50 所示，表示车辆加速阶段，通过相同距离用时逐渐缩短。

4）对截取的时间信号按顺序合成图 7-51 中汽车行驶过程完整的噪声时间信号，采用插值法可获得总声压级曲线。

根据原理易知，相邻传声器间隔距离决定了测量的精度，间距越小，精度越高；但间距太小

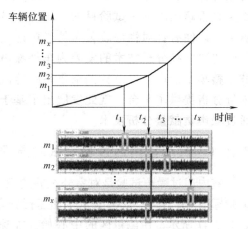

图 7-49　车辆位置随时间变化的关系及
传声器所应取信号的时刻 t_x

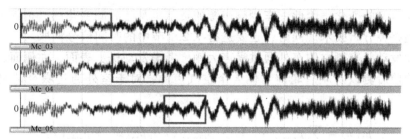

图 7-50 时间信号截取过程

会使间距内采样时间过短导致采样点数不足，间距取 0.8～1.0m 为宜。室内通过噪声试验就是通过对传声器阵列信号的截取与再合成实现车辆室外行驶噪声测量的模拟。

国际标准化组织标准 ISO 362 要求室内通过噪声试验的半消声室长度 $l_{\min,\text{room}}$ 应满足：

$$l_{\min,\text{room}} = 20\text{m} + l_{\text{veh}} + 2d_{\text{absorb}} + 2 \times \frac{1}{4}\lambda_{\text{cut off}} \quad (7\text{-}55)$$

式中，l_{veh} 是试验车辆车长；d_{absorb} 是消声室吸音层厚度；$\lambda_{\text{cut off}}$ 是截止频率波长。

若半消声室的长度不能满足式（7-55）的最小长度要求，传声器阵列就无法达到测量区域长度。此时需要对传声器位置做出修正。放置在转鼓的车辆中心到传声器阵列两端的观察角度在 120° 左右，可将超出消声室长度位置的传声器调整至图 7-52 所示相应观察角度的连线上。由于位置修正的传声器相对于车辆距离还是属于远场范围，对这些传声器的信号根据声学反二次方定律进行修正就能得到相应阵列位置的通过噪声。

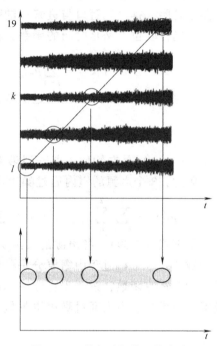

图 7-51 噪声时间信号的合成

7.2.2 通过噪声贡献量分析

汽车的车外通过噪声是汽车各声源系统通过空气向外辐射产生的，属于空气声范畴。因此，通过噪声的贡献量分析采用 7.1.3 节中空气声传递路径分析方法。此时，目标点转变为车外 7.5m 处的传声器阵列。车外通过噪声最主要的声源来自于发动机表面声辐射、进排气管口声辐射以及轮胎/路面声辐射，阵列中各传声器到声源位置之间

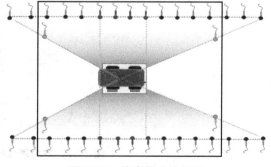

图 7-52 传声器位置修正

形成了空气声路径，由于是空气声传递，各路径之间不存在耦合。

传声器阵列模拟车辆行驶的实时位置，能够拟合出通过噪声随车辆行驶位置的变化，实

际上也就是随时间的变化。因此，车辆噪声源的贡献也是随时间变化的，贡献量的分析需要采用时域传递路径分析技术。同时，也要进行 7.2.1 节中的时间信号截取。

以某汽油发动机车辆左侧车外通过噪声为例，考虑发动机上表面、左侧面、进气口、排气口、左前轮前后侧以及左后轮前后侧 8 个空气声源，对于室外通过噪声试验，左侧总噪声为

$$p_1(x) = \sum_{i=1}^{2} p_{\text{eng},i}(x) + \sum_{j=1}^{4} p_{\text{tire},j}(x) + p_{\text{tp}}(x) + p_{\text{snkl}}(x) \tag{7-56}$$

式中，$p_1(x)$ 是左侧随行驶位置变化的通过噪声；$p_{\text{eng},i}$、$p_{\text{tire},j}$、p_{tp} 与 p_{snkl} 分别是发动机、左前后轮胎、排气尾管口与进气口的噪声贡献量。

车辆行驶位置又是时间的函数，根据式（7-54）可将式（7-56）写为

$$p_1(t) = \sum_{i=1}^{2} p_{\text{eng},i}(t) + \sum_{j=1}^{4} p_{\text{tire},j}(t) + p_{\text{tp}}(t) + p_{\text{snkl}}(t) \tag{7-57}$$

而室内通过噪声试验是通过截取传声器阵列信号合成模拟的通过噪声信号：

$$p_1(t) = \sum_{k=1}^{n} p_{1,k}(t_k) \tag{7-58}$$

式中，$p_{1,k}(t_k)$ 是左侧传声器阵列第 k 个传声器在 k 时段的通过噪声；n 是传声器数量。

因此，8 个声源的室内通过噪声贡献量分析表示为

$$p_1(t) = \sum_{k=1}^{n}\sum_{i=1}^{2} p_{\text{eng},i,k}(t_k) + \sum_{k=1}^{n}\sum_{j=1}^{4} p_{\text{tire},j,k}(t_k) + \sum_{k=1}^{n} p_{\text{tp},k}(t_k) + \sum_{k=1}^{n} p_{\text{snkl},k}(t_k) \tag{7-59}$$

根据式（7-59），各声源的贡献量需要通过时域传递路径分析技术结合各时段的噪声信号合成获得。分析过程中需要分别测量阵列中所有传声器测点以及所有指示点的工况响应信号与频率响应函数，进一步将频率响应函数转换为脉冲响应函数并计算得到各声源时域载荷及噪声贡献量，室内通过噪声贡献量测量示意如图 7-53 所示。

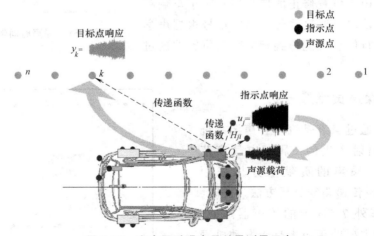

图 7-53　室内通过噪声贡献量测量示意

如图 7-54 所示，将车辆置于半消声室内四驱底盘测功机转鼓上，以车辆前轴中心为纵向原点（坐标为 0），汽车后方为正方向，建立坐标轴，取阵列传声器数量为 15，各传声器的位置坐标见表 7-2，传声器阵列布置如图 7-55 所示。

表 7-2　阵列中各传声器的位置坐标　　　　　　　　（单位：m）

编号	坐标	编号	坐标	编号	坐标
L1	−9	L6	−1.75	L11	5.5
L2	−7.55	L7	−0.3	L12	6.95
L3	−6.1	L8	1.15	L13	8.4
L4	−4.65	L9	2.6	L14	9.85
L5	−3.2	L10	4.05	L15	11.3

图 7-54　车辆固定在四驱转鼓试验台上

图 7-55　传声器阵列布置

8 个声源的指示点数量按照超定因素为 2 确定为 16 个，分别布置在声源近场。图 7-56 所示为排气管口与轮胎声源的指示点测点位置。传递函数采用直接测量法，由于只考虑空气声传递路径，在声源发声位置布置体积声源激励，如图 7-57 所示的发动机上表面与进气管口声源位置。

a)

b)

图 7-56　排气管口与轮胎声源的指示点测点位置

a）排气管口　b）轮胎

a)　　　　　　　　　　　　　　　　　　b)

图 7-57　体积声源激励位置

a）发动机上表面　b）进气管口

按照时域传递路径分析原理结合式（7-56）~式（7-59）计算，得到车辆在行驶过程中的通过噪声及各声源贡献量随虚拟位置的变化。图 7-58 所示为车辆在 2 档节气门全开加速工况下的左侧车外通过噪声及声源贡献量，噪声源依次为汽车前轮轮胎噪声、后轮轮胎噪声、发动机涡轮侧表面产生噪声、排气噪声、发动机气缸盖表面噪声和进气噪声。

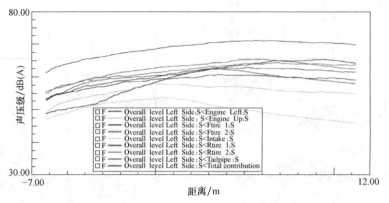

图 7-58　2 档节气门全开加速工况下的左侧车外通过噪声及声源贡献量

根据国家标准，考核的是车辆通过噪声的最大值，在图 7-58 中最大值 71.07dB（A）出现在传声器阵列坐标为 5.6m 的位置，按照表 7-2 中第一个传声器 L1 的坐标，可以得知相应于室外通过噪声测量，车辆左侧的最大噪声应在进入加速始端线后 14.6m 处出现。表 7-3 列出了左侧最大噪声点处各噪声源贡献量，其中还列出了 ISO 362 中所纳入的匀速行驶工况噪声。

表 7-3　左侧最大噪声点处各噪声源贡献量　　　　　　　　　　[单位：dB（A）]

工况	Total contributon（总贡献量）	Engine Left（发动机左侧）	Engine Up（发动机上表面）	Ftire（前轮轮胎）1	Ftire（前轮轮胎）2	Rtire（后轮轮胎）1	Rtire（后轮轮胎）2	Tailpipe（排气管口）	Intake（进气管口）
2 档加速	71.07	61.13	56.57	60.37	65.3	62.58	63.87	64.11	49.48
50km/h 匀速	61.21	50.97	47.63	54.09	55.79	55.29	55.31	47.49	39.64

为便于分析，将声源贡献量转变为如图 7-59 所示的左侧最大通过噪声处声源贡献占比。可以看出，匀速行驶与加速工况相比，明显的变化是轮胎噪声的贡献升高，且前后轮处的轮胎噪声占比趋于平衡，排气噪声与发动机噪声贡献明显下降，这是由于匀速工况下动力系统的负荷较低，辐射的噪声较小。通过图 7-59 确定较大贡献的声源，可进一步对其进行优化改进。

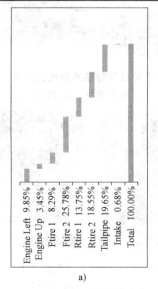

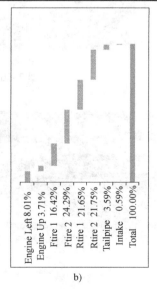

图 7-59　左侧最大通过噪声处声源贡献占比

a）2 档加速　b）50km/h 匀速

7.3　汽车板件辐射声贡献量分析技术

车辆行驶过程中，车内大部分声能是由车身板件振动辐射的，因此对车身板件振动的控制就显得格外重要，板件辐射噪声属于结构声，主要影响频率在 500Hz 以下。为有针对性地降低这部分结构噪声，需要分析各板件振动对车内噪声的贡献，为车身结构改进及减振吸声材料的利用提供参考依据。随着试验技术的不断发展和创新，研究人员开始研究直接从试验方法得到板件对车内声场的声辐射贡献，在这方面的积累总结形成了汽车板件辐射声贡献量分析技术。

7.3.1　板件辐射声贡献量分析的基本方法

基于不同的原理和试验设备，板件辐射声贡献量的分析有多种方法，其中在工程中使用较多的有四种方法：开窗法、声强法、板件法向振速法和板件振动加速度法。

1. 开窗法

开窗法经常用于估计车厢周围的板件对车内噪声的贡献。由于车内的声压级可以由包围车内空间的所有表面的声学贡献量之和来表示，则某块板件的贡献可以通过隔离其他板件的声辐射来获得，即用隔声材料完全包围封闭的车厢，仅露出待测的板件，方法如下：

1）车厢内侧用隔声材料完全覆盖，测量特定工况下的车内声压值，以该值作为参照值。

2）拆下一块隔声材料露出待测板件，并使车辆运行在相同工况，测量此时车内的声压值，则此时测量的声压值与参考声压之间的差值可用于衡量该板件对车内总声压的声学贡献量。

3）对所有的板件都重复前述过程，即可得到每块板件的声学贡献量。

开窗法试验方法如图 7-60 所示。

在试验中，将厚泡沫层切割成所测板件的形状，遮盖层之间的连接处必须绝对密封以防止错误地增加声传递并减小结果的误差。窗的开合（即某块遮盖层的撤销与合上）要注意保持车内遮盖层的初始状态，这样第一步所测的参考声压值才是有效的参照。从以上的事项中不难看出这个方法是非常复杂和耗时的，对于开发周期日益缩短的汽车工业来说，这无疑是一项不小的成本。

该方法的局限性还体现在隔声材料的大量使用，在一定程度上影响了中高频处的声学特性；并且车内的结构也由于遮盖层的使用而发生变化，根据质量定律，在低频区隔声材料的作用越来越小。对每一块板件的测量都需要使车辆

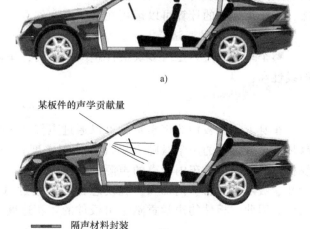

图 7-60　开窗法试验方法

重新运行在指定工况下，导致面板间的相位信息丢失。

2. 声强法

在工程应用中，声强法通常用来估计单个板件的声能量贡献，每块板件被认为是一个辐射能量的声源，声强传感器测量板件声学贡献如图 7-61 所示。通过辐射能量的大小来衡量对车内噪声贡献的大小，这可以被认为是通过已知声源与车内响应点声压之间的关系来预测声压。该方法看起来有一定的可行性，但是总体来讲，声强并不适合预测封闭车厢内的声压级。

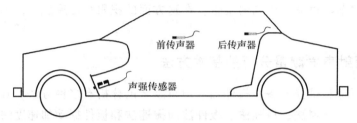

图 7-61　声强传感器测量板件声学贡献

如果要用声强法分析车内某块板件的声学贡献，就必须要消除其他的板件和表面的贡献。这可以通过用隔声材料将除所测板件之外的所有板件和表面遮盖来实现，即开窗法。而使用吸声材料则有完全不同的效果，一些路径可能被遮盖和抑制，但大多数路径都不受影响。仅仅使用声强传感器而不采用开窗法也不适用于板件声学贡献量的分析，原因如下：

假设封闭的车厢内不存在任何能量源和能量耗散，那么总能量应该是守恒的，即进入车内的能量等于流出的能量。既然车内总能量是个常数，那么为了防止净能量变化，可以假设所有板件的声学贡献量之和 p_i 为零，即

$$\sum p_i = 0 \tag{7-60}$$

如果进一步假设某辆车所有板件的声学贡献都是相同的，那么根据前面的讨论可知，所有板件的声学贡献都为零，即

$$p_1 = p_2 = p_3 = \cdots = p_i = 0 \tag{7-61}$$

但是所有预测的响应点声压级均为零是不正确的。因此，上述假设证明，当需要预测车内响应点的声压级时，采用声强法对一个封闭空间进行板件贡献量的试验分析是错误的。当然，基于声强法的计算可以运用在封闭车厢外部，此时能量可以自由扩散不被限制。

3. 板件法向振速法

整个车厢的边界是由多块板件包围而成的，车内的总声压可以表示为各板件声学贡献量的线性和，即

$$p = \sum_i p_i \tag{7-62}$$

车身上不同板件的声学贡献可以通过声传递函数的方法来求得，即认为各板件的声学贡献量等于该板件的声学激励大小（如体积速度）与该板件到响应点的声传递函数之积。各块板件的振动作为车内噪声的声源，其激励大小可由体积速度 Q_i 表示，而车内空腔的声学特性、吸隔声材料、内饰和空腔模态都可以通过每块板件和响应点之间的声传递函数 p/Q_i 表示。因此，板件的声学贡献量由板件的体积速度 Q_i 与声传递函数 p/Q_i 之积表示为

$$p_i = Q_i \left(\frac{p}{Q_i} \right) \tag{7-63}$$

式中，p 表示车内总声压；i 表示车身某板件；p_i 为部分声压，即板件 i 的声学贡献量；Q_i 表示板件 i 在实际工况下的振动体积速度；p/Q_i 为板件 i 到车内响应点声压的声传递函数。

板件在实际工况下的振动体积速度可以通过板件的法向振动速度求得，即认为板件中心点的法向振动速度 $\dot{X}_i$ 与板件的表面积 S_i 的乘积等于该子单元振动的体积速度 Q_i，即

$$Q_i = \dot{X}_i S_i \qquad (7-64)$$

通过该方法，车内的声学响应可以量化为声源激励的体积速度、系统灵敏度和声学贡献量。

该方法与传统的开窗法不同，它不需要对车身上的板件进行覆盖处理，只需要通过在板件表面布置传感器阵列来测量板件的振动。板件的法向振动速度测量方法多样，下一节将进行详述。

计算板件声学贡献量的另一个重要部分就是声学传递函数，它描述了由特定板件的体积速度激励产生的车内响应点处的声压响应。理论上，声学传递函数的测量需要在各板件的位置处放置标准体积速度的声源，再测得车内响应点处的声压，从而计算出声学传递函数，但是该方法十分费时费力。因此，考虑到车内声学系统的互易性，可以通过互易法来得到相应的声学传递函数。

4. 板件振动加速度法

与板件法向振速法相似，板件振动加速度法同样认为车内的总声压可以表示为式（7-62）各板件贡献量的线性和。不同的是，板件振动加速度法是通过测量板件的加速度来表征板件的振动大小。每块板件的贡献量由板件的体积加速度 $\dot{Q}_i$ 与对应的声传递函数 $p/\dot{Q}_i$ 的乘积表示，即

$$p_i = \dot{Q}_i \left(\frac{p}{\dot{Q}_i} \right) \qquad (7-65)$$

式中，p 是车内总声压；i 代表车身某板件；p_i 是部分声压，即板件 i 的声学贡献量；$\dot{Q}_i$ 是板件 i 在实际工况下的振动体积加速度；$p/\dot{Q}_i$ 是板件 i 到车内响应点声压的声传递函数。

通常，每块板件的体积加速度是由该板件的法向振动加速度与板件面积的乘积得到的，即

$$\dot{Q}_i = \ddot{X}_i S_i \qquad (7-66)$$

式中，$\ddot{X}_i$ 是板件 i 的法向振动加速度测量值；S_i 是板件 i 的表面积。

板件的法向振动加速度可以通过小质量的加速度传感器测得，传感器布置的密度会影响分析结果的准确性，通常将车身板件分为若干子板件，每块子板件分别测量法向加速度和表面积。声传递函数 $p/\dot{Q}_i$ 的测量同样是通过互易法，即车厢由低频声源在响应点处激励并且在板件处测量声压响应，测量声压的传声器布置在板件附近与测量加速度相同的位置处，标准声源的体积加速度作为输入，来计算声传递函数的大小。

虽然板件振动加速度法与板件法向振速法原理相似，但是由于加速度信号忽略了板件声辐射的因素，因此板件的加速度并不能准确反映出板件的振动情况，导致该方法可能造成错误的分析结果。

5. 板件辐射声贡献量分析步骤

比较上述分析方法，板件法向振速法在理论上和实际测量上都具有较高的可行性。其分析步骤为：

1）对车内关键位置的声压响应特性分析，确定车内声振特性的问题频率，针对特定的频率进行板件声学贡献分析。

2）根据车身结构特点划分板件在某特定的工况下测量板件振动，可以在实验室或者道路上进行试验，利用相应传感器阵列测量车身板件的振动信号。

3）测量振源（板件上振动的质点）到乘员位置的声传递函数，通常用互易法实现，即在乘员位置处放置体积声源，并且在板件处测量声压级大小。根据互易法的原理，当声源与响应点的位置互换后，声传递函数保持不变。结合工况下测得的振动信号和声传递函数，计算每块板件的声学贡献量。

7.3.2 板件法向振动速度的测量

板件法向振动速度作为车内的激励，对其测量是板件声学贡献量分析中重要的一部分。板件表面振速，即离板件表面足够近的质点的振动速度，可以用来表征板件振动能量的大小。板件的振动速度可以通过多种试验方法获得，主要有加速度积分法、全息测量法或激光测速法及 PU 传感器阵列法等，其中后两种为直接测量方法。

1. 加速度积分法

理论上，对振动加速度信号进行一次积分能得到振动速度信号，因此，在车身板件周围布置加速度计阵列测量加速度信号，经过一次积分就能得到板件振动的速度信号。但是由于初始条件未知，测量误差或低频干扰引起加速度信号的漂移，信号的准确积分存在许多困难，积分信号与实际测量信号的对比如图 7-62 所示，时域积分后的速度信号与实际信号有较大的差距。

虽然通过改进的时域积分算法或者频域积分方法可以得到较准确的速度信号，但是对于板件声学贡献量分析的试验来说，测量加速度表征板件的振动仍存在以下三个弊端：

1）它忽略了声辐射的因素，加速度计仅仅测量了结构的运动，其信号忽略了辐射声的重要信息。

2）由于加速度计无法测量空气噪声，因此它不适合布置在通风管上。而通风管对于车内噪声的贡献较大，它的影响不容忽略。

3）对于带开气孔的织物表面，加速度传感器的粘贴存在一定问题。当用加速度计测量带地毯的车内地板贡献量时，可能会丢失开气孔的声学贡献信息，从而造成测量结

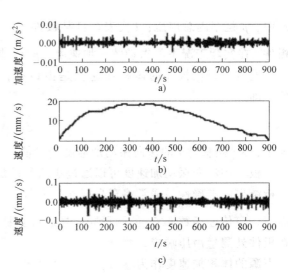

图 7-62　积分信号与实际测量信号的对比

a）加速度信号　b）时域积分速度信号
c）实测速度信号

果过小估计了地板对总声压的贡献量。

2. 全息测量法或激光测速法

一种直接测量板件振动速度的方法就是采用一些先进的测量仪器，如全息测量仪（computer aided holometry，CAH）或激光测速仪（scanning laser velocimetry，SLV）来测量。这两种测量仪都是基于激光技术的方式，能提供空间上一定密度的测量。其中，CAH方式能一次性捕捉整车图像，并且测量一定时间段内的位移及激励频率，从而计算振动速度。而SLV方式则重复地扫描多个小范围，在扫描过程中测得振动速度。对于CAH和SLV方式，被测车辆的板件需要做局部的剥离处理，让所有被测板件都可见以便于测量。由此可见，这两种方法只适用于实验室内的测试。

图7-63所示为使用激光测速仪进行板件振动速度测量的试验装置，测量所得的速度云图如图7-64所示。

图7-63　激光测速仪测量装置

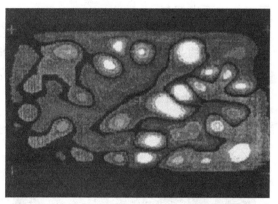

图7-64　激光测速仪测量所得板件振动速度云图

3. PU传感器阵列法

传统的板件表面振速测量都是采用加速度计或者激光测振仪来测量结构的振动，试验十分耗时。不仅如此，这些方法仅仅测量了结构的振速，并没有很好地处理空气传播的能量泄漏。无接触的激光扫描测振仪需要被测物体至少有一列接触面，但某些情况下难以做到。因此，仍然需要应用加速度计。然而车内的很多表面如地毯不适合粘贴加速度计，其自身的质量也会大大地影响测量结果。

研究人员提出了一种新的表面振速测量方法，即PU传感器阵列法。该方法通过将PU传感器以阵列形式布置在被测表面附近，直接测量振动表面的速度，经过验证，该方法被证明是实用且有效的。

PU传感器由一个声学质点速度传感器和一个微型声压传感器组成，如图7-65所示，PU缩写词中的P表示声压（pressure），U代表速度（velocity）。声学质点速度与结构速度在声学近场中是相同的，这种一般的结构速度可以快速并且随地而不需要大负载就可以被测量。因此，PU传感器布置在待测表面附近即可测量表面的结构振动速度。

PU传感器的工作原理是基于微机电系统（micro electro mechanical systems，MEMS）技术，采用两根热阻抗小且灵敏度极高的加热铂丝，如图7-66所示，当气流经过这些铂丝就会发生热交换，前端的铂丝被冷却而气流被加热，导致后端的铂丝冷却的幅度变小。两根铂丝之间因此出现温差，该温差经过微电路转换最终反映为输出电压的变化，即可换算成相应

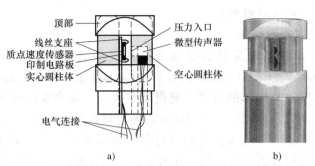

图 7-65　PU 传感器构造图和实物图

的质点振速。

PU 传感器用于近场测量时，背景噪声和邻近表面的反射对信号影响很小，这可以从以下三个方面来解释：

（1）质点振速的方向性　测量声压的传声器是全指向性的，它测量近场所有方向的声压级。不同的是，PU 传感器仅测量一个方向上的质点速度，它有着如图 7-67 所示的"8"字形特性。因此，在一个扩散声场中，PU 传感器仅测量声场中单个方向的质点速度。

图 7-66　PU 传感器的工作原理

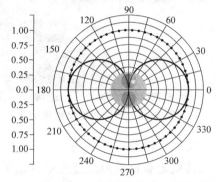

图 7-67　PU 传感器的"8"字形特性

（2）入射声波　声学质点速度传感器的速度特性降低了相邻板件振动对所测板件的影响。但当声波垂直于板件表面射入时，抑制其影响的是声压特性。当声波垂直入射到一个刚性（无振动）表面并产生反射时，表面处的声压会增大而质点速度减小到零，此时速度和声压的相位将相差 90°，如图 7-68a 所示，因此由背景噪声在板件表面造成的质点振速可以忽略不计，这样确保了所测的信号是由待测板件所产生的，提高了结果的准确性。

（3）辐射声波　在振动板件的近场处，质点振速由于结构振动速度的影响，相比声压要大得多，如图 7-68b 所示，质点速度呈现最大值而声压呈现最小值，同样形成 90°的相位差，因此，测量板件的速度来分析板件的贡献量显得尤为合理。

值得注意的是，PU 传感器的测量位置与待测板件表面的距离应小于板件辐射声波的波长，以保证近场测量的优势。因为在远场，声压和速度之间的相位为零，两者之比为空气的声学阻抗。因此，PU 传感器在较高频率的准确性会大大降低，根据本书中的试验方法和 PU 传感器型号，准确测量的最高频率为 2kHz。

PU 传感器的布置方式如图 7-69 所示，传感器与被测板件间相距 3～5mm，并且为了避免传感器受到板件振动的影响，传感器需与被测板件机械解耦。PU 传感器的测量性能准确并且小巧便携，不仅适用于实验室内的稳态测试，同样可用于车辆道路试验，使用范围十分广。

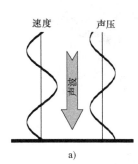

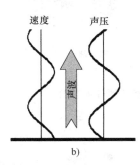

图 7-68　质点速度和声压的相位差

a）无振动表面　b）振动表面

图 7-69　PU 传感器的布置方式

7.3.3　板件辐射声贡献量分析实例

对某商用客车在 70km/h 粗糙路面行驶工况下进行板件辐射声贡献分析。为反映整个车内声场特性，在驾驶人以及第二~第五排乘客右耳五个位置布置噪声场点测点，试验在半消声室内的比利时路面底盘测功机上进行。根据图 7-70 显示的车内各测点噪声频谱，在 43Hz、75Hz、188Hz 以及 225Hz 这四个频率处有明显噪声峰值，将其作为分析的问题特征频率。

1. 板件划分及振速的测量

将车身主要的板件根据车身结构特点进行划分。划分原则为：首先按照板件的物理边界划分出独立板件，如门、窗、风窗、发动机盖等；其次，将面积较大板件再次划分为若干小板件，如顶棚、地板、顶围和侧围等；最后，几何形状复杂的面板按照表面形态规则的准则进行划分，如防火墙等。根据该原则，此例中的车身被划分成如图 7-71 所示的 36 块板件。

图 7-70　车内各测点噪声频谱

按照车身板件的划分，选择能表征板件振动情况的测量点，一般方法是将板件进一步划分为更小的子单元，取子单元的几何中心为测点位置。依据式（7-64），认为该中心点的法向振动速度 $\dot{X}_i$ 与板件的表面积 S_i 的乘积近似等于该子单元振动的体积速度 Q_i。

此例中车身板件上共确定 168 个测点，如图 7-72 所示，车身左右两侧各 33 个点，车身前端 17 个点，顶棚 40 个点，地板 37 个点，后门 8 个点。

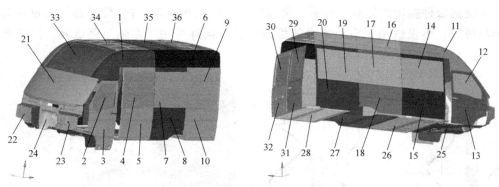

图 7-71 实车板件划分示意图

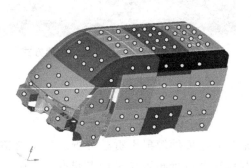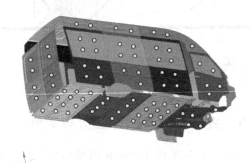

图 7-72 车身板件上振动速度测点分布

此例中采用板件法向振速法进行辐射声贡献量分析。使用 PU 传感器（Microflown 公司的 PU 迷你传感器及其信号调理器 MFSC-2）逐点测量车身板件在 70km/h 行驶工况下的法向振速，如图 7-73 所示。

2. 声传递函数测量

板件声学贡献量分析中的声传递函数是指每块板件振动的体积速度（即板件面积与振速的乘积）与响应点声压之间的传递函数，它与车内空腔的声学特性、吸隔声材料、内饰和空腔模态有关。

声传递函数测量可以采用直接法，在板件位置进行体积速度激励，同时测量车内声压响应。但在实际试验中，很难实现板件的体积速度激励，通常采用互易法测量声传递函数。互易性原理认为，在线性弹性系统内，如果系统是时不变的，系统就具

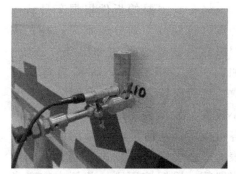

图 7-73 PU 传感器测量板件振速

有互易的特性，即声振传递特性不随激励点和观测点的位置交换而变化。

基于互易性原理，声传递函数可等效为在车内响应点做体积速度激励，同时测量板件各测点处的声压：

$$\frac{p_{\text{inner point\_}i}}{Q_{\text{panel point\_}j}} = \frac{p_{\text{panel point\_}j}}{Q_{\text{inner point\_}i}} \tag{7-67}$$

式中，i 代表车内响应点；j 代表板件振速测点。

采用互易法的另一优点是一次激励可同时测量板件多个测点的声压，减少试验量。

实际试验中所使用的体积声源为体积加速度信号，需要通过一定的方法来获得声源的体积速度，积分法较为常用。

为了得到准确的体积速度信号，需要对测得的体积加速度信号进行一次积分。常用的积分方法有时域积分和频域积分。时域积分是对测得的体积加速度信号直接进行一次积分得到体积速度信号，一般采用梯形公式或辛普森（Simpson）求和公式，形式直观。而频域积分则是先对体积加速度信号进行傅里叶变换，将时域信号转换为频域信号，积分在频域内以傅里叶分量系数代换形式表示，可直接以频域内正弦、余弦的积分互换关系进行计算。

在试验中所测得的信号往往包含了噪声以及直流分量，若直接对信号进行积分，则会产生有趋势项，影响积分结果。因此在用时域积分前，首先需要进行去除直流分量和消噪。

假定测得体积加速度信号为 $a(t) = f(t) + \alpha$，其中 α 为测量误差。一次积分后得到体积速度

$$v(t) = \int a(t)\,\mathrm{d}t = \int [f(t) + \alpha]\,\mathrm{d}t = \int f(t)\,\mathrm{d}t + \alpha t + \varepsilon \tag{7-68}$$

由式（7-68）可以发现，测量误差 α 会随着积分次数的增加不断被放大，进而引起积分结果偏差较大。一般用信号的数学期望值即均值来估计直流分量［式（7-69）］。去直流后得到的信号变为 $a' = a_i - \overline{a}$，然后利用辛普森求和公式［式（7-70）］计算。

$$\overline{a} = \frac{1}{N}\sum_{i=0}^{N} a_i \tag{7-69}$$

$$v = \frac{\Delta t}{6}\sum_{i=2}^{nl}(a'_{i-2} + 4a'_{i-2} + a'_i) \tag{7-70}$$

式中，Δt 是采样间隔；v 是一次积分后得到的信号序列。

但在实际测量中，由于信号包含多种频率成分，无法做到整周期采样，这样会增大直流分量估计的误差，且微小的误差仍会带来较大的趋势项。并且，由于初始条件未知，在时域积分后会出现常数项，从而引起结果的"漂移"。以上因素都使获得较准确的时域积分变得困难。

相比之下，频域积分能有效解决信号的漂移问题，避免积分过程中的误差累积放大效应，它相较于时域积分有更高的准确度和稳定性；并且频域积分步骤简单，计算速度较快，相对于时域积分能体现出很高的速度优势。

频域积分时先对信号做傅里叶变换，然后进行积分。由傅里叶变换的积分性质

$$F\left[\int_{-\infty}^{t} f(t)\,\mathrm{d}t\right] = \frac{1}{\mathrm{j}\omega}F[f(t)] \tag{7-71}$$

可知，在由体积加速度信号积分求取体积速度信号时，可以先做傅里叶变换，从而使积分运算转变为除法运算，而后做傅里叶逆变换并取其实部即可得到时域的体积速度信号。对体积加速度信号 a，做傅里叶变换得到

$$A(k) = \sum_{n=0}^{N-1} a_n \mathrm{e}^{-\mathrm{j}2\pi k\frac{n}{N}} \tag{7-72}$$

一次积分得到

$$V(n) = \frac{A}{j\omega} = \sum_{k=0}^{N-1} \frac{1}{j2\pi k\Delta f} H(k) a_n e^{-j2\pi k\frac{n}{N}} \qquad (7\text{-}73)$$

式中，$H(k) = \begin{cases} 1, & f_d \leqslant kf \leqslant f_u \\ 0, & 其他 \end{cases}$，$f_d$ 和 f_u 分别是最小截止频率和最大截止频率；Δf 是频率分辨率；N 是数据点数；ω 是傅里叶分量对应的频率。

对式 (7-73) 做傅里叶逆变换可得到体积速度信号。可见，频域积分直接以频域内正弦、余弦的积分互换关系（相位互换），可以有效避免时域信号的微小误差在积分过程中的累积放大作用，使得计算结果更加准确。但是，也要注意到，对于低频信号，其相应的 ω 也较小，即分母较大，而加速度传感器对低频测试精度较差，微小的测量误差会引起较大的计算偏差，低频段成了频域积分的一个重要误差来源。因此真实测得的体积加速度信号在积分处理时，要考虑传感器测量频率的下限，应将低于最小截止频率 f_d 的成分置零。选择不同的最小截止频率对频域积分的结果有较大影响，图 7-74 所示为截止频率分别为 0.5Hz 和 5Hz 时的积分结果，有明显差异。因此选择合适的最小截止频率对获得准确的体积速度信号至关重要。

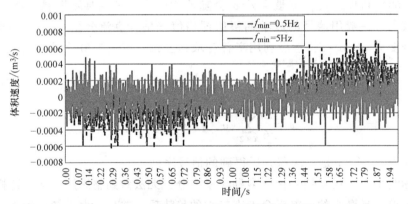

图 7-74　不同截止频率对频域积分结果的影响

图 7-75 所示为最小截止频率对积分后体积速度频谱的影响。可见，在低频处的幅值较大，导致傅里叶逆变换之后得到的体积速度时域信号出现较大的误差，选择 5Hz 为最小截

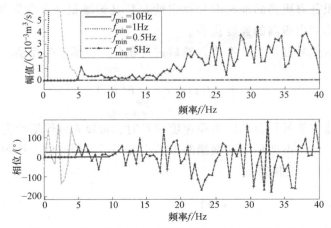

图 7-75　最小截止频率对积分后体积速度频谱的影响

止频率，将 0~5Hz 频段处的峰值滤去，能得到较准确的体积速度时域信号，频域积分法得到标准声源的体积速度信号如图 7-76 所示。

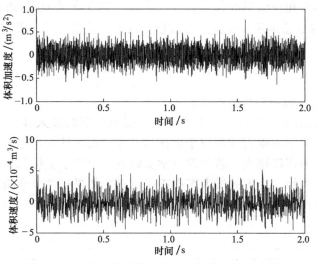

图 7-76 频域积分法得到标准声源的体积速度信号

声传递函数的测量需在半消声室内进行，按照互易法在车内响应点（图 7-77a）布置体积加速度声源，并以白噪声信号激励，激励频率需覆盖问题特征频率范围，此例中为 800Hz。在板件测点表面布置传声器采集声压信号，如图 7-77b 所示。体积加速度信号通过频域积分转换为体积速度信号后与声压信号进行计算。声传递函数在频域内表现为频率响应函数，按照噪声干扰来源不同有三种估计方法，即 H_1 估计、H_2 估计和 H_v 估计（见 4.2.2 节）。此例中考虑到输入信号为标准声源的体积加速度，信号的噪声干扰小，而输出的声压信号在测量中会受到一定的噪声干扰，因此，采用 H_1 估计体积速度激励与声压响应的频率响应函数。

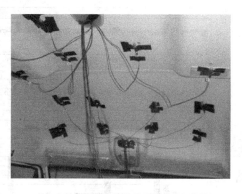

a) b)

图 7-77 声传递函数测量布置

a) 车内响应点体积加速度激励 b) 板件振速测点声压

3. 板件声学贡献量分析

通过板件振速以及声传递函数的测量，按照式（7-63）计算即可求得每块子板件贡献的部分声压 p_i。p_i 是具有相位信息的矢量，各板件的声学贡献量 D_i 是该板件振动引起的那部分声压 p_i 在车内响应点总声压 p 矢量上的投影，其归一化的声学贡献量为

$$D_i = \text{Real}\left[\frac{(\sum_K p_i) p^*}{|p|}\right] \qquad (7-74)$$

式中，p^* 是 p 的共轭复数；K 是板件数。

图 7-78 所示为根据式（7-74）计算的四个特征频率下驾驶人耳旁响应点归一化板件声学贡献。图中若板件声学贡献直方图位于坐标轴上方，则板件的声学贡献量为正，即随着板件振动速度的增大车内声压增大。若板件声学贡献直方图位于坐标轴下方，则板件的声学贡献量为负，即随着板件振动速度的增大车内声压减小。如果板件声学贡献非常小，不管是正是负，均可将其视为声学贡献中性区，随着板件振动速度的增大车内声压变化不大。

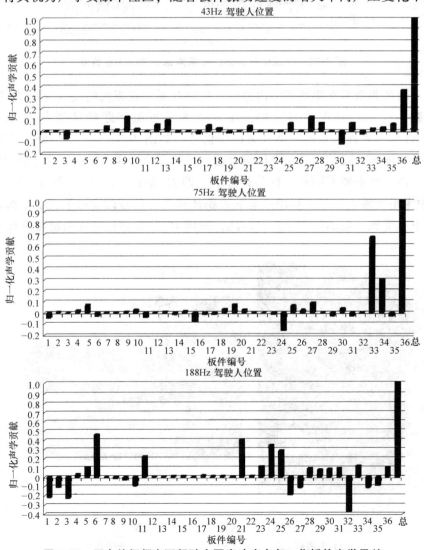

图 7-78　四个特征频率下驾驶人耳旁响应点归一化板件声学贡献

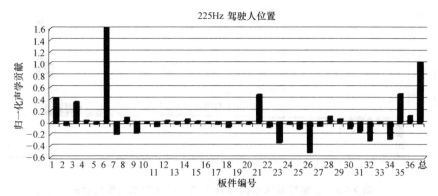

图 7-78 四个特征频率下驾驶人耳旁响应点归一化板件声学贡献（续）

图 7-78 还说明了对于同一响应点在不同特征频率处板件的声学贡献并不一样，甚至会有正负之差。应综合考虑板件、响应点以及频率因素的不同，避免在抑制板件振动降低某一频率声压响应的同时，造成另一频率或响应点位置噪声的恶化。

根据响应点及特征频率在车内综合声场中的重要性，赋予每个响应点及每个特征频率不同的计权，所有板件在多特征频率车内综合声场下的贡献量集为

$$(p_c)_{\text{Total}} = \sum_{N=1}^{m} \left(\beta_N \sum_{i=1}^{n} \alpha_i D_{i,N} \right) \tag{7-75}$$

式中，$D_{i,N}$ 是划分的板件对某响应点 N 声压响应中的某特征频率 i 处的归一化声学贡献量；n 是板件贡献量分析关心的特征频率数量；m 是响应点数量；α_i 是每个特征频率的计权系数，以区别对特征频率的不同重视程度；β_N 是第 N 个响应点的权重系数，由该场点在车内声场中的重要性决定。

β_N 根据在响应点 N 处的主要特征频率总声压响应占所有响应点声压响应总和比例的大小而确定，β_N 的计算公式为

$$\beta_N = \frac{\sum\limits_{i=1}^{n} p_{N,i}}{\sum\limits_{i=1}^{n} p_{1,i} + \sum\limits_{i=1}^{n} p_{2,i} + \cdots + \sum\limits_{i=1}^{n} p_{m,i}} = \frac{\sum\limits_{i=1}^{n} p_{N,i}}{\sum\limits_{N=1}^{m} \sum\limits_{i=1}^{n} p_{N,i}} \tag{7-76}$$

式中，$p_{N,i}$ 是响应点 N 在特征频率 i 下的声压频率响应值。

式（7-75）的多特征频率车内综合声场贡献量全面地反映了板件对车内声场整体声学特性的影响，其量值表示该板件对车内声场整体声学特性贡献量的大小。此例中车身板件区域数量为 36，$N=4$，$m=5$；对每个特征频率都给予相同的重视程度，即 $\alpha_i=1$；β_N 则根据式（7-76）计算得到各响应点权重系数，列于表 7-4 中，代入式（7-75），计算得到板件的整体声学贡献量。将结果按照正负贡献量依次排序，绘制出图 7-79 所示的多特征频率车内综合声场下的板件贡献量柱状图。其中，6 号板件，即左后顶围区域在所有特征频率下对车内整体声场具有最大的声学正贡献量，属于关键板件。

表 7-4 各响应点计算出的权重系数 β_N

响应点	驾驶人	第二排	第三排	第四排	第五排
β_N	0.26	0.19	0.17	0.13	0.25

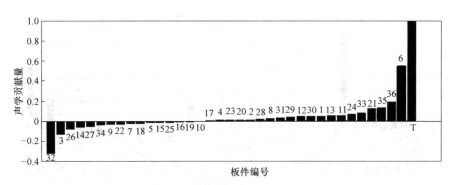

图 7-79　多特征频率车内综合声场下的板件贡献量柱状图

7.4　车内空腔声学模态分析技术

车身板件振动时向车内辐射噪声，同时，板件所围成的车内封闭空间会形成许多空腔声学模态，在低阶频率范围内，声学模态和车身振动模态有很强的耦合，此时需要考虑空腔声学模态的分析。

车内空腔充满了空气，和结构材料类似，具有质量、刚度和阻尼。空腔声学模态是将声场所在的空间当作结构一般系统，即以空气为材料，于是声场空间也就像结构一样拥有自己的模态特性，与此同时声场空间就具有能反映其自身的模态参数，即模态频率以及模态振型。在结构模态中，模态振型是结构中各自由度质点在模态频率下的位移分布情况，与之形成对比的是声场中声腔的各个位置点的声压幅值及相位反映了声场空间的模态振型。声压在声学模态频率下产生共鸣放大，而在某一声学模态频率下，声波在空腔内传播时的入射波与反射波相互削弱或者相互增强，从而导致空腔不同位置的声压分布会不尽相同，这就是声学模态振型。

与结构模态分析技术一样，声学模态分析也有两种方法：解析法和试验法。解析法是通过求解含有空腔质量矩阵、刚度矩阵和阻尼矩阵的特征方程的根以及特征向量得到声学模态频率及振型。目前，主要采用数值仿真的手段进行计算，如有限元法。解析法的缺点是要准确模拟空腔壁面上内饰以及座椅表面等材料的特性十分困难，计算时边界条件不准确导致声学模态结果与实际偏差较大。试验法是通过测量实际车内声腔的频率响应函数或者脉冲函数得到声腔的非参数模型，进而使用参数识别方法求解模态参数模型，该方法与结构模态试验分析技术相同，只是改变了激励输入及响应输出的形式。

7.4.1　声学模态分析技术基本理论

空腔内声场可离散化为介质为空气的多自由度声学流体，在各自由度上具有声压 p_e，在边界上具有结构位移 U_e。当流体边界上无声学阻尼材料，即没有黏性损耗时，空腔内声学流体的运动微分矩阵方程为

$$M_e^p \ddot{p}_e + K_e^p p_e + \rho_0 R_e^{\mathrm{T}} \ddot{U}_e = 0 \tag{7-77}$$

式中，M_e^p 是流体质量矩阵；K_e^p 是流体刚度矩阵；$\rho_0 R_e^{\mathrm{T}}$ 是耦合质量矩阵；p_e 是声压向量；

$\ddot{U}_e$ 是流体边界结构位移向量。

对于边界为刚性的硬反射表面，$U_e = \dot{U}_e = \ddot{U}_e = 0$，代入式（7-77）得到

$$M_e^p \ddot{p}_e + K_e^p p_e = 0 \tag{7-78}$$

其特征方程为

$$(K_e^p - \omega^2 M_e^p) p_e = 0 \tag{7-79}$$

求解式（7-79）所得的特征根及特征向量分别对应了刚性无声学阻尼边界包围的空腔声学模态频率及其声压变化分布。由于解得的特征根为实数，因此无声学阻尼边界的空腔声学模态振型即声压分布以同相位或反相位变化。

当流体边界上存在声学阻尼材料时，必须考虑由于声学阻尼而产生的能量消耗，在运动微分矩阵方程中体现为流体阻尼矩阵 C_e^p 所产生的那部分能量。

$$C_e^p = \frac{\beta}{c} \int_S NN^T d(S) \tag{7-80}$$

式中，β 是边界吸声系数；c 是边界阻尼材料的声学阻抗；N 是离散边界的形函数；S 代表边界表面。

引入符号 $\dot{p}_e = \left(\dfrac{\partial p_e}{\partial t}\right)$，流体边界存在声学阻尼时的运动微分矩阵方程为

$$M_e^p \ddot{p}_e + C_e^p \dot{p}_e + K_e^p p_e + \rho_0 R_e^T \ddot{U}_e = 0 \tag{7-81}$$

同样以边界刚性为条件有

$$M_e^p \ddot{p}_e + C_e^p \dot{p}_e + K_e^p p_e = 0 \tag{7-82}$$

其特征方程为

$$(K_e^p + j\omega C_e^p - \omega^2 M_e^p) p_e = 0 \tag{7-83}$$

求解式（7-83）所得的特征根为复数，相应的特征向量也为复数向量，因此有声学阻尼边界的空腔声学模态振型即声压分布存在任意相位的变化。车内空腔壁面及空腔内部存在着声学内饰、座椅、仪表板等表面存在阻尼或吸声特性的材料，将这些特性考虑进去才是符合工程实际的声学模态分析。

与结构模态试验分析相同，在满足模态分析基本假设的前提下，空腔模态的试验方法也是从测量频率响应函数开始的。此时的激励输入与响应输出分别为声学体积加速度 $\dot{Q}$ 和声压 p：

$$H(j\omega) = \frac{p(j\omega)}{\dot{Q}(j\omega)} \tag{7-84}$$

式（7-84）的矩阵展开式与式（6-2）相同，只不过其中的 ψ_r 变成以声压变化分布的 r 阶声学模态的模态振型向量。极点 $\lambda_r = \sigma_r + j\omega_r$ 中 σ_r 为流体阻尼因子，ω_r 为声学阻尼固有频率。

声学模态试验分析的模态参数估计与模态验证方法都与结构模态试验分析相同，可参照第6章进行分析，此处不再赘述。

7.4.2　车内空腔声学模态试验分析实例

车内空腔声学模态试验分析的目的是获取车内空腔的声学模态频率和模态振型，从而在

车辆内结构设计过程中尽可能避免车身结构板件的低频振动而导致的车内低频噪声的发生。同时，为使车内声压较大的位置远离乘员双耳，应将声学模态振型的声压节面（零声压）位置设计在乘员双耳附近，以获得较好的舒适性。

以某装备完整的乘用车为例进行车内空腔声学模态试验，车内具有完整的内饰、座椅及仪表板等影响声学特性的材料。与结构模态试验相同，声学模态试验的测量系统由激励装置、激励及响应传感器、信号发生装置、功率放大器以及数据采集系统组成。由于声学模态试验是对空腔内空气流体质点的振动激励，激励装置采用体积声源，激励输入量纲为空气质点的体积加速度，输出为车内的声压响应。整个车内空间声压响应由多个传声器同时测量，因此，空腔声学模态试验通常采用单输入多输出方式。图 7-80 所示为车内空腔声学模态试验系统的连接，所使用的试验设备见表 7-5。

表 7-5　空腔声学模态试验设备

序号	名称	功能	数量	生产厂商
1	自由场传声器	采集声压响应信号	10	GRAS
2	体积加速度声源	产生体积加速度激励	1	西门子
3	信号发生器	产生激励信号	1	西门子
4	功率放大器	放大激励信号	1	西门子
5	数据采集系统	测量激励与响应信号	1	西门子

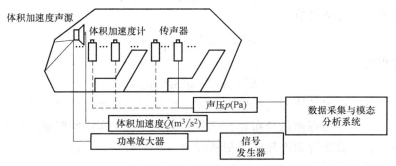

图 7-80　车内空腔声学模态试验系统的连接

1. 空腔声学模态激励方式及位置

引起车内噪声问题的空腔声学模态主要集中在中低频范围，而车内空间有限，声音传播距离短，内饰吸声材料对低频噪声的吸收较少，在车内任一位置激励都能引起整个空腔的响应，因此，声学模态试验通常采用单点激励多点响应的方式进行。激励采用猝发随机信号，经功率放大器放大后由体积声源发出。测量过程中采用多次平均的方式，可以减小非线性影响及通道噪声干扰。激励的能量要能激发出测量频带内的模态，但不能过大而引起过多的结构强迫响应。此例中激励和测量的频率范围为 20～200Hz，信号平均次数为 100 次，每次平均时长 1s，频率分辨率为 1Hz。

激励点的位置要满足以下要求：

1）声源放置的位置应能激发车内声腔的所有模态，尽量减少声源对声场的影响。如果声源放置在关心频率下的声压波节节点处，就很难引起声腔共鸣，无法获得有效的声压响应，将会影响测量频率响应函数的准确性。

2）激发的声场应该符合真实工况下乘员对空间声压强度的主观感受，体积声源应尽量接近噪声源或接受点放置（如乘员头部位置），如图7-81所示。

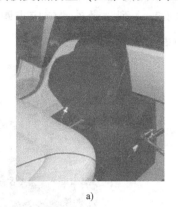
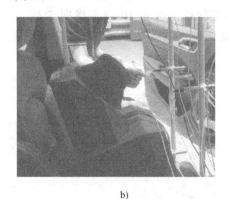

a)   b)

图7-81 体积声源的放置

a）防火墙位置 b）乘员头部位置

2. 声场响应点的布置

同结构模态试验分析一样，声学模态试验要将离散的响应点建立起三维空间坐标，车内空腔采用横向、纵向以及竖向组合成面的方式布置测点来表征三维空腔。

传声器的间距大小对试验结果的准确性有重要的影响。间距很近的两个传声器通过压力差分逼近控制方程［见式（7-85）］计算质点振动加速度时会产生误差，称为有限差分误差。要确定有限差分误差的值，每两个传声器之间的声压差分要相互比较，以求得两个传声器中质点振动的实际加速度。假设压力是沿着连接两个传声器的方向按照正弦规律变化，那么计算方程如下：

$$AA(\omega) = 2\omega^2 \cos\left[k\left(T+\frac{\Delta r}{2}\right)\right] \tag{7-85}$$

$$AC(\omega) = \frac{2c\omega}{\Delta r}\{\sin[k(T+\Delta r)]-\sin(kT)\} \tag{7-86}$$

式中，$AA(\omega)$ 是频率函数的实际质点加速度，单位为 m/s^2；Δr 是传声器之间的距离，单位为 m；ω 是圆频率，单位为 rad/s；$AC(\omega)$ 是采用有限差分逼近计算的质点加速度，单位为 m/s^2；k 是波数；c 是声波在介质中的传播速度，单位为 m/s；T 是第一个传声器在正弦正向最大位置的常数，与沿驻波最差条件的误差位置一致。

图7-82所示为有限差分误差与频率的关系曲线，各条曲线代表了不同的传声器间距，间距最大值是400mm，只在分析低频时采用；间距最小值是50mm，对中高频的分析更合适。空腔声学模态试验的误差不应超过5%，要结合关心的频带选择合适的传声器间距。

响应点间距过大会导致较大的差分误

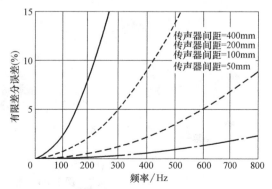

图7-82 有限差分误差与频率的关系曲线

差，而间距太小则会增加试验量及周期。根据实例中最高分析频率为 200Hz，车内空腔响应点传声器间距取 250~300mm 时差分误差能控制在 5% 以内。整个车内空腔离散为图 7-83 所示的 136 个响应测点，纵向 10 列，横向 5 列，竖向 2~4 列，最外侧响应点距离空腔边界 50mm。由于受到传声器数量限制，试验采用分批测量、集总分析方式。

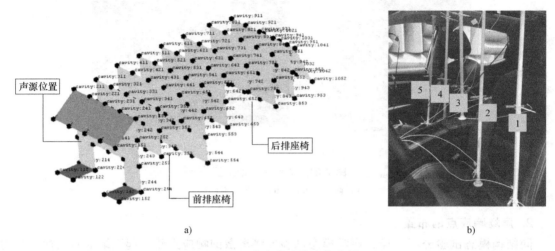

图 7-83　车内空腔响应点布置

a) 响应点布置模型　b) 响应点传声器实际布置

3. 声学模态分析结果

声学模态参数的识别方法与过程和结构模态分析相同，将所有测量得到的频率响应函数集总采用最小二乘复指数法进行整体参数识别。此例中使用了西门子公司的 Test. Lab 模态分析软件识别 200Hz 内的各阶声学模态。图 7-84 所示为各阶声学模态振型，其中颜色的深

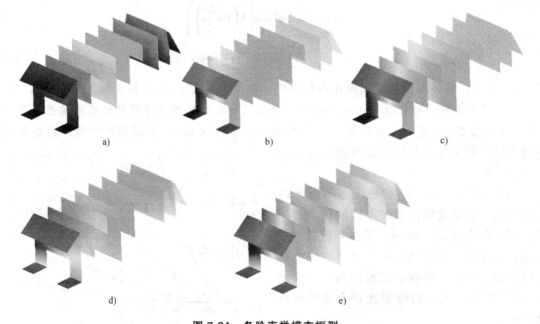

图 7-84　各阶声学模态振型

a) 第 1 阶　b) 第 2 阶　c) 第 3 阶　d) 第 4 阶　e) 第 5 阶

浅表征了声学模态频率下车内空腔空间位置上声压响应的大小，采用纵向、横向或者不同方向的组合来描述声学模态振型。

如在第1阶声学模态频率52.6Hz下，模态振型为纵向一阶，车内声压沿纵向变化，并在中间位置出现节面，即声压响应十分小。声压节面向前部及后部响应逐渐增大并呈反相位，在防火墙及后风窗位置达到最大。可以看出，前后排乘员位置在该声学模态频率下存在一定的声压响应，可能引起共鸣声。第3阶模态频率102.8Hz下存在较明显的横向一阶振型，车内中前部声压沿横向变化，声压横向节线（面）位于空腔纵向对称轴面上，节面左右两侧响应相位相反。表7-6列出了各阶声学模态频率及相应的振型描述。

表7-6 各阶声学模态频率及相应的振型描述

模态阶数	模态频率/Hz	振型描述
1	52.6	纵向一阶
2	84.7	中前部横向一阶与纵向一阶组合
3	102.8	中前部横向一阶
4	132.6	纵向二阶
5	171.2	横向二阶

声学模态参数识别的可靠性同样采用模态验证工具来检验，表7-7列出了各阶声学模态之间的MAC值矩阵，识别的各模态之间相关性较低，属于真实的物理模态。

表7-7 各阶声学模态之间的MAC值矩阵

MAC	阶数	1	2	3	4	5
阶数	频率/Hz	52.6	84.7	102.8	132.6	171.2
1	52.6	100	8	12	14	3
2	84.7	8	100	27	27	3
3	102.8	12	27	100	24	19
4	132.6	14	27	24	100	9
5	171.2	3	3	19	9	100

第 8 章

汽车噪声源识别定位技术

车辆噪声的成因非常复杂，噪声源多样化，在不同频率范围中的特性各不相同。只有识别出噪声源并针对不同噪声源选择不同的控制方法，才能有效地降低噪声水平。汽车噪声源识别技术主要有传统方法、信号分析法、声强法、选择性声强法、声全息法和波束成形法。

1. 传统方法

传统方法包括主观评价法、分别运转法、声源屏蔽法等。传统方法往往技术要求较低，但试验步骤较繁琐且结果不够准确。

1）主观评价法通过试验人员的感官直观地判断车内的噪声水平和噪声来源，主观分析噪声源。对于具有丰富经验的试验人员，这种主观判断的方法简便快速，也可以直观地衡量出车内乘客对于噪声的感受。但是这种方法对试验人员的经验提出了较高的要求，而且由于主观原因，不同人员的判断结果通常不一致。

2）分别运转法原理等同于控制变量法，控制试验环境和其他因素不变，分别运转各个噪声源部件，比如发动机、轮胎，来直接测量各个声源所产生的噪声，分析其对车内噪声的贡献。但是现代汽车内部结构部件相互关联性较大，难以使其他部件停止运行单独运行指定部件，而且这种测量方法无法代表日常使用工况。

3）声源屏蔽法即通过隔声材料将其他无关声源隔离，保留所需测量的噪声源。例如，在测量车辆进气噪声的试验中，通过隔声材料将发动机隔离，拉出进气管道直接测量进气管道所产生的噪声。但是，此方法不易做到完全屏蔽其他声源，且对试验环境要求较高，需要在消声室内进行。

2. 信号分析法

常用的噪声源识别信号分析法有频谱分析法、相关分析法和相干分析法。

1）频谱分析法是将试验测量所获得的时域信号通过频域变换得到噪声的频域信号，计算出所测得噪声的频谱图。通过各个频谱带内噪声信号的分析，结合各个声源的噪声产生机理和特性可分析出各个频谱带的主要贡献声源。使用频谱分析法需要对各个声源的噪声产生机理及其特性有足够的了解，才能保证分析的准确可靠。

2）相关分析法是第 4 章介绍的时频域基本计算函数中互相关函数的具体应用。当 $x(t)$ 与 $y(t)$ 之间有一定的内在联系时，$R_{xy}(\tau)$ 不恒等于零，且随延时 τ 而变化，并在一个或

几个 τ 值时出现峰值。可见，$R_{xy}(\tau)$ 全面地表达了 $x(t)$、$y(t)$ 两个时间函数的相似性。当 $R_{xy}(\tau)$ 出现峰值时，表示在该值下，两个函数（波形）非常相似。这样，就可以利用相关函数的这一特性来识别噪声源。

3）相干分析法则是第 4 章介绍中相干函数的具体应用。相干函数属于频域函数，可以用来反映两个信号之间在频率上的相关程度。利用这一原理，可以求取噪声信号与车辆上某个总成或部件表面的振动信号之间的相干函数，从而判断噪声是否主要来自该总成或部件。相干函数反映了平稳随机过程的输入与输出之间的相关程度。

对于单输入单输出线性系统，有常相干函数 $\gamma_{xy}^2(f)$，数值在 $0 \sim 1$ 之间。$\gamma_{xy}^2(f)$ 可理解为在频率 f 处，输出谱有多少来自输入谱。

对于多输入单输出系统，有重相干函数 $\gamma_{x:y}^2(f)$，能够反映出某个输入在总输出中所占的地位。

对于输入之间相关的多输入单输出系统，有偏相干函数 $\gamma_{iy \cdot (i-1)!}^2(f)$，表示为从 $x_i(t)$、$y(t)$ 中去除由 $x_1(t)$ 到 $x_{i-1}(t)$ 的线性影响以后的与时间的偏相干函数。

传统方法精度较低，而信号分析法难于在空间上定位噪声源。利用专用设备结合特殊算法是目前主流的噪声源定位识别方法，在这里主要介绍声强法、选择性声强法、声全息法和波束成形法。

8.1　声强法

由第 2 章介绍的声学基础可知，声强与传播介质的质点速度相关，因此，声强是一个具有方向的矢量。声强相比声压包含了更多的信息，能够更加完善地描述声场环境，其方向性对于噪声识别也有独特的优势，便于声源定位。声强法正是利用这一特性来分析汽车上主要噪声源之所在，对于来自非测量方向的噪声有较强的抗干扰能力。这个优点使得声强法既可在室外场地进行整车近场噪声源识别定位，也可用于车内噪声的分析。

声强法识别噪声源是利用声强的矢量性特点和声强探头的方向灵敏度来进行的。当声强探头在声源附近移动时，声波入射角与传声器膜片外法向方向为 90° 时具有最小的方向灵敏度，输出声强为 0。当声强探头改变位置并使其夹角小于或大于 90° 时，声强探头输出正或负声强，且随夹角增加在 0° ~ 180° 范围内声强绝对值增加。因此，用声强法能区分出声波入射的方向，从而找出噪声声源，也可测量可能的声源位置。

8.1.1　声强测量原理

声强的测量方法可以分为直接测量法和间接测量法两种。直接测量法，即根据声强的定义和基本计算公式（2-16），测量出声场中的声压和质点速度，再将声压 p 和速度 u 相乘，得到的乘积为该点处的声强值，此方法又称为 p-u 法；间接测量法，即使用两个近场声压传声器测量出声场中距离很近的两点的声压值，使用此声压值估算出质点的运动速度再计算声强，又称为 p-p 法。p-p 法根据后处理方法又可细分为时域 p-p 法（又称声压梯度法，获得声强时域信号）和频域 p-p 法（又称互功率谱法，获得声强的频域信号）。

1. p-u 法

p-u 法进行声强测量需要将声压传声器与测速传感器结合，同时测量出声压和质点运动速度，直接计算声强。

质点速度的测量基本原理是超声波束的对流多普勒频移效应，p-u 法原理如图 8-1 所示。

S 和 R 为超声波发射器和超声波接收器，P 为声压传声器，布置于声强探头中心，即声强测量点处，发射器与接收器间距离为 d，声强探头轴线指向方向为 r 方向。在测量时，传声器处为声强测量点，声强测量方向为 r，两个发生器同时发射超声波束，且两波束相互平行，对向传播。当被测声场中没有其他声波存在时，两列超声波由发射器到接收器所经

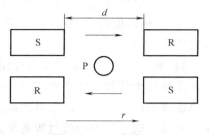

图 8-1　p-u 法原理

历的时间均为 $t_0 = d/c$。但声场中存在其他声波且其传播的质点速度为 u 时，则两列超声波由发射器到接收器所经历的时间分别为 $t_1 = d/(c+u)$ 和 $t_2 = d/(c-u)$，相位差为

$$\Delta\varphi = \omega\left(\frac{d}{c-u} - \frac{d}{c+u}\right) = \omega d\frac{2u}{c^2 - u^2} \qquad (8\text{-}1)$$

当 $u \ll c$ 时，有

$$\Delta\varphi = \frac{2\omega d}{c^2}u \qquad (8\text{-}2)$$

可见，通过测量两超声波传播的相位差就可以求出质点速度 u，同时利用布置在探头中央的传声器测量声压 p。将传声器实时测量的声压值与质点速度相乘，即可获得测量点的瞬时声强。根据 p-u 法设计的声强探头如图 8-2 所示。

p-u 法的测量效率较高，可直接获得声强信号，但是测量的干扰因素较多，会受到环境中风等非声音引起的空气流动的影响，需要在测量时屏蔽此类干扰，对测量环境要求过高，不适合现场测量的要求，因此，在实际试验中 p-u 法应用较少。

图 8-2　根据 p-u 法设计的声强探头

2. p-p 法

质点速度 u 难以测量，但声压信号是方便直接测量的，可通过所测声压值近似计算出测量点质点速度，此为 p-p 法，即双传声器声强法，p-p 法基本原理如图 8-3 所示。

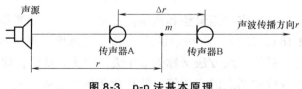

图 8-3　p-p 法基本原理

选择两个声学性能一致的声压传声器 A、B，对向放置间距为 Δr（$\Delta r \ll \lambda$，λ 为声波波长），m 为两传声器的中点，为此声强探头的测量点。此时可以将两个声压传声器所测得的声压信号 $p_A(t)$、$p_B(t)$ 的平均值作为传声器连线中点的声压值 $\overline{p}(t)$。

由于传声器间距 Δr 远小于所测量声波波长，可近似认为 p_A、p_B 的差分为声压在 r 方向的梯度

$$\frac{\partial p}{\partial r} \approx \frac{p_B(t) - p_A(t)}{\Delta r} \tag{8-3}$$

由质点速度与声压梯度的关系得

$$u_r(t) = -\frac{\partial p}{\rho_0 \partial r} \approx \frac{p_B(t) - p_A(t)}{\rho_0 \Delta r} \tag{8-4}$$

得出 $p(t)$ 和 $u_r(t)$ 值后根据式（2-16），声波传播方向上的声强矢量为

$$I(t) = p(t) u_r(t) = \frac{1}{2\rho_0 \Delta r}[p_A(t) + p_B(t)] \int [p_A(t) - p_B(t)] \mathrm{d}t \tag{8-5}$$

此计算方法为时域 p-p 法，计算速度快，可进行实时声强测量，直接输出瞬时声强值。

在进行信号分析时，要获得各个声源对噪声的影响往往需要从频域信号着手，通过频谱分析各个声源在各个频段内对总噪声的影响和贡献，此时可利用声压信号间的互功率谱获得声强的频域信号，此为频域 p-p 法。

将两个传声器获得的声压信号 p_A、p_B 进行互功率谱运算，得到声强信号的频谱信号

$$I_r(f) = -\frac{\mathrm{Im}[G_{AB}(f)]}{2\pi\rho_0 f \Delta r} \tag{8-6}$$

式中，Im 表示取复数的虚部；$G_{AB}(f)$ 是声压信号 p_A、p_B 的互功率谱；ρ_0 是空气的密度。

总声强 I_r 为声强频谱在各个频率范围上的积分，即

$$I_r = \int I_r(f) = \int \frac{\mathrm{Im}[G_{AB}(f)]}{2\pi\rho_0 f \Delta r} \mathrm{d}f \tag{8-7}$$

若设声源和双传声器轴线中心的连线与传声器轴线构成的放射角为 θ，这时的声强为 $I_r(\theta)$。入射角为零时的声强为 $I_r(0)$（即法向测量），两者之间的关系为

$$\frac{I_r(\theta)}{I_r(0)} = \cos\theta \tag{8-8}$$

由式（8-8）可知，当传声器测量方向 $\theta = \pm 90°$ 时，$I_r\left(\dfrac{\pi}{2}, -\dfrac{\pi}{2}\right) = 0$；当 $\theta = 180°$ 时，$I_r(0, \pi) = I_r(0)$。根据这一关系可以判别噪声发射的方向，同时可识别在不同方向上声源频率成分的变化。对于大的声辐射表面，可将其划分为网格，声强探头对准每个网格中心依次测定声强值和频谱，则可揭示出该表面辐射声强的分布情况。双传声器声强探头结构如图 8-4 所示。

8.1.2 双传声器法测量声强的误差

双传声器法测量的基础是式（8-3）~式（8-5），而这三式本身是近似性的，因此此测量法存在固有的系统误差，也称为有限差分误差，在测量高频噪声时表现

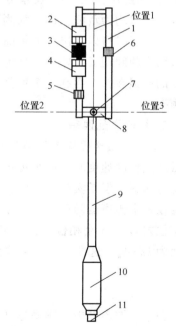

图 8-4 双传声器声强探头结构

1—前支架 2—A 通道传声器 3—定距柱
4—B 通道传声器 5、6—锁紧螺母
7—锁紧杆 8—后支架 9—连接杆
10—手柄前置放大器 11—长导线

明显。

同时双传声器的两个测量通道之间存在相位失配，这主要是由两通道的灵敏度以及探头对声场的散射所致。相位失配会影响测量精度，这主要表现在测量低频噪声时。

此外，还有其他随机性误差。在声强测量试验中，这些误差除了受到测量系统本身技术、结构因素的影响，还与被测量声场的特性，如声音的波长和频率有关。因此，要选择合适的测量参数保证测量精度。

1. 有限差分误差

有限差分误差属于系统测量原理误差，此误差源于 p-p 法测声强理论推导中的两个近似关系：其一是声强探头测量点声压近似等于两传声器的声压信号的平均值，其二是使用两传声器声压信号的差分近似表示传声器间声场的声压梯度。这种近似运算所带来的误差级为

$$L_e = 10\lg \frac{\sin(kd)}{kd} \tag{8-9}$$

式中，$k = 2\pi/\lambda$ 是波数；d 是两个传声器的间距。

根据式 (8-9)，在低频阶段，声波波长 λ 较大时误差较小；在高频段 λ 较小，d 与 λ 相比变大，在此距离内声压变化较大，导致有限差分误差较大。图 8-5 所示为双传声器间距 d 分别为 6mm、12mm、50mm，测量声强时的有限差分误差。可以看出误差值均为负值，即声强测量值比实际值低。同时可以看出，测量高频噪声时应采用小的间距 d。对于一个传声器间距为 d 的声强探头，存在一个声强测量的上限频率。

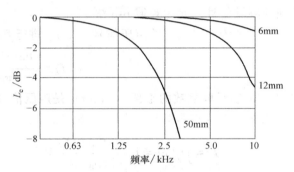

图 8-5　有限差分误差

2. 相位失配误差

p-p 法测量声强应使用声学性能一致的传声器，因为在根据两个传声器间声压梯度间接测量质点振动速度时，两个传声器测得的声压信号存在一个相位差 kd，质点速度可通过此相位差求解。但是实际测量中，两个传声器 A、B 由于本身特性不可能完全相同，不可避免地会在两个传声器间存在相位不匹配以及由于各个传声器间电路参数的不同而产生一些附加的相位差 ϕ_s，这个相位差会对声场中测量的声压信号间的相位差产生干扰，使得实际相位差变为 $kd \pm \phi_s$。这样引起的误差称为相位失配误差，其误差级为

$$L_e = 10\lg \frac{\sin(kd \pm \phi_s)}{kd} \tag{8-10}$$

在平面波声场中，频率越低波长越长，波数越少，因此，在声强测量系统中引起的有效相位差越小，而系统的相位失配误差基本保持不变，当有效相位差减小到与相位失配误差接近的程度时，相位失配误差对系统测量精度的影响就非常大。因此，选用较大的传声器间距有利于抑制相位失配误差，尤其是低频阶段。图 8-6 所示为传声器间距分别为 6mm、12mm、50mm 时，声强探头的测量误差随频率的变化。可以看出，相位失配引起的误差随着频率的增大而减小，在低频阶段急剧增大，在相同的频率条件下，较大的传声器间距有利于控制相

位失配误差，从这个角度来看，传声器间距应选取较大值。

为了有效控制相位失配误差，在选择传声器时要对各个传声器进行详细测试，选择声学性能最为接近的两支传声器，在测量前通过校准对相位失配误差进行补偿以减小此误差，相位失配校准将在后文介绍。

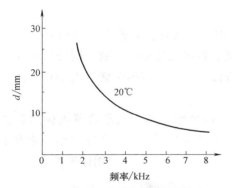

图 8-6 相位失配误差

8.1.3 测量误差的控制

根据前面的分析可知，影响声强系统测量误差的主要因素是两传声器间距 d，而且此参数对有限差分误差和相位失配误差的影响是相反的，减小 d 值可以有效控制有限差分误差，但会导致相位失配误差增大，增加 d 值则刚好相反。因此，d 的数值不可过大也不可过小，图 8-7 所示为在保证系统误差在 0.5dB 之内时，理想的间距与测量频率的关系。为了方便测量和计算，在保证一定测量精度的前提下，确定几个基本间距及各自的适用频率范围是很有必要的。图 8-8 所示为 B&K 公司提出的各种不同直径的传声器在保证测量精度为 1dB 之内的间距及适用的频率范围。

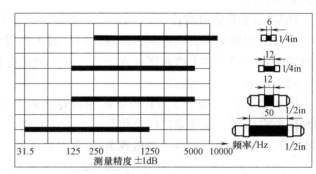

图 8-7 理想的间距与测量频率的关系　　图 8-8 传声器间距及适用的频率范围

对于图 8-4 中对置式的探头，其间距是用一段和传声器直径相同的圆柱体来保证的。圆柱体使被测的声音只能通过传声器保护罩周边的窄槽对膜片起作用，这样就使两传声器声学中心的距离得到精确的保证，以提高测量精度。这正是对置式探头的优点之一。

此外，在测量点声源球面声波中的声强时，由于声强随测量距离而变化会形成测量误差，误差级为

$$L_e = 10\lg\left\{\frac{\sin(kd)}{kd}\left[1-\frac{1}{4}\left(\frac{d}{r}\right)^2\right]^{-1}\right\} \tag{8-11}$$

式中，r 是离点声源的半径距离。

图 8-9 所示为按照式（8-11）绘制的近场测量误差曲线，可以看出，当 r 接近于或小于 d 时误差会很大，而当 $r>2d$ 时误差可以忽略，这就限制了双传声器法近场测量的距离。为保证测量误差不大于 1dB，探头离声源的距离应大于双传声器间距的 2~3 倍，即 $r>(2~3)d$。

8.1.4　相位失配标定

设两传声器之间基准的相位差 $\phi_d = kd$，与声场有关的因素使相位差成为 ϕ_f，两测量通道之间的相位失配为 $\pm\phi_s$，则测量时的相位差为 $\phi_f \pm \phi_s$，这时有压-强指数 δ_{pI} 为

$$\delta_{pI} = 10\lg\left|\frac{\phi_d}{\phi_f \pm \phi_s}\right| \qquad (8\text{-}12)$$

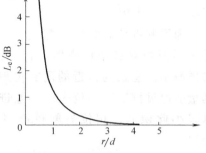

图 8-9　近场测量误差曲线

压-强指数反映了测量时的相位差比之基准相位差存在的误差。当压-强指数很小，并趋向 0 时，式（8-12）中分子分母趋向一致，各种误差因素引起的相位差最小，测量结果精度高。

若将探头置于特殊控制的一致声场中，两个传声器之间的声场相位差 $\phi_f = 0$，压-强指数变为残留压-强指数 δ_{pI0}：

$$\delta_{pI0} = 10\lg\left|\frac{\phi_d}{\phi_s}\right| \qquad (8\text{-}13)$$

残留压-强指数反映了基准相位差和两通道相位失配之间的比值。残留压-强指数的绝对值越大，说明两通道相位失配越小。根据式（8-13），若知道残留压-强指数便可得到双传声器的相位失配 ϕ_s。

残留压-强指数可按图 8-10 测定。一对传声器被对称地安装在耦合器上，接收到噪声发生器发出的相同噪声，双传声器的输出信号输入分析仪。若两通道相位一致，则分析仪显示的声强为零。但事实上两通道存在相位失配，因此分析仪显示出残留的声强级就是双传声器的相位失配 ϕ_s 所造成的。

图 8-11 所示为安装了双传声器的相位标定耦合器，两个传声器接收耦合器内扬声器发出相同的声信号，通常是白噪声信号。为了防止耦合器中产生共振，在其内壁的相应地方上贴有一定形状的吸声材料。测出残留压-强指数后就可根据式（8-13）算出相位失配 ϕ_s。

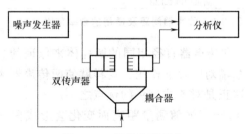

图 8-10　相位失配标定

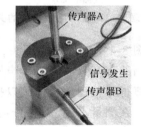

图 8-11　安装了双传声器的相位标定耦合器

8.1.5　声强法识别噪声源

声强法及声强探头的出现，为噪声源识别提供了十分有效的手段。声强法识别噪声源有三种方法：声功率排序法、连续扫描法和等高线图法。

1. 声功率排序法

声强的特点是具有方向性，测量声强时不受背景干扰噪声的影响，如图 8-12 所示。干

扰声进入测量包络面后仍从包络面出去，因此干扰声强在整个包络面上的积分为 0，不影响所测的结果。根据声强测量的这种特性，当测量噪声源中某一部件的声功率时，可以把其他部件的噪声认为是环境噪声，这样各部件依次测量，就可以得到全面的噪声级排序。

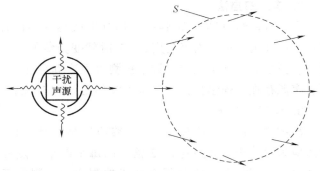

图 8-12　声强测量不受背景噪声干扰

　　对一车用柴油发动机各部件用声强法及传统声源屏蔽法（铅覆盖法）做声功率测量。当柴油机转速为 1500r/min、转矩为 542N·m 时，其各部件声功率级排序结果见表 8-1。由表 8-1 中的数据可以看出，两种方法所得结果比较接近，主要噪声源是油底壳（102.7dB）、柴油机顶部（包括排气管、增压器、缸盖及气门罩）（101.4dB）及增压后冷却器（100.8dB）。

表 8-1　柴油机各部件声功率级排序结果

柴油机部件名	声功率级/dB	
	声强法	铅覆盖法
油底壳	102.7	102.6
排气管、增压器、缸盖及气门罩	101.4	101.6
增压后冷却器	100.8	100.6
柴油机前端	95.0	100.0
机油滤清器和冷却器	98.1	98.1
缸体左侧	97.4	97.3
缸体右侧	94.8	97.3
燃油泵和机油泵	91.5	96.3
各部件总和	108.1	108.8

　　图 8-13 所示为使用两种方法测量的油底壳声功率的 1/3 倍频程图，可见两者的结果也比较接近。与传统的屏蔽法相比，声强法大大减小了试验工作量及周期。

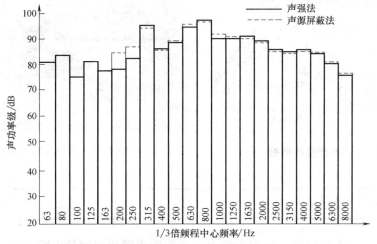

图 8-13　使用两种方法测量的油底壳声功率的 1/3 倍频程图

2. 连续扫描法

由式（8-8）可知，声强探头具有很敏感的指向性。当声入射方向与探头轴线成 $85°$ 时显示出声强为正值，而当角度为 $95°$ 时就变为负值。利用这个特性可以用连续扫描法将声源定位。扫描时将探头轴线平行于被测表面连续平移，当信号改变符号时，过探头中点垂线上必有声源存在，连续扫描法定位声源如图 8-14 所示。

3. 等高线图法

离被测表面一定距离设置一个带有网格的测量面，为了避开表面近场的局部声扰动，该距离应为双传声器间距的 $2\sim3$ 倍。以每个网格中点构建测点坐标输入分析系统，测量时如图 8-15 所示将声强探头轴线垂直于被测表面，测出每个测点处表面法线方向的声强，然后可绘制出被测表面声强等高线图或彩色图，由图可以很方便地确定主要声源之所在。

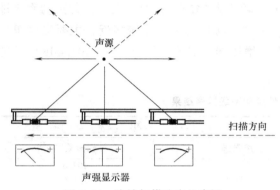

图 8-14 连续扫描法定位声源

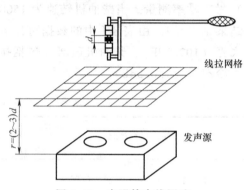

图 8-15 声强等高线图法

图 8-16 所示为对一整车发动机舱使用声强等高线法进行噪声源识别时所采用的拉线网格，网格间距为 $100mm$，声强探头双传声器间距 $d=50mm$，网格面距发动机表面设置为 $100mm$。发动机运行在稳定转速工况下依次测量每个网格中心的声强并绘制出图 8-17 所示的声强等高线彩色云图，如在怠速工况 125Hz 频率下，发动机排气管处辐射的噪声较大。

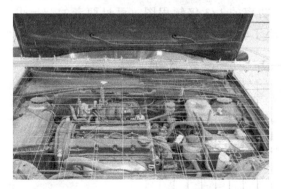

图 8-16 发动机舱拉线网格

图 8-17 声强等高线彩色云图

8.2 选择性声强法

选择性声强是指在所测量的噪声声强中，指定噪声源所辐射的声强成分，即从总声强中分离出各个噪声源所产生的各自的声强，以此分析各个噪声源对总噪声的影响和贡献。

相比于传统声强法，使用选择性声强法除了需要测量声强数据外，还需要测量所需分离识别的噪声源的参考信号，参考信号可以是加速度信号、压力信号等。通过分析参考信号与总声强的相关性即可将各个噪声源从总声强中分离出来。

8.2.1　单一参考信号

单一参考信号的选择性声强法常用于强背景噪声环境下的声学测量，用于分离背景噪声对于测量数据的影响，在此环境内声源与背景噪声往往不相干，处理方法比较简便。

测量环境内有单一声源和背景噪声，且所测量声源与背景噪声不相干，声强探头的两个传声器分别编号 1 和 2，声源处布置近场声压传声器测量声压作为参考信号 S。

声压传声器 1、2 的声压频域信号 $p_1(f)$、$p_2(f)$ 分别为

$$\begin{cases} p_1(f) = H_{S1}(f)S(f) + N_1(f) \\ p_2(f) = H_{S2}(f)S(f) + N_2(f) \end{cases} \tag{8-14}$$

式中，H_{S1}、H_{S2} 分别表示声源 S 到声压传声器 1、2 的传递函数；$N_1(f)$、$N_2(f)$ 分别表示两个传声器记录的背景噪声信号。

$p_1(f)$、$p_2(f)$ 的互功率谱

$$G_{12}(f) = H_{S1}^*(f)H_{S2}^*(f)G_{SS}(f) + G_{n1n2}(f) \tag{8-15}$$

式中，* 表示复数共轭；$G_{SS}(f)$ 是声源 S 参考信号的自功率谱。

声源 S 的选择性互功率谱为

$$G_{12 \leftarrow S}(f) = H_{S1}^*(f)H_{S2}(f)G_{SS}(f) \tag{8-16}$$

因此，声源 S 的选择性声强为

$$I_{r \leftarrow S}(f) = \frac{\text{Im}(G_{12 \leftarrow S}(f))}{2\pi f \rho_0 \Delta r} \tag{8-17}$$

8.2.2　多参考信号

单一参考信号的形式在实际工程应用中并不完善，在汽车声学研究中，由于噪声环境非常复杂，存在多个噪声源，且各个噪声源间存在较高的相干性，单一参考信号不能满足复杂声学环境的试验要求。在这种条件下必须根据试验目的设定多个参考点，才能有效地将所需的噪声源信号从中分离。

在多参考信号的选择性声强法中需要引入一种多输入双输出的系统模型，在这个模型中各个噪声源所辐射的噪声信号（参考信号）作为系统的输入信号，而声强探头采集的两个声压信号 p_1、p_2 为系统的输出信号。在此系统模型内，系统输出信号 $p_1(f)$、$p_2(f)$ 分别为

$$\begin{cases} p_1(f) = \left[\sum_{i=1}^{m} H_{i1}(f)X_i(f) \right] + N_1(f) \\ p_2(f) = \left[\sum_{j=1}^{m} H_{j2}(f)X_j(f) \right] + N_2(f) \end{cases} \tag{8-18}$$

此模型内存在 m 个输入信号，H_{i1}、H_{j2} 为各输入信号到输出信号的传递函数，X_i、X_j 为系统的输入信号，$N_1(f)$、$N_2(f)$ 为两个传声器测得的背景噪声。

系统输出信号的互功率谱密度

$$G_{p_1p_2}(f) = \sum_{i-1}^{m} \sum_{j=1}^{m} H_{i1}^{*}(f) H_{j2}(f) G_{ij}(f) + G_{n1n2}(f) \tag{8-19}$$

各个输出信号的选择性互功率谱密度

$$G_{p_1p_2\leftarrow x_i}(f) = H_{i1}^{*}(f) H_{i2}(f) G_{11}(f) \tag{8-20}$$

要求解各个输出信号的选择性互功率谱密度则需要求解各个输入信号到输出信号的传递函数，由于各个输入信号间存在相干性，则需考虑各个输入信号间互功率谱的影响。此多输入双输出模型可通过如下矩阵方程求解：

$$\begin{pmatrix} G_{x_1p_1}(f) & G_{x_1p_2}(f) \\ \vdots & \vdots \\ G_{x_mp_1}(f) & G_{x_mp_2}(f) \end{pmatrix} = \begin{pmatrix} G_{x_1x_1}(f) & \cdots & G_{x_1x_m}(f) \\ \vdots & & \vdots \\ G_{x_mx_1}(f) & \cdots & G_{x_mx_m}(f) \end{pmatrix} \begin{pmatrix} H_{11}(f) & H_{12}(f) \\ \vdots & \vdots \\ H_{m1}(f) & H_{m2}(f) \end{pmatrix} \tag{8-21}$$

此系统内输入信号 x_1，$\cdots$，x_m 和输出信号 p_1、p_2 均已知，可求得各个信号间的互功率谱密度，进而求得各个输入信号与输出信号间的传递函数。将求解的各个传递函数代入式 (8-19) 中即可求得各个输入信号的选择性互功率谱密度。根据式 (8-20)，即可计算出各个输入信号的选择性声强。

8.2.3 选择性声强法识别车内噪声源

应用选择性声强法识别一前轮驱动车辆以 40km/h 的速度行驶时的车内噪声来源，此例中噪声源参考点的选择为左前轮、右前轮、发动机上表面和排气尾管口，属于多参考信号。目标点为车内驾驶人右耳处，因此，系统的输入为各参考点的声压信号，输出为驾驶人右耳处声强信号。

由于声强为矢量，声强探头一次只能测量单一方向的声强矢量的分量，因此要获得完整的声强矢量，必须进行三次测量，根据三个方向的分量计算出合矢量，在进行声强测量时以整车坐标系为测量方向的选择依据，分别测量 x、y、z 三个方向的声强值，若声强为正则声源传播方向与坐标轴方向相同，若为负则方向相反。

车辆在整车半消声室内的底盘测功机转鼓上以前轮驱动方式运行，保持后轮不转动。参考点传声器的布置如图 8-18 所示，左前轮和右前轮处传声器布置于轮胎和转鼓接触点处侧后方 0.2m 处，与车辆纵轴线成 45°，指向轮胎与鼓面接触点，左前轮传声器信号为 x_1，右前轮信号为 x_2；采集发动机信号的传声器布置在发动机舱内指向发动机，信号设为 x_3；测量排气尾管噪声传声器布置于排气管后方 0.2m 处，与排气管等高且与纵轴线方向成 45°，指向排气尾管口，信号设为 x_4。声强探头双传声器间距为 25mm，最佳测量频率范围为 125~2500Hz，信号设为 p_1 和 p_2。

根据多参考选择性声强法，计算各噪声源选择性声强应首先计算各输入信号之间以及输入与输出信号间的选择性互功率

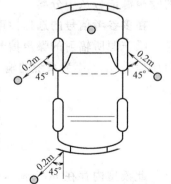

图 8-18　参考点传声器的布置

谱，即求解矩阵 G_{ij} 和 G_p，G_{ij} 为 4×4 矩阵，包含四个输入参考信号间的互功率谱和自功率谱，G_p 为 4×2 矩阵，包含输入信号分别与两个输出信号的互功率谱。

$$G_p = \begin{pmatrix} G_{x_1p_1}(f) & G_{x_1p_2}(f) \\ \vdots & \vdots \\ G_{x_mp_1}(f) & G_{x_mp_2}(f) \end{pmatrix}, G_{ij} = \begin{pmatrix} G_{x_1x_1}(f) & \cdots & G_{x_1x_m}(f) \\ \vdots & & \vdots \\ G_{x_mx_1}(f) & \cdots & G_{x_mx_m}(f) \end{pmatrix} \tag{8-22}$$

求解频率响应函数矩阵 H 的方程为

$$\begin{pmatrix} G_{x_1x_1}(f) & \cdots & G_{x_1x_m}(f) \\ \vdots & & \vdots \\ G_{x_mx_1}(f) & \cdots & G_{x_mx_m}(f) \end{pmatrix}^{-1} \begin{pmatrix} G_{x_1p_1}(f) & G_{x_1p_2}(f) \\ \vdots & \vdots \\ G_{x_mp_1}(f) & G_{x_mp_2}(f) \end{pmatrix} = \begin{pmatrix} H_{11}(f) & H_{12}(f) \\ \vdots & \vdots \\ H_{m1}(f) & H_{m2}(f) \end{pmatrix} \tag{8-23}$$

$$G_{ij}^{-1} G_p = H \tag{8-24}$$

求得完整的频率响应函数矩阵 H 后通过式（8-6）和式（8-7）即可获得各个输入信号的选择性互功率谱和各个输入信号的选择性声强及总声强。

图 8-19 所示为参考点声源对于车内 x 方向上的选择性声强频谱和总声强。可以看出，在低频段，发动机和排气尾管口噪声源较为主要且幅值较高，传播方向相反，声强指向性较明显。由于噪声能量主要集中在低频段，因此发动机和排气尾管口的总选择性声强也最高。

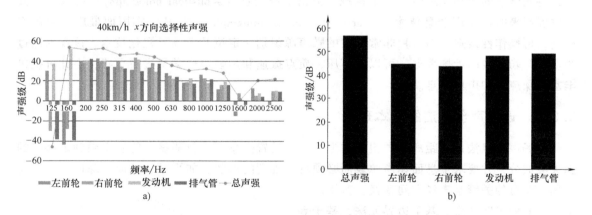

图 8-19 参考点声源对于车内 x 方向上的选择性声强频谱和总声强

a）选择性声强频谱 b）总选择性声强

图 8-20 所示为 y 方向和 z 方向选择性声强频谱，在这两个方向上各频率噪声传播方向变化较大，指向性不明显，这是由于这两个方向上车内混响作用较强。另外从各个频段的总声强来看，x 方向的声强分量最大，占 3 个方向分量的主要部分。因此，对于车内噪声识别而言，此条件下 x 方向选择性声强最具有代表性。

选择性声强法相比于其他方法，不但可以识别出噪声的主要来源，更可以计算出不同声源对总体噪声的贡献和影响。此方法可以有效分离特定声源与背景噪声，获得指定噪声源对测量点声强矢量的分量，且试验方法简便，对于车内噪声源识别，只需获得乘客位置声强数据和参考点声压数据即可。

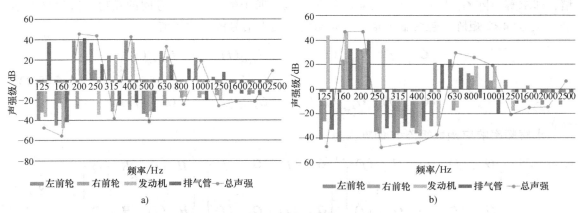

图 8-20　y 方向和 z 方向选择性声强频谱

a）y 方向　b）z 方向

8.3　近场声全息法

全息术的概念最早于 20 世纪 40 年代出现在光学中，利用该技术可重现物体的三维图像。考虑到声波与光波在传播特性上有相似的规律，光全息技术的重建原理同样适用于声波，将光全息的照相原理引入声学领域，提出了声全息（acoustical holography）的概念。其中发展起来的近场声全息技术（near-field acoustic holography，NAH）实用面最广，分辨率最高，可操作性最强，是一种非常有效的噪声源识别、定位及声场可视化技术，该技术通过测量包含隐失波的近场数据，可以对声压、质点振速和声强等声学量进行重建，由此可提供丰富的噪声源和声场信息。

8.3.1　近场声全息法的基本理论

近场声全息法是在距离声源很近的近场区域设置全息面进行测量，能够记录到足够多的隐失波成分，并要求全息面和声源表面必须具有规则的形状，如平面、柱面、球面等。实现近场声全息的关键是声场空间变换，其算法有基于空间傅里叶变换、基于边界元法、基于等效源法、统计最优法四类。其中基于空间傅里叶变换的算法在工程中应用最广，平面测量面也最为常见。这里以基于空间傅里叶变换算法的单频简谐波的平面声全息为例，建立广义声全息的数理模型。

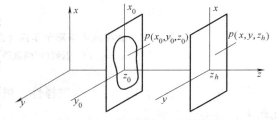

图 8-21　广义声全息坐标系统

如图 8-21 所示，建立广义声全息的坐标系统，并设描述声场的参量为声压 $p(r, t) = p(r)e^{j\omega t}$。其中，$p(r) = |p(r)|e^{j\varphi(r)}$，略去时间因子 $e^{j\omega t}$，则位于平面 $z = z_0$ 上声源的声压分布用 $p(r_0)$ 表示为 $p(r_0) = p(x_0, y_0, z_0)$，而在平面 $z = z_h$ 上所测得的声压值为 $p(r_h) = p(x, y, z_h)$。

根据亥姆霍兹（Helmholtz）积分方程：

$$p(r) = \mathrm{j}\omega\rho_0\int_V q(r_0)\,G(r,r_0)\,\mathrm{d}V + \int_S p(r_s)\frac{\partial G(r,r_s)}{\partial n} - G(r,r_s)\frac{\partial p(r_s)}{\partial n}\mathrm{d}S \qquad (8\text{-}25)$$

将 $p(r_0)$ 看作任意封闭面上声源的"边值"函数, 而 $p(r_h)$ 为封闭面所包围空间内的场函数, 则有表达式:

$$p(r) = \frac{1}{4\pi}\iint_S\left[\frac{\partial p(r_0)}{\partial n}G(r,r_0) - p(r_0)\frac{\partial G(r,r_0)}{\partial n}\right]\mathrm{d}S \qquad (8\text{-}26)$$

式中, S 是声源所在平面; n 是声源面的外法线; $G(r,\ r_0)$ 是格林函数。一般情况下, 式 (8-26) 因存在"不自洽性"而难解, 但当选择适当形式的格林函数 $G(r,\ r_0)$ 时, 可克服这一不自洽性, 在这里选择狄利克雷 (Dirichlet) 边界条件作为简化积分的方法。

在 Dirichlet 边界条件下, 可选择一个格林函数, 使之既在场空间满足 Helmholtz 积分方程, 又在积分边界上为零, 即

$$G_D(r,r_0) = -\frac{1}{4\pi}\frac{\partial g(r,r_0)}{\partial n}\bigg|_{z=z_0} = (z-z_0)(1-\mathrm{j}kr)\frac{\mathrm{e}^{\mathrm{j}kr}}{2\pi r^3} \qquad (8\text{-}27)$$

将式 (8-27) 代入式 (8-26), 则可得到 Dirichlet 边界条件下的解, 即

$$p(r) = \iint_S p(r_0)\,G_D(r,r_0)\,\mathrm{d}S \qquad (8\text{-}28)$$

将式 (8-28) 写为直角坐标系下的具体形式, 即可得

$$p(x,y,z) = \iint_{-\infty}^{\infty} p(x_0,y_0,z_0)\,G_D(x-x_0,y-y_0,z-z_0)\,\mathrm{d}x_0\mathrm{d}y_0 \qquad (8\text{-}29)$$

当声源平面的声压已知时, 利用式 (8-27) 所示的格林函数, 就可通过式 (8-29) 计算出声场中的声压值。由此, 便得到了由"源"到"场"的正问题的数理模型, 而声源识别属于由"场"到"源"的逆问题, 只需将式 (8-29) 进行反运算, 即可得到重建公式。在此, 先利用空间傅里叶变换方法分析式 (8-29) 所包含的频率成分及其变换关系。

根据空间傅里叶变换的一般关系式:

$$F[f(x,y)] = \frac{1}{2\pi}\iint_{-\infty}^{\infty} f(x,y)\,\mathrm{e}^{-\mathrm{i}(k_x x + k_y y)}\,\mathrm{d}x\mathrm{d}y = \tilde{f}(k_x,k_y) \qquad (8\text{-}30)$$

$$F^{-1}[\tilde{f}(k_x,k_y)] = \frac{1}{2\pi}\iint_{-\infty}^{\infty}\tilde{f}(k_x,k_y)\,\mathrm{e}^{-\mathrm{i}(k_x x + k_y y)}\,\mathrm{d}k_x\mathrm{d}k_y = f(x,y) \qquad (8\text{-}31)$$

对式 (8-29) 两边做空间傅里叶变换, 并利用卷积定理, 可推得

$$p(x,y,z) = F^{-1}[\tilde{p}(k_x,k_y,z)]$$
$$= F^{-1}[\tilde{p}(k_x,k_y,z_0)\tilde{G}_D(k_x,k_y,z-z_0)] \qquad (8\text{-}32)$$

式 (8-32) 中在 Dirichlet 边界条件下的格林函数 G_D 的傅里叶变换, 可借由函数积分的方式导出, 其结果为

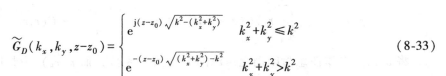

$$\widetilde{G}_D(k_x,k_y,z-z_0)=\begin{cases}\mathrm{e}^{\mathrm{j}(z-z_0)\sqrt{k^2-(k_x^2+k_y^2)}} & k_x^2+k_y^2\leqslant k^2\\[2mm]\mathrm{e}^{-(z-z_0)\sqrt{(k_x^2+k_y^2)-k^2}} & k_x^2+k_y^2>k^2\end{cases} \tag{8-33}$$

式中，k_x、k_y 分别是空间频率域中声波沿 x、y 方向上的波数分量，即一组 (k_x,k_y) 值对应于空间频率域中某一确定方向传播的平面波。因此，式（8-33）即可理解为在 $z=z_0$ 的声源平面上，存在有以 $\widetilde{p}(k_x,k_y,z_0)$ 为振幅、以 $\widetilde{G}_D(k_x,k_y,z-z_0)$ 为传播函数的一系列平面波叠加而成的声波。

由式（8-33）可知，$\widetilde{G}_D(k_x,k_y,z-z_0)$ 中包含许多空间频率成分，$k_x^2+k_y^2<k^2$ 的条件下的值表示空间频率域中的低频成分，其代表的平面波为传播波，在沿 z 方向的传播过程中，仅相位发生周期性变化，而振幅不发生改变；$k_x^2+k_y^2>k^2$ 的条件下的值则表示空间频率域中的高频成分，其代表的平面波为隐失波，在沿 z 方向的传播过程中，相位不发生变化，但振幅随着距离的增大呈指数形式迅速衰减，在与声波波长 λ 相近的很短距离上，振幅已趋于零。特别地，当 $k_x^2+k_y^2=k^2$ 时，k 是空间频率域中划分传播波与隐失波范围的边界，称为"辐射圆"半径。

基于以上分析，不难理解，在近场声全息中，由于 $z-z_0\ll\lambda$，全息数据中同时包含有传播波成分和隐失波成分，在常规声全息中，由于 $z-z_0\gg\lambda$，全息数据只能记录到传播波成分。也即，随着全息平面离声源平面的距离逐渐增大，其记录的全息数据类型也由近场声全息自然演变为常规声全息。

完成对式（8-29）所包含的频率成分的分析后，即可据此进行声全息的重建过程。在重建过程中，已知在声场中的平面 $z=z_0$ 上测得的全息数据为

$$p(x,y,z_h)=\iint\limits_{-\infty}^{\infty}p(x_0,y_0,z_0)G_D(x-x_0,y-y_0,z-z_h)\mathrm{d}x_0\mathrm{d}y_0 \tag{8-34}$$

对式（8-32）进行反运算，可得到声源的重建表达式，也即在 Dirichlet 边界条件下，由已知的全息测量数据反演未知声源的广义声全息重建的基本公式：

$$p(x,y,z)=F^{-1}\left[\frac{\widetilde{p}(k_x,k_y,z_h)}{\widetilde{G}_D(k_x,k_y,z_h-z_0)}\right] \tag{8-35}$$

$$=F^{-1}\left[\widetilde{p}(k_x,k_y,z_h)\widetilde{G}_D^{-1}(k_x,k_y,z_h-z_0)\right]$$

此外，通过进一步分析，可将式（8-35）结合正问题的数理模型式（8-29），得到声场的空间变换公式：

$$p(x,y,z)=F^{-1}\left[\widetilde{p}(k_x,k_y,z_0)\widetilde{G}_D(k_x,k_y,z-z_0)\right]$$

$$=F^{-1}\left[\widetilde{p}(k_x,k_y,z_h)\frac{\widetilde{G}_D(k_x,k_y,z-z_0)}{\widetilde{G}_D(k_x,k_y,z_h-z_0)}\right] \tag{8-36}$$

$$=F^{-1}\left[\widetilde{p}(k_x,k_y,z_h)\widetilde{G}_D(k_x,k_y,z-z_h)\right]$$

由式（8-36）可知，只要将格林函数取为 $\widetilde{G}_D(k_x, k_y, z-z_h)$ 的形式，即可据此直接计算出 $z \geqslant z_0$ 空间内的任一平面上的声压值，进而推得其他的声学参数值。

8.3.2 近场声全息的实现方法

近场声全息的实现主要包含两个重要环节，即全息数据的测量与声场空间变换，关于声场的空间变换，在 8.3.1 节中已做了详尽的论述，其算法原理可归纳为图 8-22 所示。

近场声全息实现的另一个重要环节即全息面上复声压数据的测量。其中，声压幅值可由传声器测量信号的自谱得到，但各个测点的声压相位测量起来较为复杂。根据声压相位获取方法的不同，全息面上的复声压有以下 4 种测量方法：

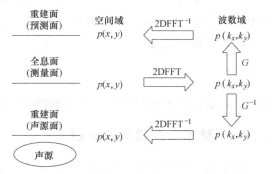

图 8-22　基于空间傅里叶变换的
近场声全息算法原理图

（1）快照法　采用 $m \times n$ 的传声器阵列，一次测量完成全息面上复声压数据（幅值和相位）的采集。其优点是不需要参考源；对相干和非相干、稳态和非稳态的声场都适用；采集数据精度高、速度快。其缺点是需要大量的传声器以及与之匹配的测量器材，对设备的要求较高，且标定传声器的工作量大，测量成本较高。

（2）单参考传递函数法　采用小型的传声器阵列，如线性阵列，进行多次扫描完成测量。因所有测点不能同时获取，故需一个与声源有一定关系的参考信号，全息面上复声压的相位即通过每次扫描时的信号与参考信号的互谱得到；适用于稳态及非稳态相干声场，但应用于非稳态声场时应保证多次非稳态测量的一致性，可通过检查每次测量的参考信号来确保一致性。

（3）多参考互谱测量法　在声源附近布置多个参考传声器，且其数目多于"潜在"声源数，多次扫描完成测量。该方法解决了单参考传递函数法不适用于非相干声场的问题，将测量的非相干声场分解成若干个完全相干的部分场，再分别对这些部分场进行声全息重建，最后将其叠加得到最终结果；适用于稳态声场。

（4）声强测量法　通过测量全息面上互相垂直的两个切向方向的声强来获取测量点处的声压相位，多次扫描完成测量。该方法利用声强测量计算复声压，故不需要参考信号；适用于宽带噪声源和稳态相干声场。

在识别汽车噪声源时，既考虑怠速、匀速等稳态声场，又有加减速等非稳态声场，因此工程中主要采用快照法进行汽车近场声全息测量，可对非稳态声场进行识别，这也是近场声全息法相较于声强法的优点。

8.3.3 空间分辨率

对于声源的成像问题，空间分辨率是其重要指标。对于基于空间傅里叶变换的平面近场声全息，需要重点考虑的是横向分辨率，其定义为重建出的像平面上可分辨的最小距离。由于声源的空间结构，其辐射的声波在空间频率域中具有许多频率成分，因此最小可分辨距离对应于全息面上接收到的最高频率隐失波的波长；另外，由于离散采样的影响，最小可分辨距离又取决于采样间距及接收系统的动态范围。

空间分辨率 R 的计算公式为

$$R \approx \frac{D\ln 10}{20\pi d} = 27.27\frac{d}{D} \tag{8-37}$$

式中，d 是传声器间距；D 是接收系统的动态范围。

D 的计算公式为

$$D = 20\lg\frac{M}{E} \tag{8-38}$$

式中，M 是接收器测得的最大信号幅值；E 是接收信号噪声的最大幅值。

8.3.4 整车车外噪声源识别

利用近场声全息法对整车右侧车外噪声进行识别，全息测量面设置在车辆右侧。选择两种行驶工况，稳态60km/h匀速行驶与三档加速行驶（发动机转速为1200~3000r/min）。

近场声全息技术要求测量面必须大于声源面的大小以确保窗效应与卷绕误差的影响降至最小，根据车辆的尺寸确定全息测量面孔径大小为4900mm×1500mm。若采用快照法，最高分析频率与传声器阵列的间距 d 相关，即

$$d \leqslant \frac{\lambda_{\min}}{2} = \frac{c}{2f_{\max}}$$

传声器间距取100mm，最高分析频率为1700Hz，空间分辨率根据式（8-37）与测量的声学信号得到，约为0.05m。同样由全息测量面孔径大小可得最低分析频率约为35Hz。由此可确定传声器阵列测点为50×16个。若受限于传声器可用数量，可采用单参考点线阵扫描法分批测量，此时需要设置固定参考点传声器，如位于发动机舱上方或车轮前后方。参考点的测量也可作为声全息声场重建数据的验证。

近场声全息的测量面要求靠近被测声源，测量面与被测物之间的距离过小时，高频衰减波会有混淆干涉现象，此例中测量面距离车右侧外表面最短为250mm。近场声全息测量参数都列于表8-2中。

表8-2　近场声全息测量参数

试验条件	内容	说明
测量面	车辆右侧	—
测量环境	整车半消声室转鼓	—
稳态工况	匀速	60km/h,持续30s
非稳态工况	三档加速	发动机转速从1200r/min升至3000r/min
测量孔径	4900mm×1500mm	对应最低分析频率35Hz
传声器间距	100mm	对应最高分析频率1700Hz
空间分辨率	50mm	—
传声器阵列大小	50×16	—

（续）

试验条件	内容	说明
测量方法	快照法	—
全息面与车侧面距离	250mm	—
参考点	右侧前后车轮后方、发动机舱上方	—

按照测量孔径尺寸及传声器间距建立起全息测量面坐标并绘制如图 8-23 所示的全息面位置阵列。图 8-24 所示为稳态匀速行驶工况下全息面的声源识别结果（0~1700Hz），可以看出前后轮胎为主要的车外噪声源。

图 8-23　全息面位置阵列

图 8-24　稳态匀速行驶工况下全息面的
声源识别结果（0~1700Hz）

基于空间傅里叶变换的近场声全息特点是可以根据测量数据进行未知声源的反演，也就是在测量面外重建声场识别噪声源。图 8-25 所示为距离全息测量面 1m 处发动机舱盖参考点所在平面的声场重建结果，其显示出在此处发动机舱内为主要声源。

参考点的实际测量噪声可以用于对重建声场的数据的检验，表 8-3 列出了三个参考点的实测噪声值与声场重建值，两者较为一致，可以确认试验所得的重建数据是可信的。

图 8-25　发动机舱盖参考点所在平面的声场
重建结果（距离全息测量面 1m，0~1700Hz）

表 8-3　三个参考点的实测噪声值与声场重建值

参考点位置	测量值/dB	重建值/dB
右侧前轮	99.8	99.8
右侧后轮	99.3	100.5
前舱盖	95.1	94.7

非稳态声场的三档加速工况噪声源根据不同发动机转速进行分析。图 8-26 所示为发动

机转速达到 2000r/min 时的声全息结果。同时，还可以全息测量面为基准绘制出声功率随频率及转速变化的瀑布图或云图，如图 8-27 所示，可以看到转速超过 2000r/min 后，发动机阶次噪声更为明显。

图 8-26　非稳态声全息结果（发动机转速 2000r/min）

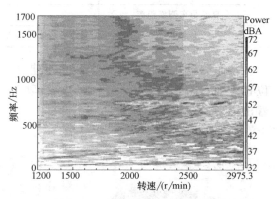

图 8-27　全息测量面声功率云图

近场声全息近些年的发展还包括了针对大型声源识别的统计最优近场声全息（SONAH）与 Patch 近场声全息技术。

8.4　波束成形法

波束成形技术源于无线电、雷达天线的信号定向传输技术，经过一定的发展，开始用于声源识别定位测量。声波束成形是基于远场传声器阵列平面波测量的信号处理技术，也可推广至对近场球面波的测量。当阵列对声场进行空间采样时，波束形成算法执行空间滤波操作，使得在传声器阵列一定距离处的扫描面上映射出声源的分布，从而定位最强的声源。

8.4.1　声学波束成形的基本原理

波束成形算法基于信号的"延时并求和"，其声源定位原理为：由多个传声器组成一定形状的阵列面对待测声源信号在一定距离进行测量记录，并在待测声源所在平面建立扫描面（也称控制面或参考面）。根据扫描点与传声器之间的位置关系及在介质中的声速，求出扫描点处不同时刻的信号值，此时要考虑阵列聚焦到扫描点时产生的延时（或相位差），将阵列中所有传声器对应同一扫描点的延时信号值进行叠加取平均，得到该扫描点的"波束成形"输出。若参考点坐标与声源位置重合，则延时信号都为同相，波束成形输出最大幅值。若参考点坐标不在声源位置，延时信号不同相，波束成形输出低于声源所在位置的幅值。声学波束成形原理如图 8-28 所示，一组 M 个传声器对声场进行测量，每个传声器位于 $\boldsymbol{x}_m$，$m = 1，\cdots，M$，的坐标矢量，坐标系原点可以在任意位置，为方便起见，设置坐标系的原点与阵列的相位中心一致，满足 $\sum\limits_{m=1}^{M} \boldsymbol{x}_m = 0$。另有一组由扫描点 $\boldsymbol{x}_p$，$p = 1，\cdots，N$，所组成的网格扫描面用于波束成形的聚焦。由于各传声器到某一扫描点的距离不同，声信号的延时为

$$\Delta_m(\boldsymbol{x}_p) = \frac{|\boldsymbol{x}_p - \boldsymbol{x}_m|}{c} \tag{8-39}$$

式中，c 是声速。

波束成形在第 p 个扫描点上 t 时刻的瞬时输出为

$$\mathrm{bf}(\boldsymbol{x}_p, t) = \frac{1}{M} \sum_{m=1}^{M} w_m A_m p_m \left[t - \Delta_m(\boldsymbol{x}_p) \right] \tag{8-40}$$

式中，$p_m(t)$ 是第 m 个传声器测量到的 t 时刻声信号；w_m 是第 m 个传声器信号的加权系数；A_m 是考虑了球面声波传播幅值衰减的比例因子，$A_m = 4\pi \| \overrightarrow{\boldsymbol{x}_p} - \overrightarrow{\boldsymbol{x}_m} \|$。

根据各个位置传声器与第 p 个扫描点的相对位置对采集的声压信号加权、延时后再进行求和平均，得到这一扫描点的波束成形输出。将所有扫描点上的波束成形输出值绘制成云图便可直观地识别主要声源位置。

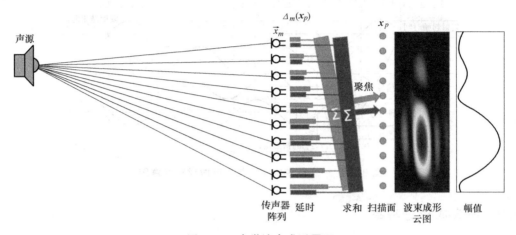

图 8-28　声学波束成形原理

式（8-40）是波束成形的时域输出，将其进行傅里叶变换得到频域输出：

$$\mathrm{BF}(\boldsymbol{x}_p, \omega_k) = \frac{1}{M} \sum_{m=1}^{M} w_m A_m p_m(\omega_k) \, \mathrm{e}^{j\omega_k \Delta_m(\boldsymbol{x}_p)} \tag{8-41}$$

式中，ω_k 是圆频率；$p_m(\omega_k)$ 是声压频谱。

式（8-41）也可写成矩阵的形式：

$$\mathrm{BF}(\boldsymbol{x}_p, \omega_k) = \boldsymbol{g}^{\mathrm{H}} \boldsymbol{W} \boldsymbol{p} \tag{8-42}$$

式中，$\boldsymbol{g}$ 是导向向量，它包含了传声器到扫描点的延时信息以及比例因子 A_m；$\boldsymbol{p}$ 是所有传声器测得的声压频谱组成的向量；$\boldsymbol{W}$ 是加权系数组成的一对角矩阵；上标 H 表示共轭转置。

根据式（8-40）或式（8-41），若扫描点为声源所在位置，则各传声器重构的信号相位同步，波束成形输出的幅值及频率都与声源一致。若扫描点处不存在声源，则传声器重构出的该点信号与声源频率相同，但相位不同步，进行求和计算会使信号幅值相互抵消，波束成形输出的幅值小于真实声源信号幅值。

声学波束成形的算法关键是对信号的"延时并求和"计算，在这里通过对正弦信号的分析来理解"延时并求和"的原理。图 8-29 所示为一个简单的正弦信号延时求和示意图，图中表示一个发射正弦信号的静止声源，信号在经过一定的时间延迟分别到达 i、j、k 处，此为信号的接收采集过程，i、j、k 处获得的信号为采样信号。对信号进行重构时，信号接收点与声源重构点（即扫描点）之间的距离发生变化，使得重构声源分布的过程中，不同扫描点与信号接收点之间对应不同的延迟时间。

当扫描点与真实声源点重合时,从图 8-29 中可以看出,利用采样信号重构得到接收点信号,经过延迟,各个接收点所重构的信号完全同相位。将不同接收点所得到的重构信号相加后取平均,得到的重构信号频谱分析的幅值最大,与声源发出信号的幅值相同。

而当扫描点与真实声源点不重合时,利用采样信号重构得到接收点信号,经过延迟,由各个接收点所重构的信号存在相位差。将不同接收点所得到的重构信号相加后,将会出现正负相位的抵消,又由于是同频信号,其信号相加后的频率不变,但是扫描点处经过"延时并求和"的平均重构信号频谱分析的幅值变小。

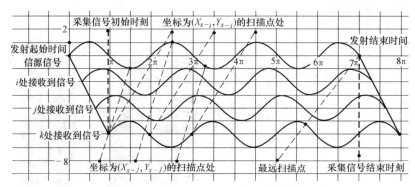

图 8-29 一个简单的正弦信号延时求和示意图

8.4.2 波束成形分辨率

分辨率代表了波束成形技术能够精确定位及分辨多个声源之间最小间距的能力。假设一声源位于扫描面及传声器阵列的中心位置,将其波束成形图沿中心对称点截取平面图后得到的截面如图 8-30 所示,图中横坐标为扫描点位置,纵坐标为通过"延时并求和"计算出的波束成形输出幅值,其最大峰值处表明了声源在横坐标方向上的位置,称该峰值为主瓣峰值,其余极值所形成的峰谷称为旁瓣。很显然,主瓣越突出而旁瓣越低,识别的效果就越好。主瓣峰值两旁第一个极小值之间的宽度称为主瓣宽度。波束成形的分辨率为

$$R(\theta) = \frac{zR_k\lambda}{2\pi} \frac{1}{\cos^3\theta} \tag{8-43}$$

式中,R_k 是主瓣宽度;z 是阵列面到扫描面的距离;θ 是声波入射角度;λ 是波长。

对于垂直入射声波的声源,$\theta = 0°$,主瓣宽度为

$$R_{k,\theta=0°} = a\frac{2\pi}{D} \tag{8-44}$$

式中,a 是阵列孔径系数,线性阵列时 $a=1$,环形阵列时 $a=1.44$;D 是阵列的宽度或直径。

将式(8-44)代入式(8-43)可得声源垂直入射时波束成形的分辨率

$$R(\theta)_{\theta=0°} = a\frac{z\lambda}{D} \tag{8-45}$$

以上讨论的都是波束成形在平行于阵列方向上的横向分辨率,除非传声器阵列包围正在分析的整个声源区域,否则在垂直于阵列方向上解析声源位置(深度)的性能远低于横向分辨能力。

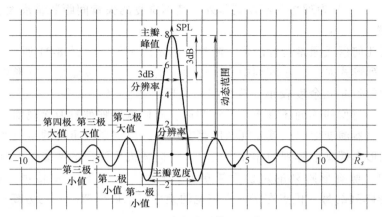

图 8-30 波束成形截面示意图

8.4.3 空间混叠、阵列形式与有效孔径

1. 空间混叠

当传声器阵列孔径不能在空间上对一定波长的声信号进行充分采样时便会产生空间混叠。这种现象与第 4 章所介绍的时间信号采样中由于不满足采样定理（或香农定理）所造成的频率混叠相类似。频率混叠可通过采用抗混滤波器来解决，但此方法却不能用于空间域。传声器阵列在空间上的欠采样导致其无法区分所接收到的声波的方向，造成在云图上出现与真实声源相似的"鬼影"声源。这种空间上的欠采样主要出现在规则形状排列的阵列（如方形网格阵列）上，由于其重复采样间隔的特征常会引起较严重的混叠问题，此类阵列也称为冗余阵列。

减小空间混叠的一种方法是以不超过半波长的间隔进行空间采样，也就是将传声器间隔设置为小于感兴趣频率的半个波长，这种方法需要相当大的传声器数量，特别是在识别具有高频成分的声源时是不切实际的。实际上，阵列布置在空间采样上的冗余性（或理解为重复性）导致了空间混叠，这种冗余性可以通过将传声器间隔设置为空间不重复的（或具有唯一性）来消除。根据这种原理设计的不规则或非周期传声器阵列布置是减小空间混叠的另一种有效方法。

给定一组 M 个传声器，若第 m 个传声器坐标向量为 $\boldsymbol{x}_m$，所有传声器之间在空间上的矢量间距可以表示为

$$\boldsymbol{X} = \boldsymbol{x}_m - \boldsymbol{x}_n, \quad m = 1, \cdots, M, n = 1, \cdots, M \tag{8-46}$$

式中，$\boldsymbol{X}$ 是 $M \times M$ 维的矢量间距矩阵。

$\boldsymbol{X}$ 中的元素代表了传声器之间的矢量间距，所有不相同矢量间距的数量表征了阵列非冗余度的大小，最大非冗余数量为

$$U_{\max} = M^2 - (M-1) \tag{8-47}$$

阵列的非冗余度可以用矢量间距矩阵中不相同元素的数量 U 与最大非冗余数量 $U_{\max}$ 之比 F 来衡量，即

$$F = \frac{U}{U_{\max}} = \frac{U}{M^2 - (M-1)} \leqslant 1 \tag{8-48}$$

很显然，当 $F = 1$ 时为理想的不规则阵列，其不重复的矢量间距数量最大。

2. 阵列形式

不规则阵列几何形式通常有稀疏形、随机形以及螺旋形等。图 8-31 所示为由 36 个传声器组成的不同阵列形式对一位于阵列中心声源的识别效果。可以看出，方形阵列由于其几何形态上的规则性导致非冗余度较小，造成波束成形云图上出现众多"鬼影"声源，无法有效识别真实声源，类似的阵列还有十字形和圆形。而稀疏形阵列看似无规则，实际是由方形阵列通过移动传声器演变而来，其非冗余度稍有提高，但周期性重复的传声器间距仍会引起空间混叠。随机形和螺旋形阵列的非冗余度最大，但随机形阵列的性能仅在传声器数量为无限时才是最优的。螺旋形阵列的定位效果最好，并且能够用较少的传声器覆盖大的范围（孔径）。螺旋形阵列的另一优点在于能在较宽的频率范围内保持较低的旁瓣幅值。

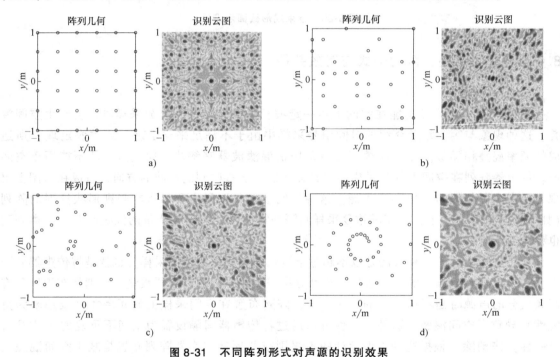

图 8-31 不同阵列形式对声源的识别效果

a) 方形，$F = 0.35$　b) 稀疏形，$F = 0.45$　c) 随机形，$F = 1$　d) 螺旋形，$F = 1$

螺旋形阵列在波束成形法上的优良性能使其在工程中得到了广泛应用，根据对阵列中传声器布局的不同优化，螺旋形阵列主要分为阿基米德螺旋阵列、Arcondoulis 螺旋阵列、多臂螺旋阵列以及 Underbrink 螺旋阵列，各类型螺旋阵列如图 8-32 所示。

（1）阿基米德螺旋阵列　此螺旋阵列（图 8-32a）是基于阿基米德螺旋方程来布局传声器的。N 个传声器中第 n 个传声器的位置极坐标为

$$\theta_n = \frac{(n-1)\phi}{N-1}, \quad n = 1, \cdots, N \tag{8-49}$$

$$r_n = r_0 + \frac{r_{max} - r_0}{\phi} \theta_n, \quad n = 1, \cdots, N \tag{8-50}$$

式中，r_{max} 与 r_0 分别是阵列中传声器的最大半径与最小半径位置；ϕ 是螺旋圈数，以弧度表示。

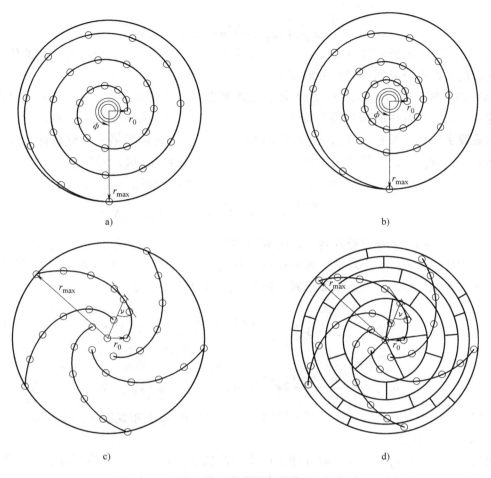

图8-32 各类型螺旋阵列

a）阿基米德螺旋阵列 b）Arcondoulis 螺旋阵列 c）多臂螺旋阵列 d）Underbrink 多臂螺旋阵列

（2）Arcondoulis 螺旋阵列 如图 8-32b 所示，该阵列中传声器布局为指数螺旋形，位置坐标为

$$x_n = \frac{n + \varepsilon_x N}{N} a \cos\theta_n \exp(b\theta_n), \quad n = 1, \cdots, N \tag{8-51}$$

$$y_n = \frac{n + \varepsilon_y N}{N} a \sin\theta_n \exp(b\theta_n), \quad n = 1, \cdots, N \tag{8-52}$$

$$\theta_n = \frac{(n-1)\phi}{N-1}, \quad n = 1, \cdots, N \tag{8-53}$$

式中，系数 a 和 b 分别决定了阵列的尺寸与阵列从中心向外扩展的速率；ε_x 和 ε_y 决定了传声器布置的密集程度。

若确定了螺旋最大半径 r_{max} 与最小半径 r_0，则可确定系数 a 和 b：

$$a = r_0 \frac{N}{\varepsilon_x N + 1} \tag{8-54}$$

$$b = \frac{1}{\phi} \ln \frac{r_{max}}{a \sqrt{(1+\varepsilon_x)^2 \cos^2\phi + (1+\varepsilon_y)^2 \sin^2\phi}} \quad (8\text{-}55)$$

相比于阿基米德螺旋阵列，Arcondoulis 螺旋阵列在靠近中心位置处有更密集的传声器布置，这有助于减小高频测量时的旁瓣幅值。

（3）多臂螺旋阵列 如图 8-32c 所示，该阵列由多个螺旋臂组成，每个螺旋臂可以有不同的螺旋形式。阵列中的传声器坐标由螺旋最大半径 r_{max} 与最小半径 r_0，螺旋臂数量 N_a，每个螺旋臂上的传声器数量 N_m，以及螺旋角度 ν 确定。首先确定第一个螺旋臂上传声器的极坐标 $r_{1,n}$，$\theta_{1,n}$，然后将该螺旋臂坐标绕原点等分旋转 N_a 次，则有

$$r_{m,n} = r_{1,n}, \quad n = 1, \cdots, N_m, m = 1, \cdots, N_a \quad (8\text{-}56)$$

$$\theta_{m,n} = \theta_{1,n} + \frac{m-1}{N_a} 2\pi, \quad m = 1, \cdots, N_a, n = 1, \cdots, N_m \quad (8\text{-}57)$$

（4）Underbrink 多臂螺旋阵列 该阵列是多臂螺旋阵列的改进形式，如图 8-32d 所示，阵列首先被划分成 $N_m - 1$ 个环形，每个环形又分成多个等面积块，传声器位于各等面积块的中心位置。若螺旋臂采用对数螺旋形式，则各传声器的极坐标为

$$r_{m,n} = \sqrt{\frac{2n-3}{2N_r-3}} r_{max}, \quad m = 1, \cdots, N_a \quad n = 2, \cdots, N_m \quad (8\text{-}58)$$

$$\theta_{m,n} = \frac{\ln \dfrac{r_{m,n}}{r_0}}{\cot\nu} + \frac{m-1}{N_a} 2\pi, \quad m = 1, \cdots, N_a \quad n = 1, \cdots, N_m \quad (8\text{-}59)$$

为减小高频测量的旁瓣幅值，可在阵列中心环形半径 r_0 上布置额外的传声器。

3. 阵列有效孔径

根据式（8-45）可知，传声器阵列的尺寸 D 决定了其在一定分辨率下分析的最低频率。对于声源位于远场的测量，需要考虑声源的入射角度，阵列的有效孔径为

$$D_{\theta_f} = D \cos\theta \quad (8\text{-}60)$$

式中，θ 是声源与阵列的法向夹角。

若是近场测量，有效孔径与声源所在位置有关，若以阵列中心为坐标原点，声源位于坐标 (x_s, y_s)，则有效孔径为

$$D_{\theta_n} = 2\pi \sqrt{x_s^2 + y_s^2} \frac{\dfrac{\pi}{2} - \arctan \dfrac{y_s}{x_s + D/2} - \arctan \dfrac{x_s - D/2}{y_s}}{2} \quad (8\text{-}61)$$

传声器阵列的性能受到以下几个因素的影响：

（1）阵列有效孔径 增大阵列孔径能够提高分辨率。由于阵列对低频声源识别定位的主要问题在于分辨率太低，因此在对低频声源进行识别定位时，可以增大阵列孔径以提高分辨率。

（2）传声器间距 减小传声器间距能提高最高分析频率。越小的间距能够解析越高的频率，同时不引起空间混叠，这对高频声源的识别十分关键。

（3）阵列距离 增大扫描面与阵列的距离可以使分辨率降低。在使用阵列识别声源时，应认真考虑阵列的测量位置，使阵列与声源之间有一个比较合适的距离，使阵列分辨率最大。

8.4.4　波束成形在汽车噪声识别中的应用

声波束成形技术可在近场和远场对静止声源进行识别,为了抑制测量时的旁瓣,提高阵列的分辨率,研究人员提出了各种算法,如 CLEAN 反卷积算法和 DAMAS 反卷积算法等以改进传统波束成形技术的性能。对于运动声源,需要根据传声器阵列与运动声源之间的位置及速度关系,消除多普勒效应,继而利用传声器信号重构运动声源,实现对运动声源的识别。对于三维空间内(如车内空腔)的声源识别,平面阵列无法识别声源的前后空间位置,需要采用三维形状的阵列,如球形,球体的衍射作用可以更好地分离不同方向传播的声波。近些年来将图像技术与波束成形相结合开发出的声学照相技术使得声源识别可视化,识别结果更为直观。目前,国内外多家企业都已开发出基于波束成形技术的声学照相机商业化产品,在汽车噪声识别中得到了广泛应用。

1. 车外噪声识别

图 8-33 所示为德国 Gfai 公司声学照相机在汽车噪声识别中的一种典型应用,利用声学照相机对发动机舱的噪声进行近场识别,采用 48 个传声器的环形阵列,阵列中心集成了数码相机进行可视化处理。

a)

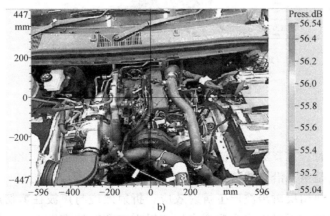

b)

图 8-33　德国 Gfai 公司声学照相机在汽车噪声识别中的一种典型应用

a)声学照相机布置　b)声源扫描面识别云图

声学照相机识别车外噪声的另一个典型应用是进行鸣笛抓拍，利用波束成形技术远场也能识别声源的特点，结合高清摄像可精确定位随意鸣笛的车辆。图 8-34 所示为北京东方振动噪声研究所研制的基于远场波束成形的鸣笛抓拍系统，由一个 32 通道的传声器阵列、一个高清摄像单元以及信号处理单元组成。

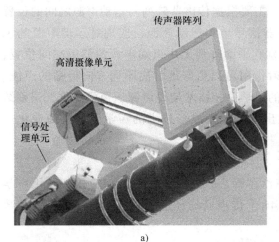

a) b)

图 8-34 鸣笛抓拍系统

a）硬件组成 b）鸣笛识别定位

2. 风洞中车外气动噪声源的识别

汽车高速行驶时由气流产生的气动噪声是其主要噪声源之一，汽车的气动噪声可在声学风洞中进行测量，车辆位于风洞射流内部。气动噪声源的识别采用远场波束成形法，传声器阵列置于风洞射流外部。测量时，试验段会形成风洞射流剪切层，其位于车辆与阵列之间，如图 8-35 所示。

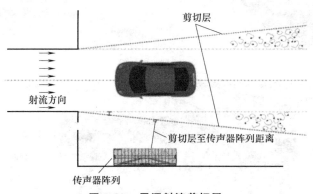

图 8-35 风洞射流剪切层

当来流风速较小时，声音穿过射流剪切层的影响可以忽略不计，此时在流场外部测量到的声音信号可以认为是声音沿直线传播测得的信号。但是随着流场流速（马赫数）的提高，声波穿过剪切层时，剪切层对声波产生折射效应，折射效应与声波在剪切层的入射角和射流内马赫数有关，剪切层的折射效应会改变声波传播方向和声波声压大小。此时在射流外部传声器阵列测量接收到的信号延时与幅值都发生了变化，必须对剪切层效应进行修正。

风洞剪切层对声音传播影响示意图如图 8-36 所示，设 R_m 为声源到传声器之间的距离，R_t 为声源到剪切层的距离，θ_m 为声源到传声器位置向量的角度，θ 为流场中的声波传播角度，θ_o 为剪切层折射点到传声器位置向量的角度。根据位置几何关系，声波经过剪切层后实际传播路径为

$$R_{\text{path}} = \frac{R_t}{\sin\theta} + \frac{R_m\sin\theta_m - R_t}{\sin\theta_o} \tag{8-62}$$

传声器接收信号因剪切层影响而产生的相位修正为

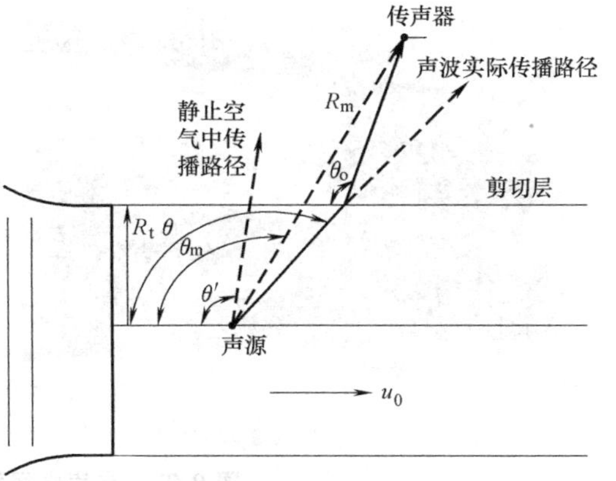

图 8-36　风洞剪切层对声音传播影响示意图

$$\omega\Delta t = \omega\frac{R_{\text{path}} - R_m}{c_0} \tag{8-63}$$

式中，ω 是圆频率，$\omega = 2\pi f$；c_0 是射流外部声速，单位为 m/s；Δt 是传声器信号采样间隔，单位为 s。

由剪切层影响对波束成形输出幅值的修正为

$$A'_m = \alpha_1\sqrt{\alpha_2\alpha_3}\left(1 - M\cos\theta_o\right)\sqrt{\frac{\xi\left(1 + M^2\xi^2\right)}{\sin\theta_o}} \tag{8-64}$$

式中

$$\xi = \sqrt{\left(1 - M\cos\theta_o\right)^2 - \cos^2\theta_o}$$

$$\alpha_1 = \frac{\sin\theta_m}{\sin\theta_o}$$

$$\alpha_2 = \frac{R_t}{R_m\sin\theta_m}\left[\left(\frac{\sin\theta_o}{\xi}\right)^3 - 1\right] + 1$$

$$\alpha_3 = \frac{R_t}{R_m\sin\theta_m}\left(\frac{\sin\theta_o}{\xi} - 1\right) + 1$$

因此，考虑剪切层影响修正后第 m 个传声器的波束成形输出由式（8-40）和式（8-41）变为

$$\text{bf}(\vec{x}_p, t) = \frac{1}{M}\sum_{m=1}^{M} w_m A_m A'_m p_m\left[t - \Delta_m(\vec{x}_p) + \Delta t_m\right] \tag{8-65}$$

$$\text{BF}(\vec{x}_p, \omega_k) = \frac{1}{M}\sum_{m=1}^{M} w_m A_m A'_m p_m(\omega_k) e^{j\omega_k\left[\Delta_m(\vec{x}_p) + \Delta t_m\right]} \tag{8-66}$$

针对整车气动噪声源的识别通常需要大孔径的传声器阵列，多臂螺旋阵列的尺寸能够很好地覆盖整车测量范围。图 8-37 所示为德国 Gfai 公司 120 通道多臂螺旋阵列声学照相机在声学风洞中识别整车气动噪声源。

图 8-38 所示为风洞测量时对剪切层影响进行相位及幅值修正前后的气动噪声识别结果，可以看出，若不进行修正，相位偏差会造成声源定位的明显误差；同时，修正前的声源强度要高于其实际强度。

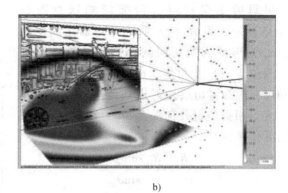

图 8-37　在声学风洞中识别整车气动噪声源

a）多臂螺旋阵列测量　b）整车气动噪声源识别云图

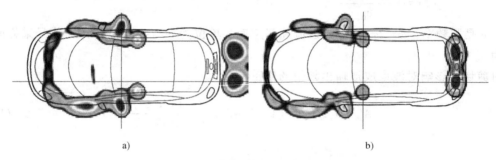

图 8-38　剪切层影响修正前后的气动噪声识别结果

a）修正前　b）修正后

　　为了提高气动噪声源识别的分辨率及定位精度，研究人员提出了多种波束成形改进算法，如 CLEAN 反卷积算法，该算法首先确定波束成形技术得到的声源图中的最大声源点位置，然后计算出该点声源对应的点扩散函数（point source function，PSF），接着从原声源图减去一定比例常数的 PSF，经过反复迭代，最后将残余的值与干净的波束叠加得到最终的声源图。在 CLEAN 算法的基础上又演变出了基于空间相干声源的扩展 CLEAN-SC 算法，该算法在阵列分辨率上又有了显著提高。图 8-39 所示为分别应用传统波束成形算法与 CLEAN-SC 算法对车辆的气动噪声源的识别结果，很明显，CLEAN-SC 算法识别的分辨率与定位精度都要显著优于传统算法。

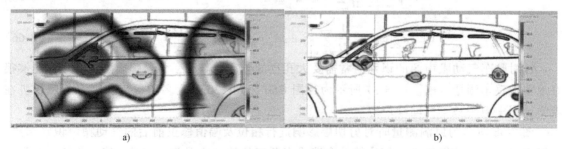

图 8-39　两种波束成形算法的识别效果

a）传统算法　b）CLEAN-SC 算法

3. 运动声源的识别

波束成形技术的另一个特点是可识别运动的声源，比如对汽车通过噪声进行识别。测量运动声源时对静止的接收端会产生多普勒频移效应，导致声信号频率和幅值在传播过程中发生变化，此时传感器测量到的信号已经失真，需要对运动声源信号进行多普勒效应修正，或者称声压的去多普勒化。

对于直线运动的声源，如车辆，可以得到其与静止的传声器阵列之间的运动几何关系，并建立虚拟的扫描面，其位置以与声源相同的速度随时间变化。再将传声器接收到的声压信号逐个采样点投射到扫描面上进行传播以实现去多普勒化。对于亚声速运动的声源，第 i 个传声器测量到的声压信号为

$$p(x_i,t) = \frac{p(t-R_i(t)/c_0)}{4\pi R_i(t)\left[1-M\cos\theta(t)\right]} \tag{8-67}$$

式中，$\theta(t)$ 是声源运动方向与观察方向之间的夹角；$R_i(t)$ 是阵列与声源之间的距离；M 是马赫数。

由式（8-67）可知，声源的运动影响了声音的传播，传声器测得的实际声压包含了一个 $\dfrac{1}{1-M\cos\theta(t)}$ 的因子。若运动的声源发出频率为 f 的声音，则传声器所在位置接收到的声音频率为

$$f_D = \frac{f}{1-M\cos\theta(t)} \tag{8-68}$$

式中，f_D 是随声源运动位置变化的多普勒频率。

直线运动声源的波束成形识别主要包括以下三个步骤：

1）在声源坐标系中计算扫描面上各扫描点的坐标。

2）根据阵列与声源的位置关系消除声压信号的多普勒频移（去多普勒化）。

3）采用"延时并求和"计算扫描面上的波束成形输出。

在识别过程中，可以看作是扫描面随着被测物不断地移动，因此，声源与阵列传声器之间各时刻的位置关系十分关键。声学照相机可在阵列测量时同步拍摄被测物体的运动，使得各时刻的声压信号都有对应的被测物位置图像，以此精确定位声源所在。图 8-40 所示为一列火车的行驶通过噪声源识别，图的上部为各时刻声压信号对应的火车行驶位置照片，下部为所选取的那段时刻（19.82ms）火车的噪声源定位云图。

4. 车内噪声源的识别

车内三维空间中的噪声源无法使用平面形的传声器阵列进行识别，通

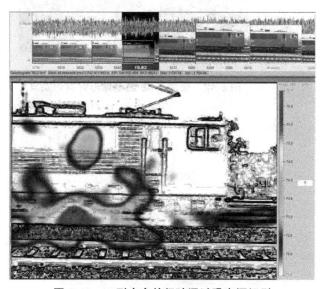

图 8-40 一列火车的行驶通过噪声源识别

产采用球形阵列，传声器布置在球形表面形成三维空间上的分布，如图 8-41 所示。球形阵列的识别是基于一种球面谐波函数分解的算法，并且为了能定位车内三维空间上的声源，需要对车内进行扫描几何建模。图 8-42 所示为使用一 48 通道球形阵列识别某车内异响的测量布置及定位结果，异响出现在中央扶手驾驶人侧。

图 8-41　球形传声器阵列

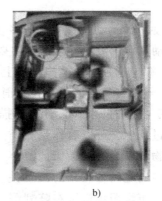

a)　　　　　　　　　　　　　　b)

图 8-42　使用一 48 通道球形阵列识别某车内异响的测量布置及定位结果

a）阵列布置　b）定位云图

第 9 章
汽车声品质主观评价试验技术

人们对于声品质的认识起步于 20 世纪 80 年代中期的欧美汽车工业，最初是为了搞清楚为何有的汽车即使 A 计权声压级较高但反而听起来却比声压级较低的车辆舒服。由此，人们认识到了声音的多维性，并引入了第 2 章中 2.4 节所介绍的心理声学客观参量，而心理声学客观参量的数学描述是建立在理想声学环境中进行测试的研究基础上的，对复杂的声学环境其应用有一定的局限性，没有考虑人耳对声音的适应性功能、双耳效应等听觉特性，其测量结果并没有可比性。

声品质来源于人们对产品声音特性的主观判断，因此声品质不仅与产品的声音固有特性的客观量有关，还与人们对产品的认知度以及生理、心理状态有关。因此，声品质问题不能只靠心理声学参数的客观评价来解决，主观评价的结果才是对声品质的真实反映。

近些年发展起了将声品质主观评价结果与心理声学客观参数通过数学方法，如统计分析或人工智能等手段，寻找主客观之间的内在联系，建立基于客观参数的声品质主观评价预测模型的技术，能够实现声品质方便、快捷的预测和评价。本章将对声品质的主观评价试验方法、数据统计分析以及声品质的预测建模进行介绍。

9.1　声音的测量

通常的汽车噪声测量使用传声器采集信号后再经过 A 计权滤波得到与人耳听觉频率特性相似的 A 计权声压级，或考虑掩蔽效应使用临界频带作为频率尺度计算各种心理声学参数。然而人是同时用左右双耳来感受声音的，由此而产生双耳效应的听觉特性，传声器的测量无法体现这种特性。

9.1.1　双耳效应

人采用双耳来进行听觉行为，由于人的头廓尺寸，双耳接收的声音信号存在一定的相位差和幅度差，而较之单耳，其听觉感知最明显的差别就是对声音的方位感觉。有研究表明，人耳是利用到达双耳声音的不同（时间、声强、相位和音色等）来确定声音的方位的，并且在低频（1000Hz 以下）时主要依赖由双耳间的时间差而产生的相位差，高频（1000Hz 以上）时则主要依赖双耳间的声强差，即幅值的差别和声压谱的差别；此外由于人耳是左右对称分布的，故人对水平方向的方位感比竖直方向敏感，对水平方向来说，当声音偏离正前方 3°左右时就能辨别，而对竖直方向可能在 15°以上才能辨别。这种使得听者具有对声源方位的定位能力就是双耳效应，耳廓结构对声音的定位起主要作用。

另外，头部形状也影响着声音的接收。头部相关传递函数主要对 4kHz 以上高频段声波产生梳状滤波作用，而且还与人体头部、肩部及躯干对声波的反射、散射及传导等因素有关。图 9-1 所示为噪声源传递至人耳内所经历传导过程的模型。为了和人的双耳听觉特性相适应，真实地再现原始声场听音环境，在进行主观评价的声信号采集时，应尽可能地考虑双耳特性，这就需要使用人工头来进行测量。

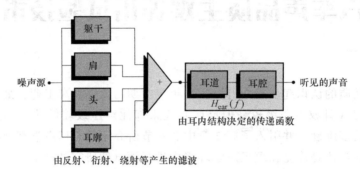

图 9-1　噪声源传递至人耳内所经历传导过程的模型

9.1.2　声学人工头

声学人工头是一种考虑了双耳效应以及头部、肩部等形状对声波产生滤波效应的声音采集设备。如图 9-2 所示，人工头具有人的头部及肩部形状，并配有模拟耳廓，耳道内分别装有全指向性传声器。人工头考虑了头部、肩部和耳廓对声场特性的影响，并模拟了人耳的滤波特性。声音信号传至人工头左右耳道内的传声器时，具有时间差和空间差，从而实现了模拟人的实际听觉效果来采集声音。

利用人工头采集声音能够很好地体现双耳效应。图 9-3 所示为噪声源围绕传声器与人工

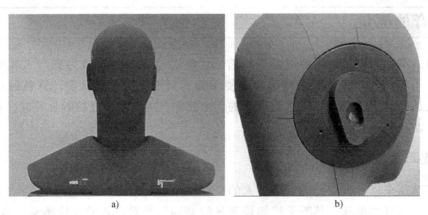

a)　　　　　　　　　　　　b)

图 9-2　人工头

a）正面　b）侧面

头移动的测量结果。由于单个传声器具有全指向性，对声源位置不敏感，而人工头测量具有双耳效应，能够体现出声源移动带来的声压变化，因此，使用声学人工头测量噪声保证了在声信号回放时听音人员在与原始声场环境相同的条件下进行声品质的评价。

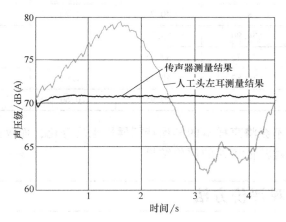

图 9-3　噪声源围绕传声器与人工头移动的测量结果

9.2　声样本的等响度预处理

在声品质主观感知中，如果某个特征属性特别突出，那么该特征会对其他特征起到掩蔽作用，其中响度对于声音的评价结果具有非常强的主导作用，可能弱化对声音品质其他因素的感知，尤其对缺乏经验的非专业评价者来说，更会先入为主地将其作为最根本的评价依据，而忽视声音的其他特质，这将严重影响声品质研究的结果和意义。

为确定响度是否对主观感受发挥主导作用，需要在主观评价前进行预评价试验。试验中评价人员以自由试听的方式对原始声样本进行优劣的排序，比较次数和顺序完全由个人决定，直到得出自己觉得的声样本好坏顺序为止。再将排序结果与声样本的响度计算值进行相关性分析，若相关系数较高（如达到 0.8 以上），说明在不对声样本进行处理的条件下，响度是最主要的评价标准，对评价结果的影响巨大。针对这种情况，需要对声样本的响度进行调节以使样本数据能更好地反映其他的特征属性。

对于车内噪声信号，双耳感知存在不均等的情况。研究表明，在双耳响度不对称的情况下，总响度的感知与双耳响度平均值 $N_M=(N_L+N_R)/2$ 的感知是等同的（N_L 和 N_R 分别为左耳响度和右耳响度）。因此，可按双耳平均响度调节声样本信号的响度，如将每个声样本的双耳平均响度均等调节到最低响度值，这称为声样本的等响度处理。表 9-1 给出了某车内噪声样本等响度处理前后的响度变化。

表 9-1　某车内噪声样本等响度处理前后的响度变化

声样本编号	原始响度值/sone			等响处理后响度值/sone		
	N_L	N_R	N_M	N_L	N_R	N_M
1	21.70	22.30	22.00	20.70	21.20	20.95
2	25.80	27.40	26.60	20.30	21.60	20.95
3	33.70	33.40	33.55	21.00	20.90	20.95

（续）

声样本编号	原始响度值/sone			等响处理后响度值/sone		
	N_L	N_R	N_M	N_L	N_R	N_M
4	42.60	38.90	40.75	21.90	20.00	20.95
5	32.50	34.90	33.70	20.30	21.60	20.95
6	37.80	37.70	37.75	21.00	20.90	20.95
7	42.10	38.80	40.45	21.90	20.00	20.95
8	20.60	21.30	20.95	20.60	21.30	20.95

此外，等响度处理不会将声样本的其他特征属性也均等化，而仅是改变了它们的相对差异程度，因此不会影响对其他属性的评价结果。

9.3 声品质的主观评价方法

声品质的主观评价是一种以人为主体组成听审团进行评价的方式。按照事先设计的程序对声信号的某些属性（如喜好、情感等）做出评价，并进行统计分析。整个声品质的评价与分析过程包括了前期的声信号采集以及后期的数据统计分析，其主观评价过程如图9-4所示。对于声品质不同特征属性的研究还要选择不同的评价词汇作为评价指标。

主观评价是为了总结出人们主观感受活动背后的心理潜在规律，它不仅包含统计分析的方法，也包含有试验心理学的理论，如对汽车声品质进行主观评价时，会受到品牌喜好、外观、颜色等外界因素的影响。在评价试验开始前对评价人员的指导也可能会产生一定的心理暗示作用。因此，对评价试验指导要做出如下规范：

1）按照试验的目的要求确定指导语的内容。指导语应该简要清楚地介绍评价目的、评价过程及对评价人员的要求（如有些试验需要被试者尽量快地回答，不要做过多的思考），试验人员必须在评价试验前将指导语确定下来。

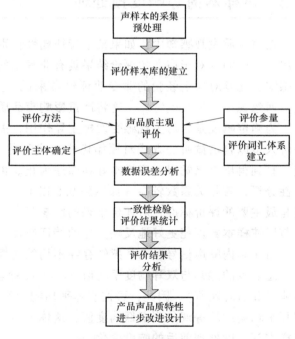

图9-4 声品质主观评价过程

2）在指导语中，要把评价人员应该知道的事交代完全。评价人员完成的工作有可能是其从未接触过的，因此整个评价试验操作规范必须先行告知。

3）指导语要标准化，应在评价试验前写好，不能临时拟定。在整个评价周期内，对所有评价人员的指导语要前后一致，不能中途更改语句和指导语，必要时可以采取录音播放的形式。

4）指导语要用语准确、通俗易懂，不要用不加解释的专业术语，更不要模棱两可，确保评价人员能够理解。

除了指导语产生的干扰外，试验人员不经意向评价人员流露出自己的期望，也会影响评价结果，需要避免此类情况发生。

主观评价方法是通过评价试验用统计分析的方法将模糊的主观感受量化或者具体化。具体化是指将复杂的主观感受用一个或者多个具体的指标来细化，如评价汽车声品质时用烦恼度、愉悦度、厚重感等一系列具体的感受。量化是通过评价者打分的方式，对一系列同种评价对象的不同声品质进行等级划分。常用的主观评价方法有排序法、等级评分法、成对比较法、分组成对比较法和语义细分法等。

9.3.1　排序法

排序法是最为简便的主观评价方法之一。该方法要求评价主体按照一定的评价标准（如喜好程度、烦扰程度）将一组编过号的声音样本（1，2，3，…，n）进行排序，评价过程中声音样本将被连续播放。排序法评价的声音样本数目相对较少，一般为6个左右。因为如果样本过多，其排列组合数目会过大，使得排序工作很繁复困难。该方法的主要缺点是：评价没有一个相对的衡量标准，结果只能给出声音甲比声音乙好的结论，具体好多少、好在哪里无法得到，因此排序法的结果无法同客观评价结果做比较，只能用于判定几个声音设计最终结果的好坏。

9.3.2　等级评分法

等级评分法是评价人员用一客观分值来表达自己对声音的听觉感受。要求评价人员的评分要设定在一定范围内，如1～10级，必要时，可以对等级进行二次划分，将某些等级细化为2～4个等级。为了方便评价人员理解等级之间的区别，可以设置一系列的形容词来表示等级的含义。评价者对车内噪声烦扰度的等级评分见表9-2。评价中声音样本按顺序播放，而且不能重播。该方法的特点是简便快捷，可以直接获得评分结果。

表9-2　评价者对车内噪声烦扰度的等级评分

第一层等级	形容词	形容词说明	第二层等级
1	一点不烦躁	经验丰富评价者能注意到	1 2
3	有一点烦躁	一般乘客都能注意到	3 4
5	令人烦躁	乘客受到一定的干扰	5 6
7	比较烦躁	乘客抱怨糟糕	7 8
9	非常烦躁	无法承受	9 10

等级评分法往往要求评价人员有一定的主观评价经验。在对多个样本进行等级评分时，

评价者容易拿需要评价的样本跟之前的样本做对比，比如相同的声音分别放在较好和较差的声音之后，可能会有不同的结果，这是由于评价者下意识地做出了比较判断。另外，评价者往往会避免做出极端的评价，很多样本可能会被集中在中间等级，这种情况可以采取上述二次等级划分的方法，将中间等级再次划分为多个等级，也可以通过在试验前，让评价者审听完所有声样本，这样可以对极端样本有所把握，来削弱这种影响。采用等级评分法的主观评价结果分值几乎不可能与客观评价结果相比较，仅可以得到两者的影响趋势。

9.3.3 成对比较法

成对比较法又称 A/B 比较法，评价过程中声音样本被成对播放，评价者听后做出相关的比较评价打分，成对比较法一般打分方式见表 9-3。人耳听觉不能获得绝对声级、响度等参量，但能分辨出两种听觉事件的微小区别。因此运用成对比较法，可以完成以下三种评价任务：

表 9-3　成对比较法一般打分方式

评价结果	样本 A 得分	评价结果	样本 A 得分
A 好于 B	1	B 好于 A	−1
A 与 B 差不多	0		

（1）检测　让听者指出两个样本中哪个包含需要被侦测的声信号。例如：为了检测一个被宽带噪声掩蔽的纯音，可用掩蔽声作为其中一个样本和多个混合声配对，每对中的混合声所含纯音声级不同。

（2）评价　听者以某个评价标准对听到的两个声音做出相关判断。其中"偏爱度"这个标准经常被使用。当两个样本听起来都不够舒服时，就使用"烦恼度"作为标准。如果使用"响度""粗糙度"作为标准，那么必须要确定听者能够区分声样本的这些特点。在比较过程中也可以增加一些任务，如在比较对两个样本偏爱度的同时说明偏爱程度具体有多少，可以用数值 1~10 来表示。

（3）相似性判断　听者在两端分别为"非常相似"和"非常不相似"且没有刻度的直线上描述自己的听觉感受。试验中所有的组合都要被评测，而且每个声音都要和它自己配对做比较来了解听者的感觉是否准确。最后，可以在直线上放上刻度得到一个量化的评价。

成对比较法非常适合那些无经验听者，因为该方法是相对评价，而不是绝对评价，听音者可以不用顾忌地做出评价。而且成对比较法的试验设计与分析相对简单，其缺点是当样本较多时，比较的次数较多，容易引起评价者的疲劳。

9.3.4 分组成对比较法

分组成对比较法是在成对比较法的基础上得到的，当声样本数目比较庞大时使用。该方法是将多个声样本按评价次数和所需时间分成合理的 n 个小组，每个小组之间设立关联样本，每个小组评价时均采用成对比较法。图 9-5 所示为分组成对比较法示意图，其中 S 是关联样本。

分组成对比较法克服了传统成对比较法在样本量较大时，评价时间过长，容易引起评价主体疲劳，导致降低了评价结果可靠性的缺点。例如，对于包含 N 个声事件的大样本，分

成 n 个小组采用分组成对比较法，评价一次所需评价次数为

$$J = R(N/n)^2 n \qquad (9-1)$$

式中，R 是重复次数。

即总评价次数变为成对比较法的 $1/n$。

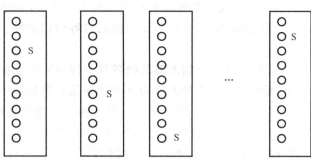

图 9-5 分组成对比较法示意图

在设计分组成对比较法试验时，应注意以下几点：

1）关联样本的物理特性在全体样本中应处于中等位置，否则在全体样本综合时，会出现组间样本定位不准确的情况。

2）在对样本进行分组时，应考虑样本在每组的均匀性，即评价值的标度范围应一致，否则无法进行评价后的样本综合。

3）在确定所分组数及每组的样本数量时，应综合考虑评价任务的可行性、评价时间及评价工作量等多个方面。

4）允许评价主体对 A/B 两个声事件选择相等的感觉（针对某一评价量）。研究表明，允许评价主体选择相等感觉时评价主体的错误率要比不允许主体选择相等感觉时评价主体的错误率低。

9.3.5 语义细分法

语义细分法是让评价者运用一些形容词对声样本进行主观评价，这些形容词往往是一对意义相反的形容词，如平滑/粗糙、强烈/微弱等，把它们各置两边，中间使用一些量度形容词，如五个、七个或者更多，评价者可选择其中一个形容词代表自己的听觉感受，该方法适用于多种情况，而且很适用于没有经验、未经培训的评价者。典型的语义细分法评价表见表9-4。

表 9-4 典型的语义细分法评价表

	极度	非常	有些	都不是	有些	非常	极度	
安静	___	___	___	___	___	___	___	喧闹

为了便于数据的输入和处理，对程度描述词首先采用代码幅值法进行赋值，然后对代码赋数值来得到评价词的评价结果。语义细分法评价结果赋值定义见表9-5。

表 9-5 语义细分法评价结果赋值定义

程度描述词	异常	很	比较	一样	比较不	很不	毫不
赋值	7	6	5	4	3	2	1

语义细分法评价结果反映的是声样本之间的间隔程度，但是在评价过程中不同的评价者所采用的比例尺度可能存在不同。研究表明，对不同的评价词汇，对上、下限选择的人数和比例存在较大的差异，其主要原因是评价者存在不轻易使用极限值的心理趋势。

由于语义细分法是采用反义词汇描述噪声的性质，因此针对不同类别的噪声，语义词组

必须经过专门的设计并通过主观评价验证。语义词组的设计需要考虑到以下几点：

1）所选择的词汇项目与要评价的内容的相关性。

2）反义词是否存在。

3）词汇项目是否能正确反映各种不同的噪声特征。

4）所选择的词汇与评价的噪声特征是否有足够高的灵敏度。

声品质是具有多维度属性的，某一样本可能在某些属性上比较好，而在另一些方面比较差，语义细分法还可针对此类多维度的属性进行评价。图9-6所示为多属性语义细分法评价。图9-6a所示为两个声样本多属性语义细分评价结果，每行的左右两端为一对反义的形容词所描述的声品质属性，中间为间隔代码幅值，自上而下为所有待评价的属性。语义细分法的一个显著优点是比较直观，除了用图9-6a所示的折线表示以外，还可绘制成图9-6b所示的蛛网图形式。

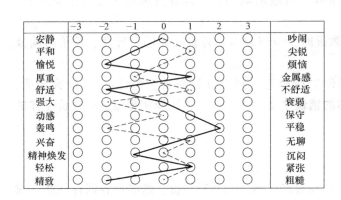

a)

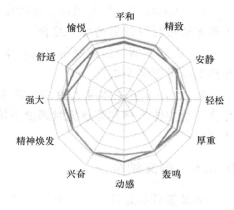

b)

图9-6 多属性语义细分法评价

a）两个声样本的折线图 b）三个声样本的蛛网图

在进行多属性语义细分法主观评价时，评价人员对每个声样本可能需要反复听多次才能将所有属性完全区分，因此其评价时间较长。

9.3.6 常用主观评价方法比较

以上介绍的各种方法各有优缺点，没有所谓最好的方法，在实际应用中通常根据不同的评价任务选择与之相适应的评价方法，甚至将几种方法结合起来使用，才可以得到更为准确可靠的评价结果。

表9-6给出了常用声品质主观评价方法的特点比较，研究人员可根据不同的试验目的和要求、不同的评价主体选取合适的评价方法。

表9-6 常用声品质主观评价方法的特点比较

评价方法	评价类型	评价时间	评级精度	评价难易	结果应用性	特点
排序法	绝对值	$J = RN$	低	困难（取决于样本相似程度以及所评价的特征）	绝对评价，可直接应用	不适于细微差别样本

（续）

评价方法	评价类型	评价时间	评级精度	评价难易	结果应用性	特点
等级评分法	绝对值	$J=RN$	低	困难（取决于样本相似程度以及所评价的特征）	绝对评价，可直接应用	不适于细微差别样本
成对比较法	相对值	$J=RN^2$	高	易行	难以确定阈值，适于阈值受控情况	尤其适于细微差别样本
分组成对比较法		$J=R(N_1,n)^2n$				
语义细分法	绝对值或相对值	$J=RN$ 或 $J=RN^2$		多种特性组合	解析相关特性维度	基础调研开销大

注：J—评价次数；R—重复次数；N—样本数量；n—分组组数。

9.4 声品质主观评价数据处理

声品质主观评价是一种主观性很强的心理测验，因此不可避免地会受到各种主观和客观因素的影响，评价结果会出现误差，因此要得到准确、可靠的统计结果，就必须对评价数据进行误差、可信度等检验，剔除评价结果中偏离较大的数据，之后再对有效的评价数据进行统计分析。

9.4.1 主观评价结果的误判分析及可靠性检验

在使用成对比较法或分组成对比较法进行主观评价时，评价人员自身判断的稳定性影响着评价结果是否可靠，主要有三种误判情况：相同声样本误判、逆序误判以及三角循环误判。

1. 相同声样本误判

相同声样本误判是指评价者在听到一对实际上是相同声事件而做出了两者评价不相同的判断。如果出现这种误判的次数较多，则评价者的评分缺乏可信度，可以考虑删除其数据。

2. 逆序误判

在评价过程中，先回放声事件 i，再回放声事件 j，记为 ij 评价对；先回放声事件 j，再回放声事件 i，记为 ji 评价对。逆序误判是指在整个评价序列对中，穿插进行 ij-ji 声事件评价对比较，评价人员在无关联的两次评价中得出结果不一致的情况。

3. 三角循环误判

在用成对比较法进行评价时，对于 i、j、k 三个声事件，如果评价者得出的结果是 i 比 j 好，j 比 k 好，i 仍旧比 k 好，则 i、j、k 之间是连贯的；反之，如果 i 比 j 好，j 比 k 好，而 k 又比 i 好，则 i、j、k 之间是不连贯的，这种不连贯在成对比较法中被称为三角循环错误，出现这种误差主要包括主观和客观两方面原因。主观方面是由于评价者在听音评价的过程中精力不够集中以及评价者在不断修改变动自己的评判标准。客观原因是如果声音样本身特性比较接近，评价人员较难做出判断。

4. 可靠性检验

对于相同声样本误判和逆序误判，误判率为实际误判次数与可能误判次数之比。对于三

角循环误判，其误判率 C 的计算公式为

$$C = \frac{1}{A_t^2} \sum_{1 \le i,j,k \le t} \delta_{ijk}$$

$$\delta_{ijk} = \begin{cases} 0 & P_{ij} + P_{jk} = 0 \\ \\ Min\left\{\left|Max\left[(P_{ij} + P_{jk};1); -1\right] - P_{ik}\right|;1\right\} & P_{ij} + P_{jk} \ne 0 \end{cases} \tag{9-2}$$

式中，当声样本 i 大于声样本 j 时记为 $P_{ij} = 1$，当声样本 i 等于声样本 j 时记为 $P_{ij} = 0$，当声样本 i 小于声样本 j 时记为 $P_{ij} = -1$；A 是精度控制限值，$A_t^3 = t!/3!$。

以上三种误判所产生的总误判率为

$$C_w = \frac{\sum C_i E_i}{\sum E_i} \tag{9-3}$$

式中，E_i 是第 i 种误判可能产生的次数；C_i 是第 i 种误判实际产生的误判率。

根据总误判率可定义一个一致性系数：

$$\xi_w = 1 - C_w \tag{9-4}$$

根据一致性系数的结果来剔除评价中表现较差的评价者的评价结果。数据的剔除一般遵循以下两条基本原则：

1）评价结果的一致性系数要在 0.7 以上，结果的可靠性才比较高。

2）10%~20% 的人员的评价结果应予以剔除。

9.4.2 评价数据的统计分析

对所有评价人员的评价数据进行统计分析得出每个声样本最终的主观评价得分。对于相对比较的评价方法如成对比较法、分组成对比较法，采用排序法或 Bradley-Terry 法进行统计。对于评价类型为绝对值的方法，如排序法、等级评分法和语义细分法，采用几何平均法或百分刻度变换法进行统计。

1. 排序法统计

排序法统计分析是成对比较评价中最直接的结果分析方法，该方法通过排序的分值来反映某一声事件在评价中的排位。采用某一声事件被所有的有效评价人员选择的平均次数来表示排序分值。分值越高表示被选择的次数越多，即表示该声事件某特性被评价人员认可的程度越高。表 9-7 为某一成对比较法评价数据的排序分值，对 13 位有效评价人员对 5 个声样本的选择或评分求取平均值作为该声样本的最终分值。

表 9-7　某一成对比较法评价数据的排序分值

声样本	评价人													平均值
	1	2	3	4	5	6	7	8	9	10	11	12	13	
#1	0	0	0	0	0	0	0	0	0	0	0	0	0	0
#2	2	2	2	4	3	2	2	2	3	4	3	4		2.77
#3	6	6	5	6	6	3	4	6	4	6	6	5		5.31
#4	3	2	4	4	3	3	2	6	2	2	2	2	2	2.85
#5	6	8	7	8	6	8	8	8	7	8	8	7	7	7.15

2. Bradley-Terry 法统计

Bradley-Terry 法被广泛地用于对比性评价结果的数据分析。

假设每个声样本存在一个评价分值，把第 i 个声样本的分值用 θ_i 来表示，那么声事件 i 相对声事件 j 被选择的概率可以表示为

$$p(i|i,j)=\frac{\exp\theta_i}{\exp\theta_i+\exp\theta_j} \tag{9-5}$$

如果声事件被选择的概率已知，则可通过 Bradley-Terry 法计算声事件的评价分值：

$$\ln\frac{p(i|i,j)}{p(j|i,j)}=\theta_i-\theta_j \tag{9-6}$$

运用成对比较法可通过评价人员在所有比较中的选取次数求得每个声样本被选取的概率，如表 9-8 为一评价某车内噪声"烦恼度"声样本的选择概率，再根据式（9-6）计算出各声样本"烦恼度"的评价分值。

表 9-8　声样本的选择概率

烦恼度声样本编号	#1	#2	#3	#4	#5
#1	*	0.07	0.04	0.04	0.04
#2	0.93	*	0.15	0.50	0.09
#3	0.96	0.85	*	0.76	0.10
#4	0.96	0.50	0.24	*	0.10
#5	0.96	0.91	0.90	0.90	*

由于成对比较法是对声样本的两两相对比较，在处理评价数据时，无论使用排序法还是 Bradley-Terry 法，得到的都是相对分值，因此，两种方法的计算结果在分值上并不相等。但其对声样本的分值排序结果是一致的，并且呈现如图 9-7 所示的高度线性相关。因此，两种方法都可作为成对比较法数据的处理方法。

3. 几何平均法与百分刻度变换法统计

几何平均法是将所有评价者对某一声音样本的评价分值的几何平均数作为该声音样本的最终评分。

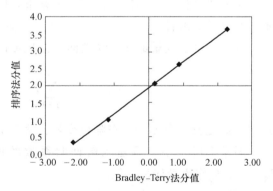

图 9-7　排序法与 Bradley-Terry 法计算分值相关性（相关性 $R=0.999$）

百分刻度变换法是先将各评价者的评价分值转化为百分制，即令某一评价者对所有声音样本评分的最大值为 100%，最小值为 0，中间值按照比例分布于 0~100% 之间。

若是多属性的主观评价，可将统计分析结果绘制成图 9-6 中的形式，以方便判断。

9.5　声品质的预测建模

主观评价是声品质研究过程中十分重要的部分，但其结果无法反映声样本中可测量计算

的客观参数属性，如 A 计权声压级、响度、尖锐度、粗糙度、抖动度、音调度、显著比、清晰度和言语可懂度等这些心理声学参数，而这些参数与产品的结构和声学设计存在因果关系。因此，在工程实际中单纯的主观评价结果对声品质的改进没有指导意义，而是需要寻找主观评价结果对心理声学客观参数的某种依赖关系，建立起主客观之间的数学模型，以便通过客观参数来描述或预测主观感受，并对相应的客观参数做出调整，以达到改善主观声品质的目的。

声品质的预测有多种数学建模方法，这里介绍常用的两种方法：多元线性回归建模和人工神经网络建模。

9.5.1　多元线性回归建模

回归分析方法是处理多个变量间相互依赖关系的一种有效数理统计方法，它实际研究的是变量间的因果关系。回归分析主要包括以下几个方面：

1）从一组样本数据出发，确定出变量之间的数学关系式。

2）对关系式的可信程度进行各种统计检验，并从影响某一特定变量的诸多变量中找出哪些变量的影响是显著的，哪些是不显著的。

3）利用求得的关系式，根据一个或几个变量的值来预测或控制另一个特定变量的取值，并给出这种预测或控制的精度。

如果研究的是两个变量之间的相关关系，则称为一元回归分析，如果研究的是多个变量之间的相关关系，则称为多元回归分析。如果根据回归模型的形态，回归分析又可分为线性回归和非线性回归。

多元线性回归必须满足以下几个要求：同方差性、正态性、无序列相关性及自变量之间不存在多重共线性。

考虑 p 个自变量的多元线性回归方程可以表示为

$$y_i = a + \sum_{j=1}^{p} b_j x_{ji} + \varepsilon_i \qquad i = 1, 2, \cdots, n \tag{9-7}$$

式中，ε_i 是独立分布的正态随机变量，服从 $N(0, \sigma^2)$，a，b_1，b_2，$\cdots$，b_p 是回归系数。

通常采用最小二乘法求解回归系数的值，即误差二次方和 SSE 达到最小的 a，b_1，b_2，$\cdots$，b_p 作为最佳估计值。

$$SSE = \sum_i^n (y_i - \hat{y}_i)^2 \tag{9-8}$$

式中，令 a 和 b_j 的偏导数为 0，即

$$\left\{ \begin{array}{l} \dfrac{\partial SSE}{\partial a} = 0 \\[3mm] \dfrac{\partial SSE}{\partial b_j} = 0 \quad j = 1, 2, \cdots, p \end{array} \right\}$$

整理的方程如下

$$\begin{cases} na + b_1 \sum_{i=1}^{n} x_{1i} + b_2 \sum_{i=1}^{n} x_{2i} + \cdots + b_1 \sum_{i=1}^{n} x_{pi} = \sum_{i=1}^{n} y_i \\ a \sum_{i=1}^{n} x_{1i} + b_1 \sum_{i=1}^{n} x_{1i}^2 + b_2 \sum_{i=1}^{n} x_{1i}x_{2i} + \cdots + b_p \sum_{i=1}^{n} x_{1i}x_{pi} = \sum_{i=1}^{n} x_{1i}y_i \\ a \sum_{i=1}^{n} x_{2i} + b_1 \sum_{i=1}^{n} x_{2i}x_{1i} + b_2 \sum_{i=1}^{n} x_{2i}^2 + \cdots + b_p \sum_{i=1}^{n} x_{2i}x_{pi} = \sum_{i=1}^{n} x_{2i}y_i \\ \vdots \\ a \sum_{i=1}^{n} x_{pi} + b_1 \sum_{i=1}^{n} x_{pi}x_{1i} + b_2 \sum_{i=1}^{n} x_{pi}x_{2i} + \cdots + b_p \sum_{i=1}^{n} x_{pi}^2 = \sum_{i=1}^{n} x_{pi}y_i \end{cases} \tag{9-9}$$

若令

$$\mathbf{Y} = \begin{bmatrix} y_1 \\ y_2 \\ \vdots \\ y_n \end{bmatrix} \quad \mathbf{X} = \begin{bmatrix} 1 & x_{11} & x_{21} & \cdots & x_{p1} \\ 1 & x_{12} & x_{22} & \cdots & x_{p2} \\ \vdots & \vdots & \vdots & & \vdots \\ 1 & x_{1n} & x_{2n} & \cdots & x_{pn} \end{bmatrix} \quad \boldsymbol{\beta} = \begin{bmatrix} b_0 \\ b_1 \\ \vdots \\ b_p \end{bmatrix} \quad \boldsymbol{\varepsilon} = \begin{bmatrix} \varepsilon_1 \\ \varepsilon_2 \\ \vdots \\ \varepsilon_n \end{bmatrix}$$

其中，$b_0 = a$。使用以上矩阵符号，线性回归模型可以表示为

$$\mathbf{Y} = \mathbf{X}\boldsymbol{\beta} + \boldsymbol{\varepsilon} \tag{9-10}$$

由式（9-10）得正则方程为

$$\mathbf{X}'\mathbf{X}\boldsymbol{\beta} = \mathbf{X}'\mathbf{Y} \tag{9-11}$$

回归系数 $\boldsymbol{\beta}$ 为

$$\boldsymbol{\beta} = (\mathbf{X}'\mathbf{X})^{-1}\mathbf{X}'\mathbf{Y} \tag{9-12}$$

在实际问题中，影响因变量的自变量可能很多，而自变量之间可能具有一定的相关性或相似性。为了减小回归模型的复杂度，确定最显著的自变量，在建立回归模型之前要对所有可能的自变量进行筛选，主要采用聚类分析、因子分析以及相关性分析。目前此类分析都已有商业软件可使用，如 SPSS 等，以下主要介绍分析的基本原理及应用。

1. 聚类分析

聚类分析是采用定量数学方法对研究个体进行分类，基本思想是认为被研究的变量之间存在着程度不同的相似性，根据一批样本的多个观测指标，具体找出一些能够度量样本或变量之间相似程度的统计量，以这些统计量为划分类型的依据，把一些相似程度较大的样本（或变量）聚合为一类，把另外一些彼此之间相似程度较大的样本（或变量）聚合为一类，关系密切的聚合到一个小的分类单位，关系疏远的聚合到一个大的分类单位，直到把所有大的样本（或变量）都聚合完毕，把不同的类型一一划分出来，形成一个由小到大的分类系统，最后把整个分类系统画成一张分类图（又称谱系图），用它把所有的样本（或变量）之间的亲疏关系表示出来，此过程就是聚类分析过程。

根据分类对象的不同，聚类分析有快速样本聚类和变量聚类两种基本方法。快速样本聚类（quick cluster）又称为 Q 型聚类，是根据被观测对象的各种特征，即反映被观测对象特征的各变量进行分类。变量聚类（hierarchical cluster）又称为 R 型聚类，在所研究的变量中反映同一事物特点的变量很多，根据所研究的问题往往选择部分变量对事物的某一方面进行

研究。系统聚类分析的一个核心问题是计算类与类之间的距离，有四种常用计算两类之间距离的方法：最短距离法（nearest neighbor）、最长距离法（furthest neighbor）、重心聚类法（centroid clustering）以及离差二次方和法（ward's method）。除此之外，组间连接法（between-groups linkage）、组内连接法（within-groups linkage）和中位数法（median clustering）也被广泛应用于系统聚类分析。

（1）最短距离法　首先合并最近的或者最相似的两项，用两类间最近点间的距离代表两类间的距离。该方法的主要缺点是有链接聚合的趋势，因此其聚类效果并不好，实际中不提倡使用。

（2）最长距离法　用两类之间最远点间的距离代表两类之间的距离，也可以称为完全连接法。该方法克服了最短距离法链接聚合的缺陷，加大了合并后的类与其他类的距离。

（3）重心聚类法　与欧氏距离二次方法（即两样本之间的距离为其对应指标值之差的二次方和）一起使用，像计算所有各项均值之间的距离那样计算两类之间的距离，该距离随聚类的进行不断减小。重心聚类法虽然有很好的代表性，但不能充分利用各样本的信息。

（4）离差二次方和法　以方差最小为聚类原则。该方法只能得到局部最优解。

（5）组间连接法　合并两类的结果使所有的两两项对之间的平均距离最小。项对的两个成员分别属于不同的类。该方法中使用的各对之间的距离既非最大距离也非最小距离。

（6）组内连接法　合并为一类后，类中的所有项之间的平均距离最小。两类间的距离就是合并后的类中所有可能的观测量对之间的距离的二次方。

（7）中位数法　以各类中的变量值中位数为类中心。

以某车内噪声主观"烦恼度"为例，对声样本的11个客观参数进行聚类分析，分析各参数之间的相似程度（亲疏关系），采用最长距离法进行分层聚类，结果如图9-8所示。聚类结果可归为三类：言语清晰度和言语可懂度两个参数的特性较为接近，可以归为一类；连续音调度、显著比、音调噪声比、A计权声压级、响度以及声压级这六个参数可归为一类；粗糙度、尖锐度和峰度可归为一类。因此，可从三类参数中各选一个与主观"烦恼度"评价结果相关性最大的参数来表征评价结果。

2. 因子分析

因子分析是将一些具有错综复杂关系的变量归结为少数几个综合因子的一种多变量统计分析方法。因子分析的基本思想是根据相关性大小把变量分组，使得同组内的变量之间的相关性较高，不同组的变量之间的相关性较低。每组变量代表一个基本结构，这个基本结构称为公共因子。对于所研究的问题，在不损失或很少损失原有变量信息的前提下，可以用最少个数的公共因子的线性函数与特殊因子之和来描述原来的每一分量，以达到合理地解释存在于原始变量间的相关性和简化变量位数的目的。

设有 n 个样本，每个样本观测 p 个变量。为了对变量进行比较，并消除由于观测量纲的差异及数量级所造成的影响，将样本观测数据进行标准化处理，使得标准化后变量的均值为 0，方差为 1。将原始观测变量用 x 表示，变换后的新变量用 a 表示。设原公共因子变量为 y_1, y_2, …, y_m，经标准化后的公共因子变量记为 F_1, F_2, …, F_m（$m<p$）。

原始数据矩阵可表示为

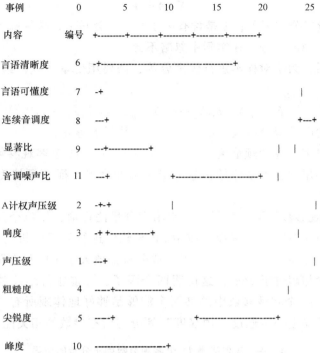

最长距离法

事例		0	5	10	15	20	25

图 9-8　声样本 11 个客观参数聚类结果

$$X = \begin{pmatrix} x_{11} & x_{12} & \cdots & x_{1p} \\ x_{21} & x_{22} & \cdots & x_{2p} \\ \vdots & \vdots & & \vdots \\ x_{n1} & x_{n2} & \cdots & x_{np} \end{pmatrix} \quad (9\text{-}13)$$

将原始数据矩阵标准化，得到

$$a_{ij} = \frac{x_{ij} - \bar{x}_j}{\sigma_j} \quad (9\text{-}14)$$

式中

$$\sigma_j = \sqrt{\frac{1}{n-1} \sum_{j=1}^{n} (x_{ij} - \bar{x}_j)^2}$$

$$\bar{x}_j = \frac{1}{n} \sum_{j=1}^{n} x_{ij}$$

a_{ij} 称为因子载荷，是第 i 个原有变量在第 j 个因子变量上的负荷。

因子模型可以表示为

$$\begin{aligned} x_1 &= \alpha_{11} F_1 + \alpha_{12} F_2 + \cdots + \alpha_{1m} F_m + \varepsilon_1 \\ x_2 &= \alpha_{21} F_1 + \alpha_{22} F_2 + \cdots + \alpha_{2m} F_m + \varepsilon_2 \\ &\quad\vdots \\ x_p &= \alpha_{p1} F_1 + \alpha_{p2} F_2 + \cdots + \alpha_{pm} F_m + \varepsilon_p \end{aligned} \quad (9\text{-}15)$$

式（9-15）也可以矩阵的形式表示为

$$X = AF + \varepsilon \tag{9-16}$$

式中，F 是因子变量或公共因子；A 是含有因子载荷的矩阵；ε 是特殊因子，表示原有变量不能被公共因子所解释的部分，在实际中忽略不计。

建立因子模型后，为了对样本进行优劣分等，需要用变量的线性组合来表示公共因子，其表达式为

$$F_i = b_{i1}X_1 + b_{i2}X_2 + \cdots + b_{ip}X_p, \quad i = 1, 2, \cdots, m \tag{9-17}$$

式（9-17）称为因子得分函数，由此计算各公共因子得分。

同样以某车内噪声主观"烦恼度"为例，对声样本的 11 个客观参数进行因子分析，结合聚类分析结果以期用包含最多原始信息的最少数变量来表征"烦恼度"对客观参数的依赖关系。

首先对 11 个客观参数提取公共因子，使用主分量法提取，使每个因子上具有最高载荷的变量数最小，以简化对因子的解释。使用 SPSS 软件进行因子分析的结果见表 9-9。因子提取原则是成分特征值要大于 1，可以看出，成分特征值大于 1 的只有两个因子，这两个因子承载的原始信息量却超过了 86%，这说明两个因子已经能很好地反映原始信息的绝大部分特征，也就是说，11 个客观参数中的某两个能够足够好地体现所有参数的特征，但具体选择哪两个参数还需要进一步通过"烦恼度"评分与所有参数的相关性分析来确定。

表 9-9　车内噪声 11 个客观参数因子分析的结果

Total Variance Explained（总方差分解）								
Component（主分量序号）	Initial Eigenvalues（相关矩阵特征值）			Extraction Sums of Squared Loadings（因子提取结果）			Rotation Sums of Squared Loadings（旋转后因子提取结果）		
	Total（特征值）	% of Variance	Cumulative %	Total（特征值）	% of Variance	Cumulative %	Total（特征值）	% of Variance	Cumulative %
1	7610	69181	69181	7610	69181	69181	5340	48550	48550
2	1940	17633	86814	1940	17633	86814	4209	38264	86814
3	735	6682	93496						
4	325	2951	96446						
5	185	1680	98126						
6	111	1008	99134						
7	54	492	99626						
8	25	225	99851						
9	10	93	99944						
10	5	43	99987						
11	1	13	100000						

注：% of Variance 表示各成分所解释的方差占总方差的百分比；Cumulative %表示自上至下各因子方差占总方差百分比的累积。

3. 相关性分析

相关性分析是研究不同变量间密切程度的一种常用统计方法。线性相关分析研究变量间

线性关系的强弱程度和方向。相关系数是描述这种线性关系强弱程度和方向的统计量，通常用 r 表示。相关系数没有单位，其值在$-1 \sim 1$之间。如果一个变量 y 可以确切地用另一个变量 x 的线性函数表示，这种关系是确切的，则两个变量间的相关系数是 1 或者-1。r 的绝对值越接近 1，则变量 x、y 之间的相关程度就越大。若变量 y 随着变量 x 的增减而增减，即两变量的变化方向一致，则这种相关称为正相关，r 大于零；反之，若变量 y 随着变量 x 的增加而减小，即两变量变化的方向相反，则称为负相关，r 小于零；若 r 等于零，则可以认为变量 x 和 y 不是线性相关。

对于不同类型的变量，表达相关程度的相关系数有不同的计算方法。最常用的有 Pearson 相关系数，是应用最为广泛的一种相关程度统计量，其计算公式为

$$r_{xy} = \frac{\sum_{i=1}^{n} (x_i - \bar{x})(y_i - \bar{y})}{\sqrt{\sum_{i=1}^{n} (x_i - \bar{x})^2 \sum_{i=1}^{n} (y_i - \bar{y})^2}} \tag{9-18}$$

式中，$\bar{x}$、$\bar{y}$ 分别是变量 x、y 的均值；x_i、y_i 分别是变量 x、y 的第 i 个观测值。

对于相关系数，有如下结论：

1）$r>0$，正相关；$r<0$，负相关。

2）r 的绝对值越接近 1，表示 x 与 y 越接近线性关系。当 $|r|=1$ 时，y 的取值完全依赖于 x，两者为函数关系，是完全的线性关系。

3）r 的绝对值越接近 0，表示 x 与 y 越没有线性相关关系。当 $r=0$ 时，表示两个变量之间不存在线性相关关系（但可能有非线性关系）。

4）若 $0<r<1$，表示 x 与 y 有相关关系，$|r| \geq 0.8$，视为高度相关；$0.5 \leq |r| < 0.8$，视为中度相关；$0.3 \leq |r| < 0.5$，视为低度相关；$|r| < 0.3$，视为不相关。

当有第三个变量存在的时候，相关系数就不能真实地反映两个变量间的线性相关程度了，这时必须用偏相关系数来衡量任何两个变量之间的相关程度。偏相关系数的数值和简单相关系数的数值常常是不同的，在计算简单相关系数时，所有的其他自变量不予考虑，在计算偏相关系数时，要考虑其他自变量对因变量的影响，只不过是把其他自变量当作常数处理了。

对本例中 11 个客观参数做与"烦恼度"评分的相关性分析结果如图 9-9 所示，与"烦恼度"相关性较高（大于 0.8）的有声压级（dB）、A 计权声压级［dB（A）］、响度（sone）以及尖锐度（accum）四个参数。此外可以看到，A 计权声压级与主观"烦恼度"有很高的负相关性，这说明单纯降低声压级并不能使主观声品质得到改善。

根据因子分析结果，这四个参数中选取两个即可体现绝大部分数据特征。而聚类分析显示声压级、A 计权声压级以及响度属于同一类，可选择相关性最高的参数。经过以上一系列分析，最终确定 A 计权声压级和尖锐度两个客观参数作为"烦恼度"建模的自变量。

4. 多元回归模型的建立

式（9-7）~式（9-12）是建立多元回归模型的基本原理，而建立过程中根据对自变量的选择方式可有多种回归方法，主要有全部选择法、向前选择法、向后剔除法和逐步法。

（1）全部选择法 将所有自变量都作为回归模型的输入变量，这种方式只有在确定了

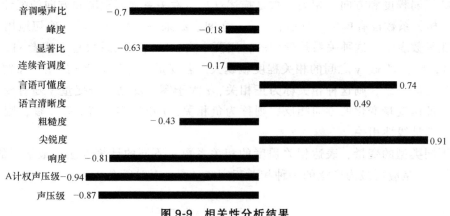

图 9-9　相关性分析结果

各自变量对因变量的贡献且互不相关的情况下选择,在自变量的相互关系未知时会由于多重共线性问题导致模型稳定性差。

(2) 向前选择法　模型中开始没有任何自变量,仅有一个常数项,然后每次加入一个与因变量 Y 相关性最高的自变量,如果该变量回归系数显著非零,则保留。或者将全部 N 个自变量对因变量建立 N 个一元线性回归方程,采用统计检验的方法选择自变量加入方程,然后将这个自变量和其他自变量组合,形成 $N-1$ 个自变量,再通过相同的方法筛选下一个自变量。

(3) 向后剔除法　向后剔除法与向前选择法相反,首先用全部自变量建立一个回归方程,然后选择一个不重要的自变量从方程中剔除,并重新建立模型。以此类推,直至所有自变量回归系数的显著性检验均通过。

(4) 逐步法　向前选择法和向后剔除法都有明显不足。向前选择法不能反映引进的新自变量的变化情况,因为某个自变量开始可能是显著的,但当引入其他自变量以后变得不显著了,但是也不能再剔除,也就是只进不出。向后剔除法开始时把全部自变量引入方程,计算量很大,而且前面剔除的变量可能因为以后变量的剔除变得相对重要但不能再进入方程,也就是只出不进。

逐步法融合了两者,做到有出有进,思路是先采用向前选择的方式,选择自变量中相关性高的进入,并进行统计检验,通过后再采用向后剔除的方式,在剩余自变量中选择相关性最高的引入方程,并进行统计检验,若自变量不通过检验,则剔除,反之则引入新的自变量。

由以上介绍的方法可知,向前选择法、向后剔除法和逐步法具有筛选自变量的功能,可结合聚类分析、因子分析和相关性分析一起应用。针对本例中的两个自变量使用逐步法建立回归模型,得到一个主观“烦恼度”评分的预测回归模型方程:

$$烦恼度 = 24.68 - 0.39(A\ 计权声压级) + 0.13(尖锐度)$$

回归方程需要检验其可靠性,验证用的数据应当未在建立回归方程中使用过。通过相关性分析检验回归方程预测值与主观评分值之间的相关系数。本例中使用另一组未使用过的主观评分数据进行检验,预测值的检验结果如图 9-10 所示,相关系数 R 在 0.8 以上,说明预测值能够较好地反映“烦恼度”的主观感受。

9.5.2　人工神经网络建模

多元回归模型基于线性回归得到的预测方程简单、直观，但是建立在因变量与自变量之间具有线性关系的假设之上。若因变量与自变量之间具有非线性关系，其状态方程非常复杂，很难用具体的公式或数学表达方式来准确建模。此外，由于非线性，因变量和某些自变量会在采用线性回归建模时表现出弱相关性，使得这些自

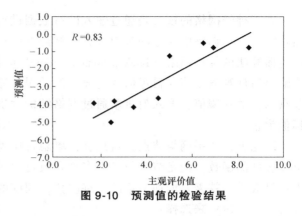

图 9-10　预测值的检验结果

变量遭到剔除，影响模型准确性。像这种自变量与因变量具有复杂非线性关系的情况，采用人工神经网络建立模型有着独特的优势。

1. 人工神经网络的基本原理

人工神经网络是模拟人体神经元处理信息的方式，根据外界的输入来识别某种模式并做出判断。神经网络中神经元的结构如图 9-11 所示，人工神经网络中每个节点可以看作一个神经元，包含有以下三个要素：

（1）权值 ω 和阈值 b　用以确定各输入对输出的影响强弱。

（2）加法器　用以确定神经元中突触受到所有输入刺激的加权总和。

（3）激励函数 f　又称传递函数，用以确定神经元的输出，通常是输出的范围是 $[-1, 1]$ 或者 $[0, 1]$ 的连续可微函数。

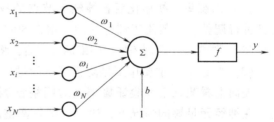

图 9-11　神经网络中神经元的结构

神经网络通常由三层构成：输入层、输出层和隐含层，其结构如图 9-12 所示，输入和输出分别代表了自变量和因变量。神经网络的层数和每层的节点数决定了网络的复杂程度，输入层和输出层的节点数目由输入输出数据的维度决定，隐含层的节点数量是任意的，根据输入与输出关系的复杂程度而定。最简单的神经网络为单层感知器，它的主要作用是分类识别，相当于在样本空间构造一定维数的分类面或超平面，用以把不同类别的数据区分出来。神经网络还可以与智能算法结合，从而获得自我学习和更新的能力。

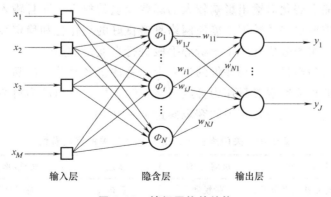

图 9-12　神经网络的结构

人工神经网络的核心是通过输入已有数据进行训练来建立自学习能力，最终获得模式判断功能。根据训练中误差的传递方式，神经网络有多种不同的类型，较常用的是采用误差反向传播算法的神经网络（back propagate neural network，简称 BP 神经网络），数据集通过网络输出后计算输出值与目标值的差异，然后误差通过网络结构反向传播，来调整各个神经元节点的权值和阈值，输入值重新通过网络结构输出，多次迭代直至误差值达到之前设定的目标值为止。

理论上，如果网络节点数目足够，单隐含层加上线性输出的 BP 神经网络可以拟合出任意非线性的函数，但是节点数目太多会导致自由度增加，网络的收敛性和稳定性差。如果节点数目太少，就需要增加网络的训练次数，训练的精度也会受到影响。隐含层节点数目 l 可参考式（9-19）来选择：

$$\begin{cases} l < n-1 \\ l < \sqrt{(m+n)} + a \\ l = \log_2 n \end{cases} \tag{9-19}$$

式中，n 代表输入层的节点数；m 代表输出层的节点数；a 是在 $0 \sim 10$ 之间的常数。

建立神经网络，要将已有的输入数据分为以下三类：

（1）训练集 初始化后各神经元节点的权值和阈值为随机值，采用训练集的数据可以对其进行调整，一般用于训练集的数据在 50% 以上。

（2）测试集 在训练集将网络训练好后，将测试集的数据代入，检验网络预测的准确度。

（3）验证集 主要作用是防止网络的过拟合现象。

表面上看测试集和验证集都是对网络预测准确度的验证，实际上两者的功能是有区别的。在神经元足够的情况下，通过测试集调整后的神经网络可以将数据拟合到任意精度，但是这并不代表预测新样本的结果是可靠的，过拟合的存在相当于给输出输入附加了一些限定条件，可能实际上并没有这种条件的存在，新样本加入后如果输入中涉及这种条件的数据不在原训练集的范围中，反而会使结果有更大的误差。加入验证集后，通过调节网络超参数（如训练回合、学习率等）的策略，在每个迭代回合都计算验证集上分类的准确度，一旦准确率饱和就停止训练，就能在一定程度上减少过拟合的程度。

2. 声品质的神经网络预测模型

将主观评价分值作为网络输出，客观参数统计量作为输入，可以构造声品质的神经网络模型。标准的 BP 神经网络缺乏筛除输入变量中多余信息的能力，如果将相关性高的变量同时输入网络中，可能会弱化对输出影响较大的那些变量的权重，而且输入变量的增多会需要更多的节点数目，需要更多的数据才能使网络具备良好的泛化性和稳定性。因此，在训练神经网络之前需要运用聚类分析和因子分析等手段进行自变量的筛选。

在对多辆汽车关门声进行主观评价的过程中，将评价者对关门声品质特征的描述以及根据这些描述筛选出的相应客观参量作为神经网络的输入层，输出层为对关门声品质的主观评价分值，关门声主观感受及与之相关的客观参量见表 9-10。

表 9-10 关门声主观感受及与之相关的客观参量

主观感受	声音大/小	沉闷/尖锐	多道响	短促/拖沓	毛刺多
客观参量	响度或 A 计权声压级	尖锐度	震颤度	持续时间	粗糙度

目前有多种建立神经网络的商业软件，如 Matlab、Python 等。图 9-13 所示为使用 Matlab 建立的关门声品质预测 BP 神经网络，其包含了一个 6 个节点的输入层，分别对应表 9-10 中的 6 个客观参量；两个隐含层，第一层有 3 个节点，第二层有 2 个节点；一个单节点的输出层。网络经过 10 次迭代完成训练，利用验证集检查模型的泛化性，若连续 6 次误差不降反升则强行停止训练，表明泛化性差。训练集的误差性能指标达到后迭代终止，说明泛化性好。神经网络 10 次迭代训练情况如图 9-14 所示，最终模型用于验证集的预测误差小于 0.1%。

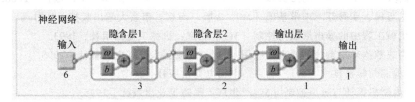

图 9-13　使用 Matlab 建立的关门声品质预测 BP 神经网络

图 9-15 所示为神经网络训练完成后对关门声品质的预测输出值和实际主观评价分值的对比。

标准的 BP 算法是一种按梯度下降寻找误差极小点的算法，权值和阈值是在误差反向传播的时候修正，而误差是通过正向过程计算的，算法在收敛速度上存在一定的不足。近些年发展出了多种算法被用来改进标准 BP 网络的这种不足，如 SDBP 算法、MOBP 算法和 VLBP 算法等。

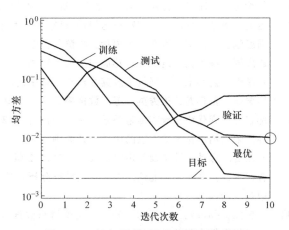

图 9-14　神经网络 10 次迭代训练情况

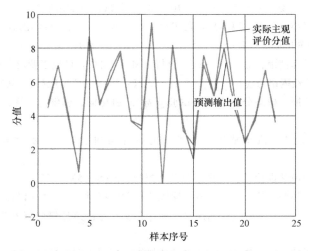

图 9-15　神经网络训练完成后对关门声品质的预测输出值和实际主观评价分值的对比

参 考 文 献

[1] 靳晓雄, 张立军, 江浩. 汽车振动分析 [M]. 上海：同济大学出版社, 2002.

[2] 潘公宇. 汽车振动学基础及其应用 [M]. 北京：北京大学出版社, 2013.

[3] 周长城, 周金宝, 任传波, 等. 汽车振动分析与测试 [M]. 北京：北京大学出版社, 2011.

[4] 周鋐. 汽车试验技术 [M]. 上海：同济大学出版社, 2015.

[5] 靳晓雄, 张立军. 汽车噪声的预测与控制 [M]. 上海：同济大学出版社, 2004.

[6] 舒歌群, 高文志, 刘月辉. 动力机械振动与噪声 [M]. 天津：天津大学出版社, 2008.

[7] 杜功焕, 朱哲民, 龚秀芬. 声学基础 [M]. 2 版. 南京：南京大学出版社, 2001.

[8] 郭之璟. 机械工程中的噪声测试与控制 [M]. 北京：机械工业出版社, 1993.

[9] 沈兰荪. 高速数据采集系统的原理与应用 [M]. 北京：人民邮电出版社, 1995.

[10] 董爱华. 检测与转换技术 [M]. 北京：中国电力出版社, 2007.

[11] 朱孟华. 内燃机振动与噪声控制 [M]. 北京：国防工业出版社, 1995.

[12] 李杰敏. 汽车拖拉机试验学 [M]. 2 版. 北京：机械工业出版社, 1995.

[13] 何渝生. 汽车噪声控制 [M]. 北京：机械工业出版社, 1995.

[14] 庞剑, 谌刚, 何华. 汽车噪声与振动-理论与应用 [M]. 北京：北京理工大学出版社, 2006.

[15] 周灜麟, 李树珉. 汽车噪声原理、检测与控制 [M]. 北京：中国环境出版社, 1995.

[16] 赵庆国, 陈永昌, 夏国栋. 热能与动力工程测试技术 [M]. 北京：化学工业出版社, 2006.

[17] 蒋孝煜, 连小珉. 声强技术及其在汽车工程中的应用 [M]. 北京：清华大学出版社, 2001.

[18] 周振安, 范良龙, 王秀英, 等. 数据采集系统的设计与实践 [M]. 北京：地震出版社, 2005.

[19] 邵宗安. 现代声学噪声测量技术 [M]. 西安：西安交通大学出版社, 1994.

[20] 孙广荣. 消声室和混响室的声学设计原理 [M]. 北京：科学出版社, 1981.

[21] 高品贤. 振动、冲击及噪声测试技术 [M]. 2 版. 成都：西南交通大学出版社, 2010.

[22] 曹树谦, 张文德, 萧龙翔. 振动结构模态分析：理论、实验与应用 [M]. 2 版. 天津：天津大学出版社, 2014.

[23] 杨振江, 孙占彪, 王曙梅, 等. 智能仪器与数据采集系统中的新器件及应用 [M]. 西安：西安电子科技大学出版社, 2001.

[24] 陈心昭, 毕传兴. 近场声全息技术及其应用 [M]. 北京：科学出版社, 2013.

[25] 何琳, 朱海潮, 邱小军, 等. 声学理论与工程应用 [M]. 北京：科学出版社, 2006.

[26] 卢纹岱. SPSS for Windows 统计分析 [M]. 3 版. 北京：电子工业出版社, 2006.

[27] 王苏斌, 郑海涛, 邵谦谦, 等. SPSS 统计分析 [M]. 北京：机械工业出版社, 2003.

[28] 董长虹. Matlab 神经网络与应用 [M]. 2 版. 北京：国防工业出版社, 2007.

[29] 海伦, 拉门兹, 萨斯. 模态分析理论与试验 [M]. 白化同, 郭继忠, 译. 北京：北京理工大学出版社, 2001.

[30] 康润程, 卢冶, 刘勇. 汽车整车半消声室的设计与建设 [J]. 噪声与振动控制, 2011 (5)：157-160.

[31] 杨志华. 消声室的声学设计 [J]. 噪声与振动控制, 2009 (5)：156.

[32] 蒲志强, 姚小兵, 孙磊, 等. 消声室声学性能评价方法探讨 [J]. 中国测试, 2012 (5)：25-28.

[33] 蒲志强, 孙磊, 鄂治群. 一种用于消声室校准计算反平方律声压级的新方法 [J]. 计量学报, 2013 (5)：466-468.

[34] 王伟, 逯红彬, 刘越, 等. 整车半消声室设计剖析 [J]. 工程与试验, 2013 (3)：84-86.

[35] 冯悦新. 底盘测功机工作原理及使用 [J]. 汽车工程师, 2012 (8)：56-59.

[36] 马杰, 周华, 陆红雨, 等. 底盘测功机阻力设定对汽车尾气排放的影响 [J]. 汽车工程, 2006

（9）：873-876.

[37] 刘昭度，崔海峰，王仁广，等. 汽车底盘测功机加载滑行测试研究 [J]. 汽车工程，2006（12）：1129-1133.

[38] 刘丽媛，季振林. 涡轮增压发动机进气消声器设计与声学性能数值分析 [J]. 振动与冲击，2011，30（10）：193-196.

[39] 王钦庆. 几种常见涡轮增压器噪声及其控制 [J]. 内燃机与动力装置，2012（4）：43-46.

[40] 黄震，刘彬. 基于多普勒加速度计扭振测量的研究 [J]. 计量学报，2007，28（3）：276-279.

[41] 蒋云帆，廖明夫，王四季. 航空发动机转子扭振测量新方法 [J]. 振动、测试与诊断，2013，33（3）：410-415.

[42] 贾维新，郝志勇. 空滤器声学性能预测及低频噪声控制的研究 [J]. 内燃机工程，2006，27（5）：67-70.

[43] 孙鑫晖，郝木明，王淮维. PolyMAX 模态参数识别算法的快速实现 [J]. 振动与冲击，2011，30（10）：6-8.

[44] 褚志刚，熊敏，杨洋，等. 车内噪声时域传递路径分析 [J]. 振动与冲击，2015，34（17）：161-166.

[45] 严辉，康润程，陈明. 多参考 TPA 在整车路面载荷提取中的运用 [J]. 汽车科技，2013（1）：10-14.

[46] 蔺磊，闫兵，蔺玉辉，等. 关门声入射角度对人工头双耳测试结果的影响 [J]. 噪声与振动控制，2012（4）：107-110.

[47] 叶刚，周鋐. 基于多参考传递路径分析的路面噪声研究 [J]. 汽车技术，2014（1）：29-33.

[48] 冯全明，陈智，李冬生. 基于波束成形网阵的声源定位及影响因素探究 [J]. 预应力技术，2015（2）：23-27.

[49] 周政平. 基于波束形成的柴油机噪声源识别 [J]. 内燃机，2014（5）：45-47.

[50] 郑敏，申凡，陈同纲. 采用互相关复指数法进行工作模态参数识别 [J]. 南京理工大学学报，2002，26（2）：113-116.

[51] 申凡，郑敏，陈怀海，等. 采用频域多参考点模态识别法进行工作状态下的模态识别 [J]. 航空学报，2002，23（4）：294-297.

[52] 李中付，宋汉文，华宏星，等. 一种白噪声环境激励下模态参数辨识方法 [J]. 振动工程学报，2002，15（1）：52-56.

[53] 王彤，张令弥. 运行模态分析的频域空间域分解法及其应用 [J]. 航空学报，2006，27（1）：62-66.

[54] 孙晓兰，王太勇. 基于相关函数的振动结构工作模态参数识别方法 [J]. 天津大学学报，2007，40（4）：503-506.

[55] 金新灿，孙守光，邢鸿麟，等. 环境随机激励下高速客车的工作模态分析 [J]. 铁道学报，2003，25（5）：24-28.

[56] 张义民. 时域内振动与噪声传递路径系统的路径传递度探索 [J]. 航空学报，2007，28（4）：971-974.

[57] 梁锐. 汽车加速行驶车外噪声试验新方法（ECE R51. 03）的研究 [J]. 上海汽车，2011（3）：16-20.

[58] 朱才朝，秦大同，李润方. 车身结构振动与车内噪声声场耦合分析与控制 [J]. 机械工程学报，2002，38：54-58.

[59] 靳畅，周鋐. 基于车内综合声场声学贡献分析的车身板件声振优化 [J]. 汽车工程，2015（2）：1438-1444.

[60] 周广林，陈剑，毕传兴，等. 双传声器声强测量系统误差分析与不确定度评定 [J]. 农业机械学报，2003，34（5）：126-130.

[61] 时岩，常思勤. 选择性声强技术的研究及其在噪声控制中的应用 [J]. 噪声与振动控制，2007（3）：103-105.

[62] 罗玉涛，俞明，柳文斌，等. 用选择性声强技术分析车内噪声产生的原因 [J]. 机床与液压，2003（2）：122-123.

[63] 胡伊贤，李舜酩，张袁元，等. 车辆噪声源识别方法综述 [J]. 噪声与振动控制，2012，32（5）：11-15.

[64] 杨殿阁，郑四发，李愈康，等. 用于声源识别的声全息重建方法的研究 [J]. 声学学报，2001，26（2）：156-160.

[65] 罗禹贡，杨殿阁，郑四发，等. 基于近场声全息理论的运动声源动态识别方法 [J]. 声学学报，2004，29（3）：226-230.

[66] 冯全明，陈智，李冬生. 基于波束成形网阵的声源定位及影响因素探究 [J]. 预应力技术，2015（2）：23-27.

[67] 周政平. 基于波束形成的柴油机噪声源识别 [J]. 内燃机，2014（5）：45-47.

[68] 李红珍，郭磊，赵燕燕. 基于波束成形法的柴油机表面噪声源识别试验研究 [J]. 重型汽车，2013（4）：16-18.

[69] 蒋忠翰，王新文，陈寒霜，等. 基于波束形成发动机啸叫声源识别及控制研究 [J]. 机械，2017，44（7）：62-65.

[70] 毛东兴，高亚丽，俞悟周，等. 声品质主观评价的分组成对比较法研究 [J]. 声学学报，2005，30（6）：515-520.

[71] 毛东兴，俞悟周，王佐民. 声品质成对比较主观评价的数据检验及判据 [J]. 声学学报，2005，30（5）：468-472.

[72] 高亚丽，毛东兴. 车内声品质成对比较法改进性实验设计 [J]. 声学技术，2003（S）：365-367.

[73] 申秀敏，左曙光，何吕昌，等. 车内噪声声品质的神经网络预测 [J]. 声学技术，2009，28（3）：264-268.

[74] 张波，毕传兴，徐亮. 基于人工神经网络模型的车门关闭声声品质评价方法研究 [J]. 汽车工程，2011，33（11）：1003-1006.

[75] RAEMMAL H, ABOM M. Acoustics of Turbochargers [N]. SAE Technical Paper, 2007-01-2205.

[76] TENG C, HOMCO S. Investigation of Compressor Whoosh Noise in Automotive Turbochargers [N]. SAE Technical Paper, 2009-01-2053.

[77] TAO Z, SEYBERT A F. A Review of Current Techniques for Measuring Muffler Transmission Loss [N]. SAE Technical Paper, 2003-01-1653.

[78] MILES T J, LUCAS M, HALLIWELL N A, et al. Tosional and Bending Vibration Measurement on Rotors Using Laser Technology [J]. Journal of Sound and Vibration, 1999, 226 (3): 441-467.

[79] HALLIWELL N A, PICKERING C J D, EASTWOOD P G. The laser torsional vibrometer: a new instrument [J]. Journal of Sound and Vibration, 1984 (93): 588-592.

[80] LI X, QU L, WEN G, et al. Application of wavelet packet analysis for fault detection in electro-mechanical systems based on torsional vibration measurement [J]. Mechanical Systems and Signal Processing, 2003, 17 (6): 1219-1235.

[81] RESOR B R, TRETHEWEY M W, MAYNARD K P. Compensation for encoder geometry and shaft speed variation in time interval torsional vibration measurement [J]. Journal of Sound and Vibration, 2005, 286: 897-920.

[82] HERNANS L, DER AUWERAER H V. Modal testing and analysis of structures under operational conditions [J]. Mechanical Systems and Signal Processing, 1999, 13 (2), 193-216.

[83] JAMES G H III, CARNE T G, LAUFER J P. The Natural Excitation Technique (NExT) for Modal Parameter Extraction from Operating Structures [J]. The international Journal of Analytical and Experimental Modal Analysis, 1995, 10 (4): 260-277.

[84] SIAVOSHANI S J, PRASAD V. Door Closing Sound Quality Methodology-Airborne and Structural Path Contributions [J]. SAE International Journal of Passenger Cars-Mechanical Systems, 2015, 8 (3): 938-947.

[85] YANG D, WANG ZT, LI B, et al. Quantitative measurement of pass-by noise radiated by vehicles running at high speeds [J]. Journal of Sound and Vibration, 2011, 330: 1352-1364.

[86] BRAUN M E, WALSH S J, HORNER J L, et al. Noise source characteristics in the ISO 362 vehicle pass-by noise test: Literature review [J]. Applied Acoustics, 2013 (74): 1241-1265.

[87] GORDON M, BROWN. Minimizing vehicle noise and weight using panel acoustic contribution analysis [J]. Optical Engineering, 1998, 37 (5): 1456-1463.

[88] BALLESTEROS J A, FERNANDEZ M D, BALLESTEROS M J. Using Selective Intensity and a HATS to Evaluate Noise Sources in a Car Working at Idle [J]. Applied Acoustics, 2014, 76: 1-13.

[89] WAGSTAFF P R, HENRIO J C. The Measurement of Acoustic Intensity by Selective two Microphone Techniques with a Dual Channel Analyzer [J]. Journal of Sound and Vibration, 1984, 94 (1): 156-169.

[90] BUCHEGER J, TRETHEWEY W, EVENSEN H A. A Selective Two Microphone Acoustic Intensity Method [J]. Journal of Sound and Vibration, 1983, 90 (1): 93-101.

[91] WILLIAMS E G. The beginnings of near-field acoustical holography under Eugen Skudrzyk [J]. The Journal of the Acoustical Society of America, 1992, 91 (4): 2335.

[92] WILLIAMS E G, MAYNARD J D, SKUDRZYK E. Sound source reconstructions using a microphone array [J]. The Journal of the Acoustical Society of America, 1980, 68 (1): 340-344.

[93] MAYNARD J D, WILLIAMS E G, LEE Y. Nearfield acoustic holography: I. Theory of generalized holography and the development of NAH [J]. The Journal of the Acoustical Society of America, 1985, 78 (4): 1395-1413.

[94] HALD J. Basic theory and properties of statistically optimized near-field acoustical holography [J]. The Journal of the Acoustical Society of America, 2009, 125 (4): 2105-2120.

[95] CHIARIOTTI P, MARTARELLI M, CASTELLINI P. Acoustic beamforming for noise source localization-Reviews, methodology and applications [J]. Mechanical Systems and Signal Processing, 2019, 120: 422-448.

[96] ZHU W D, LIU J M, XU Y F, et al. A modal test method using sound pressure transducers based on vibro-acoustic reciprocity [J]. Journal of Sound and Vibration, 2014, 333: 2728-2742.

[97] BENGTSSON J. Is a "pleasant" low-frequency noise also less annoying? [J]. Journal of Sound and Vibration, 2004, 277: 535-537.

[98] NILSSON M E. A-weighted Sound Pressure Level as an Indicator of Short-term Loudness or Annoyance of Road-traffic Sound [J]. Journal of Sound and Vibration, 2007, 302: 197-207.

[99] HUANG Y F, DI G, Q, ZHU R T, et al. Pair-wise Comparison Experiment on Subjective Annoyance Rating of Noise Sample with Different Frequency Spectrums but Same A-weighted Level [J]. Applied Acoustics, 2008, 69: 1205-1211.

[100] JEON J Y, SATO S. Annoyance caused by heavyweight floor impact sounds in relation to the autocorrelation function and sound quality metrics [J]. Journal of Sound and Vibration, 2008, 311: 767-785.

［101］ BODEN H. On Multi-load Methods for Determination of the Source Data of Acoustic One-port Sources ［J］. Journal of Sound and Vibration, 1995, 180: 725-743.

［102］ BODEN H. Linearity Tests For In-Duct Acoustic One-Port Sources ［J］. Journal of Sound and Vibration, 2000, 237 (1): 45-65.

［103］ HIROTAKA S, THEO G, FRANK D, et al. Time-domain Transfer Path Analysis for Transient Phenomena Applied to Tip-inTip-out (Shock & Jerk) ［N］. SAE Technical Paper, 2012-01-1545.

［104］ THEO G, LINDEN V D, DAVIDE V, et al. Noise Contribution Analysis at Suspension Interfaces Using Different Force Identification Techniques ［N］. SAE Technical Paper, 2011-01-1600.

［105］ RYU Y, LANGE S. The Design and Validation of Simulated Indoor Pass-by Noise Measurement System ［N］. SAE Technical Paper, 2007-26-033.

［106］ DER AUWERAER H V, BIANCIARDI F, PONSEELE P V D, et al. Transfer Path Analysis Innovations for Airborne Noise Problems with Focus on Pass-By-Noise ［N］. SAE Technical Paper, 2014-36-0801.

［107］ KONERS G. Panel Noise Contribution Analysis: An Experimental Method for Determining the Noise Contributions of Panels to an Interior Noise ［N］. SAE Technical Paper, 2003-01-1410.

［108］ WOLFF O, SOTTEK R. Panel Contribution Analysis-An Alternative Window Method ［N］. SAE Technical Paper, 2005-01-2274.

［109］ WOLFF O, DE BREE H, TIJS E. A PU probe array based panel noise contribution analysis whilst driving ［N］. SAE Technical Paper, 2009-01-2123.

［110］ TATLOW J, BALLATORE M. Road noise input identification for vehicle interior noise by multi-reference Transfer Path Analysis ［J］. Procedia Engineering, 2017, 199: 3296-3301.

［111］ PRIME Z, DOOLAN C. A comparison of popular beamforming arrays ［J］. Australion Acoustics Society, 2013: 151-157.

［112］ 王晓东. 底盘测功机模拟车辆道路行驶阻力加载力研究 ［D］. 西安: 长安大学, 2010.

［113］ 陈春梅. 滑行法确定底盘测功机加载数值研究 ［D］. 西安: 长安大学, 2009.

［114］ 王文扬. 汽车底盘测功机测试与控制系统的研究 ［D］. 长春: 吉林大学, 2006.

［115］ 吴震. 汽车交流底盘测功机测试系统研究 ［D］. 长春: 吉林大学, 2007.

［116］ 杜磊. 轻型汽车底盘电力测功机的设计与试验验证 ［D］. 太原: 中北大学, 2014.

［117］ 贾维新. 发动机结构噪声和进气噪声的数字化仿真及优化设计研究 ［D］. 杭州: 浙江大学, 2008.

［118］ 王云飞. 基于传递路径分析的乘用车辆路面噪声成因分析与控制措施研究 ［D］. 西安: 长安大学, 2016.

［119］ 谭晶晶. 基于传递路径分析的乘用车路面噪声识别与优化 ［D］. 宁波: 宁波大学, 2017.

［120］ 吴颖熹. 汽车车身板件声学贡献量试验分析与车内噪声优化 ［D］. 上海: 同济大学, 2013.

［121］ 陈晓东. 近场平面声全息的测量和重构误差研究 ［D］. 合肥: 合肥工业大学, 2004.

［122］ 黄奔. 气动噪声源的麦克风阵列识别定位技术研究 ［D］. 绵阳: 中国空气动力研究与发展中心, 2014.

［123］ 郑谢. 运动声源的识别与测量方法研究 ［D］. 绵阳: 中国空气动力研究与发展中心, 2016.

［124］ 梁杰. 基于双耳听觉模型的车内声品质分析与评价方法研究 ［D］. 长春: 吉林大学, 2007.

［125］ 谢军. 汽车声品质评价技术及方法研究 ［D］. 长春: 吉林大学, 2009.

［126］ 侯艳芳. 轿车排气异响解决及声品质研究 ［D］. 上海: 同济大学, 2009.

［127］ 毛东兴. 车内声品质的主观评价与分析方法的研究 ［D］. 上海: 同济大学, 2003.

［128］ LMS International. LMS 振动/噪声测试与分析系统理论基础 ［Z］. 刘馥清, 译. 2000.

［129］ LMS 中国试验部. Test. Lab 中文操作指南 ［Z］. 2011.

［130］ AVITABLE P. Modal Space ［Z/OL］. https://www. uml. edu/Research/SDASL/ Education/Modal-Space. aspx. 2014.